天津财经大学中青年骨干创新人才资助计划

政府支出与中国经济波动

——基于非李嘉图框架的分析

毛剑峰　著

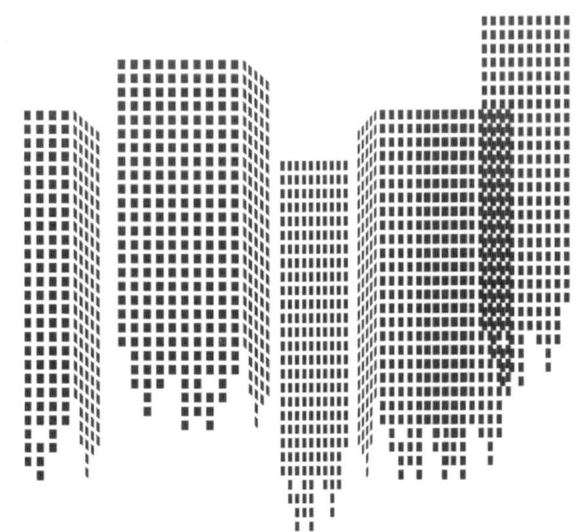

西南财经大学出版社

中国·成都

图书在版编目(CIP)数据

政府支出与中国经济波动:基于非李嘉图框架的分析/毛剑峰著.—成都:西南财经大学出版社,2020.9
ISBN 978-7-5504-4482-9

Ⅰ.①政… Ⅱ.①毛… Ⅲ.①财政支出—关系—中国经济—经济波动—研究 Ⅳ.①F812.45②F124.8

中国版本图书馆 CIP 数据核字(2020)第 149131 号

政府支出与中国经济波动——基于非李嘉图框架的分析
毛剑峰 著

责任编辑:张岚
封面设计:摘星辰 · Diou
责任印制:朱曼丽

出版发行	西南财经大学出版社(四川省成都市光华村街 55 号)
网　　址	http://www.bookcj.com
电子邮件	bookcj@foxmail.com
邮政编码	610074
电　　话	028-87353785
照　　排	四川胜翔数码印务设计有限公司
印　　刷	四川新财印务有限公司
成品尺寸	170mm×240mm
印　　张	14
字　　数	237 千字
版　　次	2020 年 9 月第 1 版
印　　次	2020 年 9 月第 1 次印刷
书　　号	ISBN 978-7-5504-4482-9
定　　价	78.00 元

目　录

1 导论

1.1 选题背景

2008 年金融危机爆发以来，围绕财政政策能否刺激经济的讨论就一直未平息过。政府支出作为财政政策的主要工具更是大家讨论的中心。近年来，随着我国经济增长下行压力的逐渐增大，一些企业出现了经营困难的情况。与此同时，国内通货膨胀高位行走、失业率不断攀升。面临这些问题，国内关于财政政策尤其政府支出的讨论也从未间断。因此，了解政府支出变化对宏观经济的后果及其传导机制非常重要。本书将从理论及实证两个方面对政府支出冲击对消费、投资、贸易平衡、实际汇率以及产出的影响进行研究。实证分析所用数据为中国 1996—2015 年的季度相关数据。

Gali、Lopez-Salido 和 Valles（2007）首次在新凯恩斯动态随机一般均衡环境中引入非李嘉图家庭，开创了宏观经济家庭在含有非李嘉图家庭的模型环境中研究政府支出效果的先河。随后，Colciago、Ropele、Muscatelli 和 Tirelli（2008）又将这一框架扩展到两国模型环境，开启了在开放经济条件中研究政府支出的先例。自此，利用含有非李嘉图家庭的 DSGE（动态随机一般均衡）模型研究政府支出效果的文献数量大增并日趋成熟。

鉴于上述缘由，本书在 Gali、Lopez-Salido 和 Valles（2007）的基准模型中先后引入黏性工资、资本积累、劳动市场摩擦以及小型开放环境等因素，并利用中国 1996—2015 年的季度经济数据，先后估计这四个模型，并以此为出发点，分析政府支出给私人消费、私人投资、实际汇率、劳动市场等带来的变化，进而最终给总产出带来的影响。

1.2 研究思路与方法

研究思路方面，本书注重理论与实证相结合，遵循的流程为：模型设定与求解→模型参数校准与估计→模型评价与动态模拟→结论。具体地，本研究将分四个步骤进行：首先，对 DSGE 模型、小型开放经济模型以及非李嘉图模型的产生背景以及相关文献进行系统的分析与总结，针对中国经济的实际情况，提炼出适应中国国情的包含非李嘉图家庭的小型开放动态随机一般均衡模型（dynamic stochastic general equilibrium model，DSGE）框架；并从理论模型层面解析该框架的机制，包括投资是中国经济增长的主要动力、货币政策规则是一种价格型泰勒规则等特征。其次，根据模型的具体情况选择季度数据，并对相关数据进行预处理——图形观察、季节调整、取对数、去势等，同时就其存在的问题实施相应的补救措施。再次，估计并模拟模型，同时根据模拟脉冲图与结构向量自回归（SVAR）脉冲图的对比，对模型进行评价。最后，根据实证结果，结合实际经济情况，为实现国民经济又好又快发展提出相应的宏观经济政策尤其是货币政策的措施和建议。

研究方法方面，本书既侧重于包含有非李嘉图家庭的小型开放 DSGE 模型的建立，又侧重于该模型的实证估计，因此在研究过程中运用了序列最优化处理、Taylor 序列展开（对数线性化处理的数学原理）、矩阵方程的特征根-特征向量求解、状态空间模型与卡尔曼滤波以及贝叶斯估计等多种方法。具体方法如下：第一，利用序列最优化方法，处理除央行、财政等政府部门之外的其他各个部门，以得出这些部门的最优一阶条件；第二，应用 Taylor 序列展开定理，将所得到的最优一阶条件、资源约束条件以及各市场出清条件进行对数线性化处理；第三，利用特征根-特征向量法求解线性矩阵差分方程；第四，利用状态空间模型及卡尔曼滤波，基于线性矩阵差分方程的稳定解，得到各观察变量的似然函数；第五，基于所得到的各观察变量的似然函数，利用贝叶斯估计法得出各个待估结构参数的后验分布均值。

1.3 基本观点与创新

本书的基本观点如下：

（1）包含了非李嘉图家庭的小型开放经济 DSGE 模型框架作为异质性家庭模型克服了传统 DSGE 模型的缺陷，提升了模型对家庭部分的解释能力。

（2）模型的贝叶斯估计增强了模型的稳定性，提高了模型实证结论对中国实际经济的解释力和预测力。

本书的主要创新点如下：

（1）从宏观经济学角度，引入非李嘉图家庭，拓展了模型对封闭及开放环境下家庭及政府行为的解释能力，论证了家庭与政府之间的内在关系，丰富了宏观经济的理论体系。

（2）在已包含非李嘉图家庭的环境中，还引入了税收和政府债券，使得该模型更加接近现实经济，为政策分析提供了更为现实的工具。

（3）基于数值模拟，提供了一种用于分析政府行为与宏观经济其他各部门之间互动性的内在机制，从而将宏观经济政策尤其政府支出的定量研究由一种未考虑对外经济关系的单一模式升级为一种较完善的动态模式，因此，更加符合进一步开放的经济条件下宏观经济政策制定的未来发展趋势。

（4）利用贝叶斯估计法实现了非李嘉图家庭的中国实证，为更为客观、科学地评价我国政府支出的政策效果提供了参考。

1.4 数据与经典事实

本部分将介绍宏观经济季度数据中的一些经典事实特征，以及基于 SVAR 模型的一些动态特征。

1.4.1 季度数据中的经典事实特征

尽管季度数据所包含的信息有限，但并不妨碍我们从政府支出与产出、私人消费以及私人投资的数据对比中去了解它们的变化规律以及它们之间的协同变化特征。

利用 Zhatao（2016）的最新数据，除去价格因素后，再对实际变量取对数，并在 HP 滤波后得到变量对其稳态的偏离部分。我们利用处理后的这些数据分别在图 1.1、图 1.2、图 1.3 中画出了政府支出与总产出、政府支出与私人消费、政府支出与私人投资的波动对照图形，其时间跨度为 1996 第 1 季度至 2015 年第 4 季度。

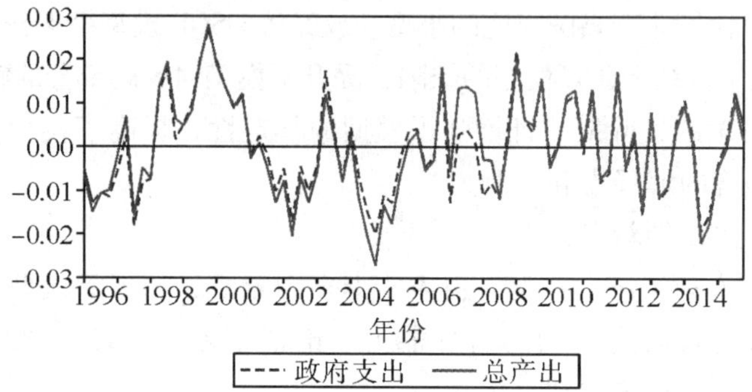

图 1.1 政府支出与总产出

从图 1.1 中我们发现：政府支出与总产出的波动周期几乎一致，协同性较高；在波动幅度方面，除了 2004 年 1 季度至 2005 年 3 季度以及 2007 年 1 季度至 2008 年 2 季度两者波动幅度差异明显外，其他时期两者的波动幅度差异并不明显。这表明：总产出中政府支出的占比较稳定，波动幅度较小，这一稳定性仅在 2004 年与 2008 年前后有所变动。

从图 1.2 中我们发现：政府支出与私人消费之间的协同性虽然没有与总产出之间的协同性那样明显，但波动总趋势仍然大致相符；在波动幅度方面，两者波动幅度差异明显大于政府支出与总产出之间的差异。这表明：政府支出除影响到私人消费之外，还影响到了总产出中的其他成分。

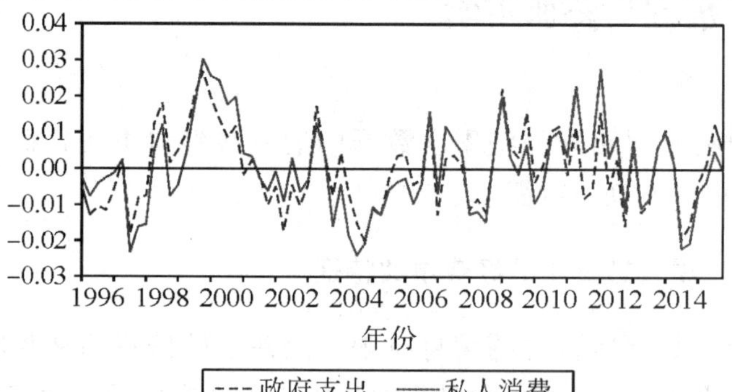

图 1.2 政府支出与私人消费

从图 1.3 中我们发现：政府支出与私人投资之间的协同性同样没有政府支出与总产出之间的协同性那样明显，但波动总趋势仍旧大致相符；在波动幅度方面，两者波动幅度差异明显超过政府支出与私人消费之间的差异，尤其在 2004 年前后与 2008 年国际金融危机前后。此外，在 2001 年以前，两者波动幅度相对政府支出与私人消费波动幅度，几乎没有明显差异。这表明：政府支出在 2001 年之前主要通过私人投资这一主要渠道影响总产出。

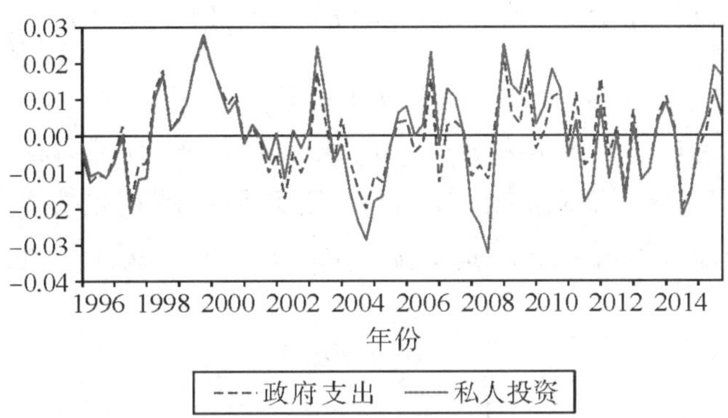

图 1.3　政府支出与私人投资

1.4.2　基于 SVAR 模型的动态事实

为了避免直接比较二阶矩所带来的偏差，即无法剔除模型未涉及冲击的影响（王君斌，2010），我们利用 SVAR 模型得到了货币供给冲击的脉冲响应，并与本研究后面所采用的动态随机一般均衡模型模拟得到的脉冲响应进行比较，以弥补只利用理论矩与数据矩匹配来评价模型性能的不足。

利用 Zhatao 的最新数据①，我们建立了一个七变量的 SVAR 模型，如下

① 数据的处理参见各章模型参数校准与估计一节中的数据处理部分。

$$\begin{pmatrix} \rho_{11}(L) & \rho_{12}(L) & \rho_{13}(L) & \rho_{14}(L) & \rho_{15}(L) & \rho_{16}(L) & \rho_{17}(L) \\ \rho_{21}(L) & \rho_{22}(L) & \rho_{23}(L) & \rho_{24}(L) & \rho_{25}(L) & \rho_{26}(L) & \rho_{27}(L) \\ \rho_{31}(L) & \rho_{32}(L) & \rho_{33}(L) & \rho_{34}(L) & \rho_{35}(L) & \rho_{36}(L) & \rho_{37}(L) \\ \rho_{41}(L) & \rho_{42}(L) & \rho_{43}(L) & \rho_{44}(L) & \rho_{45}(L) & \rho_{46}(L) & \rho_{47}(L) \\ \rho_{51}(L) & \rho_{52}(L) & \rho_{53}(L) & \rho_{54}(L) & \rho_{55}(L) & \rho_{56}(L) & \rho_{57}(L) \\ \rho_{61}(L) & \rho_{62}(L) & \rho_{63}(L) & \rho_{64}(L) & \rho_{65}(L) & \rho_{66}(L) & \rho_{67}(L) \\ \rho_{71}(L) & \rho_{72}(L) & \rho_{73}(L) & \rho_{74}(L) & \rho_{75}(L) & \rho_{76}(L) & \rho_{77}(L) \end{pmatrix} \begin{pmatrix} \hat{y}_t \\ \hat{c}_t \\ \hat{i}_t \\ \hat{\pi}_t \\ \hat{g}_t \\ \hat{r}_t \\ \hat{Q}_t \end{pmatrix} = \begin{pmatrix} \varepsilon_{yt} \\ \varepsilon_{ct} \\ \varepsilon_{it} \\ \varepsilon_{\pi t} \\ \varepsilon_{gt} \\ \varepsilon_{rt} \\ \varepsilon_{Qt} \end{pmatrix},$$

$$E(\varepsilon_t \varepsilon_t^{'}) = \Sigma$$

其中，$\rho_{ij}(L) = 1 + \rho_{ij1}L + \rho_{ij2}L^2 + \cdots + \rho_{ijp}L^p$，$\rho_{ij}(L)$ 是 p 阶滞后算子多项式；$\varepsilon_t = (\varepsilon_{yt},\ \varepsilon_{ct},\ \varepsilon_{it},\ \varepsilon_{\pi t},\ \varepsilon_{gt},\ \varepsilon_{rt},\ \varepsilon_{Qt})^{'}$，且 Σ 是残差 ε_t 的方差—协方差矩阵，而结构冲击为 $\mu_t = (\mu_{yt},\ \mu_{ct},\ \mu_{it},\ \mu_{\pi t},\ \mu_{gt},\ \mu_{rt},\ \mu_{Qt})^{'}$，它们之间的关系为

$$A\varepsilon_t = B\mu_t$$

即

$$\begin{pmatrix} * & 0 & 0 & 0 & 0 & 0 & 0 \\ * & * & 0 & 0 & 0 & 0 & 0 \\ 0 & 0 & * & 0 & 0 & 0 & 0 \\ 0 & 0 & * & * & 0 & 0 & 0 \\ 0 & 0 & * & 0 & * & 0 & 0 \\ 0 & * & 0 & 0 & 0 & * & 0 \\ * & * & * & 0 & 0 & 0 & * \end{pmatrix} \begin{pmatrix} \varepsilon_{yt} \\ \varepsilon_{ct} \\ \varepsilon_{gt} \\ \varepsilon_{mt} \\ \varepsilon_{qt} \\ \varepsilon_{\pi t} \\ \varepsilon_{ext} \end{pmatrix}$$

$$= \begin{pmatrix} * & 0 & 0 & 0 & 0 & 0 & 0 \\ 0 & * & 0 & 0 & 0 & 0 & 0 \\ 0 & 0 & * & 0 & 0 & 0 & 0 \\ 0 & 0 & 0 & * & 0 & 0 & 0 \\ 0 & 0 & 0 & 0 & * & 0 & 0 \\ 0 & 0 & 0 & 0 & 0 & * & 0 \\ 0 & 0 & 0 & 0 & 0 & 0 & * \end{pmatrix} \begin{pmatrix} \mu_{yt} \\ \mu_{ct} \\ \mu_{gt} \\ \mu_{mt} \\ \mu_{qt} \\ \mu_{\pi t} \\ \mu_{ext} \end{pmatrix}$$

在估计 SVAR 中，我们首先估计了简化形式 VAR（向量自回归模型）。

VAR 滞后期检验结果显示，VAR 的最佳阶数为 2，见表 1.1。

表 1.1　VAR 滞后期检验

样本区间	1996 年第 1 季度—2014 年第 4 季度
内生变量	$[\hat{y}_t,\ \hat{c}_t,\ \hat{i}_t,\ \hat{\pi}_t,\ \hat{g}_t,\ \hat{r}_t,\ \hat{Q}_t]$
检验统计量数值	LR = 2，FPE = 2

同时，我们还检验了 VAR 的稳定性，如图 1.4 所示。图中显示：特征多项式的特征根均位于单位圆之内，这表明二阶 VAR 是稳定的。

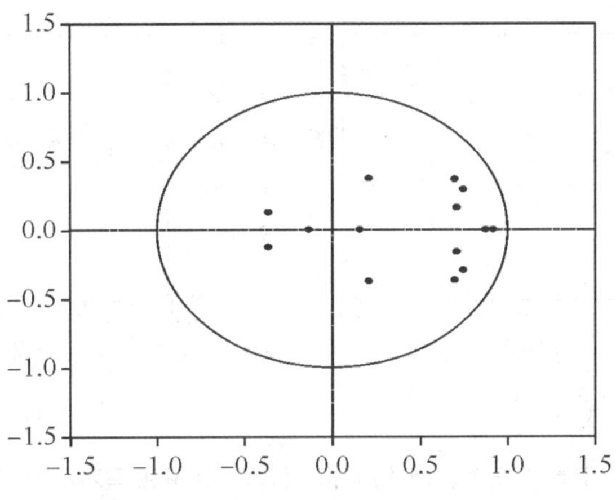

图 1.4　VAR 稳定性检验

将之前所做的识别假设置于简化形式 VAR 之上，得到产出、投资、消费和通货膨胀率对政府支出冲击的脉冲反应函数（见图 1.5）。在一个标准差新息的政府支出冲击下，产出、私人消费和通货膨胀呈现增加，私人投资和实际汇率呈现下降，而利率在短暂小幅下降之后则呈现长时间大幅上升。

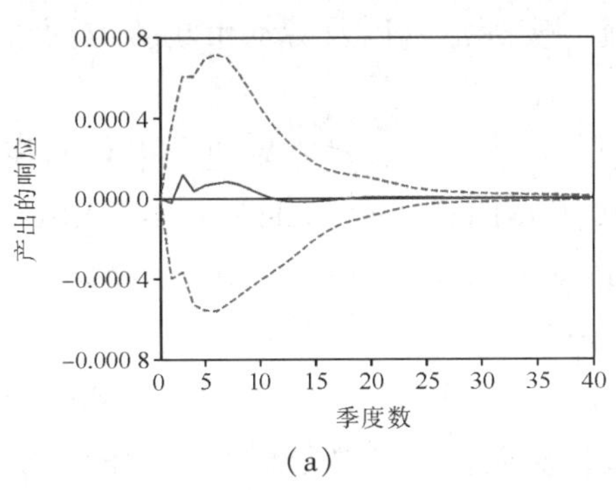

(a)

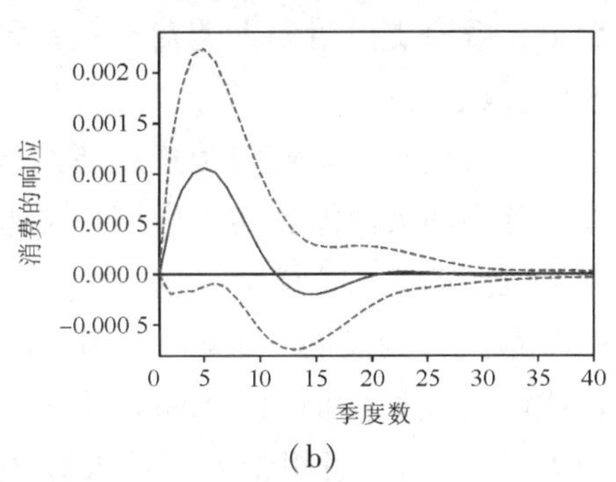

(b)

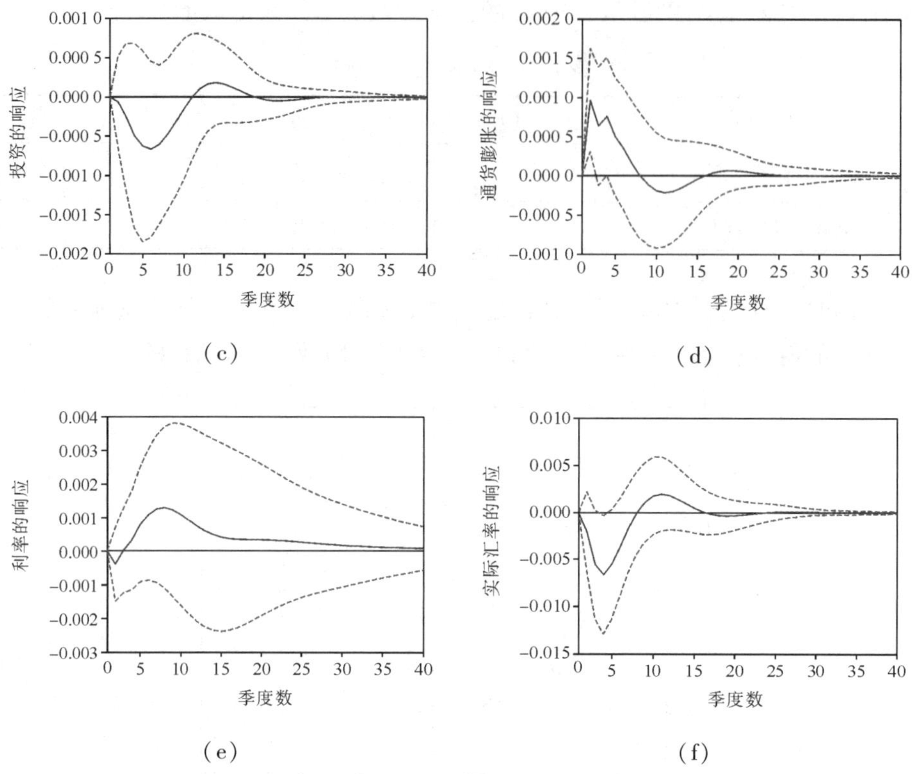

图 1.5　产出、消费、投资、通货膨胀、利率、实际汇率对政府支出冲击的响应

1.5　文献综述

文献部分将分别介绍在含有非李嘉图家庭的动态随机一般均衡模型环境下，政府支出对私人消费、私人投资、实际汇率以及劳动市场等方面影响的文献综述。

与古典经济学流派和凯恩斯经济学流派相对应，动态随机一般均衡模型也分为两大流派：实际经济周期模型（real business cycle models，RBC）和新凯恩斯 DSGE 模型（new keynesian dsge models，NK-DSGE）。实际上，RBC 最先得到发展。Brock 和 Mirman（1972）最先将随机冲击引入新古典最优增长模型。而后，Kydland 和 Prescott（1982）则将 Brock 和 Mirman（1972）的这一思想带入经济波动模型，从而打开了基于微观基础的经济波动的分析邻域。Kydland 和 Prescott（1982）得出了有关技术冲击是产出等宏观经济变量波动主要原因的结论，但是他们假定市场是完全竞争的、价格和工资具有完全弹性，这与现实经济并不相符，因此受到众多诟病。在这种情况下，Yun（1996）首次基于 RBC 模型引入了垄断竞争和价格黏性，于是以市场垄断竞争、价格黏性和工资黏性为假设的新凯恩斯理论便逐渐融入 RBC，开启了新凯恩斯 DSGE 模型框架下经济波动的研究。随后，Gali（1999）又在此基础上引入了技术冲击，更加准确地描述了实际经济的波动情况。Smets 与 Wouters（2003）（简称“SW”）的文章针对欧元区经济在一个动态随机一般均衡模型中引入黏性价格和黏性工资，并使用贝叶斯估计方法（bayesian estimation）对模型进行了估计。他们利用估计得到的模型研究了经济冲击下宏观经济的波动情况，分析了产出缺口。该模型最重要的贡献是将 DSGE 模型与贝叶斯估计方法相结合。鉴于贝叶斯估计方法能够描述预测和结构参数的不确定性，DSGE 模型被视为一个多元数据的概率模型，这使得 DSGE 模型可以用来研究更复杂的经济动态，可引入更多冲击。这篇文章为 DSGE 模型研究的发展起到了实质性的推动作用，得到了广泛的参考和引用。在此之后，DSGE 模型与贝叶斯方法的结合几乎成了宏观经济政策研究的流行框架。另一篇对 DSGE 模型发展起重要作用的是 Christian、Eichenbaum 和 Evans（2005）（简称“CEE”）的文章。该文章在 DSGE 模型中利用 Calvo 定价模型引入适度的名义刚性，（文章中的名义刚性是指名义价格刚性和名义工资刚性）。他们的模型较好地解释了美国的货币政策对经济波动的影响，该文章还指出名义工资的黏性程度对模型的影响较大，而名义价格黏性的影响相对较小。在此之后，很多利用 DSGE 模型进行的宏观经济研究都是建立在这两篇文章的基础上。

Campbell 和 Mankiw（1989、1990、1991）首次提出了异质消费者存在的证据，同时也提出了一个严重违反持久收入假说的问题。根据他们的研究，只有部分家庭能够按照标准的 Hall 消费函数来计划其消费，这部分家庭即所谓的李嘉图家庭；而另一部分家庭则只能按当期收入来进行消费，这部分家庭即所谓的非李嘉图家庭。消费者异质性的理论和政策含义相当重要：如果考虑了非李嘉图家庭，那么李嘉图等价定理将不再成立（Mankiw，2000）。

在新凯恩斯理论框架下，非李嘉图家庭所起的作用对于货币政策实施的分析具有重大意义（Amato、Laubach，2003；Gali、Lopez - Salido、

Valles，2004；Bilbiie，2005）。这一分析的结论就是：非李嘉图家庭的存在极大地改变了这些模型的性质，并推翻了文献中所发现的一些传统结果。Amato 和 Laubach（2003）在拥有非李嘉图家庭和企业的情况下，研究了最优货币规则。他们发现：利率对非李嘉图家庭的存在非常敏感；事实上，随着非李嘉图家庭所占比例的增加，货币政策惯性也不断增强。Gali、Lopez-Salido 和 Valles（2004）呈现了当非李嘉图家庭占比很大时，泰勒原理是怎样成为一个很弱的稳定性标准的。然而，非李嘉图家庭的存在自身并不能推翻关于泰勒原理充分性的传统结果。相反，他们认为，在前瞻性利率规则情形下，唯一均衡的条件与当期利率规则情形下的条件有所不同。尤其是，他们认为，当非李嘉图家庭的占比足够大时，可能无法保证（在局部）唯一均衡的存在；或认为，稳定性要求的利率响应小于预期通货膨胀的一对一变化。Bilbiie（2005）从理论和实证两方面讨论了有限资产市场参与对最优货币政策的影响。他的主要观点是：当我们考虑有限的资产市场参与时，一种被动的利率规则与基于福利最大化的货币政策是一致的。

Gali、Lopez-Salido 和 Valles（2007）对标准的新凯恩斯黏性价格模型进行了扩展，允许非李嘉图家庭和李嘉图家庭的共同存在。前者遵循经验法则，在每个时期简单地消费其税后可支配收入，后者则以前瞻性的方式进行优化，并随着时间的推移而平滑其消费。Gali、Lopez-Salido 和 Valles（2007）已证明：这两种类型的家庭与不常调价的企业以及发债为其部分支出提供资金的财政当局之间的相互作用是如何解释有关政府支出冲击影响的现有证据的。尽管如此，政府支出冲击对消费的定量影响在很大程度上取决于债务融资的程度，以及实际工资的增长或下降是否受到影响。因此，消费的反应模式高度依赖于财政政策规则的形式以及劳动力市场中实际工资的确定方式。对于后者，Gali 等假设存在一个广义工资方案，根据该方案，家庭愿意以实际工资满足企业对劳动力的需求。这种假设允许在政府支出受到冲击后，实际工资大幅上涨，而这反过来又有助于抵消财富的负面效应。然而，正如 Bilbiie 和 Straub（2004）所论证的那样，这种大幅增长与观察到的实际工资的周期行为并不一致。事实上，由于加拿大皇家银行的标准模型预测实际工资的强劲顺周期波动，政府支出的冲击自然被认为是波动的另一个来源，这可能有助于减少所预测的强劲顺周期模式（Christiano、Eichenbaum，1992）。此外，从经验上看，实际工资对政府支出冲击的反应往往较小（Fatas、Mihov，2001）。

在私人消费方面，理解政府支出变化对私人消费的影响对于理解财政政策对人们福利的影响至关重要。这是因为私人消费是总消费中的最大构成部分，也是代理人福利的主要决定因素。然而，关于政府支出对私人消费的影响却很少有人达成共识。按现有理论的观点，政府支出通常导致私人消费下降，这是因为政府支出的增加需要提高税收来偿还，从而产生了负财富效应。但是大量的实证研究却提供了消费乘数为正的证据。近来，不少人从理论和实证两方面对偏离消费者行为标准假设能否为凯恩斯观点提供更多支撑进行了研究。Gali 等（2007）和 Erceg 等（2006）都为这种偏离找到了支撑。也就是说，他们将经济中非李嘉图家庭的存在与私人消费的挤入效应联系起来。另外，Rossi（2007）在一个同样拥有非李嘉图家庭，但税收扭曲而非一次性的标准新凯恩斯模型中却未能复制出 Gali 等的挤入效应。Coenen 和 Straub（2005）仅发现消费的一种可忽略的正向响应。该微不足道的响应在开放经济环境中是由贸易条件的改善所带来的财富效应导致的，同时，证据支持消费者行为的非标准假设。该文曾假定货币与财政权力机构遵从一种基于简单规则的政策实施。Horvath（2009）的研究也包含了对消费者行为的这种偏离，发现政府支出对私人消费的剂入效应仅出现在与发达经济体难以调和的经济环境中，而并非最优状态下的一种经济特征。Murphy（2015）则认为，不完全信息会放大有关需求冲击。当某需求相对政府支出波动较大时，政府支出冲击对产出的影响会更大，这是因为代理人将总需求的变化归因于该特定需求的变化。从异质性需求角度看，Murphy（2015）模型的关键机制就在于它放大了由资产价值变化所引起的需求冲击。

在私人投资方面，政府支出影响财政乘数吗？Dupaigne 和 Feve（2016）在一个拥有实物资本积累、内生劳动供给以及随机政府支出的模型中重温了这一经典问题。该模型的封闭式均衡解给出了答案：持续的政府支出可通过私人投资的响应形成短期财政乘数。他们发现，预期就业增加所引发的资本需求效应被通常的投资挤出效应所抵消。如果私人投资增加，那么相对资本保持不变的经济体而言，产出乘数就会被放大。相反，暂时的财政刺激并不提供任何积累实物资本的激励，同时，也不提供放弃一种重要传导机制的激励。此外，Leeper 等（2012）从数量上证明，政府冲击的持续存在对于在一个已校准的 DSGE 模型中获取较大产出乘数而言至关重要。同时，他们还发现，对于该乘数，非李嘉图家庭的比例十分重要。

在实际汇率方面，政府支出增加除导致私人消费增加、私人投资被挤出之外，还会导致贸易平衡恶化、实际汇率贬值。与前两者相比较，政府支出冲击对经济中外贸部门的影响，特别是实际汇率的影响，却很少得到人们关注。标准教科书观点认为：国内消费增加推高国内价格，使得国内经济相对他国更加昂贵。与此相反，实证则表明：在政府支出意外增加条件下，该增加来源的经济体相对其贸易伙伴，其成本更低。Monacelli 和 Perotti（2010）在一个具有黏性价格的新凯恩斯开放经济模型中研究了政府支出冲击的效应。他们发现，新凯恩斯框架无法对正向政府支出冲击给出所观察到的最初实际汇率贬值。新凯恩斯开放经济模型扩展以包含非李嘉图家庭，虽能解释消费的增长，但仍旧面临解释最初实际汇率贬值的困难（Erceg 等，2005）。Ravn、Schmitt-Grohe 和 Uribe（2012）则在一个两国模型中引入深层习惯。在深层习惯下，国内需求的增加为国内市场销售的企业降低其价格加成提供动机。因此，政府支出在国内价格中的增加导致国内价格加成相对国外价格加成下降。按此方式，国内价格相对国外价格变得更便宜，等同于实际汇率贬值。同时，国内价格加成的下降使得劳动需求曲线外移，导致国内实际工资上升。相反，工资上升导致家庭以消费暂时替代休闲。该替代效应足以抵消由政府支出增加所导致的负财富效应，从而导致私人消费均衡增长。

此外，Lewis 和 Winkler（2017）首次基于 Bilbiie 等（2012）的研究建立了一个含有内生企业进入机制的标准周期模型，并通过竞争的变化考虑了逆周期的价格加成。逆周期价格加成实质上在财政扩张之后产生了消费挤入。在已校准的基准模型中，他们发现，当政府支出增加持续时间够长时，企业进入则积极响应。企业进入增加，竞争最强，价格加成下降，实际工资增加，私人消费增加。

1.6 结构安排

本书总共 5 章。第 1 章为导论，介绍了本书的选题背景、研究思路与方法、基本观点与创新以及数据与文献。其中，数据部分介绍了宏观经济季度数据中的一些经典事实特征，以及基于 SVAR 模型的一些动态特征；文献部分是政府支出对私人消费、私人投资以及实际汇率三方面影响的文献综述。第 2 章为政府支出与私人消费，在 Gali、Lopez-Salido 和 Valles（2007）的模型中引入黏性工资，通过参数校准与贝叶斯估计，对模型的动态性质进行了模拟，分析发现：政府支出对私人消费的挤入效应主要是因为政府支出对非李嘉图家庭消费的挤入效应。第 3 章为政府支出与私人投资，在第 2 章模型的基础之上进一步扩展——引入资本积累，并扩展到小型开放经济环境，同样通过参数校准与贝叶斯估计，以及模型的动态模拟，分析发现：政府支出对私人投资具有挤出效应。这是因为政府支出增加导致利率上升，投资成本上升。第 4 章为政府支出与实际汇率，在第 3 章模型的基础之上进一步扩展——引入劳动市场摩擦，但不包含资本累积，通过参数校准与贝叶斯估计以及模型的动态模拟，分析发现：政府支出增加导致国内产品价格相对国外产品上升，实际汇率下降，出口成本增加，贸易条件恶化，不利于出口。第 5 章为政府支出与劳动市场，在第 4 章模型的基础之上进一步扩展——引入资本积累，通过参数校准与贝叶斯估计，以及模型的动态模拟，分析发现：政府支出增加，总需求增加，企业空闲职位增加，就业人数增加，失业人数减少，实际工资增加，劳动市场逐渐繁荣。

2 政府支出与私人消费

2.1 导言

近年来，有研究者将典型代理人框架扩展以包含部分非李嘉图家庭，从而打破了李嘉图等价定理。Mankiw（2000）就是利用这样一个模型解释了私人消费与可支配收入之间的关系，结果发现：含有非李嘉图家庭的新凯恩斯模型与标准模型有着明显的不同。

Gali、Lopez-Salido 和 Valles（2004）在含有部分非李嘉图消费和资本积累的黏性价格经济中研究了利率规则的确定性。他们发现，如果非李嘉图消费的份额非常大，并且价格有黏性，那么理性预期的确定性均衡（REE）要求央行采取强有力的泰勒规则。因此，通货膨胀系数的响应绝对大于 1。Bilbiie（2008）与 DiBartolomeo 和 Rossi（2005）也考虑了同样的问题。他们也提供了一种分析处理方法，但是忽略了资本积累。特别是 Bilbiie 认为，在较低劳动供给弹性和足够份额的非李嘉图消费前提下，可在总需求随实际利率变化而增加的情况下实现均衡（以便 IS 曲线是向上倾斜的）。在这种情形下，利率规则的确定性需货币政策遵循反向的泰勒规则，即央行通过降低实际利率以应对高通货膨胀。

说到政府支出冲击效应，Gali、Lopez-Salido 和 Valles（2007）认为非李嘉图消费成了所谓政府支出之谜的潜在解决方案。Blanchard 和 Perotti（2002）利用美国 1960 年到 1997 年的时间序列数据，采用向量自回归（VAR）技术，发现政府支出导致私人消费的持续上涨。Fatas 和 Mihov（2001）也有同样的发现。然而，标准的动态随机一般均衡（DSGE）模型则预测：政府支出冲击会导致私人消费紧缩。对于理论和实证之间的鲜明对比，研究者将这种差异视为一个谜。GLV（2007）认为非李嘉图消费者、价格黏性以及财政赤字之间的相互作用造成消费对政府支出的积极响应。然而，在他们的模型中，总消费的响应是通过实际工资对财政支出的强烈响应造成的，从而大大提高了非李嘉图的消费。实际工资这样急剧增长是不符合实证的。Burnside、Eichembaum 和 Fisher（2004）估计了实际工资对消费的一种消极响应。但是 Blanchard 和 Perotti（2002）与 Fatas 和 Mihov（2001）则证明这是一种积极的响应，但是响应有限。

本章的其余部分安排如下：2.2 节为模型设定，2.3 节为模型参数校准与估计，2.4 节为结果分析，2.5 节是结论。

2.2 模型设定

我们的模型经济由李嘉图家庭、非李嘉图家庭、垄断竞争的中间产品生产企业、完全竞争的最终产品生产企业、政府，以及代表家庭利益的职工代表组织（或工会）组成。接下来，我们将逐一介绍各部门的结构和职能。

2.2.1 家庭部门

我们假设国内存在一个家庭连续统，该连续统通过 $i \in [0, 1]$ 实现指数化。正如 GLV（2004、2007）的研究显示的一样，位于区间 $[0, \lambda]$ 的家庭不能进入金融市场，也不能拥有初始的资本禀赋，他们在每个时期只能消费其所获得的劳动收入，我们将这些家庭称为非李嘉图家庭；而位于区间 $[\lambda, 1]$ 的剩余家庭则可以进入实物资本市场和债券市场，并且这些能进入金融市场的家庭彼此之间拥有相同的初始资本禀赋，他们在每个时期的消费无需只依赖于其劳动收入，我们将这些家庭称为李嘉图家庭。另外，这两种家庭拥有相同的瞬时效用函数，于是其基于 0 时期的终生效用函数为

$$E_0 \sum_{t=0}^{\infty} \beta^t \left\{ \mu_t^c \frac{[C_t(i) - hC_{t-1}(i)]^{1-\sigma_c}}{1-\sigma_c} - \mu_t^n \frac{N_t(i)^{1+\varphi}}{1+\varphi} \right\} \tag{2.1}$$

其中，$E_0(g)$ 表示基于 0 时期所获的信息集为条件的期望算子，$\beta \in (0, 1)$ 表示主观贴现因子，$C_t(i)$ 表示家庭 i 的一种复合消费品。遵从 Andrea Colciago（2011）的做法，在同质性假设下，我们将除去家庭指数化

指标 i，用 C_t 替代 $C_t(i)$ 。此外，$\mu_{c,\ t}$ 和 $\mu_{n,\ t}$ 分别是消费冲击和劳动冲击，它们分别遵循以下的 $AR(1)$ 过程

$$\ln(\mu_t^c) = (1-\rho_n)\ln(\mu^c) + \rho_n\ln(\mu_{t-1}^c) + \varepsilon_t^c,\ \varepsilon_t^c \sim N(0,\ \sigma_c^2) \quad (2.2)$$

$$\ln(\mu_t^n) = (1-\rho_n)\ln(\mu^n) + \rho_n\ln(\mu_{t-1}^n) + \varepsilon_t^n,\ \varepsilon_t^n \sim N(0,\ \sigma_n^2) \quad (2.3)$$

其中，$0 \leqslant \rho_c < 1$、$0 \leqslant \rho_n < 1$，而 ε_t^c 和 ε_t^n 则都是服从正态分布的独立同分布变量，其均值都为 0，方差分别为 σ_c^2 和 σ_n^2 。

2.2.1.1 李嘉图家庭

每个时期，代表性的李嘉图家庭将做出一系列的决策。首先，李嘉图家庭要做出消费—储蓄决策。其次，他们要在实物资本与无风险金融资产之间做出投资组合决策，同时、它还要决定提供多少资本服务。再次，他们必须按照其与垄断性工会组织所谈判的工资率，根据企业需求提供劳动服务。李嘉图家庭的实际预算约束为

$$C_t^o + I_t^o + \frac{B_t^o}{R_tP_t} = \frac{1}{P_t}\int_0^1 W_t(z)\ N_t(z)\ \mathrm{d}z + R_t^kK_{t-1}^o + \frac{B_{t-1}^o}{P_t} + D_t^o - T_t^o \quad (2.4)$$

其中，C_t^o 和 I_t^o 分别是按实际变量所表示的消费支出和投资支出。$\frac{1}{P_t}\int_0^1 W_t(z)\ N_t(z)\ \mathrm{d}z$ 表示 t 时期李嘉图家庭的实际劳动收入，$N_t(z)$ 表示李嘉图家庭所提供的 z 型劳动时间，而 $W_t(z)$ 则表示与该类型的劳动相对应的工资，进一步介绍详见后面劳动市场部分。此外，李嘉图家庭还按照实际资本租金率 R_t^k，将其所持实物资本 K_t^o 租借给企业，并接受租金收入 $R_t^kK_t^o$ 。D_t^o 和 T_t 分别表示来自企业的红利和消费者所支付（或接受）的一次性税收（或转移支付）。B_t^o 表示李嘉图家庭从 $t-1$ 期携带到 t 期的国内一期无风险名义债券。R_t 表示 t 期所购买债券的名义总收益率。

另外，实物资本累积方程为

$$K_t^o = (1-\delta)\ K_{t-1}^o + \left[1 - S\left(\frac{I_t^o}{I_{t-1}^o}\right)\right]\mu_t^I I_t^o \quad (2.5)$$

其中，δ 是资本折旧率，$S\left(\frac{I_t^o}{I_{t-1}^o}\right)$ 项反映了资本调整成本。这里，我们假定：$S(1) = S'(1) = 0$，并且 $S''(1) > 0$。

于是，李嘉图家庭最优问题的一阶条件可写为

$$(\partial C_t^o):\ \lambda_t^o = \mu_{c,\ t}(C_t^o - hC_{t-1}^o)^{-\sigma_c} - \beta hE_t\mu_{c,\ t+1}(C_{t+1}^o - hC_t^o)^{-\sigma_c} \quad (2.6)$$

$$(\partial B_t^o):\ 1=\beta R_t E_t\left(\frac{\lambda_{t+1}^o}{\lambda_t^o}\right)\left(\frac{P_t}{P_{t+1}}\right) \tag{2.7}$$

$$(\partial K_t^o):\ Q_t=\beta E_t\lambda_{t+1}^o R_{t+1}^k+\beta E_t(1-\delta)\,Q_{t+1} \tag{2.8}$$

$$(\partial I_t^o):\ \lambda_t^o=Q_t\mu_t^I\left[1-S\left(\frac{I_t^o}{I_{t-1}^o}\right)-S'\left(\frac{I_t^o}{I_{t-1}^o}\right)\left(\frac{I_t^o}{I_{t-1}^o}\right)\right]+$$

$$\beta E_t Q_{t+1}\mu_{t+1}^I S'\left(\frac{I_{t+1}^o}{I_t^o}\right)\left(\frac{I_{t+1}^o}{I_t^o}\right)^2 \tag{2.9}$$

其中，λ_t^o 是李嘉图家庭最优问题中预算约束方程的拉格朗日乘子，也是消费的边际效用；Q_t 是李嘉图家庭最优问题中资本演化方程的拉格朗日乘子，也是资本的影子价格，即资本重置价格——托宾 Q，而资本的实际相对价格为 $q_t\equiv Q_t/\lambda_t^o$。于是，等式 2.8 可写为

$$q_t=\beta E_t\left(\frac{\lambda_{t+1}^o}{\lambda_t^o}\right)\left[R_{t+1}^k+(1-\delta)\,q_{t+1}\right]$$

式（2.9）可写为

$$1=q_t\mu_t^I\left[1-S\left(\frac{I_t^o}{I_{t-1}^o}\right)-S'\left(\frac{I_t^o}{I_{t-1}^o}\right)\left(\frac{I_t^o}{I_{t-1}^o}\right)\right]+\beta E_t\left(\frac{\lambda_{t+1}^o}{\lambda_t^o}\right)q_{t+1}\mu_{t+1}^I S'\left(\frac{I_{t+1}^o}{I_t^o}\right)\left(\frac{I_{t+1}^o}{I_t^o}\right)^2$$

2.2.1.2 非李嘉图家庭

我们假设非李嘉图家庭仅能以“糊口”的方式生存，即完全消费其当前劳动收入。他们在面对其劳动收入的波动时，不能平滑其消费路径；在面对利率变化时，也不能进行跨期替代。如前所述，尽管人们可能会将这种行为归因于各种短视，但并不明确这种行为的根本原因是非李嘉图家庭无法进入金融市场，还是他们缺乏有效的借贷约束。

非李嘉图家庭的瞬时效用函数形式与李嘉图家庭相同，但是其预算约束却为

$$C_t^r=\frac{1}{P_t}\int_0^1 W_t(z)\,N_t(z)\,\mathrm{d}z-T_t^r \tag{2.10}$$

其中，C_t^r 和 T_t^r 分别是非李嘉图家庭的消费和一次性税收。该式线性化后为

$$\frac{C^r}{Y}\hat{c}_t^r=\frac{wN^d}{Y}(\hat{w}_t+\hat{n}_t^d)-\hat{t}_t^r \tag{2.11}$$

非李嘉图家庭最优问题的一阶条件可写为

$$(\partial C_t^r): \lambda_t^r = \mu_{c,t}(C_t^r - hC_{t-1}^r)^{-\sigma_c} - \beta h E_t \mu_{c,t+1}(C_{t+1}^r - hC_t^r)^{-\sigma_c} \tag{2.12}$$

其中，λ_t^r 是非李嘉图家庭最优问题中预算约束方程的拉格朗日乘子，也是消费的边际效用。

2.2.1.3　变量加总

总消费 C_t 和总税收 T_t 可通过对每种消费者类型的相应变量进行以人口比例为权重的加权平均而得到。正式地，我们有

$$C_t = \lambda C_t^r + (1-\lambda) C_t^o,\ T_t = \lambda T_t^r + (1-\lambda) T_t^o \tag{2.13}$$

类似地，总投资、总资本、总债券以及总利润分别为

$$I_t = (1-\lambda) I_t^o,\ K_t = (1-\lambda) K_t^o \tag{2.14}$$

$$B_t = (1-\lambda) B_t^o,\ D_t = (1-\lambda) D_t^o \tag{2.15}$$

2.2.2　企业部门

2.2.2.1　最终产品生产企业

在每个时期 t，最终产品 Y_t 由一个完全竞争的企业按照下列标准的不变替代弹性（CES）生产函数通过将一个中间产品连续统进行组合而得到

$$Y_t = \left[\int_0^1 Y_t(j)^{\frac{1}{1+\lambda_t^p}} \mathrm{d}j\right]^{1+\lambda_t^p},\ \varepsilon_{p,t} > 1 \tag{2.16}$$

其中，$\varepsilon_{p,t} = \dfrac{1+\lambda_t^p}{\lambda_t^p}$ 表示的是不同中间商品之间的替代弹性，而 λ_t^p 是序列相关的价格加成冲击。当 λ_t^p 越小，不同商品之间的替代弹性越小，即商品之间越难替代。也就是说中间产品生产企业的垄断程度越高，而需求弹性越小，价格加成也就越高。价格加成冲击 λ_t^p 遵循以下的 AR（1）过程

$$\ln(\lambda_t^p) = (1-\rho_p)\ln(\lambda^p) + \rho_p \ln(\lambda_{t-1}^p) + \varepsilon_t^p,\ \varepsilon_t^p \sim N(0, \sigma_{\varepsilon_t^p}) \tag{2.17}$$

其中，λ^p 表示冲击在稳态时的值。

最终产品生产企业在视价格为给定的情况下，选择中间产品数量以最大化其利润。这便分别得到中间品 $Y_t(j)$ 的需求函数和最终产品的价格指数 $P_{H,t}$

$$Y_t(j) = \left[\frac{P_t(j)}{P_t}\right]^{-\frac{1+\lambda_t^p}{\lambda_t^p}} Y_t,\ P_t = \left[\int_0^1 P_t(j)^{-\frac{1}{\lambda_t^p}} \mathrm{d}j\right]^{-\lambda_t^p} \tag{2.18}$$

2.2.2.2　中间产品生产企业

2.2.2.2.1　实际边际成本

中间产品由一个垄断竞争企业连续通过利用资本服务 $K_t(j)$ 和劳动服务 $N_t(j)$ 作为投入而得来。这里，垄断竞争企业连续通过 $j \in [0, 1]$ 实现指数化。中间产品生产函数如下

$$Y_t(j) = A_t K_{t-1}(j)^{\alpha} N_t(j)^{1-\alpha} \tag{2.19}$$

其中，$0 < \alpha < 1$ 是资本投入占总产出的比重。A_t 代表中性技术进步。在此，我们假设它服从一个一阶自回归过程

$$\ln A_t = (1 - \rho_a)\ln A + \ln A_{t-1} + \varepsilon_t^A$$

按照成本最小化，我们得到工资与资本租金成本之间的关系

$$\frac{K_{t-1}(j)}{N_t(j)} = \left(\frac{\alpha}{1-\alpha}\right)\frac{w_t}{R_t^k} \tag{2.20}$$

其中，$w_t \equiv \dfrac{W_t}{P_t}$ 为实际工资，R_t^k 为实际资本租金率。由于对称性，劳动、资本以及边际成本在各中间产品企业之间是相同的，所以我们有

$$\mathrm{MC}_t = \psi\left(\frac{1}{A_t}\right)(R_t^k)^{\alpha}(w_t)^{1-\alpha} \tag{2.21}$$

其中，$\psi = \alpha^{-\alpha}(1-\alpha)^{-(1-\alpha)}$，$MC_t$ 为实际边际成本，w_t 为实际工资。此外，企业 j 的实际利润为

$$D_t(j) \equiv \left[\frac{P_t(j)}{P_t} - \mathrm{MC}_t\right] Y_t(j) \tag{2.22}$$

在式（2.22）中代入式 2.18 后，我们有

$$D_t(j) \equiv \left[\frac{P_t(j)}{P_t} - \mathrm{MC}_t\right] Y_t(j)$$

$$\Rightarrow D_t(j) \equiv \left[\frac{P_t(j)}{P_t} - \mathrm{MC}_t\right]\left[\frac{P_t(j)}{P_t}\right]^{-\frac{1+\lambda_t^P}{\lambda_t^P}} Y_t$$

$$\Rightarrow D_t(j) \equiv \left\{\left[\frac{P_t(j)}{P_t}\right]^{-\frac{1}{\lambda_t^P}} - \mathrm{MC}_t\left[\frac{P_t(j)}{P_t}\right]^{-\frac{1+\lambda_t^P}{\lambda_t^P}}\right\} Y_t$$

两边关于 j 积分，我们得到

$$D_t = \int_0^1 D_t(j)\,\mathrm{d}j = Y_t\left\{\int_0^1\left[\frac{P_t(j)}{P_t}\right]^{-\frac{1}{\lambda_t^P}}\mathrm{d}j - \mathrm{MC}_t\int_0^1\left[\frac{P_t(j)}{P_t}\right]^{-\frac{1+\lambda_t^P}{\lambda_t^P}}\mathrm{d}j\right\}$$

由于 $1=\int_0^1\left[\frac{P_t(j)}{P_t}\right]^{-\frac{1}{\lambda_t^p}}dj$，我们再令 $\Delta_t\equiv\int_0^1\left[\frac{P_t(j)}{P_t}\right]^{-\frac{1+\lambda_t^p}{\lambda_t^p}}dj$（$\Delta_t$ 度量了产品价格在各个企业之间的分散度），于是，我们有

$$D_t=Y_t(1-\mathrm{MC}_t\Delta_t) \tag{2.23}$$

式（2.23）的对数线性形式为

$$\hat{d}_t=\hat{y}_t-\left[\frac{1}{(1/\mathrm{MC})-1}\right]\hat{\mathrm{mc}}_t \tag{2.24}$$

这里，MC 为实际边际成本稳态值。

2.2.2.2.2　中间产品定价

中间产品企业按照 Calvo（1983）的交错定价方式设定其价格。在每个时期 t，每个企业以 $1-\lambda_p$ 的固定概率重新最优化其产品价格。价格制定者考虑到其 t 时期的名义价格 $P_{H,t}^{new}$ 不仅影响当期利润而且影响未来利润。另外，未能重新最优化其产品价格的企业则在上一期价格的基础之上，根据上一期通货膨胀进行调整

$$P_t(j)=\pi_{t-1}^{\gamma_p}P_{t-1}(j) \tag{2.25}$$

其中，$\pi_t\equiv\frac{P_t}{P_{t-1}}$ 是 t 期国内产品价格通货膨胀，而 γ_p 则是国内产品价格的指数化程度。如果令 P_t^{new} 为调价企业在 t 时期重新定价时所选择的最优价格，由于下次调价前此价格将保持不变，$t+k$ 时期的价格将为

$$P_{t+k}(j)=\left(\prod_{s=0}^{k}\pi_{t+s-1}^{\gamma_p}\right)P_t^{new} \tag{2.26}$$

重新定价企业选择 P_t^{new} 是为了使得其下列利润最大化

$$\begin{aligned}&\underset{\{P_t^{new}\}}{\mathrm{Max}}\,E_t\sum_{k=0}^{\infty}(\beta\lambda_p)^k\left(\frac{\lambda_{t+k}^o}{\lambda_t^o}\right)\left\{\left[\frac{P_{t+k}(j)}{P_{t+k}}-\mathrm{MC}_{t+k}\right]Y_{t+k}(j)\right\}\\ \Rightarrow\ &\underset{\{P_t^{new}\}}{\mathrm{Max}}\,E_t\sum_{k=0}^{\infty}(\beta\lambda_p)^k\left(\frac{\lambda_{t+k}^o}{\lambda_t^o}\right)\left\{\left[\left(\prod_{s=0}^{k}\pi_{t+s-1}^{\gamma_p}\right)\frac{P_t^{new}}{P_{t+k}}-\mathrm{MC}_{t+k}\right]Y_{t+k}(j)\right\}\end{aligned} \tag{2.27}$$

并服从其产品的需求函数

$$Y_{t+k}(j)=\left[\frac{P_{t+k}(j)}{P_{t+k}}\right]^{-\frac{1+\lambda_{t+k}^{p}}{\lambda_{t+k}^{p}}}Y_{t+k}$$

$$\Rightarrow Y_{t+k}(j)=\left[\left(\prod_{s=0}^{k}\pi_{t+s-1}^{\gamma_p}\right)\frac{P_t^{new}}{P_{t+k}}\right]^{-\frac{1+\lambda_{t+k}^{p}}{\lambda_{t+k}^{p}}}Y_{t+k} \tag{2.28}$$

最终，我们得到该最优化问题的一阶条件

$$P_t^{new}=\frac{E_t\sum_{k=0}^{\infty}(\beta\lambda_p)^k\left[\left(-\frac{1+\lambda_{t+k}^{p}}{\lambda_{t+k}^{p}}\right)MC_{t+k}Y_{t+k}(j)\right]}{E_t\sum_{k=0}^{\infty}(\beta\lambda_p)^k\left[\left(-\frac{1}{\lambda_{t+k}^{p}}\right)\left(\prod_{s=0}^{k}\pi_{t+s-1}^{\gamma_p}\right)\frac{Y_{t+k}(j)}{P_{t+k}}\right]}$$

其中，MC_t 为实际边际成本，该一阶条件方程的稳态方程为 $MC=1/(1+\lambda^p)$ 。

最后，国内产品总价格水平的动态方程为

$$P_t=\left[\lambda_p(\pi_{t-1}^{\gamma_p}P_{t-1})^{-\frac{1}{\lambda_t^p}}+(1-\lambda_p)(P_t^{new})^{-\frac{1}{\lambda_t^p}}\right]^{-\lambda_t^p} \tag{2.29}$$

将上述一阶条件的线性化方程与国内产品总价格水平的线性化方程相结合，我们得到

$$\hat{\pi}_t=\frac{\beta}{1+\beta\gamma_p}E_t\hat{\pi}_{t+1}+\frac{\gamma_p}{1+\beta\gamma_p}\hat{\pi}_{t-1}+\frac{(1-\lambda_p)(1-\beta\lambda_p)}{\lambda_p(1+\beta\gamma_p)}\left[\hat{mc}_t+\left(\frac{\lambda^p}{1+\lambda^p}\right)\hat{\lambda}_t^p\right] \tag{2.30}$$

其中，$\hat{\pi}_t$ 和 $\hat{mc}_t$ 分别是对数线性化后的国内产品价格通货膨胀和实际边际成本。λ_p 为价格黏性系数，而 $\hat{\lambda}_t^p$ 则为价格加成冲击，它服从一个外生冲击过程。

2.2.3 劳动市场与工资设定

2.2.3.1 劳动市场

2.2.3.1.1 劳动需求

正如 Schmitt-Grohe 和 Uribe（2005）的研究显示的一样，我们假设存在一个关于差别化劳动的连续统，该连续统通过 $z\in[0,1]$ 实现指数化。遵从 Colciago（2011）的做法，中间品生产企业 j 的劳动投入 $N_t(j)$ 被定义为

$$N_t(j)=\left[\int_0^1 N_t(j,\ z)^{\frac{1}{1+\lambda_t^w}}\mathrm{d}z\right]^{1+\lambda_t^w}$$

这里，$N_t(j,\ z)$ 表示中间企业 j 对劳动类型 z 的需求，其可表示为

$$N_t(j,\ z)=\left[\frac{W_t(z)}{W_t}\right]^{-\frac{1+\lambda_t^w}{\lambda_t^w}}N_t(j) \tag{2.31}$$

其中，总工资指数 W_t 可表示为

$$W_t=\left[\int_0^1 W_t(z)^{-\frac{1}{\lambda_t^w}}\mathrm{d}z\right]^{-\lambda_t^w}$$

2.2.3.1.2　劳动供给

家庭 i 提供各种类型的劳动投入。工资设定的决策由代表不同劳动类型的职工代表组织 $z\in[0,\ 1]$ 来制定。在给定职工代表组织 z 所确定的工资 $W_t(z)$ 下，家庭会根据企业的需求尽可能地向劳动市场 z 提供劳动 $N_t(z)$

$$N_t(z)=\left[\frac{W_t(z)}{W_t}\right]^{-\frac{1+\lambda_t^w}{\lambda_t^w}}N_t^d \tag{2.32}$$

其中，$N_t(z)$ 是家庭所提供的 z 型劳动，N_t^d 是总劳动需求，W_t 是 t 时期经济中的工资指数。而 $\varepsilon_{w,\ t}\equiv\dfrac{1+\lambda_t^w}{\lambda_t^w}$ 是各种劳动投入之间的替代弹性，并且 $\varepsilon_{w,\ t}>1$。这里，λ_t^w 是工资加成冲击，假设它遵循外生的随机过程如下

$$\log(\lambda_t^w)=(1-\rho_w)\log\lambda^w+\rho_w\log(\lambda_{t-1}^w)+\varepsilon_t^w \tag{2.33}$$

其中，λ^w 表示冲击在稳态时的值。劳动需求和工资指数的正式定义将在后面的劳动需求部分中介绍。

各家庭所提供的劳动均匀地分布于各类职工代表组织之间，因此，劳动类型 z 的总需求均匀分布于各家庭之间。于是，每个职工代表组织中李嘉图家庭和非李嘉图家庭所占比例分别为 $1-\lambda$ 和 λ。由此，我们得出结论：单个家庭所提供的劳动时间 $N_t(i)$ 在各个家庭之间是相同的，因此，我们将之改记为 N_t。这将满足于下列时间资源的约束

$$N_t=\int_0^1 N_t(z)\,\mathrm{d}z$$

将该式与上式结合，我们得到

$$N_t=N_t^d\left\{\int_0^1\left[\frac{W_t(z)}{W_t}\right]^{-\frac{1+\lambda_t^w}{\lambda_t^w}}\mathrm{d}z\right\}$$

通常，我们将 $\int_0^1 \left[\frac{W_t(z)}{W_t}\right]^{-\frac{1+\lambda_t^w}{\lambda_t^w}} \mathrm{d}z$ 称为工资分散度，其一阶对数线性近似为 1。

这样的劳动市场结构排除了各家庭之间劳动收入的差别。于是，共同的劳动收入表达如下

$$
\begin{aligned}
&\int_0^1 W_t(z)\ N_t(z)\ \mathrm{d}z \\
&= N_t^d \int_0^1 W_t(z) \left[\frac{W_t(z)}{W_t}\right]^{-\frac{1+\lambda_t^w}{\lambda_t^w}} \mathrm{d}z \\
&= N_t^d \int_0^1 W_t \left[\frac{W_t(z)}{W_t}\right] \left[\frac{W_t(z)}{W_t}\right]^{-\frac{1+\lambda_t^w}{\lambda_t^w}} \mathrm{d}z \\
&= W_t N_t^d \int_0^1 \left[\frac{W_t(z)}{W_t}\right]^{-\frac{1}{\lambda_t^w}} \mathrm{d}z \\
&= W_t N_t^d
\end{aligned}
\tag{2.34}
$$

在非李嘉图家庭预算约束方程的对数线性化过程中，我们将利用到上式。

2.2.3.2　工资设定

遵从 Calvo（1983）的交错定价机制，我们在每个时期 t，每个职工代表组织以 $1-\lambda_w$ 的固定概率重新最优化其名义工资，而剩下不参与重新最优化其名义工资的职工代表组织则在上一期名义工资的基础之上根据上一期通货膨胀进行调整

$$W_t(z) = \pi_{t-1}^{\gamma_w} W_{t-1}(z) \tag{2.35}$$

重新最优化名义工资的职工代表组织，其目标函数是基于李嘉图家庭和非李嘉图家庭的效用函数

$$\underset{\{W_t^{\text{new}}(z)\}}{\text{Max}}\ E_t \sum_{k=0}^{\infty} (\beta\lambda_w)^k \left(\mu_{t+k}^c \Omega_{t+k} - \mu_{t+k}^n \frac{N_{t+k}^{1+\varphi}}{1+\varphi}\right) \tag{2.36}$$

并服从

$$\Omega_{t+k} \equiv (1-\lambda) \frac{(C_{t+k}^o - hC_{t+k-1}^o)^{1-\sigma_c}}{1-\sigma_c} + \lambda \frac{(C_{t+k}^r - hC_{t+k-1}^r)^{1-\sigma_c}}{1-\sigma_c} \tag{2.37}$$

$$N_{t+k}(z) = \left[\frac{W_{t+k}(z)}{W_{t+k}}\right]^{-\frac{1+\lambda_t^w}{\lambda_t^w}} N_{t+k}^d \tag{2.38}$$

$$C^o_{t+k}=\frac{1}{P_{t+k}}\int_0^1 W_{t+k}(z)\,N_{t+k}(z)\,\mathrm{d}z+R^k_{t+k}K^o_{t+k}-$$

$$I^o_{t+k}+\frac{B^o_{t+k}}{P_{t+k}}-\frac{B^o_{t+k+1}}{R_{t+k}P_{t+k}}+D^o_{t+k}-T^o_{t+k} \tag{2.39}$$

$$C^r_{t+k}=\frac{1}{P_{t+k}}\int_0^1 W_{t+k}(z)\,N_{t+k}(z)\,\mathrm{d}z-T^r_{t+k} \tag{2.40}$$

$$W_{t+k}(z)=\pi^{\gamma_w}_{t+k-1}W_{t+k-1}(z)=L=\left(\prod_{s=0}^{k}\pi^{\gamma_w}_{t+s-1}\right)W^{\text{new}}_t(z) \tag{2.41}$$

该优化问题的一阶条件为

$$E_t\sum_{k=0}^{\infty}(\beta\lambda_w)^k\left(-\frac{1}{\lambda^w_t}\right)\left(\prod_{s=0}^{k}\pi^{\gamma_w}_{t+s-1}\right)\frac{N_{t+k}(z)}{W_{t+k}(z)}$$

$$\left[\mu^c_{t+k}\psi^a_{t+k}\left(\prod_{s=0}^{k}\pi^{\gamma_w}_{t+s-1}\right)\frac{W^{\text{new}}_t(z)}{P_{t+k}}-\mu^n_{t+k}(1+\lambda^w_{t+k})N^{\varphi}_{t+k}\right]=0 \tag{2.42}$$

其中，$\psi^a_{t+k}\equiv\lambda(C^r_{t+k}-hC^r_{t+k-1})^{-\sigma_c}+(1-\lambda)(C^o_{t+k}-hC^o_{t+k-1})^{-\sigma_c}$。在经济中，总的工资指数 W_t 可表示为

$$W_t=\left\{(1-\lambda_w)\left[W^{\text{new}}_t(z)\right]^{-\frac{1}{\lambda^w_t}}+\lambda_w\left(\pi^{\gamma_w}_{t-1}W_{t-1}\right)^{-\frac{1}{\lambda^w_t}}\right\}^{-\lambda^w_t} \tag{2.43}$$

将上述一阶条件的线性化方程与总工资指数的线性化方程相结合，我们得到

$$\begin{aligned}\hat{w}_t=&\frac{\beta}{\kappa_w}\hat{w}_{t+1}+\frac{1}{\kappa_w}\hat{w}_{t-1}+\frac{\beta}{\kappa_w}\hat{\pi}_{t+1}-\frac{1+\beta\gamma_w}{\kappa_w}\hat{\pi}_t+\frac{\gamma_w}{\kappa_w}\hat{\pi}_{t-1}+\\&\frac{(1-\lambda_w)(1-\beta\lambda_w)}{\lambda_w\kappa_w}\left(\varphi\hat{n}_t-\hat{\psi}^a_t+\mu^n_t-\mu^c_t+\frac{\lambda^w}{1+\lambda^w}\hat{\lambda}^w_t\right)\end{aligned} \tag{2.44}$$

其中，$\hat{n}_t=\hat{n}^d_t$，并且 $\kappa_w\equiv\dfrac{1+\beta\lambda^2_w}{\lambda_w}$。$\hat{w}_t$ 为对数线性化后的实际工资。λ_w 为工资黏性系数，而 $\hat{\lambda}^w_t$ 则为工资加成冲击，它服从一个外生冲击过程。

2.2.4 政府部门

2.2.4.1 财政政策

政府的名义预算约束为

$$P_tT_t+R^{-1}_tB_{t+1}=B_t+P_{H,t}G_t \tag{2.45}$$

其中，$P_{H,t}G_t$ 是政府在购买国内最终产品时的名义支出；B_t 是政府所发行的名义债券；P_tT_t 是政府的名义总税收收入，并且 $T_t\equiv\lambda T^r_t+$

$(1-\lambda)\ T_t^o$ 。同时，我们假设对每个家庭（无论是李嘉图家庭还是非李嘉图家庭）而言，其一次性税收都是相同的，即 $T_t^r = T_t^o$ 。

我们令 $\hat{g}_t \equiv (G_t - G)/Y$ ，$\hat{t}_t \equiv (T_t - T)/Y$ ，$\hat{b}_t \equiv [(B_t/P_{t-1}) - (B/P)]/Y$ ，进而假定如下财政政策规则

$$\hat{t}_t = \varphi_b \hat{b}_t + \varphi_g \hat{g}_t \tag{2.46}$$

其中，φ_b 和 φ_g 都是大于零的正系数。同时，我们假定政府购买 $\hat{g}_t$ 是一个按照下列一阶自回归过程演变的外生随机变量

$$\hat{g}_t = \rho_g \hat{g}_{t-1} + \varepsilon_t^g \tag{2.47}$$

其中，$0 < \rho_g < 1$，而 ε_t^g 一个白噪声，其方差为 $\sigma_{\varepsilon g}^2$ 。

2.2.4.2　货币政策

我们假定货币权力机构所实施的货币政策遵从如下的一种 Taylor 法则

$$\hat{r}_t = \rho_r \hat{r}_{t-1} + (1-\rho_r)(\varphi_\pi \hat{\pi}_{t+1} + \varphi_y \hat{y}_t) + \varepsilon_t^r \tag{2.48}$$

其中，$r_t = R_t - 1$，ρ_r 为名义利率 $\hat{r}_t$ 自身的平滑系数，而 ϕ_y 和 ϕ_π 则分别是名义利率对产出波动和通货膨胀波动的反应系数，ε_t^r 则是一个外生冲击变量。

2.2.5　总资源约束

经济中的总资源约束为

$$Y_t^{\frac{\varepsilon_p - 1}{\varepsilon_p}} = \int_0^1 Y_t(j)^{\frac{\varepsilon_p - 1}{\varepsilon_p}} \mathrm{d}j \tag{2.49}$$

该式围绕其稳态线性化为

$$Y_t - G = C_t + I_t + G_t - G$$

$$\Rightarrow Y \cdot \hat{y}_t = C \cdot \hat{c}_t + I \cdot \hat{i}_t + G_t - G$$

$$\Rightarrow \hat{y}_t = \frac{C}{Y} \cdot \hat{c}_t + \frac{I}{Y} \cdot \hat{i}_t + \frac{G_t - G}{Y}$$

令 $\gamma_c \equiv \frac{C}{Y}$，$\gamma_i \equiv \frac{I}{Y}$，$\hat{g}_t \equiv \frac{G_t - G}{Y}$，$\gamma_g = 1 - \gamma_c - \gamma_i$ ，则有

$$\hat{y}_t = \gamma_c \hat{c}_t + \gamma_i \hat{i}_t + \hat{g}_t \tag{2.50}$$

对数线性化

$$\hat{\lambda}_t^o = \frac{\sigma_c \beta h}{(1-h)(1-\beta h)}(E_t \hat{c}_{t+1}^o - h\hat{c}_t^o) - \frac{\sigma_c}{(1-h)(1-\beta h)}(\hat{c}_t^o - h\hat{c}_{t-1}^o)$$

$$\hat{\lambda}_t^r = \frac{\sigma_c \beta h}{(1-h)(1-\beta h)}(E_t \hat{c}_{t+1}^r - h\hat{c}_t^r) - \frac{\sigma_c}{(1-h)(1-\beta h)}(\hat{c}_t^r - h\hat{c}_{t-1}^r)$$

$$\hat{\lambda}_t^o - E_t \hat{\lambda}_{t+1}^o = \hat{r}_t - E_t \hat{\pi}_{t+1}$$

2.3 模型参数校准与估计

2.3.1 数据处理

本书选取的观测数据包括实际的产出、消费、投资、通货膨胀、政府支出、利率和工资共七个，时间范围从 1996 年第 1 季度到 2015 年第 4 季度。数据来源为查涛（2016）宏观经济数据以及中经网统计数据库。产出为国内生产总值，消费为全社会消费品零售总额，投资为固定资产投资完成额，通货膨胀为定基 CPI（居民消费价格指数）的对数差分，政府支出为名义政府支出，利率为银行间 7 日拆借利率，工资为城镇居民劳动收入。

首先，我们利用定基 CPI 指数对除通货膨胀和利率外的其他所有变量进行处理以得到相应的实际变量，并利用 Eviews 对具有明显季节特征的数据实施 Census X12 方法的处理以进行季节调整。然后，对所有数据取自然对数，并再次利用 Eviews 对取对数后的数据实施 HP 滤波，以得到去势后的波动数据。

2.3.2 参数校准

本书需要校准的参数大致分为家庭、企业和政府共三部分。

首先，家庭部门参数校准。与国内大多数传统文献一样，我们将家庭的主观贴现因子 β 校准为 0.99，以对应于年平均实际利率 4%。我们遵从刘斌的估计结果（2008），将资本折旧率 δ 、消费跨期替代弹性 σ_c 、消费习惯参数 h 和劳动供给弹性 φ 分别校准为 0.025、2.0、0.5 和 2.0。而根据王文甫（2010）的估计结果，我们将经济中非李嘉图家庭占比 λ 校准为 0.8。遵从仝冰（2010）的估计结果，我们将工资黏性系数 λ_w 以及通货膨胀对该工资的影响程度 γ_w 分别校准为 0.6、0.5。根据刘斌（2008）的估计结果，我们将不同劳动类型之间的替代弹性校准为 3.0，其所对应的工资加成稳态值 λ^w 则为 0.5。

其次，企业部门参数校准。我们遵从刘斌（2008）的估计结果，将资本产出弹性 α 校准为 0.4，而将投资成本函数弹性系数 $S''(1)$ 校准为 2.0。

遵从仝冰（2010）的估计结果，将中间产品生产企业的价格调整黏性系数 λ_p 、上一期通货膨胀对本期中间产品生产企业价格调整的影响程度 γ_p ，以及价格加成比例稳态值 λ^p 分别校准为 0.6、0.5、0.5。同理，我们将工资黏性系数 λ_w 以及通货膨胀对其影响程度 γ_w 分别校准为 0.6、0.5，而将其加成稳态值 λ^w 校准为 0.5。

最后，政府部门参数校准。遵从刘斌（2008）的估计结果，我们将利率规则中利率平滑系数 ρ_r 、利率对通货膨胀反应系数 ϕ_π 、利率对产出波动反应系数 ϕ_y 的校准分别调整为 0.6、1.5、0.5；而财政政策规则中的反馈系数 ϕ_b 、ϕ_g 则根据王国静和田国强（2014）的估计结果，均调整设定为 0.5。按照数据计算，我们将两类家庭税收稳态之比 t_o/t_r 、政府支出占总产出的稳态之比 γ_g 分别校准为 1.65、0.13，见表 2.1。

表 2.1　常见参数的校准

参数	参数说明	校准值	参数	参数说明	校准值
β	贴现因子	0.98	α	产出中的资本份额	0.4
δ	资本折旧率和	0.03	t_o/t_r	稳态时两类家庭税收之比	1.65
γ_g	稳态时政府支出与总产出之比	0.13			

2.3.3　模型估计

参照 DSGE 文献的标准做法，在贝叶斯估计中，我们将不对模型中那些较为明确的参数如贴现因子 β 、资本产出弹性 α 以及资本折旧率 δ 进行估计。如果估计所有结构参数，那么一些参数将无法得到识别（Canova、Fabio、Sala，et al.，2009）。

参数的先验分布对于贝叶斯估计而言至关重要，因此关于它的选择需十分慎重。遵从 An 和 Schorfheide（2007）的研究结果，我们通常将介于 0 与 1 之间的参数设定为服从 Beta 分布，将介于 0 与 1 之间且其校准值取值不确定的参数设定为服从均匀分布，将大于 0 的参数设定为服从 Gamma 分布，将不必然介于 0 与 1 之间的参数设定为服从 Gamma 分布或正态分布，将校准值取值争议较大且其符号不确定的参数设定为服从正态分布，而将外生冲击过程中 AR（1）系数设定为服从 Beta 分布，将外生冲击过程中新息的标准差设定为服从 Inverse Gamma 分布。

估计通过 Matlab 的 Dyanre 工具包完成。在设定 MH 再抽样参数时，我们将跳跃参数设定为 0.188，以使接受率（acceptance rate）为 0.2~0.4。估计结果中，众数检验（mode check）可判断参数的后验估计结果是否对其先验分布的设定敏感，不敏感则表明：对数后验似然函数（log-post）与对数似然核（log-lik-kernal）在后验众数（mode）附近几乎重合。Brooks 和 Gelman 的检验表明：通过再抽样技术所得到的后验分布收敛，即组间方差趋于 0，而组内方差趋于稳定。先后验对比检验表明：先后验越接近甚至重合，该参数的识别性较差，数据似然在先后验分布之间并未发挥明显的"桥梁"作用。

图 2.1 报告了收敛性检验的多变量诊断结果。图中实线与虚线分别代表各个 MCMC 链内部和各个 MCMC 链之间的参数向量的矩估计（上图为均值、中图为方差、下图为三阶矩）。当这些矩估计在各个 MCMC 链内部和之间趋于稳定时，上中下三图中的实线与虚线则收敛，这表明参数估计的结果是稳健的。

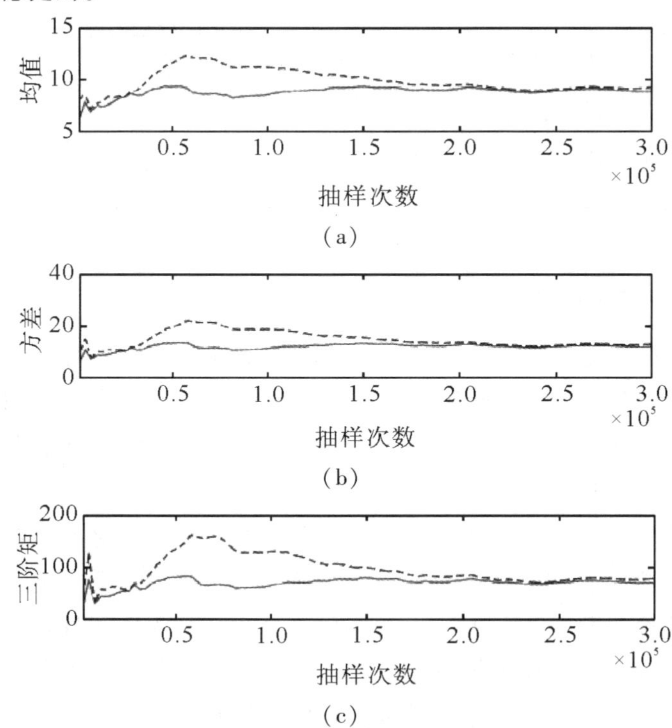

图 2.1 多变量的收敛诊断图

表 2.2 和表 2.3 报告了模型中各待估参数的贝叶斯估计结果。

表 2.2 结构参数估计

参数	参数说明	先验分布	后验均值	95%置信区间
h	消费习惯	Beta [0.7, 0.1]	0.671 0	[0.599 4, 0.736 2]
λ	经济中非李嘉图家庭的占例	Beta [0.8, 0.1]	0.749 7	[0.673 3, 0.828 6]
σ_c	消费跨期替代弹性	Gamma [2.0, 0.2]	2.054 6	[1.778 8, 2.334 7]
φ	劳动供给弹性倒数	Gamma [2.0, 0.2]	1.863 9	[1.590 5, 2.142 0]
$S''(1)$	投资成本函数弹性	Gamma [2.0, 0.2]	2.781 5	[2.462 5, 3.119 9]
λ_p	中间产品价格黏性系数	Beta [0.6, 0.05]	0.811 3	[0.779 3, 0.844 7]
γ_p	中间产品价格指数化程度	Beta [0.5, 0.1]	0.391 9	[0.268 5, 0.511 4]
λ^p	价格加成稳态值	Beta [0.5, 0.1]	0.586 9	[0.434 2, 0.738 7]
λ_w	工资黏性系数	Beta [0.6, 0.05]	0.694 0	[0.650 8, 0.737 1]
γ_w	工资指数化程度	Beta [0.5, 0.1]	0.449 4	[0.277 5, 0.616 4]
λ^w	工资加成稳态值	Beta [0.5, 0.1]	0.504 3	[0.359 7, 0.642 3]
φ_b	税收对政府债券反应系数	Beta [0.5, 0.1]	0.574 7	[0.445 1, 0.702 0]
φ_g	税收对政府支出反应系数	Beta [0.5, 0.1]	0.618 7	[0.495 2, 0.735 2]
ρ_r	利率平滑系数	Beta [0.6, 0.1]	0.564 3	[0.454 1, 0.672 5]
φ_π	利率对通货膨胀反应系数	Gamma [1.5, 0.1]	1.282 2	[1.070 6, 1.530 5]
φ_y	利率对产出波动反应系数	Beta [0.5, 0.1]	0.848 3	[0.725 7, 0.978 0]

表 2.3 外生冲击过程中自回归系数及冲击方差的估计

参数	参数说明	先验分布	后验均值	95%置信区间
ρ_c	家庭消费冲击自回归系数	Beta [0.6, 0.1]	0.443 3	[0.324 8, 0.554 4]

表2.3(续)

参数	参数说明	先验分布	后验均值	95%置信区间
ρ_n	劳动供给冲击自回归系数	Beta [0.6, 0.1]	0.524 8	[0.422 2, 0.632 8]
ρ_i	投资冲击自回归系数	Beta [0.6, 0.1]	0.569 8	[0.496 0, 0.639 6]
ρ_a	生产技术冲击自回归系数	Beta [0.6, 0.1]	0.452 1	[0.363 7, 0.540 7]
ρ_p	价格加成冲击自回归系数	Beta [0.6, 0.1]	0.535 5	[0.400 3, 0.673 0]
ρ_w	工资加成冲击自回归系数	Beta [0.6, 0.1]	0.575 8	[0.415 9, 0.721 9]
ρ_g	政府支出冲击自回归系数	Beta [0.6, 0.1]	0.644 3	[0.542 1, 0.745 9]
σ_r	利率冲击标准差	InvGamma [0.1, 2.0]	0.012 1	[0.011 8, 0.012 5]
σ_c	家庭消费冲击标准差	InvGamma [0.1, 2.0]	0.025 7	[0.019 1, 0.032 0]
σ_n	劳动供给冲击标准差	InvGamma [0.1, 2.0]	0.069 1	[0.037 0, 0.098 5]
σ_i	投资冲击标准差	InvGamma [0.1, 2.0]	0.013 5	[0.011 8, 0.015 0]
σ_a	生产技术冲击标准差	InvGamma [0.1, 2.0]	0.015 1	[0.012 7, 0.017 2]
σ_p	价格加成冲击标准差	InvGamma [0.1, 2.0]	0.095 4	[0.051 7, 0.140 3]
σ_w	工资加成冲击标准差	InvGamma [0.1, 2.0]	0.088 7	[0.024 6, 0.164 2]
σ_g	政府支出冲击标准差	InvGamma [0.1, 2.0]	0.012 1	[0.011 8, 0.012 5]
边际数据密度（laplace approximation）		1 635.014 733		

2.4 结果分析

2.4.1 预测误差方差分解

通过预测误差方差分解（variance decomposition），我们可以观察不同外生冲击对经济波动的贡献度，以及这些冲击在短期和中长期波动中的相对贡献。具体分解见表 2.4。

表 2.4　预测误差方差分解　　单位：%

	ε_t^g	ε_t^A	ε_t^n	ε_t^I	ε_t^r	ε_t^p	ε_t^w	ε_t^c
$\hat{y}_t$	36.38	1.35	0.06	29.51	31.88	0.06	0.01	0.75
$\hat{i}_t$	26.61	0.68	0.06	14.67	56.78	0.09	0.01	1.10
$\hat{c}_t$	19.70	2.45	0.08	40.52	35.78	0.07	0.01	1.38
$\hat{c}_t^o$	19.29	0.45	40.91	0.05	38.02	0.07	0.00	1.20
$\hat{c}_t^r$	35.09	27.79	13.76	0.35	22.56	0.06	0.04	0.36
$\hat{n}_t$	44.79	26.12	0.06	10.17	18.37	0.03	0.01	0.45
$\hat{w}_t$	78.61	11.42	2.36	0.93	4.11	0.00	0.24	2.31
$\hat{\pi}_t$	19.10	1.44	0.09	42.53	35.84	0.11	0.01	0.89
$\hat{r}_t$	19.37	0.62	0.06	35.40	43.66	0.08	0.01	0.89

从表 2.4 我们发现，政府支出冲击是继货币政策冲击、投资冲击之后的第三大冲击，对宏观经济波动具有较强的解释能力。从各个主要宏观经济变量来看，政府支出冲击的解释能力由大到小分别为实际工资、劳动供给、产出、投资、总消费。其中，政府支出冲击对非李嘉图家庭消费的解释能力明显高于对李嘉图家庭消费的解释能力。

2.4.2　模型动态分析

2.4.2.1　政府支出冲击与各个宏观经济变量

由于政府支出的两个融资渠道是政府债券和税收，当政府支出增加时，政府债券与税收也将随之增加。一方面，在货币供给不变下，政府债券的增加相当于资金市场中的货币回流加速，从而利率升高，投资成本上升，导致私人投资下降，出现政府支出对私人投资的挤出效应（见图 2.2 上图）。另一方面，税收增加的预期使得李嘉图家庭出现负财富效应，从而其消费水平下降，进而出现政府支出对李嘉图家庭消费的挤出效应（见图 2.2 下图 c_r ）。

此外，当政府支出增加时，就业增加，实际工资上涨，非李嘉图家庭需求增加，其消费水平上升，从而出现政府支出对非李嘉图家庭消费的挤入效应（见图 2.2 下图 c_0）。由于非李嘉图家庭在总人口中占比近 80%，因此，政府支出对总的私人消费呈现挤入效应（见图 2.2 下图 c ）。

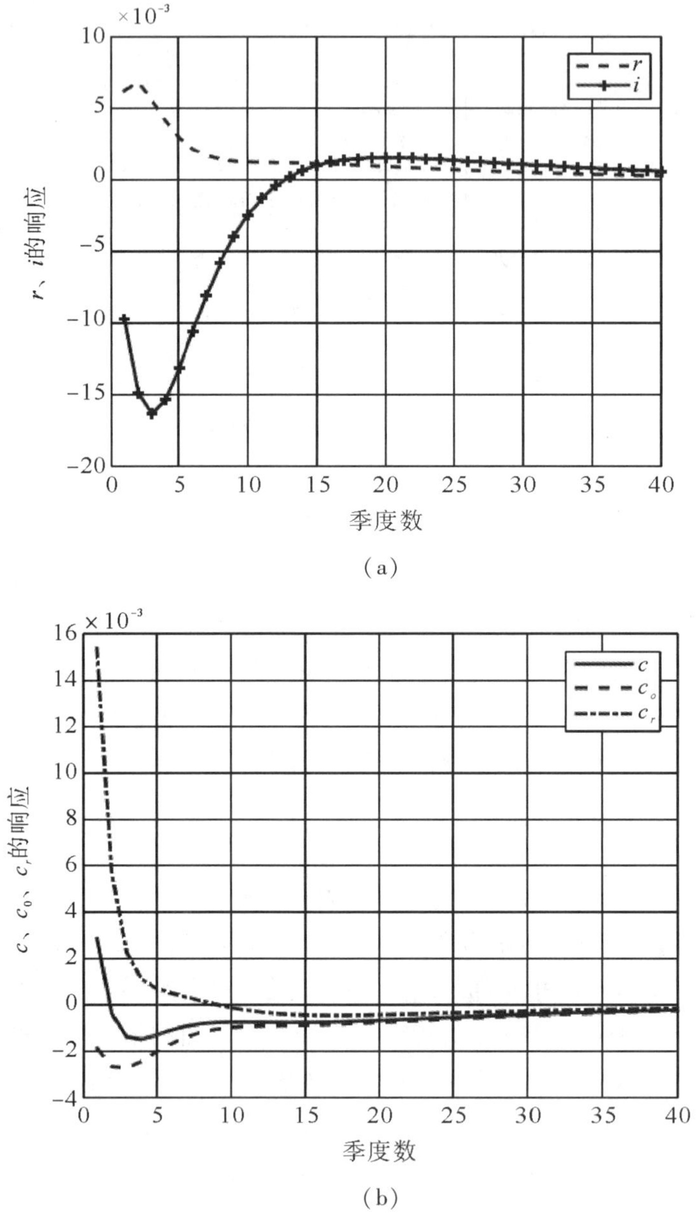

（a）

（b）

图 2.2　私人投资、私人消费、李嘉图消费、非李嘉图消费对政府支出冲击的响应

从图 2.3 我们发现：政府支出增加导致私人消费增加、私人投资下降，而总产出则在政府支出和私人消费的合力下最终呈现上升、通货膨胀上升、利率上升。这与第1章中基于结构VAR的经验事实基本相符。

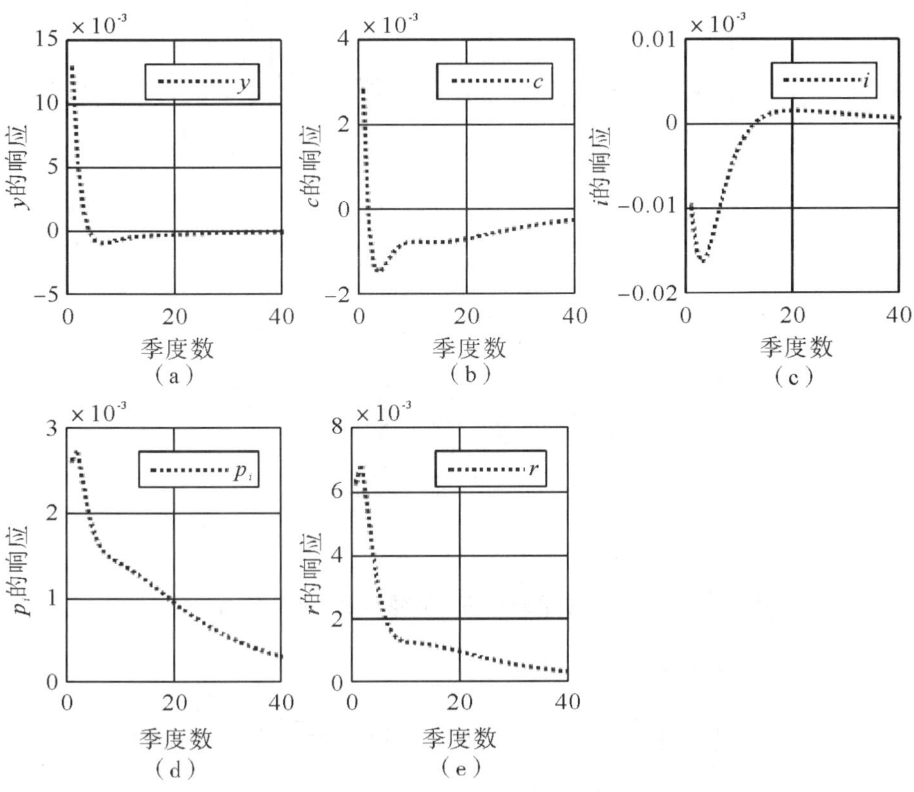

图2.3 主要宏观经济变量对政府支出冲击的响应

2.4.2.2 不同的非李嘉图家庭占比λ下政府支出的冲击效应

由于政府支出的增加在抑制李嘉图家庭消费的同时却刺激了非李嘉图家庭的消费，随着非李嘉图家庭占比λ的不断提高，产出、消费、投资、通货膨胀、利率对政府支出冲击的响应呈现出不同程度的放大效应。放大程度由大到小依次为通货膨胀、利率、消费、投资、产出（见图2.4）。

私人消费方面。随着非李嘉图家庭占比λ的不断提高，李嘉图家庭消费对政府支出冲击的响应被放大，而非李嘉图家庭消费的响应被缩小。但是，伴随李嘉图家庭消费响应被放大的是李嘉图家庭消费占比的减少；同时，伴随非李嘉图家庭消费响应被缩小的是非李嘉图家庭消费占比的增加。综合而言，最终私人消费的效应是被放大的，也就是说，非李嘉图家庭占比的影响要大于非李嘉图家庭消费响应被缩小的影响（见图2.5）。

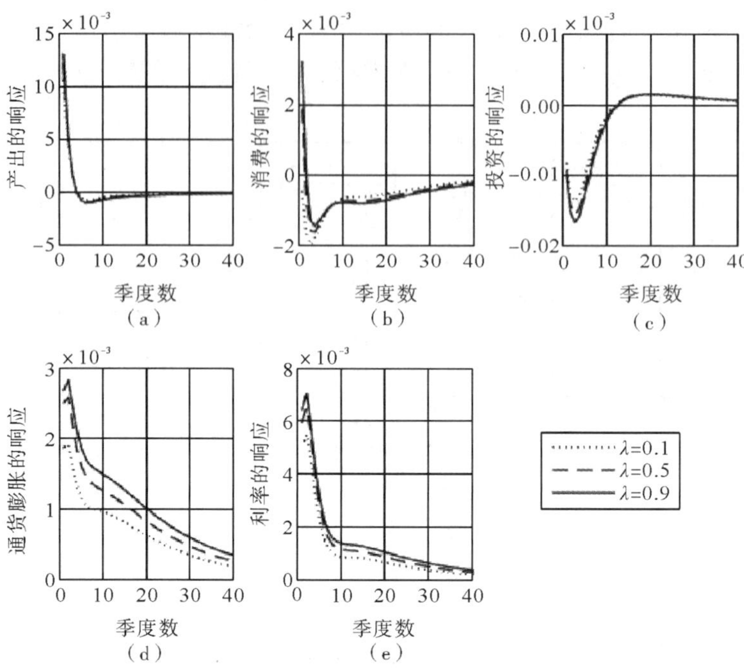

图 2.4　不同 λ 下主要宏观经济变量对政府支出冲击的响应

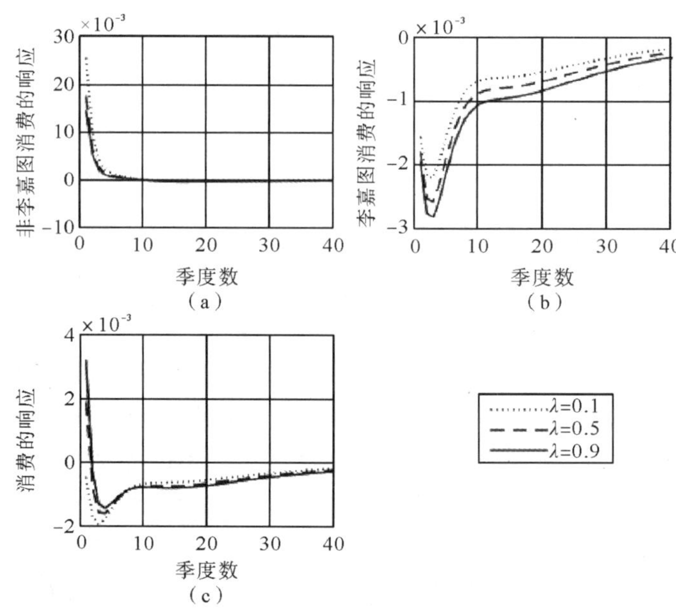

图 2.5　不同 λ 下各类消费对政府支出冲击的响应

2.4.2.3　工资黏性下政府支出对私人消费的冲击

通过工资黏性系数 λ_w 为零的设置，我们恢复了模型中弹性工资的设定，从而实现了弹性工资与黏性工资的对比，进而判断工资黏性对政府支出冲击效应的影响（见图 2.6 和图 2.7）。

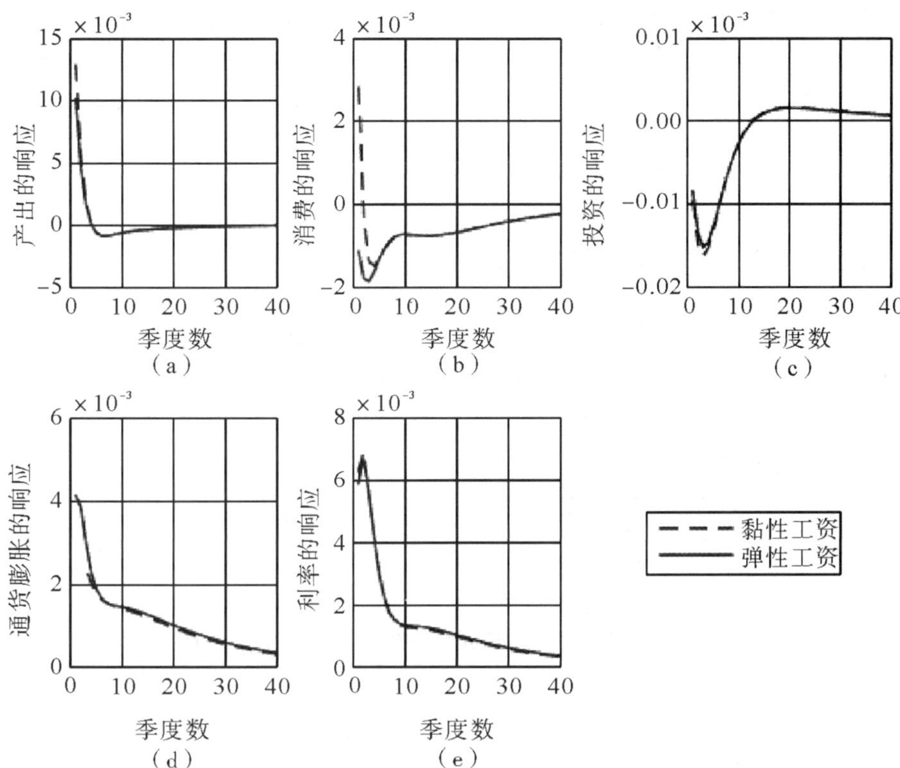

图 2.6　黏性工资下主要宏观经济变量对政府支出冲击的响应

工资黏性放大了除通货膨胀之外的其他所有宏观经济变量对政府支出的响应。其中，对消费的放大效应尤为显著，由政府支出对消费的挤出效应转变成为对消费的挤入效应。关于工资黏性对通货膨胀的紧缩效应，我们认为：工资作为生产成本之一，其黏性的存在对价格的变化具有缓冲作用（见图 2.6）。

在私人消费方面，李嘉图家庭消费与非李嘉图家庭消费对政府支出冲击的响应在黏性工资下都得到放大。其中，非李嘉图家庭消费的放大效应最为显著。正是非李嘉图家庭消费的这一显著放大，导致私人消费在非李嘉图家庭消费的主导下，呈现出明显的挤入效应。

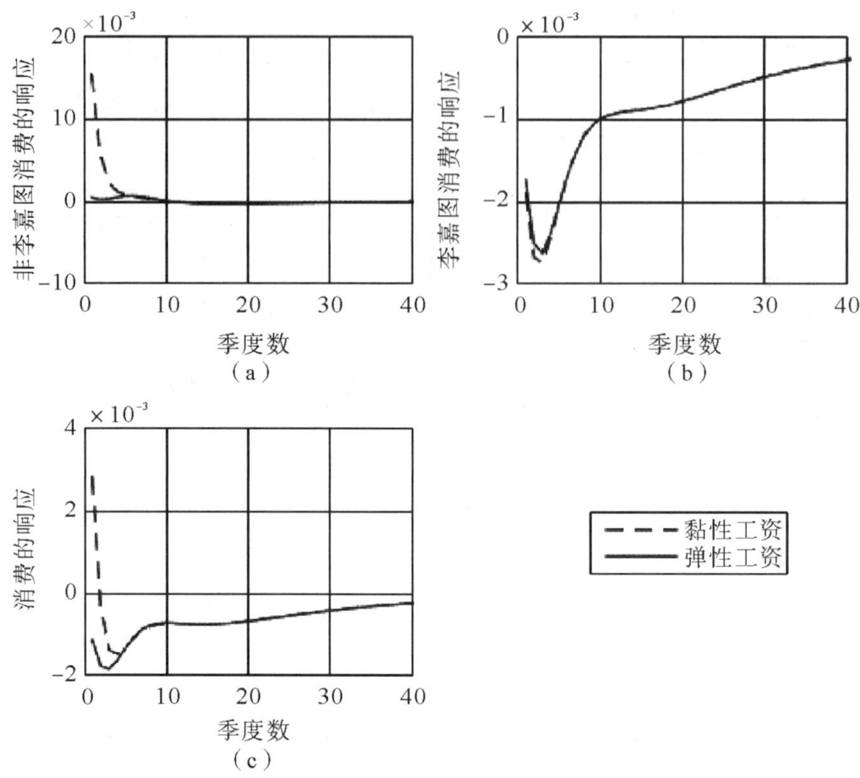

图 2.7　黏性工资下各类消费对政府支出冲击的响应

2.5　结论

国内文献中，在含有非李嘉图家庭的新凯恩斯模型框架下，关于政府支出对私人消费影响的研究几乎没有，本书尝试弥补这一空白。本书基于GLV（2007）进行了两方面的拓展：引入了资本累积和工资黏性。此外，本书还基于中国1996—2015年的季度数据对模型进行了贝叶斯估计，并发现基于估计结果的模拟脉冲响应与基于结构VAR的脉冲响应基本相符。

本书的主要结论是：①政府支出对私人消费具有挤入效应，这主要是因为政府支出对非李嘉图家庭的消费具有挤入效应，并且非李嘉图家庭在整个人口中的占比高达约80%。②政府支出对私人投资具有挤出效应，这是因为政府支出增加导致利率上升，投资成本升高。③非李嘉图家庭在整个人口中占比的不断提高，给政府支出对整个宏观经济的冲击效应起到了一种放大的作用。④工资黏性也对除通货膨胀之外其他宏观经济变量关于政府支出冲击的效应具有放大效应。⑤从方差分解看，政府支出冲击能解释大约36.38%的产出波动。

本书得出的启示是，政府支出虽有利于私人消费的增加，尤其有利于非李嘉图家庭的消费增加，但不利于私人投资的增加。因此，该政策工具的实施需平衡好消费与投资两者之间的关系。

3 政府支出与私人投资

3.1 导言

我们的模型是基于一个小型开放经济框架建立的，正如 Monacelli（2005）、Gali 和 Monacelli（2005、2008），以及 Justiniano 和 Preston（2010）那样。在该框架中，本国经济被模型化为一个小型经济连续统中的一员。由于连续统中每个成员国无限小，特定国家的政策和冲击不影响世界其他国家，世界其他所有国家则足够大以至于被刻画成一个封闭经济（Monacelli，2005；Beltran、Draper，2008）。此外，遵从 Gali、Lopez－Salido 和 Valles（2007）的做法，我们还假设部分家庭的消费受到当前收入的约束。

3.2 模型设定

与第 2 章一样，我们的模型仍由李嘉图家庭、非李嘉图家庭、垄断竞争的中间产品生产企业、完全竞争的最终产品生产企业、政府以及代表家庭利益的职工代表组织（或工会）组成。不同的是，在这一章中，我们将模型经济扩展成为一个小型经济体，因此，模型考虑了具有垄断竞争的进口产品企业。

3.2.1 家庭部门

我们假设国内存在一个家庭连续统，该连续统通过 $i \in [0, 1]$ 实现指数化。正如 GLV（2004、2007）一样，位于区间 $[0, \lambda]$ 的家庭不能进入金融市场，也不能拥有初始的资本禀赋，他们每个时期只能消费其所获得的劳动收入，我们将这些家庭称为非李嘉图家庭；而位于区间 [λ，1] 的剩余家庭则可以进入实物资本市场和债券市场，并且这些能进入金融市场的家庭拥有相同的初始资本禀赋，他们每个时期的消费无需只依赖于其劳动收入，我们将这些家庭称为李嘉图家庭。另外，这两种家庭拥有相同的瞬时效用函数，于是其基于 0 时期的终生效用函数为

$$E_0\sum_{t=0}^{\infty}\beta^t\left\{\mu_t^c\frac{[C_t(i)-hC_{t-1}(i)]^{1-\sigma_c}}{1-\sigma_c}-\mu_t^n\frac{N_t(i)^{1+\varphi}}{1+\varphi}\right\} \tag{3.1}$$

其中，$E_0(g)$ 表示基于 0 时期所获的信息集为条件的期望算子，$\beta\in(0,1)$ 表示主观贴现因子，$C_t(i)$ 表示家庭 i 的一种复合消费品，我们将在下面定义它。$N_t(i)$ 表示家庭 i 所提供的劳动。此外，我们还考虑了一种消费偏好冲击 μ_t^c 和一种劳动负效用冲击 μ_t^n

$$\ln\mu_t^c=(1-\rho_c)\ln\mu^c+\rho_c\ln\mu_{t-1}^c+\varepsilon_t^c$$

$$\ln\mu_t^n=(1-\rho_n)\ln\mu^n+\rho_n\ln\mu_{t-1}^n+\varepsilon_t^n$$

其中，$0\leqslant\rho_c<1$、$0\leqslant\rho_n<1$，而 ε_t^c 和 ε_t^n 则都是服从正态分布的独立同分布变量，其均值都为 0，方差分别为 $\sigma_{\varepsilon^c}^2$ 和 $\sigma_{\varepsilon^n}^2$ 。

正如前面所提到的那样，$C_t(i)$ 是一种复合消费品。遵从 Andrea Colciago（2011）的做法，在同质性假设下，我们将除去家庭指数化指标 i ，用 C_t 替代 $C_t(i)$ 。于是，C_t 的定义为

$$C_t=\left[\chi^{\frac{1}{\eta}}C_{H,t}^{\frac{\eta-1}{\eta}}+(1-\chi)^{\frac{1}{\eta}}C_{F,t}^{\frac{\eta-1}{\eta}}\right]^{\frac{\eta}{\eta-1}} \tag{3.2}$$

其中，$0.5<\chi<1$ 反映了不同的本国偏好，$C_{H,t}$ 和 $C_{F,t}$ 分别由国内产品和进口产品的 CES 加总而构建得来，它们的定义如下：

$$C_{H,t}=\left[\int_0^1 C_{H,t}(j)^{\frac{1}{1+\lambda_t^p}}\mathrm{d}j\right]^{1+\lambda_t^p},\ C_{F,t}=\left[\int_0^1 C_{F,t}(j)^{\frac{1}{1+\lambda_t^f}}\mathrm{d}j\right]^{1+\lambda_t^f} \tag{3.3}$$

这里，参数 $\eta>1$ 度量了 $C_{H,t}$ 与 $C_{F,t}$ 之间的替代弹性；参数 $\varepsilon_{p,t}=\dfrac{1+\lambda_t^p}{\lambda_t^p}$ 和 $\varepsilon_{f,t}=\dfrac{1+\lambda_t^f}{\lambda_t^f}$ 则分别度量了 $C_{H,t}$ 内部各差别化产品之间，以及 $C_{F,t}$ 内部各差别化产品之间的替代弹性；而 λ_t^p 和 λ_t^f 都是序列相关的价格加成冲击，当 λ_t^p 和 λ_t^f 越小，不同国内产品之间的替代弹性和不同进口产品之间的替代弹性都越小，即产品之间越难替代。也就是说中间产品生产企业的垄断程度和进口产品企业的垄断程度都越来越高，而需求弹性越

小，价格加成也就越高。价格加成冲击 λ_t^p 和 λ_t^f 分别遵循以下的 AR（1）过程：

$$\ln(\lambda_t^p) = (1 - \rho_{\lambda^p})\ln(\lambda^p) + \rho_{\lambda^p}\ln(\lambda_{t-1}^p) + \varepsilon_t^p,\ \varepsilon_t^p \sim N(0,\ \sigma_{\hat{\mu}_{p,\ t}}) \tag{3.4}$$

$$\ln(\lambda_t^f) = (1 - \rho_{\lambda^f})\ln(\lambda^f) + \rho_{\lambda^f}\ln(\lambda_{t-1}^f) + \varepsilon_t^f,\ \varepsilon_t^f \sim N(0,\ \sigma_{\hat{\mu}_{f,\ t}}) \tag{3.5}$$

其中，λ^p 和 λ^f 分别表示两种冲击在稳态时的值。

于是，国内产品生产价格指数和进口产品生产价格指数（本币表示）分别为

$$P_{H,\ t} \equiv \left[\int_0^1 P_{H,\ t}(j)^{-\frac{1}{\lambda_t^p}} \mathrm{d}j\right]^{-\lambda_t^p},\quad P_{F,\ t} \equiv \left[\int_0^1 P_{F,\ t}(j)^{-\frac{1}{\lambda_t^f}} \mathrm{d}j\right]^{-\lambda_t^f} \tag{3.6}$$

在价格给定的情况下，最小化家庭支出成本，我们得到家庭对国内外每种单一产品 j 的需求函数分别为

$$C_{H,\ t}(j) = \left[\frac{P_{H,\ t}(j)}{P_{H,\ t}}\right]^{-\frac{1+\lambda_t^p}{\lambda_t^p}} C_{H,\ t},\quad C_{F,\ t}(j) = \left[\frac{P_{F,\ t}(j)}{P_{F,\ t}}\right]^{-\frac{1+\lambda_t^f}{\lambda_t^f}} C_{F,\ t} \tag{3.7}$$

而家庭对国内产品组合 $C_{H,\ t}$ 和进口国外产品组合 $C_{F,\ t}$ 的需求函数分别为

$$C_{H,\ t} = \chi\left(\frac{P_{H,\ t}}{P_t}\right)^{-\eta} C_t,\quad C_{F,\ t} = (1 - \chi)\left(\frac{P_{F,\ t}}{P_t}\right)^{-\eta} C_t \tag{3.8}$$

最后，通过最小化购买一单位 C_t 的成本，我们可得到国内消费品价格指数（CPI）

$$P_t \equiv [\chi P_{H,\ t}^{1-\eta} + (1 - \chi)\ P_{F,\ t}^{1-\eta}]^{\frac{1}{1-\eta}} \tag{3.9}$$

3.2.1.1 李嘉图家庭

每个时期，代表性的李嘉图家庭将做出一系列的决策。首先，李嘉图家庭要做出消费—储蓄决策。其次，他们要在实物资本与无风险金融资产之间做出投资组合决策，同时，他们还要决定提供多少资本服务。最后，他们必须按照其与垄断性工会组织所谈判的工资率，根据企业需求提供劳动服务。李嘉图家庭的实际预算约束为

$$C_t^o + I_t^o + \frac{B_t^o}{R_t P_t} + \frac{e_t \mathrm{NFA}_{t+1}^o}{P_t}$$

$$= \frac{1}{P_t}\int_0^1 W_t(z)\ N(z)\ _t\mathrm{d}z + R_t^k K_t^o + \frac{B_{t-1}^o}{P_t} + \frac{R_{t-1}^* \varphi(\hat{\mathrm{nfa}}_{t-1}^o)\ e_{t-1} NFA_t^o}{P_t} + D_t^o - T_t^o \tag{3.10}$$

其中，C_t^o 和 I_t^o 分别是按实际变量所表示的消费支出和投资支出。$\frac{1}{P_t}\int_0^1 W_t(z)\ N_t(z)\ \mathrm{d}z$ 表示 t 时期李嘉图家庭的实际劳动收入，$N_t(z)$ 表示李嘉图家庭所提供的 z 型劳动时间，而 $W_t(z)$ 则表示与该类型的劳动相对应的工资，进一步介绍详见后面劳动市场部分。此外，李嘉图家庭还按照实际资本租金率 R_t^k，将其所持实物资本 K_t^o 租借给企业，并接受租金收入 $R_t^k K_t^o$。D_t^o 和 T_t 分别表示来自企业的红利和消费者所支付（或接受）的一次性税收（或转移支付）。B_t^o 表示李嘉图家庭从 $t-1$ 期携带到 t 期的国内一期无风险名义债券。R_t 表示 t 期所购买债券的名义总收益率。NFA_t^o 是外币计价的一期债券数量。e_t 是名义汇率。R_t^* 表示 t 期所购买国外债券的国外名义总收益率。遵从 Benigno（2009）以及 Schmitt-Grohe 和 Uribe（2003）的做法，$\phi(\hat{\mathrm{nfa}}_t)$ 项表示所持国外债券的溢价，其定义为

$$\phi(\hat{\mathrm{nfa}}_t^o) \equiv \exp(-\kappa \cdot \hat{\mathrm{nfa}}_t^o + \mu_t^\varphi) \tag{3.11}$$

其中，$\hat{\mathrm{nfa}}_t^o \equiv \frac{e_{t-1}\mathrm{NFA}_t^o / P_{t-1}}{Y}$ 表示国内经济中实际国外净资产头寸占比，而 $\hat{\eta}_t^\varphi$ 则是一种风险溢价冲击。函数 $\varphi(\hat{\mathrm{nfa}}_t^o)$ 反映了国际资产市场中国内家庭的交易成本。因此，作为净借款人，国内家庭将承担由国外利率溢价所带来的成本；作为净贷款人，他们将接受由国外利率下降所带来的收益损失。该函数形式可确保在模型的对数线性化近似中国外债券水平的平稳性。

另外，遵从 Christiano 等（2005）的做法，我们假定实物资本累积方程为

$$K_t^o = (1-\delta)\ K_{t-1}^o + \left[1 - S\left(\frac{I_t^o}{I_{t-1}^o}\right)\right]\mu_t^I I_t^o \tag{3.12}$$

其中，δ 是资本折旧率，$S\left(\frac{I_t^o}{I_{t-1}^o}\right)$ 项反映了资本调整成本。这里，我们假定：$S(1) = S'(1) = 0$，并且 $S''(1) > 0$。

于是，李嘉图家庭最优问题的一阶条件可写为

$$(\partial C_t^o):\ \lambda_t^o = \mu_t^c\ (C_t^o - hC_{t-1}^o)^{-\sigma_c} - \beta h E_t \mu_{t+1}^c\ (C_{t+1}^o - hC_t^o)^{-\sigma_c} \tag{3.13}$$

$$(\partial B_t^o):1=\beta R_t E_t\left(\frac{\lambda_{t+1}^o}{\lambda_t^o}\right)\left(\frac{P_t}{P_{t+1}}\right) \tag{3.14}$$

$$(\partial \mathrm{NFA}_{t+1}^o):\lambda_t^o=\beta E_t\left[\lambda_{t+1}^o R_t^*\varphi_t(\hat{\mathrm{nfa}}_t^o)\frac{1}{\pi_{t+1}}\frac{e_{t+1}}{e_t}\right] \tag{3.15}$$

$$(\partial K_t^o):Q_t=\beta E_t\lambda_{t+1}^o R_{t+1}^k+\beta E_t(1-\delta)Q_{t+1} \tag{3.16}$$

$$(\partial I_t^o):\lambda_t^o=Q_t\mu_t^I\left[1-S\left(\frac{I_t^o}{I_{t-1}^o}\right)-S'\left(\frac{I_t^o}{I_{t-1}^o}\right)\left(\frac{I_t^o}{I_{t-1}^o}\right)\right]+$$

$$\beta E_t Q_{t+1}\mu_{t+1}^I S'\left(\frac{I_{t+1}^o}{I_t^o}\right)\left(\frac{I_{t+1}^o}{I_t^o}\right)^2 \tag{3.17}$$

式 3. 14 与式 3. 15 结合，得到

$$E_t\left(\frac{e_{t+1}}{e_t}\right)=\varphi_t(\hat{\mathrm{nfa}}_t^o)\frac{R_t}{R_t^*} \tag{3.18}$$

其中，λ_t^o 是李嘉图家庭最优问题中预算约束方程的拉格朗日乘子，也是消费的边际效用；Q_t 是李嘉图家庭最优问题中资本演化方程的拉格朗日乘子，也是资本的影子价格，即资本重置价格——托宾 Q ，而资本的实际相对价格为 $q_t\equiv Q_t/\lambda_t^o$ 。于是，等式 3. 16 可写为

$$q_t=\beta E_t\left(\frac{\lambda_{t+1}^o}{\lambda_t^o}\right)[R_{t+1}^k+(1-\delta)q_{t+1}]$$

等式 3. 17 可写为

$$1=q_t\mu_t^I\left[1-S\left(\frac{I_t^o}{I_{t-1}^o}\right)-S'\left(\frac{I_t^o}{I_{t-1}^o}\right)\left(\frac{I_t^o}{I_{t-1}^o}\right)\right]+\beta E_t\left(\frac{\lambda_{t+1}^o}{\lambda_t^o}\right)q_{t+1}\mu_{t+1}^I S'\left(\frac{I_{t+1}^o}{I_t^o}\right)\left(\frac{I_{t+1}^o}{I_t^o}\right)^2$$

3. 2. 1. 2　非李嘉图家庭

我们假设非李嘉图家庭仅能以“糊口”的方式生存，即完全消费其当前劳动收入。他们在面对其劳动收入的波动时，不能平滑其消费路径；在面对利率变化时，他们也不能进行跨期替代。如前所述，尽管人们可能会将这种行为归因于各种短视，但并不明确这种行为的根本原因是非李嘉图家庭无法进入金融市场，还是他们缺乏有效的借贷约束。

非李嘉图家庭的瞬时效用函数形式与李嘉图家庭相同，但是其预算约束却为

$$C_t^r=\frac{1}{P_t}\int_0^1 W_t(z)N_t(z)\,\mathrm{d}z-T_t^r \tag{3.19}$$

其中，C_t^r 和 T_t^r 分别是非李嘉图家庭的消费和一次性税收。该式线性化

后为

$$\frac{C^r}{Y}\hat{c}_t^r = \frac{wN^d}{Y}(\hat{w}_t + \hat{n}_t^d) - \hat{t}_t^r \tag{3.20}$$

非李嘉图家庭最优问题的一阶条件可写为

$$(\partial C_t^r): \lambda_t^r = \mu_t^c (C_t^r - hC_{t-1}^r)^{-\sigma_c} - \beta h E_t \mu_{t+1}^c (C_{t+1}^r - hC_t^r)^{-\sigma_c} \tag{3.21}$$

其中，λ_t^r 是非李嘉图家庭最优问题中预算约束方程的拉格朗日乘子，也是消费的边际效用。

3.2.1.3　变量加总

总消费 C_t 和总税收 T_t 可通过对每种消费者类型的相应变量进行以人口比例为权重的加权平均而得到。正式地，我们有

$$C_t \equiv \lambda C_t^r + (1-\lambda) C_t^o,\ T_t \equiv \lambda T_t^r + (1-\lambda) T_t^o \tag{3.22}$$

类似地，总投资、总资本、总债券、总国外净资产以及总利润分别为

$$I_t \equiv (1-\lambda) I_t^o,\ K_t \equiv (1-\lambda) K_t^o \tag{3.23}$$

$$B_t \equiv (1-\lambda) B_t^o,\ \mathrm{NFA}_t \equiv (1-\lambda) \mathrm{NFA}_t^o \tag{3.24}$$

$$D_t \equiv (1-\lambda) D_t^o \tag{3.25}$$

3.2.2　贸易条件、实际汇率与经常项目

3.2.2.1　贸易条件

贸易条件定义为

$$S_t \equiv \frac{P_{F,t}}{P_{H,t}} \tag{3.26}$$

这里，S_t 表示贸易条件，$P_{H,t}$ 为国内产品价格水平，$P_{F,t}$ 为进口产品价格水平。因此，S_t 的增加等价于竞争力的增加。

3.2.2.2　实际汇率

实际汇率定义为

$$Q_t \equiv \frac{e_t P_t^*}{P_t} \tag{3.27}$$

这里，Q_t 表示实际汇率，e_t 表示名义汇率，P_t 和 P_t^* 分别表示国内外价格水平。因此，实际汇率也可以理解为按同一种货币所表示的国外 CPI 与国内 CPI 之比。显然，Q_t 的增加意味着本币贬值，竞争力从而提升。

3.2.2.3　国外净资产、净出口与经常项目余额

国内经济中实际国外净资产头寸通常按下列方式演变

$$\frac{e_t \mathrm{NFA}_{t+1}^o}{P_t}=\frac{R_{t-1}^* \phi_t(\hat{\mathrm{nfa}}_t^o)\ e_{t-1}\mathrm{NFA}_t^o}{P_t}+\mathrm{NX}_t \tag{3.28}$$

其中，NFA_t 为总的国外净资产，NX_t 为净出口，R_t^* 表示 t 期所购买国外债券的国外名义总收益率，$\phi_t(\mathrm{nfa}_t)$ 为所持国外资产的溢价函数，其表达式为 $\phi_t(\hat{\mathrm{nfa}}_t^o)=e^{-\kappa \hat{\mathrm{nfa}}_t^o+\mu\phi}$。令 $\hat{\mathrm{nfa}}_t^o \equiv \frac{e_{t-1}\mathrm{NFA}_t^o/P_{t-1}}{Y}$，$\hat{\mathrm{nx}}_t \equiv \frac{\mathrm{NX}_t}{Y}$，我们得到

$$Y\hat{\mathrm{nfa}}_t^o=\frac{R_{t-1}^* \phi_t(\hat{\mathrm{nfa}}_t^o)\ P_{t-1}}{P_t}Y\hat{\mathrm{nfa}}_{t-1}^o+\mathrm{NX}_t$$

$$\Rightarrow \hat{\mathrm{nfa}}_t^o=\frac{R_{t-1}^*}{\pi_t}\phi_t(\hat{\mathrm{nfa}}_t^o)\ \hat{\mathrm{nfa}}_{t-1}^o+\frac{\mathrm{NX}_t}{Y} \tag{3.29}$$

$$\Rightarrow \hat{\mathrm{nfa}}_t^o=\frac{R_{t-1}^*}{\pi_t}\phi_t(\hat{\mathrm{nfa}}_t^o)\ \hat{\mathrm{nfa}}_{t-1}^o+\hat{\mathrm{nx}}_t$$

该方程的线性化形式为

$$\hat{\mathrm{nfa}}_t^o=\frac{1}{\beta}\hat{\mathrm{nfa}}_{t-1}^o+\hat{\mathrm{nx}}_t \tag{3.30}$$

净出口是指国内出口总值与国内进口总值之差

$$\mathrm{NX}_t=\frac{P_{H,t}}{P_t}C_{H,t}^*-\frac{e_t P_t^*}{P_t}C_{F,t}-\frac{e_t P_t^*}{P_t}I_{F,t} \tag{3.31}$$

其围绕稳态的线性化为

$$\hat{\mathrm{nx}}_t=(1-\chi)\{\gamma_c\hat{c}_t^*-\gamma_c\hat{c}_t-\gamma_i\hat{i}_t-(\gamma_c+\gamma_i)\hat{\tilde{q}}_t+[(\gamma_c+\gamma_i)\chi\eta-(1-\chi)\gamma_c]\}\hat{s}_t \tag{3.32}$$

经常项目反映了实际国外净资产的变化

$$\mathrm{CA}_t \equiv \frac{e_t\mathrm{NFA}_t^o-e_{t-1}\mathrm{NFA}_{t-1}^o}{P_t} \tag{3.33}$$

遵从 Gali 和 Monacelli（2005）的做法，我们假设：在对称性非随机稳态下，国外净资产头寸和经常项目余额为零（$\mathrm{NFA}^o=\mathrm{CA}=0$），这意味着相对价格为单位 1，也就是说，购买力平价成立（$Q=S=1$）。

3.2.3 企业部门

3.2.3.1 国内产品生产企业

3.2.3.1.1 最终产品生产企业

在每个时期 t，最终产品 Y_t 由一个完全竞争的企业按照下列标准的不变替代弹性（CES）生产函数通过将一个中间产品连续统进行组合而得到

$$Y_t = \left[\int_0^1 Y_t(j)^{\frac{1}{1+\lambda_t^p}} \mathrm{d}j\right]^{1+\lambda_t^p}, \ \varepsilon_{p,t} > 1 \tag{3.34}$$

其中，$\varepsilon_{p,t} = \dfrac{1+\lambda_t^p}{\lambda_t^p}$ 表示的是不同中间商品之间的替代弹性，而 λ_t^p 是序列相关的价格加成冲击，当 λ_t^p 越小，不同商品之间的替代弹性越小，即商品之间越难替代。也就是说中间产品生产企业的垄断程度越高，而需求弹性越小，价格加成也就越高。价格加成冲击 λ_t^p 遵循以下的 AR（1）过程

$$\ln(\lambda_t^p) = (1-\rho_{\lambda^p})\ln(\lambda^p) + \rho_{\lambda^p}\ln(\lambda_{t-1}^p) + \varepsilon_t^p, \ \varepsilon_t^p \sim N(0, \sigma_{\varepsilon_t^p}) \tag{3.35}$$

其中，λ^p 表示冲击在稳态时的值。

最终产品生产企业在视价格为给定的情况下，选择中间产品数量以最大化其利润。这便分别得到中间品 $Y_t(j)$ 的需求函数和最终产品的价格指数 $P_{H,t}$

$$Y_t(j) = \left[\frac{P_{H,t}(j)}{P_{H,t}}\right]^{-\frac{1+\lambda_t^p}{\lambda_t^p}} Y_t, \ P_{H,t} = \left[\int_0^1 P_{H,t}(j)^{-\frac{1}{\lambda_t^p}} \mathrm{d}j\right]^{-\lambda_t^p} \tag{3.36}$$

3.2.3.1.2 中间产品生产企业

3.2.3.1.2.1 实际边际成本

中间产品由一个垄断竞争企业连续统，通过利用资本服务 $K_t(j)$ 和劳动服务 $N_t(j)$ 作为投入而得来，这里，垄断竞争企业连续统通过 $j \in [0, 1]$ 实现指数化。中间产品生产函数如下

$$Y_t(j) = A_t K_t(j)^{\alpha} N_t(j)^{1-\alpha} \tag{3.37}$$

其中，$0 < \alpha < 1$ 是资本投入占总产出的比重。A_t 代表中性技术进步。在此，我们假设它服从一个一阶自回归过程

$$\ln A_t = (1-\rho_a)\ln A + \ln A_{t-1} + \varepsilon_t^A$$

按照成本最小化，我们得到工资与资本租金成本之间的关系

$$\frac{K_t(j)}{N_t(j)} = \left(\frac{\alpha}{1-\alpha}\right)\frac{w_t}{R_t^k} \tag{3.38}$$

其中，$w_t \equiv \frac{W_t}{P_t}$ 为实际工资，R_t^k 为实际资本租金率。由于对称性，劳动、资本以及边际成本在各中间产品企业之间是相同的，所以我们有

$$\mathrm{MC}_t = \psi\left(\frac{1}{A_t}\right)\left(\frac{P_t}{P_{H,t}}\right)(R_t^k)^{\alpha}(w_t)^{1-\alpha} \tag{3.39}$$

其中，$\psi = \alpha^{-\alpha}(1-\alpha)^{-(1-\alpha)}$，$\mathrm{MC}_t$ 为实际边际成本，w_t 为实际工资。此外，企业 j 的实际利润为

$$D_t(j) \equiv \left[\frac{P_t(j)}{P_t} - \mathrm{MC}_t\right]Y_t(j)$$

在各个企业之间加总后，其对数线性形式为

$$\hat{d}_t = \hat{y}_t - \left[\frac{1}{(1/\mathrm{MC})-1}\right]\hat{\mathrm{mc}}_t \tag{3.40}$$

这里，MC 为实际边际成本稳态值。

3.2.3.1.2.2　中间产品定价

中间产品企业按照 Calvo（1983）的交错定价方式设定其价格。在每个时期 t，每个企业以 $1-\lambda_p$ 的固定概率重新最优化其产品价格。价格制定者考虑到其 t 时期的名义价格 $P_{H,t}^{\text{new}}$ 不仅影响当期利润而且影响未来利润。另外，未能重新最优化其产品价格的企业则在上一期价格的基础之上，根据上一期通货膨胀进行调整

$$P_{H,t}(j) = \pi_{H,t-1}^{\gamma_p}P_{H,t-1}(j) \tag{3.41}$$

其中，$\pi_{H,t} \equiv \frac{P_{H,t}}{P_{H,t-1}}$ 是 t 期国内产品价格通货膨胀，而 γ_p 则是国内产品价格的指数化程度。如果令 $P_{H,t}^{\text{new}}$ 为调价企业在 t 时期重新定价时所选择的最优价格，由于下次调价前此价格将保持不变，$t+k$ 时期的价格将为

$$P_{H,t+k}(j) = \left(\prod_{s=0}^{k}\pi_{H,t+s-1}^{\gamma_p}\right)P_{H,t}^{\text{new}} \tag{3.42}$$

重新定价企业选择 $P_{H,t}^{\text{new}}$ 是为了使得其下列利润最大化

$$\underset{\{P_{H,t}^{new}\}}{\text{Max}}\ E_t \sum_{k=0}^{\infty} (\beta\lambda_p)^k \left(\frac{\lambda_{t+k}^o}{\lambda_t^o}\right) \left\{ \left[\frac{P_{H,t+k}(j)}{P_{H,t+k}} - \text{MC}_{t+k} \right] Y_{t+k}(j) \right\}$$

$$\Rightarrow \underset{\{P_{H,t}^{new}\}}{\text{Max}}\ E_t \sum_{k=0}^{\infty} (\beta\lambda_p)^k \left(\frac{\lambda_{t+k}^o}{\lambda_t^o}\right) \left\{ \left[\left(\prod_{s=0}^{k} \pi_{H,t+s-1}^{\gamma_p} \right) \frac{P_{H,t}^{new}}{P_{H,t+k}} - \text{MC}_{t+k} \right] Y_{t+k}(j) \right\} \tag{3.43}$$

并服从其产品的需求函数

$$Y_{t+k}(j) = \left[\frac{P_{H,t+k}(j)}{P_{H,t+k}} \right]^{-\frac{1+\lambda_{t+k}^p}{\lambda_{t+k}^p}} Y_{t+k}$$

$$\Rightarrow Y_{t+k}(j) = \left[\left(\prod_{s=0}^{k} \pi_{H,t+s-1}^{\gamma_p} \right) \frac{P_{H,t}^{new}}{P_{H,t+k}} \right]^{-\frac{1+\lambda_{t+k}^p}{\lambda_{t+k}^p}} Y_{t+k} \tag{3.44}$$

最终，我们得到该最优化问题的一阶条件

$$P_t^{new} = \frac{E_t \sum_{k=0}^{\infty} (\beta\lambda_p)^k \left[\left(-\frac{1+\lambda_{t+k}^p}{\lambda_{t+k}^p} \right) \text{MC}_{t+k} Y_{t+k}(j) \right]}{E_t \sum_{k=0}^{\infty} (\beta\lambda_p)^k \left[\left(-\frac{1}{\lambda_{t+k}^p} \right) \left(\prod_{s=0}^{k} \pi_{t+s-1}^{\gamma_p} \right) \frac{Y_{t+k}(j)}{P_{t+k}} \right]}$$

其中，MC_t 为实际边际成本；该一阶条件方程的稳态方程为 $\text{MC} = 1/(1+\lambda^p)$ 。

最后，国内产品总价格水平的动态方程为

$$P_{H,t} = \left[\lambda_p \left(\pi_{t-1}^{\gamma_p} P_{H,t-1} \right)^{-\frac{1}{\lambda_t^p}} + (1-\lambda_p) \left(P_{H,t}^{new} \right)^{-\frac{1}{\lambda_t^p}} \right]^{-\lambda_t^p} \tag{3.45}$$

将上述一阶条件的线性化方程与国内产品总价格水平的线性化方程相结合，我们得到

$$\hat{\pi}_{H,t} = \frac{\beta}{1+\beta\gamma_p} E_t \hat{\pi}_{H,t+1} + \frac{\gamma_p}{1+\beta\gamma_p} \hat{\pi}_{H,t-1} + \frac{(1-\lambda_p\beta)(1-\lambda_p)}{\lambda_p(1+\beta\gamma_p)} \left[\hat{\text{mc}}_t + \left(\frac{\lambda^p}{1+\lambda^p} \right) \hat{\lambda}_t^p \right] \tag{3.46}$$

其中，$\hat{\pi}_{H,t}$ 和 $\hat{\text{mc}}_t$ 分别是对数线性化后的国内产品价格通货膨胀和实际边际成本。

3.2.3.2 进口产品企业

3.2.3.2.1 一价定律缺口

对于不完全的汇率传递，我们遵从 Monacelli（2005）的做法，假设经

济中的进口产品企业从国外进口差别化国外产品，且由于这些企业是垄断竞争的，他们拥有一定程度的定价权。当他们向国内出售其进口产品时，他们将要求一个高于其产品成本的价格加成。在短期内，这将在其进口产品的进口价格（$e_tP^*_{F,t}$）与其在国内的销售价格（$P_{F,t}$）之间产生一种差额。这就是所谓的“一价定律缺口”，Monacelli（2005），将其定义为

$$\psi_{F,t} \equiv \frac{e_tP^*_{F,t}}{P_{F,t}} \tag{3.47}$$

其中，$\psi_{F,t}$ 表示“一价定律缺口”。

3.2.3.2.2　进口产品定价

进口产品企业也按照 Calvo（1983）的交错定价方式设定其价格。在每个时期 t，每个企业以 $1-\lambda_f$ 的固定概率重新最优化其产品价格。价格制定者考虑到其 t 时期的名义价格 $P^{new}_{F,t}$ 不仅影响当期利润而且影响未来利润。另外，未能重新最优化其产品价格的企业则在上一期价格的基础之上，根据上一期通货膨胀进行调整

$$P_{F,t}(j) = \pi^{\gamma_f}_{F,t-1}P_{F,t-1}(j) \tag{3.48}$$

其中，$\pi_{F,t} \equiv \dfrac{P_{F,t}}{P_{F,t-1}}$ 是 t 期国内产品价格通货膨胀，而 γ_f 则是进口产品价格的指数化程度。如果令 $P^{new}_{F,t}$ 为调价企业在 t 时期重新定价时所选择的最优价格，由于下次调价前此价格将保持不变，$t+k$ 时期的价格将为

$$P_{F,t+k}(j) = \left(\prod_{s=0}^{k}\pi^{\gamma_f}_{F,t+s-1}\right)P^{new}_{F,t} \tag{3.49}$$

重新定价企业选择 $P^{new}_{F,t}$ 是为了使得其下列利润最大化

$$\underset{\{P^{new}_{F,t}\}}{\text{Max}}\ E_t\sum_{k=0}^{\infty}(\beta\lambda_f)^k\left(\frac{\lambda^o_{t+k}}{\lambda^o_t}\right)\left\{\left[\frac{P_{F,t+k}(j)}{P_{F,t+k}}-\frac{e_{t+k}P^*_{F,t+k}(j)}{P_{F,t+k}}\right]C_{F,t+k}(j)\right\}$$

$$\Rightarrow \underset{\{P^{new}_{F,t}\}}{\text{Max}}\ E_t\sum_{k=0}^{\infty}(\beta\lambda_f)^k\left(\frac{\lambda^o_{t+k}}{\lambda^o_t}\right)$$

$$\left\{\left[\left(\prod_{s=0}^{k}\pi^{\gamma_f}_{F,t+s-1}\right)P^{new}_{F,t}-e_{t+k}P^*_{F,t+k}(j)\right]\frac{C_{F,t+k}(j)}{P_{F,t+k}}\right\} \tag{3.50}$$

并服从其产品的下列需求函数

$$C_{F,\ t+k}(j) = \left[\frac{P_{F,\ t+k}(j)}{P_{F,\ t+k}}\right]^{-\frac{1+\lambda^f_{t+k}}{\lambda^f_{t+k}}} C_{F,\ t+k}$$

$$\Rightarrow C_{F,\ t+k}(j) = \left[\frac{(\prod_{s=1}^{k}\pi^{\gamma_f}_{F,\ t+s-1})\ P^{\text{new}}_{F,\ t}}{P_{F,\ t+k}}\right]^{-\frac{1+\lambda^f_{t+k}}{\lambda^f_{t+k}}} C_{F,\ t+k} \tag{3.51}$$

在对称性假设下，$P^*_{F,\ t+k}(j) = P^*_{F,\ t+k}$。于是，我们得到如下一阶条件

$$P^{\text{new}}_{F,\ t} = \frac{E_t\sum_{k=0}^{\infty}(\beta\lambda_f)^k\left[\left(-\frac{1+\lambda^f_{t+k}}{\lambda^f_{t+k}}\right)e_{t+k}P^*_{F,\ t+k}C_{F,\ t+k}(j)\right]}{E_t\sum_{k=0}^{\infty}(\beta\lambda_f)^k\left[\left(-\frac{1}{\lambda^f_{t+k}}\right)\left(\prod_{s=0}^{k}\pi^{\gamma_f}_{t+s-1}\right)\frac{C_{F,\ t+k}(j)}{P_{F,\ t+k}}\right]} \tag{3.52}$$

最后，进口产品总价格水平的动态方程为

$$P_{F,\ t} = \left[\lambda_f(\pi^{\gamma_f}_{t-1}P_{F,\ t-1})^{-\frac{1}{\lambda^f_t}} + (1-\lambda_f)(P^{\text{new}}_{F,\ t})^{-\frac{1}{\lambda^f_t}}\right]^{-\lambda^f_t} \tag{3.53}$$

将上述一阶条件的线性化方程与进口产品总价格水平的线性化方程相结合，我们得到

$$\hat{\pi}_{F,t} = \frac{\beta}{1+\beta\gamma_f}E_t\hat{\pi}_{F,t+1} + \frac{\gamma_f}{1+\beta\gamma_f}\hat{\pi}_{F,t-1} + \frac{(1-\lambda_f\beta)(1-\lambda_f)}{\lambda_f(1+\beta\gamma_f)}\left[\hat{\psi}_{F,t} + \left(\frac{\lambda^f}{1+\lambda^f}\right)\hat{\lambda}^f_t\right] \tag{3.54}$$

其中，$\hat{\pi}_{F,\ t}$ 和 $\hat{\psi}_{F,\ t}$ 分别是对数线性化后的进口产品价格通货膨胀和一价定律缺口。

3.2.4 劳动市场与工资设定

3.2.4.1 劳动市场

3.2.4.1.1 劳动供给

正如 Schmitt-Grohe 和 Uribe（2005）一样，我们假设存在一个关于差别化劳动的连续统，该连续统通过 $z \in [0,\ 1]$ 实现指数化。家庭 i 提供每一种可能的劳动投入类型。工资设定的决策由代表不同劳动类型的职工代表组织（或工会）$z \in [0,\ 1]$ 来制定。在给定职工代表组织 z 所确定的工资 $W_t(z)$ 下，家庭会根据企业的需求尽可能地向劳动市场 z 提供劳动 $N_t(z)$

$$N_t(z) = \left[\frac{W_t(z)}{W_t}\right]^{-\frac{1+\lambda^w_t}{\lambda^w_t}} N^d_t \tag{3.55}$$

其中，$N_t(z)$ 是家庭所提供的 z 型劳动，N_t^d 是总劳动需求，W_t 是 t 时期经济中的工资指数。而 $\varepsilon_{w,t} \equiv \frac{1+\lambda_t^w}{\lambda_t^w}$ 是各种劳动投入之间的替代弹性，并且 $\varepsilon_{w,t} > 1$ 。这里，λ_t^w 是工资加成冲击，假设它遵循外生的随机过程

$$\log(\lambda_t^w) = (1-\rho_w)\log\lambda^w + \rho_w\log(\lambda_{t-1}^w) + \varepsilon_t^w \tag{3.56}$$

其中，λ^w 表示冲击在稳态时的值。劳动需求和工资指数的正式定义将在后面的劳动需求部分中介绍。

各家庭所提供的劳动均匀地分布于各类职工代表组织之间，因此，劳动类型 z 的总需求均匀分布于各家庭之间。于是，每个职工代表组织中李嘉图家庭和非李嘉图家庭所占比例分别为 $1-\lambda$ 和 λ 。由此，我们得出结论：单个家庭所提供的劳动时间 $N_t(i)$ 在各个家庭之间是相同的，因此，我们将之改记为 N_t 。这将满足于下列时间资源的约束

$$N_t = \int_0^1 N_t(z)\,\mathrm{d}z$$

将该式与上式结合，我们得到

$$N_t = N_t^d \int_0^1 \left[\frac{W_t(z)}{W_t}\right]^{-\frac{1+\lambda_t^w}{\lambda_t^w}} \mathrm{d}z$$

这样的劳动市场结构排除了各家庭之间劳动收入的差别。于是，共同的劳动收入有着如下表达

$$\begin{aligned}&\int_0^1 W_t(z)\,N_t(z)\,\mathrm{d}z\\&= N_t^d \int_0^1 W_t(z)\left[\frac{W_t(z)}{W_t}\right]^{-\frac{1+\lambda_t^w}{\lambda_t^w}} \mathrm{d}z\end{aligned} \tag{3.57}$$

通常，我们将 $\int_0^1 \left[\frac{W_t(z)}{W_t}\right]^{-\frac{1+\lambda_t^w}{\lambda_t^w}} \mathrm{d}z$ 称为工资分散度，其一阶对数线性近似为 1。

这样的劳动市场结构排除了各家庭之间劳动收入的差别。于是，共同的劳动收入有着如下表达

$$\begin{aligned}
&\int_0^1 W_t(z)\ N_t(z)\ \mathrm{d}z \\
&= N_t^d \int_0^1 W_t(z)\ \left[\frac{W_t(z)}{W_t}\right]^{-\frac{1+\lambda_t^w}{\lambda_t^w}} \mathrm{d}z \\
&= N_t^d \int_0^1 W_t \left[\frac{W_t(z)}{W_t}\right] \left[\frac{W_t(z)}{W_t}\right]^{-\frac{1+\lambda_t^w}{\lambda_t^w}} \mathrm{d}z \\
&= W_t N_t^d \int_0^1 \left[\frac{W_t(z)}{W_t}\right]^{-\frac{1}{\lambda_t^w}} \mathrm{d}z \\
&= W_t N_t^d
\end{aligned} \tag{3.58}$$

在非李嘉图家庭预算约束方程的线性化过程中，我们将利用到上式。

3.2.4.1.2　劳动需求

正如 Andrea Colciago（2011）一样，中间品生产企业 j 的劳动投入 $N_t(j)$ 被定义为

$$N_t(j) = \left[\int_0^1 N_t\ (j,\ z)^{\frac{1}{1+\lambda_t^w}} \mathrm{d}z\right]^{1+\lambda_t^w}$$

这里，$N_t(j,\ z)$ 表示中间企业 j 对劳动类型 z 的需求，可表示为

$$N_t(j,\ z) = \left[\frac{W_t(z)}{W_t}\right]^{-\frac{1+\lambda_t^w}{\lambda_t^w}} N_t(j) \tag{3.59}$$

其中，总工资指数 W_t 可表示为

$$W_t = \left[\int_0^1 W_t\ (z)^{-\frac{1}{\lambda_t^w}} \mathrm{d}z\right]^{-\lambda_t^w}$$

3.2.4.2　工资设定

遵从 Calvo（1983）的交错定价机制，我们在每个时期 t，每个职工代表组织以 $1-\lambda_w$ 的固定概率重新最优化其名义工资，而剩下不参与重新最优化其名义工资的职工代表组织则在上一期名义工资的基础之上，根据上一期通货膨胀进行调整

$$W_t(z) = \pi_{t-1}^{\gamma_w} W_{t-1}(z) \tag{3.60}$$

重新最优化名义工资的职工代表组织，其目标函数是基于李嘉图家庭和非李嘉图家庭的效用函数

$$\underset{\{W_t^{\mathrm{new}}(z)\}}{\mathrm{Max}}\ E_t \sum_{k=0}^{\infty} (\beta\lambda_w)^k \left(\mu_{t+k}^c \Omega_{t+k} - \mu_{t+k}^n \frac{N_{t+k}^{\ 1+\varphi}}{1+\varphi}\right) \tag{3.61}$$

并服从

$$\Omega_{t+k} \equiv (1-\lambda)\ln C_{t+k}^{o} + \lambda \ln C_{t+k}^{r} \tag{3.62}$$

$$N_{t+k}(z) = \left[\frac{W_{t+k}(z)}{W_{t+k}}\right]^{-\frac{1+\lambda_{t+k}^{w}}{\lambda_{t+k}^{w}}} N_{t+k}^{d} \tag{3.63}$$

$$C_{t+k}^{o} = \frac{1}{P_{t+k}}\int_{0}^{1} W_{t+k}(z)\, N_{t+k}(z)\,\mathrm{d}z + R_{t+k}^{k}K_{t+k}^{o} - I_{t+k}^{o} + \frac{B_{t+k}^{o}}{P_{t+k}} - \frac{B_{t+k+1}^{o}}{R_{t+k}P_{t+k}} + \frac{R_{t+k-1}^{*}\varphi_{t}(\mathrm{nfa}_{t})\, e_{t+k-1}\mathrm{NFA}_{t+k-1}^{o}}{P_{t+k}} - \frac{e_{t}\mathrm{NFA}_{t+k}^{o}}{P_{t+k}} + D_{t+k}^{o} - T_{t+k}^{o} \tag{3.64}$$

$$C_{t+k}^{r} = \frac{1}{P_{t+k}}\int_{0}^{1} W_{t+k}(z)\, N_{t+k}(z)\,\mathrm{d}z - T_{t+k}^{r} \tag{3.65}$$

$$W_{t+k}(z) = \pi_{t+k-1}^{\gamma_{w}} W_{t+k-1}(z) = L = \left(\prod_{s=0}^{k}\pi_{t+s-1}^{\gamma_{w}}\right) W_{t}^{\mathrm{new}}(z) \tag{3.66}$$

该优化问题的一阶条件为

$$E_{t}\sum_{k=0}^{\infty}(\beta\lambda_{w})^{k}\left(-\frac{1}{\lambda_{t}^{w}}\right)\left(\prod_{s=0}^{k}\pi_{t+s-1}^{\gamma_{w}}\right)\frac{N_{t+k}(z)}{W_{t+k}(z)} \left[\mu_{t+k}^{c}\psi_{t+k}^{a}\left(\prod_{s=0}^{k}\pi_{t+s-1}^{\gamma_{w}}\right)\frac{W_{t}^{\mathrm{new}}(z)}{P_{t+k}} - \mu_{t+k}^{n}(1+\lambda_{t+k}^{w})\, N_{t+k}^{\varphi}\right] = 0 \tag{3.67}$$

其中，$\psi_{t+k}^{a} \equiv \lambda(C_{t+k}^{r} - hC_{t+k-1}^{r})^{-\sigma_{c}} + (1-\lambda)(C_{t+k}^{o} - hC_{t+k-1}^{o})^{-\sigma_{c}}$。在经济中，总的工资指数 W_{t} 可表示为

$$W_{t} = \{(1-\lambda_{w})[W_{t}^{\mathrm{new}}(z)]^{-\frac{1}{\lambda_{t}^{w}}} + \lambda_{w}(\pi_{t-1}^{\gamma_{w}}W_{t-1})^{-\frac{1}{\lambda_{t}^{w}}}\}^{-\lambda_{t}^{w}} \tag{3.68}$$

将上述一阶条件的线性化方程与总工资指数的线性化方程相结合，我们得到

$$\hat{w}_{t} = \frac{\beta}{\kappa_{w}}\hat{w}_{t+1} + \frac{1}{\kappa_{w}}\hat{w}_{t-1} + \frac{\beta}{\kappa_{w}}\hat{\pi}_{t+1} - \frac{1+\beta\gamma_{w}}{\kappa_{w}}\hat{\pi}_{t} + \frac{\gamma_{w}}{\kappa_{w}}\hat{\pi}_{t-1} + \frac{(1-\lambda_{w})(1-\beta\lambda_{w})}{\lambda_{w}\kappa_{w}}\left(\varphi\hat{n}_{t} - \hat{\psi}_{t}^{a} + \mu_{t}^{n} - \mu_{t}^{c} + \frac{\lambda^{w}}{1+\lambda^{w}}\hat{\lambda}_{t}^{w}\right) \tag{3.69}$$

其中，$\hat{n}_{t} = \hat{n}_{t}^{d}$，并且 $\kappa_{w} \equiv \dfrac{1+\beta\lambda_{w}^{2}}{\lambda_{w}}$。$\hat{w}_{t}$ 为对数线性化后的实际工资。

3.2.5 政府部门

3.2.5.1 财政政策

为了探究财政政策通过控制国内需求来平衡经常账户的潜在能力，假定政府只购买本国产品 G_t 。则公共消费函数为

$$G_t = \left[\int_0^1 G_t(j)^{\frac{\varepsilon_p - 1}{\varepsilon_p}} \mathrm{d}j\right]^{\frac{\varepsilon_p}{\varepsilon_p - 1}} \tag{3.70}$$

其中 $G_t(j)$ 政府对 j 型产品的购买。对于任意时期的公共消费，政府都会安排其支出以使其总消费达到最小。在约束条件（3.65）下，政府总消费 $P_{H,t}G_t$ 最小化，得到政府需求函数

$$G_t(j) = \left[\frac{P_{H,t}(j)}{P_{H,t}}\right]^{-\varepsilon_p} G_t \tag{3.71}$$

政府收入来源于对家庭部门的税收和发行的政府债券，政府支出主要为政府购买。于是，政府的名义预算约束为

$$P_t T_t + R_t^{-1} B_{t+1} = B_t + P_{H,t} G_t \tag{3.72}$$

其中，$P_{H,t}G_t$ 是政府在购买国内最终产品时的名义支出；B_t 是政府所发行的名义债券；P_tT_t 是政府的名义总税收收入，并且 $T_t \equiv \lambda T_t^r + (1-\lambda) T_t^o$ ，同时，我们假设对于每个家庭（无论是李嘉图家庭还是非李嘉图家庭）而言，其一次性税收都是相同的，即 $T_t^r = T_t^o$ 。

我们令 $\hat{g}_t \equiv (G_t - G)/Y$ ，$\hat{t}_t \equiv (T_t - T)/Y$ ，$\hat{b}_t \equiv [(B_t/P_{t-1}) - (B/P)]/Y$ ，进而假定如下财政政策规则

$$\hat{t}_t = \phi_b \hat{b}_t + \phi_g \hat{g}_t \tag{3.73}$$

其中，φ_b 和 φ_g 都是大于零的正系数。同时，我们假定政府购买 $\hat{g}_t$ 是一个按照下列一阶自回归过程演变的外生随机变量

$$\hat{g}_t = \rho_g \hat{g}_{t-1} + \hat{\varepsilon}_t^g \tag{3.74}$$

其中，$0 < \rho_g < 1$，而 $\hat{\varepsilon}_t^g$ 一个白噪声，其方差为 $\sigma_{\varepsilon g}^2$ 。

3.2.5.2 货币政策

我们假定货币权力机构所实施的货币政策遵从如下的一种 Taylor 法则

$$\hat{r}_t = \rho_r \hat{r}_{t-1} + (1-\rho_r)(\phi_\pi \hat{\pi}_{t+1} + \phi_y \hat{y}_t) + \hat{\varepsilon}_t^r \tag{3.75}$$

其中，$r_t = R_t - 1$，ρ_r 为名义利率 $\hat{r}_t$ 自身的平滑系数，而 ϕ_y 和 ϕ_π 则分别是名义利率对产出波动和通货膨胀波动的反应系数，$\hat{\varepsilon}_t^r$ 则是一个外生冲击变量。

3.2.6 总资源约束

从生产企业的产出出发，总资源约束条件可从下式导出

$$Y_t(j) = C_{H,t}(j) + I_{H,t}(j) + C_{H,t}^*(j) + G_t(j) \tag{3.76}$$

其中，$I_{H,t}(j) = \left[\frac{P_{H,t}(j)}{P_{H,t}}\right]^{-\varepsilon_p} I_{H,t}$ 和 $C_{H,t}^*(j) = \left[\frac{P_{H,t}(j)}{P_{H,t}}\right]^{-\varepsilon_p} C_{H,t}^*$ 分别表示用于投资的产品 j 的需求和出口到国外的产品 j 的需求。为了简化模型结果的表达形式，假设本国投资和国外消费的表达形式都与本国消费相同

$$I_t = [\chi^{\frac{1}{\eta}} I_{H,t}^{\frac{\eta-1}{\eta}} + (1-\chi)^{\frac{1}{\eta}} I_{F,t}^{\frac{\eta-1}{\eta}}]^{\frac{\eta}{\eta-1}}$$

$$C_t^* = [\chi^{\frac{1}{\eta}} C_{F,t}^{*\frac{\eta-1}{\eta}} + (1-\chi)^{\frac{1}{\eta}} C_{H,t}^{*\frac{\eta-1}{\eta}}]^{\frac{\eta}{\eta-1}}$$

遵循最优的支出分配原则，建立拉格朗日函数如下

$$L = P_t I_t - P_{H,t} I_{H,t} - P_{F,t} I_{F,t}$$

$$= P_t [\chi^{\frac{1}{\eta}} I_{H,t}^{\frac{\eta-1}{\eta}} + (1-\chi)^{\frac{1}{\eta}} I_{F,t}^{\frac{\eta-1}{\eta}}]^{\frac{\eta}{\eta-1}} - P_{H,t} I_{H,t} - P_{F,t} I_{F,t}$$

$$\Rightarrow \frac{\partial L}{\partial I_{H,t}} = 0: \chi^{\frac{1}{\eta}} P_t I_{H,t}^{-\frac{1}{\eta}} I_t^{\frac{1}{\eta}} = P_{H,t}$$

从而得到本国投资的需求函数

$$I_{H,t} = \chi \left(\frac{P_{H,t}}{P_t}\right)^{-\eta} I_t$$

同理，可得到

$$C_{H,t}^* = (1-\chi) \left(\frac{P_{H,t}^*}{P_t^*}\right)^{-\eta} C_t^*$$

于是有

$$Y_t(j) = \left[\frac{P_{H,t}(j)}{P_{H,t}}\right]^{-\varepsilon_p} C_{H,t} + \left[\frac{P_{H,t}(j)}{P_{H,t}}\right]^{-\varepsilon_p} I_{H,t} + \left[\frac{P_{H,t}(j)}{P_{H,t}}\right]^{-\varepsilon_p} C_{H,t}^* + \left[\frac{P_{H,t}(j)}{P_{H,t}}\right]^{-\varepsilon_p} G_t$$

$$= \left[\frac{P_{H,t}(j)}{P_{H,t}}\right]^{-\varepsilon_p} (C_{H,t} + I_{H,t} + C_t^* + G_t)$$

$$= \left[\frac{P_{H,t}(j)}{P_{H,t}}\right]^{-\varepsilon_p} \left[\chi \left(\frac{P_{H,t}}{P_t}\right)^{-\eta} C_t + \chi \left(\frac{P_{H,t}}{P_t}\right)^{-\eta} I_t + (1-\chi) \left(\frac{P_{H,t}^*}{P_t^*}\right)^{-\eta} C_t^* + G_t\right]$$

$$= \left[\frac{P_{H,t}(j)}{P_{H,t}}\right]^{-\varepsilon_p}\left[\chi\left(\frac{P_{H,t}}{P_t}\right)^{-\eta}(C_t + I_t) + (1-\chi)\left(\frac{P_{H,t}^*}{P_t^*}\right)^{-\eta}C_t^* + G_t\right]$$

又因 $Y_t(j) = \left[\frac{P_{H,t}(j)}{P_{H,t}}\right]^{-\varepsilon_p} Y_t$，所以

$$Y_t = \chi\left(\frac{P_{H,t}}{P_t}\right)^{-\eta}(C_t + I_t) + (1-\chi)\left(\frac{P_{H,t}^*}{P_t^*}\right)^{-\eta}C_t^* + G_t$$

$$(Y_t - G) = \chi\left(\frac{P_{H,t}}{P_t}\right)^{-\eta}(C_t + I_t) + (1-\chi)\left(\frac{P_{H,t}}{e_t P_t^*}\right)^{-\eta}C_t^* + (G_t - G)$$

该式线性化为

$$Y\hat{y}_t = \chi C[\hat{c}_t - \eta(\hat{p}_{H,t} - \hat{p}_t)] + \chi I[\hat{i}_t - \eta(\hat{p}_{H,t} - \hat{p}_t)] + (1-\chi)C^*[-\eta(\hat{p}_{H,t} - \hat{p}_t^* - \hat{e}_t) + \hat{c}_t^*] + (G_t - G)$$

$$\Rightarrow \hat{y}_t = \chi\frac{C}{Y}[\hat{c}_t - \eta(\hat{p}_{H,t} - \hat{p}_t)] + \chi\frac{I}{Y}[\hat{i}_t - \eta(\hat{p}_{H,t} - \hat{p}_t)] + (1-\chi)\frac{C^*}{Y}[-\eta(\hat{p}_{H,t} - \hat{p}_t^* - \hat{e}_t) + \hat{c}_t^*] + \frac{1}{Y}(G_t - G)$$

$$\Rightarrow \hat{y}_t = \frac{C}{Y}\{\chi[\hat{c}_t - \eta(\hat{p}_{H,t} - \hat{p}_t)] + (1-\chi)[-\eta(\hat{p}_{H,t} - \hat{p}_t^* - \hat{e}_t) + \hat{c}_t^*]\} + \chi\frac{I}{Y}[\hat{i}_t - \eta(\hat{p}_{H,t} - \hat{p}_t)] + \hat{g}_t$$

$$\Rightarrow \hat{y}_t = \gamma_c\left\{\begin{matrix}\chi[\hat{c}_t - \eta(\hat{p}_{H,t} - \hat{p}_t)] + \\ (1-\chi)[-\eta(\hat{p}_{H,t} - \hat{p}_t^* - \hat{e}_t) + \hat{c}_t^*]\end{matrix}\right\} + \chi\gamma_i[\hat{i}_t - \eta(\hat{p}_{H,t} - \hat{p}_t)] + \hat{g}_t$$

$$\Rightarrow \hat{y}_t = \gamma_c\{\chi(\hat{c}_t + (1-\chi)\eta\hat{s}_t) + (1-\chi)(\eta(\hat{s}_t + \hat{\psi}_{F,t}) + \hat{c}_t^*)\} + \chi\gamma_i[\hat{i} + (1-\chi)\eta\hat{s}_t] + \hat{g}_t$$

这里，我们定义了

$$\gamma_c \equiv \frac{C}{Y},\ \gamma_i \equiv \frac{I}{Y},\ \hat{g}_t \equiv \frac{G_t - G}{Y},\ \gamma_g = 1 - \gamma_c - \gamma_i$$

并我们利用了

$$C^* = C$$

以及开放经济中的下列关系式

$$\hat{p}_t = \chi\hat{p}_{H,t} + (1-\chi)\hat{p}_{F,t},\ \hat{s}_t = \hat{p}_{F,t} - \hat{p}_{H,t},\ \hat{\psi}_{F,t} = (\hat{e}_t + \hat{p}_{F,t}^*) - \hat{p}_{F,t}$$

于是，我们最终得到

$$\hat{y}_t = \gamma_c \chi \hat{c}_t + \gamma_i \chi \hat{i} + \gamma_c (1 - \chi) \hat{c}_t^* + \hat{g}_t + [\gamma_c + \chi(\gamma_c + \gamma_i)](1 - \chi) \eta \hat{s}_t + \gamma_c (1 - \chi) \eta \hat{\psi}_{F,t} \tag{3.77}$$

3.3 模型参数校准与估计

3.3.1 数据处理

本研究选取的观测数据包括实际的产出、消费、投资、通货膨胀、政府支出、利率、工资和人民币实际汇率共八个，时间范围从1996年第1季度到2015年第4季度。数据来源为中经网统计数据库与IMF（国际货币基金组织）统计数据。除人民币实际汇率来自IMF外，其余数据均来自中经网。产出为国内生产总值，消费为全社会消费品零售总额，投资为固定资产投资完成额，通货膨胀为定基CPI指数的对数差分，政府支出为名义政府支出，利率为银行间7日拆借利率，工资为城镇居民劳动收入，人民币实际汇率为人民币实际有效汇率。

首先，我们利用定基CPI指数对除通货膨胀、利率和汇率之外的其他所有变量进行处理，以得到相应的实际变量，并利用Eviews对具有明显季节特征的数据实施Census X12方法的处理以进行季节调整。然后，对所有数据取自然对数，并再次利用Eviews对取对数后的数据实施HP滤波，以得到去势后的波动数据。

3.3.2 参数校准

本研究需要校准的参数大致分为家庭、企业和政府共三部分。

首先，家庭部门参数校准。与国内大多数传统文献一样，我们将家庭的主观贴现因子β校准为0.99，以对应年平均实际利率4%。我们遵从刘斌（2008）的估计结果，将资本折旧率δ、消费跨期替代弹性σ_c、消费习惯参数h和劳动供给弹性φ分别校准为0.025、2.0、0.5和2.0。根据马勇和陈雨露（2014）的估计结果中关于经济开放度的校准，我们将本研究中本国偏好χ校准为0.74。而经济中非李嘉图家庭占比λ则遵从王文甫（2010）的估计结果，校准为0.8。遵从仝冰（2010）的估计结果，我们将工资黏性系数λ_w以及通货膨胀对该工资的影响程度γ_w分别校准为0.6、0.5，根据刘斌（2008）的估计结果，我们将不同劳动类型之间的替代弹性校准为 3.0，其所对应的工资加成稳态值 λ^w 则为 0.5。

其次，企业部门参数校准。我们遵从刘斌（2008）的估计结果将资本产出弹性 α 校准为 0.4，而将投资成本函数弹性系数 $S''(1)$ 、国内外产品之间的替代弹性 η 、国外净资产反应系数 κ 分别校准为 2.0、2.5、0.1。遵从全冰（2010）的估计结果，我们将中间产品生产企业的价格调整黏性系数 λ_p 和上一期通货膨胀对本期中间产品生产企业价格调整的影响程度 γ_p 分别校准为 0.6、0.5。仍根据刘斌（2008）的估计结果，我们将不同中间产品之间的替代弹性校准为 3.0，其对应的价格加成稳态值 λ^p 则为 0.5。同理，我们将进口品价格黏性系数 λ_f 以及通货膨胀对该价格的影响程度 γ_f 分别校准为 0.6、0.5，而将其加成稳态值 λ^f 校准为 0.5。

最后，政府部门参数校准。遵从刘斌（2008）的估计结果，我们将利率规则中利率平滑系数 ρ_r 、利率对通货膨胀反应系数 φ_π 、利率对产出波动反应系数 φ_y 的校准分别调整为 0.6、1.5、0.5；而财政政策规则中的反馈系数 φ_b 、φ_g 则根据王国静和田国强（2014）的估计结果，均调整设定为 0.5。按照数据计算，我们将稳态时两类家庭税收之比 t_o/t_r 、稳态时政府支出与总产出之比 γ_g 分别校准为 1.65、0.13，见表 3.1。

表 3.1　常见参数的校准

参数	参数说明	校准值	参数	参数说明	校准值
β	贴现因子	0.98	α	资本产出弹性	0.40
χ	本国偏好	0.74	δ	资本折旧率	0.03
t_o/t_r	稳态时两类家庭税收之比	1.65	γ_g	稳态时政府支出与总产出之比	0.13

3.3.3　模型估计

参照 DSGE 文献的标准做法，在贝叶斯估计中，我们将不对模型中那些较为明确的参数进行估计，如贴现因子 β 、资本产出弹性 α 、本国偏好 χ 以及资本折旧率 δ 。如果估计所有结构参数，那么一些参数将无法得到识别（Canova、Fabio、Sala，et al.，2009）。

参数的先验分布对于贝叶斯估计至关重要，因此，关于它的选择需十分慎重。遵从 An 和 Schorfheide（2007）的估计结果，我们通常将介于 0 与 1 之间的参数设定为服从 Beta 分布，将介于 0 与 1 之间且其校准值取值不确定的参数设定为服从均匀分布，将大于 0 的参数设定为服从 Gamma 分布，将不必然介于 0 与 1 之间的参数设定为服从正态分布，将校准值取值争议较大且其符号不确定的参数设定为服从正态分布，而将外生冲击过程中 AR（1）系数设定为服从 Beta 分布，将外生冲击过程中新息的标准差设定为服从 Inverse Gamma 分布。

估计通过 Matlab 的 Dyanre 工具包完成。在设定 MH 再抽样参数时，我们将跳跃参数设定为 0.189，以使接受率（acceptance rate）为 0.2~0.4。估计结果中，众数检验（mode check）可判断参数的后验估计结果是否对其先验分布的设定敏感，不敏感则表明：对数后验似然函数（log-post）与对数似然核（log-lik-kernal）在后验众数（mode）附近几乎重合。Brooks 和 Gelman 的检验表明：通过再抽样技术所得到的后验分布收敛，即组间方差趋于 0，而组内方差趋于稳定。先后验对比检验表明：先后验越接近甚至重合说明该参数的识别较差，数据似然在先后验分布之间并未发挥明显的“桥梁”作用。

图 3.1 报告了收敛性检验的多变量诊断结果。图中实线与虚线分别代表各个 MCMC 链内部和各个 MCMC 链之间的参数向量的矩估计（上图为均值、中图为方差、下图为三阶矩）。当这些矩估计在各个 MCMC 链内部和之间趋于稳定时，上、中、下三图中的实线与虚线则收敛，这表明参数估计的结果是稳健的。

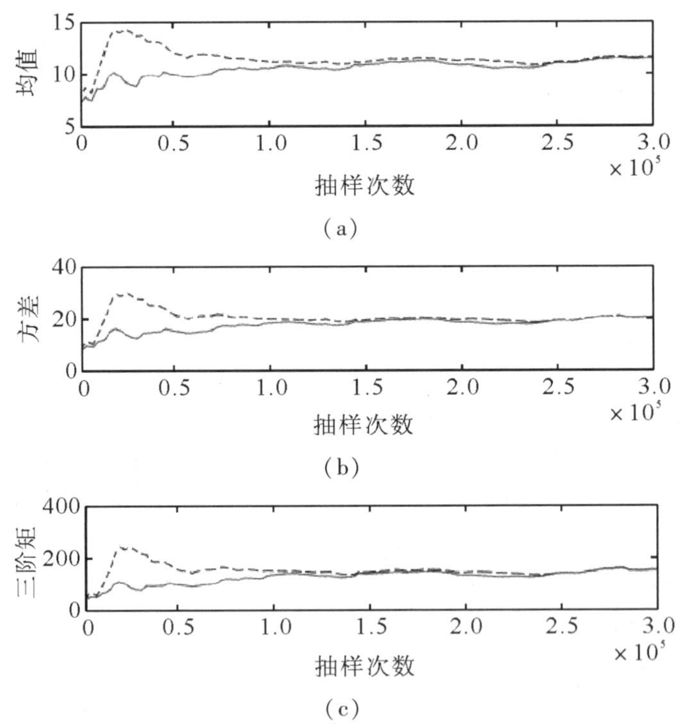

图 3.1　多变量的收敛诊断图

表 3.2 和表 3.3 报告了模型中各待估参数的贝叶斯估计结果。

表 3.2　结构参数估计

参数	参数说明	先验分布	后验均值	95%置信区间
h	消费习惯	Beta [0.7, 0.1]	0.739 2	[0.662 6, 0.809 7]
λ	经济中非李嘉图家庭的占例	Beta [0.8, 0.1]	0.773 4	[0.720 0, 0.827 7]
σ_c	消费跨期替代弹性	Gamma [2.0, 0.2]	1.989 8	[1.768 8, 2.232 1]
φ	劳动供给弹性倒数	Gamma [2.0, 0.2]	1.999 3	[1.807 2, 2.182 4]
$S''(1)$	投资成本函数弹性	Gamma [2.0, 0.2]	2.595 9	[2.351 9, 2.837 9]
η	国内外产品之间的替代弹性	Gamma [2.5, 0.2]	1.920 2	[1.677 1, 2.164 1]
κ	国外净资产反应系数	Beta [0.1, 0.05]	0.004 8	[0.000 7, 0.009 1]
λ_p	国内中间品价格黏性系数	Beta [0.6, 0.05]	0.849 8	[0.831 4, 0.865 0]
γ_p	国内中间品价格指数化程度	Beta [0.5, 0.1]	0.523 2	[0.387 7, 0.649 3]
λ^p	国内中间品价格加成稳态值	Beta [0.5, 0.1]	0.622 4	[0.485 9, 0.745 9]
λ_w	工资黏性系数	Beta [0.6, 0.05]	0.763 6	[0.717 9, 0.810 5]
γ_w	工资指数化程度	Beta [0.5, 0.1]	0.385 6	[0.248 2, 0.522 9]
λ^w	工资加成稳态值	Beta [0.5, 0.1]	0.414 9	[0.241 6, 0.571 4]
λ_f	国内进口品价格黏性系数	Beta [0.6, 0.05]	0.565 8	[0.505 5, 0.632 9]
γ_f	国内进口品价格指数化程度	Beta [0.5, 0.1]	0.429 7	[0.306 6, 0.552 7]
λ^f	国内进口品价格加成稳态值	Beta [0.5, 0.1]	0.494 2	[0.391 7, 0.603 8]
ϕ_b	税收对政府债券反应系数	Beta [0.5, 0.1]	0.432 3	[0.314 1, 0.559 1]
ϕ_g	税收对政府支出反应系数	Beta [0.5, 0.1]	0.466 1	[0.374 8, 0.554 5]
ρ_r	利率平滑系数	Beta [0.6, 0.1]	0.490 1	[0.391 0, 0.589 2]
ϕ_π	利率对通货膨胀反应系数	Gamma [1.5, 0.1]	1.475 1	[1.227 1, 1.698 4]
ϕ_y	利率对产出波动反应系数	Beta [0.5, 0.1]	0.872 4	[0.766 0, 0.978 6]

表 3.3　外生冲击过程中自回归系数及冲击方差的估计

参数	参数说明	先验分布	后验均值	95%置信区间
ρ_c	家庭消费冲击自回归系数	Beta [0.6, 0.1]	0.450 0	[0.320 7, 0.585 5]
ρ_n	劳动供给冲击自回归系数	Beta [0.6, 0.1]	0.529 5	[0.378 8, 0.668 4]
ρ_i	投资冲击自回归系数	Beta [0.6, 0.1]	0.376 3	[0.246 8, 0.508 9]
ρ_a	生产技术冲击自回归系数	Beta [0.6, 0.1]	0.513 9	[0.429 9, 0.600 8]
ρ_p	国内产品价格加成冲击自回归系数	Beta [0.6, 0.1]	0.660 5	[0.519 0, 0.807 9]
ρ_w	工资加成冲击自回归系数	Beta [0.6, 0.1]	0.601 0	[0.406 7, 0.777 8]
ρ_f	进口产品价格加成冲击自回归系数	Beta [0.6, 0.1]	0.455 7	[0.361 4, 0.550 9]
ρ_g	政府支出冲击自回归系数	Beta [0.6, 0.1]	0.661 3	[0.588 6, 0.734 1]
ρ_φ	国外净资产风险溢价冲击自回归系数	Beta [0.6, 0.1]	0.386 2	[0.297 3, 0.477 8]
ρ_{r^*}	国外利率冲击自回归系数	Beta [0.6, 0.1]	0.407 4	[0.306 8, 0.505 9]
ρ_{π^*}	国外通货膨胀冲击自回归系数	Beta [0.6, 0.1]	0.402 5	[0.282 8, 0.529 6]
ρ_{c^*}	国外产出冲击自回归系数	Beta [0.6, 0.1]	0.618 4	[0.558 8, 0.679 5]
σ_r	利率冲击标准差	InvGamma [0.1, 2.0]	0.012 1	[0.011 8, 0.012 6]
σ_c	家庭消费冲击标准差	InvGamma [0.1, 2.0]	0.035 1	[0.022 8, 0.047 1]
σ_n	劳动供给冲击标准差	InvGamma [0.1, 2.0]	0.087 7	[0.029 0, 0.149 2]
σ_i	投资冲击标准差	InvGamma [0.1, 2.0]	0.013 2	[0.011 8, 0.014 6]
σ_a	生产技术冲击标准差	InvGamma [0.1, 2.0]	0.018 5	[0.015 4, 0.021 6]
σ_p	国内产品价格加成冲击标准差	InvGamma [0.1, 2.0]	0.076 1	[0.035 3, 0.116 2]
σ_w	工资冲击标准差	InvGamma [0.1, 2.0]	0.109 7	[0.021 1, 0.229 1]

表3.3(续)

参数	参数说明	先验分布	后验均值	95%置信区间
σ_f	进口产品价格加成冲击标准差	InvGamma [0.1, 2.0]	0.162 0	[0.106 6, 0.219 7]
σ_g	政府支出冲击标准差	InvGamma [0.1, 2.0]	0.013 5	[0.011 9, 0.015 0]
σ_φ	国外净资产风险溢价冲击标准差	InvGamma [0.1, 2.0]	0.016 3	[0.013 3, 0.019 3]
σ_{r^*}	国外利率冲击标准差	InvGamma [0.1, 2.0]	0.016 2	[0.013 1, 0.019 1]
σ_{π^*}	国外通货膨胀冲击标准差	InvGamma [0.1, 2.0]	0.025 2	[0.017 4, 0.033 1]
σ_{c^*}	国外产出冲击标准差	InvGamma [0.1, 2.0]	0.074 4	[0.063 4, 0.085 4]
边际数据密度(laplace approximation)		1 931.658 199		

3.4 结果分析

3.4.1 预测误差方差分解

通过预测误差方差分解(variance decomposition),我们可观察到不同的外生冲击对经济波动的贡献度,以及这些冲击在短期和中长期波动中的相对贡献。具体分解见表3.4。

表3.4 预测误差方差分解 单位:%

参数	ε_t^g	ε_t^r	ε_t^A	ε_t^φ	ε_t^{r*}	$\varepsilon_t^{\pi*}$	ε_t^{c*}	ε_t^p	ε_t^f	ε_t^w	ε_t^n	ε_t^c	ε_t^I
$\hat{y}_t$	31.96	24.20	0.68	17.70	19.01	3.03	2.37	0.06	0.20	0.00	0.01	0.47	0.30
$\hat{i}_t$	45.68	9.71	0.59	12.66	14.94	2.33	1.64	0.10	0.18	0.00	0.01	0.87	11.27
$\hat{c}_t$	43.91	12.66	3.50	13.80	15.38	2.43	4.38	0.08	0.43	0.00	0.03	2.10	1.30
$\hat{c}_t^o$	50.37	10.20	0.12	12.80	14.64	2.30	5.42	0.11	0.60	0.00	0.00	2.68	0.76
$\hat{c}_t^r$	15.13	14.32	14.12	23.12	24.97	3.97	2.55	0.04	0.19	0.01	0.11	0.58	0.89
$\hat{n}_t$	16.90	16.84	36.09	12.63	13.51	2.15	1.22	0.03	0.09	0.00	0.01	0.11	0.42
$\hat{w}_t$	24.19	11.65	5.52	20.13	22.51	3.55	4.28	0.19	0.31	0.23	1.94	4.16	1.35

表3.4(续)

参数	ε_t^g	ε_t^r	ε_t^A	ε_t^φ	ε_t^{r*}	$\varepsilon_t^{\pi*}$	ε_t^{c*}	ε_t^p	ε_t^f	ε_t^w	ε_t^n	ε_t^c	ε_t^I
$\hat{\pi}_t$	48.53	10.10	1.67	13.28	15.14	2.38	5.44	0.26	0.62	0.01	0.04	1.62	0.90
$\hat{r}_t$	43.29	23.81	0.46	11.40	12.90	2.03	3.78	0.15	0.42	0.00	0.02	1.18	0.56
$\hat{Q}_t$	24.10	23.42	0.20	22.83	24.06	3.85	1.27	0.00	0.11	0.00	0.00	0.10	0.08

从表3.4我们发现，对宏观经济波动具有较强解释能力的冲击分别是政府支出冲击、货币政策冲击、国际金融风险冲击、国外利率冲击四大冲击。其中，政府支出冲击为第一大冲击，它大约解释了产出波动的32%。从各个主要宏观经济变量来看，政府支出冲击的解释能力由大到小分别为通货膨胀、投资、消费、利率、产出、工资、汇率、劳动供给。在消费中，政府支出冲击对李嘉图家庭消费的解释能力明显高于对非李嘉图家庭消费的解释能力。

3.4.2 模型动态分析

3.4.2.1 政府支出冲击对各个宏观经济变量的冲击

首先，由于政府支出的两个融资渠道是政府债券和税收，当政府支出增加时，政府债券与税收也将随之增加。一方面，在货币供给不变的情况下，政府债券的增加相当于资金市场中的货币回流加速，从而利率升高，投资成本上升，导致私人投资下降，进而出现政府支出对私人投资的挤出效应（见图3.2上面组左图）。另一方面，税收增加的预期使得李嘉图家庭出现负财富效应，从而使其消费水平下降，进而出现政府支出对李嘉图家庭消费的挤出效应（见图3.2上面组右图 c_0）。

其次，当政府支出增加时，就业增加，实际工资上涨，非李嘉图家庭需求增加，其消费水平上升，出现政府支出对非李嘉图家庭消费的挤入效应（见图3.2上面组右图 c_r）。由于非李嘉图家庭在总人口中占比近80%，因此，政府支出对总的私人消费呈现挤入效应（见图3.2上面组右图 c）。此外，当政府支出增加时，实际工资上涨，出口产品价格上升，国际收支逆差（外汇储备减少），实际汇率下降（本币升值）。

最后，李嘉图家庭作为唯一可进入国际资本市场的市场主体，其消费水平的变化可通过国际风险分担的方式影响实际汇率的变动（Monacelli、Perotti，2010）。当李嘉图家庭的消费水平下降时，实际汇率水平也将随之

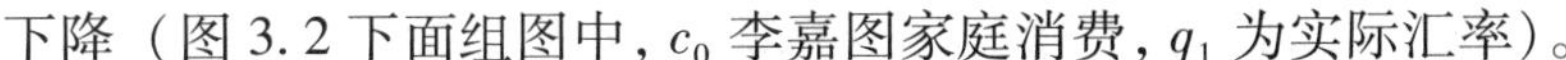
下降（图 3.2 下面组图中，c_0 李嘉图家庭消费，q_1 为实际汇率）。

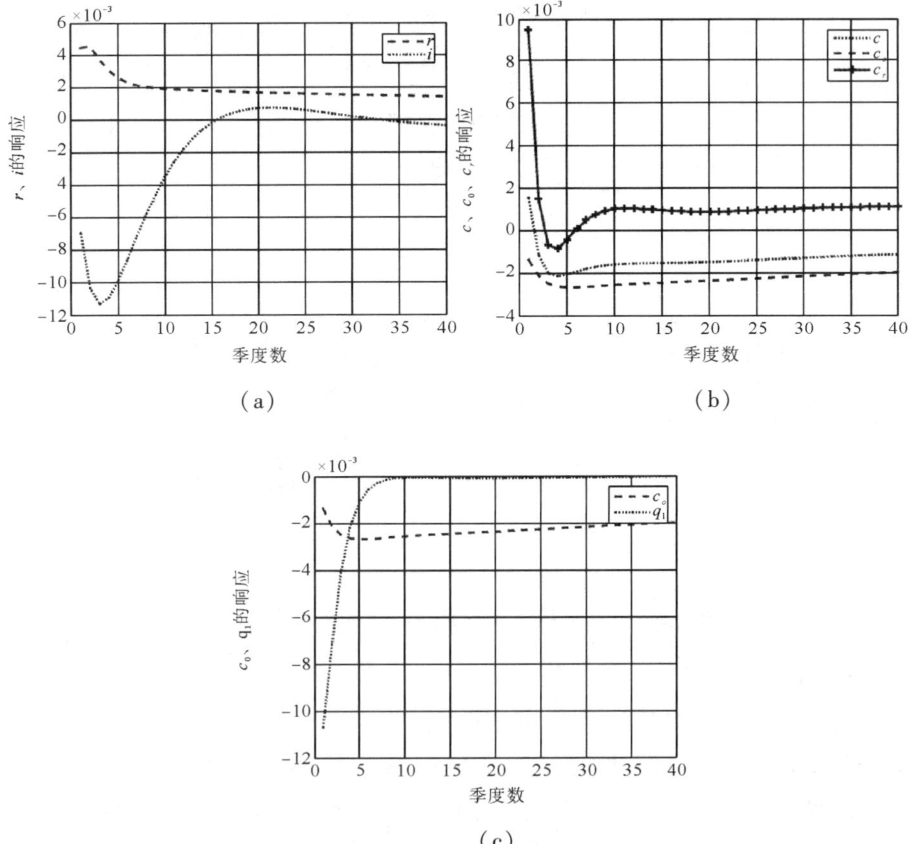

图 3.2　私人投资、私人消费、李嘉图消费、非李嘉图消费、实际汇率对政府支出的响应

从图 3.3 我们发现：政府支出增加导致私人消费增加、私人投资下降、实际汇率下降，而总产出则在政府支出和私人消费的合力下最终呈现增加，通货膨胀上升、利率上升。这与第 1 章中基于结构 VAR 的经验事实基本相符。

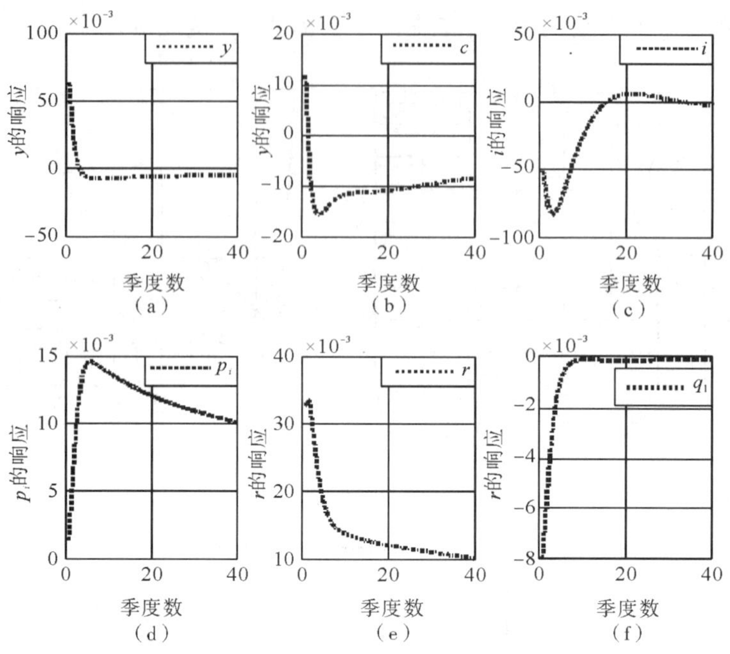

图 3.3　主要宏观经济变量对政府支出冲击的响应

3.4.2.2　不同的非李嘉图家庭占比 λ 下政府支出的冲击效应

政府支出的增加抑制了李嘉图家庭的消费，刺激了非李嘉图家庭的消费，随着非李嘉图家庭占比 λ 的不断提高，产出、消费、投资、通货膨胀、利率、实际汇率对政府支出冲击的响应呈现不同程度的放大效应。放大程度由大到小依次为消费、通货膨胀、利率、投资、产出、实际汇率（见图 3.4）。我们还发现：当非李嘉图家庭占比 λ 较低时，消费由李嘉图家庭的消费主导，从而呈现出挤出效应。

3.4.2.3　工资黏性下政府支出对各个宏观经济变量的冲击

通过将工资黏性系数 λ_w 设置为零，我们得到了模型中弹性工资的设定，从而实现了弹性工资与黏性工资的对比，进而判断工资黏性对政府支出冲击效应的影响（见图 3.5）。

从图 3.5 我们发现：工资黏性放大了除通货膨胀之外的其他所有宏观经济变量对政府支出的响应。其中，对消费的放大效应尤为显著，由政府支出对消费的挤出效应转变成为对消费的挤入效应。关于工资黏性对通货膨胀的紧缩效应，我们认为：工资作为生产成本之一，其黏性的存在对价格的变化具有一定的缓冲作用。

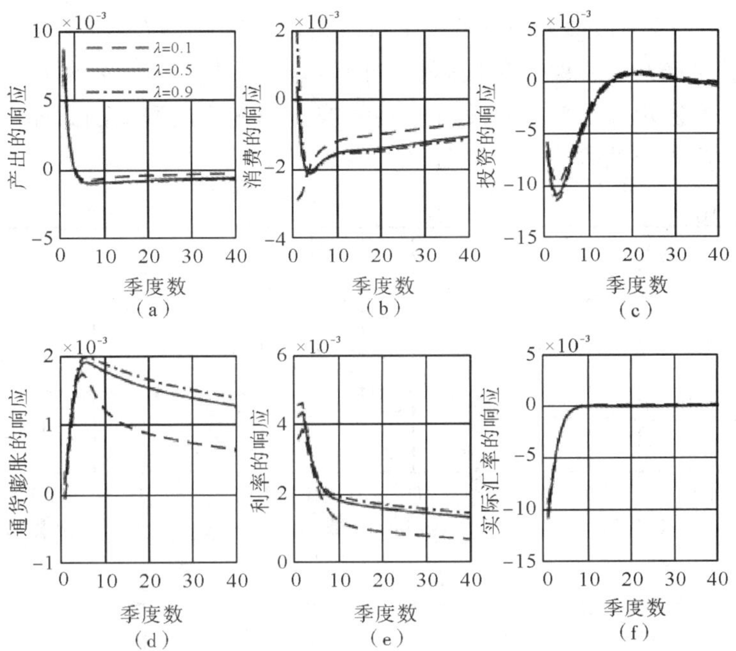

图 3.4　不同 λ 下主要宏观经济变量对政府支出冲击的响应

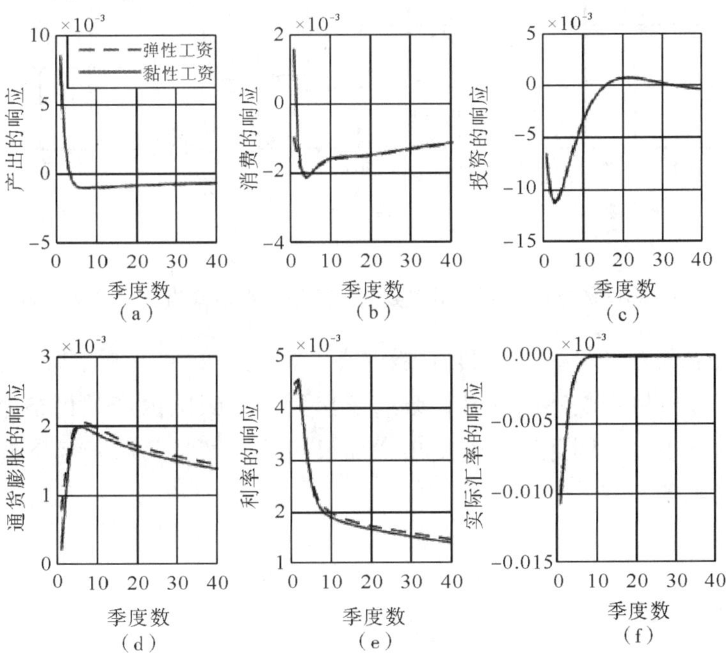

图 3.5　黏性工资下主要宏观经济变量对政府支出冲击的响应

3.4.2.4　不同的本国偏好χ下政府支出对各个宏观经济变量的冲击

随着经济开放程度不断提高，本国偏好χ不断下降，除通货膨胀之外的其他所有宏观经济变量对政府支出的响应都有不同程度的紧缩，而通货膨胀对政府支出的响应由正变负（见图 3.6）。

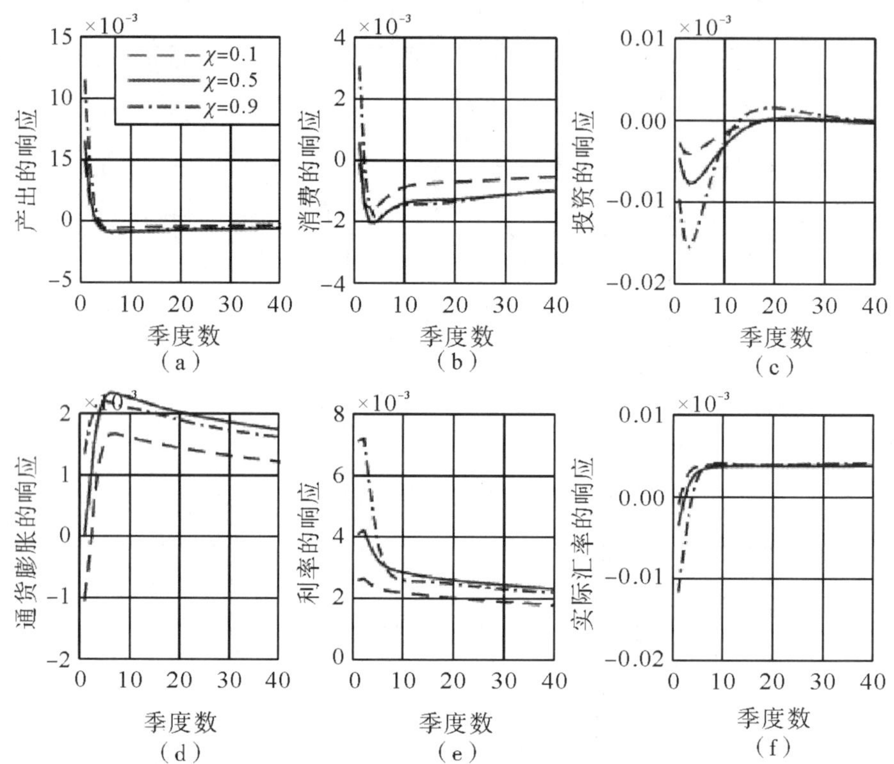

图 3.6　不同的本国偏好χ下主要宏观经济变量对政府支出冲击的响应

通货膨胀在经济开放程度不断提高、本国偏好χ不断下降的情况下，受进口产品价格影响不断上升，政府支出增加导致国内产品价格上升、进口产品价格下降，因此，政府支出增加最终造成通货膨胀随经济开放程度的提高而不断下降。

3.5　结论

在国内，利用含有非李嘉图家庭的小型开放经济新凯恩斯模型，关于政府支出对私人投资影响的研究几乎没有，本研究尝试填补这一空白。本研究基于 GLV（2007）进行了三方面的拓展，引入了资本累积、工资黏性以及开放经济环境。此外，本研究还基于中国 1996—2015 年每季度的数据对模型进行了贝叶斯估计，并发现基于估计结果的模拟脉冲响应与基于结构 VAR 的脉冲响应基本相符。

本研究的主要结论是：①政府支出对私人消费具有挤入效应，这主要是因为政府支出对非李嘉图家庭的消费具有挤入效应，并且非李嘉图家庭在整个人口中的占比高达约 80%。②政府支出对私人投资具有挤出效应，这是因为政府支出增加导致利率上升，投资成本升高。③政府支出造成国内产品价格相对国外产品上升，实际汇率下降，出口成本增加，贸易条件恶化，不利于出口。④非李嘉图家庭在整个人口中占比的不断提高，对政府支出对整个宏观经济的冲击效应起到了一种放大的作用。⑤工资黏性对除通货膨胀之外其他宏观经济变量关于政府支出冲击的效应也具有放大效应。⑥随着经济开放程度的不断上升、本国偏好的不断下降，除通货膨胀之外的其他所有变量对政府支出的响应都不断紧缩，而通货膨胀则由于其中进口价格占比的不断上升而对政府支出的响应呈现出由正响应向负响应的转变。⑦从预测误差方差分解看，政府支出冲击能解释大约 32%的产出波动，为该模型经济中的第一大冲击。

本研究得到的启示是，政府支出虽有利于私人消费的增加，尤其有利于非李嘉图家庭的消费增加，但它却不利于私人投资的增加，不利于汇率的上升及贸易条件的改善，从而不利于出口。因此，该政策工具的实施需平衡好消费、投资、出口三者之间的关系，使它们共同促进经济的增长。

4 政府支出与实际汇率

4.1 导言

20世纪，欧盟国家的经常账户严重失衡，成为当时财政危机的核心问题。对于货币联盟中的一些国家，财政政策显示出了它的重要性，因为货币政策不具有自动调节功能。在小型开放经济政策下，采取财政政策的DSGE模型来分析宏观指标在不同冲击下的变动情况，便显得尤为必要。

本研究将在一个拥有非李嘉图家庭和劳动市场摩擦的开放环境中，讨论政府支出对实际汇率的影响。一般情况下，政府购买的增加使得对本国产品需求增加，通过对价格的影响使得实际汇率发生变化，而导致贸易失衡。

4.2 模型设定

本研究模型的建立借鉴了Monacelli（2005）、Gali和Monacelli（2005，2008）与Justiniano和Preston（2010）中小型开放经济体的基本框架。在该框架下，本国经济体被视为一个小型开放经济体连续统中的一员。由于该连续统中每个成员国都是无穷小的，每个小型经济体国家的各种具体政策和各种冲击都不会影响世界其他国家；于是，世界其他所有国家被视为足够大，以致被刻画为一个封闭经济体（Monacelli，2005；Beltran、Draper，2008）。正因此，本模型具有这类文献所必备的一些标准要素。例如：名义价格的设定、国内价格关于过去通货膨胀的指数化、汇率波动对国内通货膨胀的不完全传递、消费偏好的形成，以及货币政策泰勒规则的运用。此外，我们通过引入一个国际风险溢价而放弃了完全国际风险分担的假设，正如 Schmitt-Grohe 和 Uribe（2003）那样。这种弹性债务的利率与国外净资产头寸有关。因此，如果经济体是一个净借款人，那么国内家庭将承担国外利率的风险溢价。此外，我们还基于 Stahler 和 Thomas（2012）的劳动市场搜寻与匹配框架引入了劳动市场摩擦。

具体地，本模型包含有家庭部门、生产部门、政府部门以及劳动市场。家庭部门分为李嘉图家庭和非李嘉图家庭两部分。其中，李嘉图家庭可以手持本国债券和国外债券，并且通过劳动获得收益，同时获得政府提供的一部分失业津贴（假定厂商的利润最终归于家庭），以此为预算约束实现其效用最大化。而非李嘉图家庭则通过劳动和失业津贴获得收益，并且非李嘉图家庭没有多余的财富用于购买债券等，他们所获得的工资和津贴是其生活的唯一经济来源，以此为预算约束来实现其效用最大化。生产部门除国内中间产品生产企业和最终产品生产企业外，还包含进口产品企业。进口产品企业通过“一价定律缺口”获得进口品买卖差价以获得利润，并且采取与国内中间产品企业一样的交错方式设定其自身产品价格。而中间产品生产企业则仅仅考虑了劳动要素投入，忽略了资本要素的投入。政府部门通过向家庭征税、政府购买、发放救济金等方式调节宏观经济。最后，劳动市场是一个包含了劳动搜寻与摩擦的市场，并假定工人可以在一定程度上与公司进行工资谈判，以使得双方利益都实现最大化。

4.2.1 家庭部门

4.2.1.1 家庭部门消费

我们假定国内经济由一个具有无限寿命的家庭连续统构成。该连续统通过 $i \in [0, 1]$ 实现指数化。正如 GLV（2004、2007）一样，位于区间 $[0, \mu]$ 的家庭不能进入金融市场，也不能拥有初始的资本禀赋，他们每个时期只能消费其所获的劳动收入，我们将这些家庭称为非李嘉图家庭；而位于区间 $[\mu, 1]$ 的剩余家庭则可以进入实物资本市场和债券市场，并且这些能进入金融市场的家庭拥有相同的初始资本禀赋，他们每个时期的消费无需只依赖其劳动收入，我们将这些家庭称为李嘉图家庭。另外，这两种家庭拥有相同的瞬时效用函数，于是其基于 0 时期的终生效用函数为

$$E_0 \sum_{t=0}^{\infty} \beta^t \left\{ \frac{[C_t(i) - hC_{t-1}(i)]^{1-\sigma_c}}{1 - \sigma_c} \right\} \tag{4.1}$$

其中，$E_0(g)$ 表示基于 0 时期所获的信息集为条件的期望算子，$\beta \in (0, 1)$ 表示主观贴现因子。$C_t(i)$ 表示家庭 i 的一种复合消费品，我们将在下面定义它。

正如前面所提到的那样，$C_t(i)$ 是一种复合消费品。遵从 Andrea Colciago（2011）做法，在同质性假设下，我们将除去家庭指数化指标 i，用 C_t 替代 $C_t(i)$。于是，C_t 的定义为

$$C_t = \left[(1-\alpha)^{\frac{1}{\eta}} C_{H,t}{}^{\frac{\eta-1}{\eta}} + \alpha^{\frac{1}{\eta}} C_{F,t}{}^{\frac{\eta-1}{\eta}}\right]^{\frac{\eta}{\eta-1}} \tag{4.2}$$

其中，$C_{H,t}$、$C_{F,t}$ 表示两种家庭对本国产品和国外产品的消费

$$C_{H,t} = \left[\int_0^1 C_{H,t}(j)^{\frac{\varepsilon-1}{\varepsilon}} \mathrm{d}j\right]^{\frac{\varepsilon}{\varepsilon-1}},\ C_{F,t} = \left[\int_0^1 C_{F,t}(j)^{\frac{\varepsilon-1}{\varepsilon}} \mathrm{d}j\right]^{\frac{\varepsilon}{\varepsilon-1}} \tag{4.3}$$

其中，η 表示国内外产品的替代弹性。参数 α、$\varepsilon > 1$ 分别表示国外产品在本国消费中所占份额、国外不同产品之间或国内不同产品之间的替代弹性。

家庭的消费最优化选择得到了它对本国产品和国外产品的需求函数

$$C_{H,t}(j) = \left[\frac{P_{H,t}(j)}{P_{H,t}}\right]^{-\varepsilon} C_{H,t},\ C_{F,t}(j) = \left[\frac{P_{F,t}(j)}{P_{F,t}}\right]^{-\varepsilon} C_{F,t} \tag{4.4}$$

国内外产品的定价为

$$P_{H,t} \equiv \left[\int_0^1 P_{H,t}(j)^{1-\varepsilon} \mathrm{d}j\right]^{\frac{1}{1-\varepsilon}},\ P_{F,t} \equiv \left[\int_0^1 P_{F,t}(j)^{1-\varepsilon} \mathrm{d}j\right]^{\frac{1}{1-\varepsilon}} \tag{4.5}$$

假定对所有 i 型产品的消费是对称的，对国内外产品需求的最优分配得到以下需求函数

$$C_{H,t} = (1-\alpha)\left(\frac{P_{H,t}}{P_t}\right)^{-\eta} C_t \tag{4.6}$$

$$C_{F,t} = \alpha\left(\frac{P_{F,t}}{P_t}\right)^{-\eta} C_t \tag{4.7}$$

其中，消费价格指数的定义为

$$P_t \equiv \left[(1-\alpha) P_{H,t}{}^{1-\eta} + \alpha P_{F,t}{}^{1-\eta}\right]^{\frac{1}{1-\eta}} \tag{4.8}$$

4.2.1.2 李嘉图家庭

仅有的可用资产为国内外债券，并且只有富人即李嘉图的家庭才有足够的财富购买债券，所以李嘉图家庭的实际预算约束条件为

$$(1+\tau_t^c) C_t^o + \frac{B_t^o}{P_t} + \frac{e_t \mathrm{NFA}_t^o}{P_t} = \frac{W_t N_t^o}{P_t}(1-\tau_t^w) + \frac{(1+r_{t-1}) B_{t-1}^o}{P_t} +$$

$$\frac{(1+r_{t-1}^{*})\,e_t \mathrm{NFA}_{t-1}^{o}\varphi_{t-1}(\widehat{\mathrm{nfa}}_{t-1})}{P_t}+\frac{\Pi_t}{P_t}+(1-N_t^{o})\,\kappa^{B} \tag{4.9}$$

等式左边对应着可用资源。李嘉图的家庭可以用它们来购买消费品和债券。其中 B_t^o 表示一定时期的国内名义债券，NFA_t^o 表示一定时期的以国外资产衡量的债券。e_t 表示名义汇率。等式右边表示 t 期期初的资源，$W_tN_t^o$ 表示所得工资，但是工资一部分要用来交税。Π_t 表示从厂商获得的股份红利，$(1-N_t^o)\,\kappa^B$ 表示政府给予的失业津贴。$\phi_t(\widehat{\mathrm{nfa}}_t)$ 是国家风险溢价函数，定义为

$$\phi_t(\widehat{\mathrm{nfa}}_t)=\exp[-\chi(\widehat{\mathrm{nfa}}_t)+\tilde{\phi}_t]$$

其中，$\widehat{\mathrm{nfa}}_t\equiv\dfrac{e_t\mathrm{NFA}_t/P_t}{Y}$ 表示实际国外净资产头寸，$\tilde{\phi}_t$ 是风险冲击。函数 $\phi_t(nta_t)$ 包含了本国居民在国际市场上进行交易的成本。因此，如果资产是净借来的，他们会在国外利率基础上支付费用；如果资产是净贷的，他们将会获得比国外利率低的基础上的报酬。这个函数保证了国外债券保持稳定的水平并且以线性化的形式与模型相吻合。

在预算约束条件式（4.9）下，李嘉图的家庭达到效用最大化即效用函数（$j=o$）时相应的式 4.1 表示的函数取得最大值。

建立拉格朗日函数如下

$$L=E_0\sum_{t=0}^{\infty}\beta^t\left\{\begin{array}{l}\left[\dfrac{(C_t^o-hC_{t-1}^o)^{1-\sigma_c}}{1-\sigma_c}\right]+\\ \lambda_t^o\left[\begin{array}{l}\dfrac{W_tN_t^o}{P_t}(1-\tau_t^w)+\dfrac{(1+r_{t-1})\,B_{t-1}^o}{P_t}+\dfrac{(1+r_{t-1}^{*})\,e_t\mathrm{NFA}_{t-1}^o\varphi_{t-1}(\widehat{\mathrm{nfa}}_{t-1})}{P_t}\\ +\dfrac{\Pi_t}{P_t}+(1-N_t^o)\,\kappa^B-(1+\tau_t^c)\,C_t^o-\dfrac{B_t^o}{P_t}-\dfrac{e_t\mathrm{NFA}_t^o}{P_t}\end{array}\right]\end{array}\right\}$$

对消费、国内外债券求得的一阶条件如下

$$(\partial c_t^o):\ \lambda_t^o=\frac{(C_t^o-hC_{t-1}^o)^{-\sigma_c}-\beta hE_t\,(C_{t+1}^o-hC_t^o)^{-\sigma_c}}{(1+\tau_t^c)} \tag{4.10}$$

$$(\partial B_t^o):\ \lambda_t^o=\beta E_t\left[\lambda_{t+1}^o\frac{(1+r_t)}{\pi_{t+1}}\right] \tag{4.11}$$

$$(\partial \mathrm{NFA}_t):\ \lambda_t^o=\beta E_t\left[\lambda_{t+1}^o(1+r_t^{*})\,\varphi_t(\widehat{\mathrm{nfa}}_t)\frac{1}{\pi_{t+1}}\frac{e_{t+1}}{e_t}\right] \tag{4.12}$$

式（4.10）给出了李嘉图的家庭消费的边际效用，反映了增加一单位

消费所带来的效用的增量。式（4.11）是标准的欧拉方程，它反映对本国债券的最优持有量的选择。式（4.12）反映对外国债券的最优持有量的选择。

遵循小型开放经济的一贯原则，小型开放经济相对于其余的国家很小，可以被忽略，因此可将其余的国家看成封闭的经济体。对国外经济来说，产出等于消费，价格通货膨胀即为国内通货膨胀。

4.2.1.3 非李嘉图家庭

非李嘉图家庭的收入仅仅来源于劳动所获得的工资及政府给予的失业津贴，并且这些收入只用来消费，而不进行其他经济活动。因此，非李嘉图家庭的预算约束条件由下式给出

$$(1+\tau_t^c)C_t^r=\frac{W_tN_t^r}{P_t}(1-\tau_t^w)+(1-N_t^r)\kappa^B \tag{4.13}$$

实现效用最大化，建立拉格朗日函数如下

$$L=E_0\sum_{t=0}^{\infty}\beta^t\left\{\begin{array}{l}\left[\dfrac{(C_t^r-hC_{t-1}^r)^{1-\sigma_c}}{1-\sigma_c}\right]+\\ \lambda_t^r\left[\dfrac{W_tN_t^r}{P_t}(1-\tau_t^w)+(1-N_t^r)\kappa^B-(1+\tau_t^c)C_t^r\right]\end{array}\right\}$$

得到消费的边际效用为

$$(\partial c_t^r):\ \lambda_t^r=\frac{(C_t^r-hC_{t-1}^r)^{-\sigma_c}-\beta hE_t(C_{t+1}^r-hC_t^r)^{-\sigma_c}}{(1+\tau_t^c)} \tag{4.14}$$

4.2.1.4 总量加总

本研究将家庭分为李嘉图家庭和非李嘉图家庭。总消费是李嘉图家庭消费与非李嘉图家庭消费的线性加总，并且非李嘉图家庭没有多余的财富进行债券的购买，所得的收入仅仅用来购买生活消费品。因此可以得到下式

$$C_t=(1-\mu)C_t^o+\mu C_t^r,\ N_t=(1-\mu)N_t^o+\mu N_t^r \tag{4.15}$$

$$B_t=(1-\mu)B_t^o \tag{4.16}$$

$$\mathrm{NFA}_t=(1-\mu)\mathrm{NFA}_t^o \tag{4.17}$$

其中，μ 表示非李嘉图的家庭在本国家庭中所占的份额。

4.2.2 贸易条件、实际汇率与非抵补利率平价条件

4.2.2.1 贸易条件与实际汇率

定义贸易条件

$$S_t = \frac{P_{F,t}}{P_{H,t}} \tag{4.18}$$

贸易条件为国外产品价格和国内产品价格之比，S_t 的值增加意味着竞争力的增强。实际汇率定义为

$$Q_t = \frac{e_t P_t^*}{P_t} \tag{4.19}$$

Q_t 值的增加意味着本国货币的贬值，因此竞争力增强。

4.2.2.2 非抵补利率平价条件

由于不存在完全风险分担的假设，并且市场是不完全的，可以由式（4.11）和（4.12）得到如何决定国内外债券的持有情况的非抵补利率平价条件

$$(1 + r_t) = (1 + r_t^*)\,\phi(\mathrm{nfa}_t)\left(\frac{e_{t+1}}{e_t}\right) \tag{4.20}$$

此时，当经济是净借（贷）的，本国利率要高（低）于国外利率。因此，国外净资产的流动将会影响国内外利率之差。

4.2.3 企业部门

4.2.3.1 国内产品生产企业

假设国内产品生产方面存在两个生命无限的代理人部门：一个是完全竞争的最终产品生产部门，它购买各种差别化的中间产品，利用一种 CES（不变替代弹性生产函数）技术以生产最终产品；另一个是垄断竞争的中间产品生产部门，它购买各生产要素，利用 CD（柯布—道格拉斯生产函数）技术以生产各中间产品。

4.2.3.1.1 最终产品生产企业

在该部门，企业利用各种差别化中间产品 $Y_t(j)$ ，通过下列方式生产最终产品 Y_t

$$Y_t = \left[\int_0^1 Y_t(j)^{\frac{\varepsilon-1}{\varepsilon}}\,\mathrm{d}j\right]^{\frac{\varepsilon}{\varepsilon-1}}$$

这里，$\varepsilon > 1$ 反映了在有关 $Y_t(j)$ 的投入要素市场中的竞争程度。在该部门的均衡处，我们得到要素需求函数

$$Y_t(j) = \left[\frac{P_{H,t}(j)}{P_{H,t}}\right]^{-\varepsilon} Y_t \tag{4.21}$$

以及国内产品总价格指数

$$P_{H,t} \equiv \left[\int_0^1 P_{H,t}(j)^{1-\varepsilon} \mathrm{d}j\right]^{\frac{1}{1-\varepsilon}} \tag{4.22}$$

4.2.3.1.2　中间产品生产企业

差别化的国内中间产品由消费者所拥有的一系列垄断竞争企业生产。每个中间产品企业的生产由下列生产函数给出

$$Y_t(j) = A_t L_t(j)^{1-\alpha} \tag{4.23}$$

其中，A_t 是外部生产率冲击。$L_t(j)$ 为劳动投入需求。中间产品企业在完全竞争的要素市场以实际价格 x_t 获得劳动 $L_t(j)$ 。因此，t 期企业 j 的实际利润为

$$\frac{P_{H,t}(j)\,Y_t(j)}{P_t} - x_t L_t(j) \tag{4.24}$$

在服从式（4.23）的约束下，我们有

$$L \equiv x_t L_t(j) + \frac{P_{H,t}\mathrm{MC}_t(j)}{P_t}[Y_t(j) - A_t L_t(j)^{1-\alpha}]$$

其中，L 为目标函数。在实现成本最小化后，我们得到下列要素需求条件

$$x_t = (1-\alpha)\frac{P_{H,t}\mathrm{MC}_t(j)}{P_t}\frac{Y_t(j)}{L_t(j)} = (1-\alpha)\frac{P_{H,t}\mathrm{MC}_t}{P_t}\frac{Y_t}{L_t} \tag{4.25}$$

这里，MC_t 是所有中间产品企业所共有的实际边际成本，即 $\mathrm{MC}_t(j) = \mathrm{MC}_t$ 。

定价方面，我们假定该企业的定价采取 Calvo（1983）的交错定价方式。假设 $P_{H,t}^{\mathrm{new}}(j)$ 是企业 j 在 t 时期所重新设定的价格，在卡尔沃价格设定框架下，则有

$$P_{H,t+k}(j) = P_{H,t+k-1}(j) = L = P_{H,t}^{\mathrm{new}}(j)$$

由于在任意时期 t，只有 $(1-\theta_H)$ 部分的企业被允许参与定价，这部分企业最大化其下列期望利润贴现值

$$E_t\sum_{k=0}^{\infty}\theta_H^k\beta^k\frac{\lambda_{t+k}^o}{\lambda_t^o}Y_{t+k}(j)\,[P_{H,t+k}(j) - P_{H,t+k}\mathrm{MC}_{t+k}]$$

并服从如下需求函数

$$Y_{t+k}(j) = \left[\frac{P_{H,\ t+k}(j)}{P_{H,\ t+k}}\right]^{-\varepsilon}(C_{H,\ t+k} + C^{*}_{H,\ t+k})$$

$$= \left[\frac{P^{\text{new}}_{H,\ t}(j)}{P_{H,\ t+k}}\right]^{-\varepsilon}(C_{H,\ t+k} + C^{*}_{H,\ t+k})$$

其中，MC_t 表示实际边际成本。遵从 Stahler 和 Thomas（2012）的做法，在随机贴现因子中，我们利用李嘉图家庭的消费边际效用 λ^{o}_{t} 进行折算。θ^{k}_{H} 则是国内中间产品企业在 k 个时期内不能调整其价格的概率。最终得到以下一阶条件

$$E_t \sum_{k=0}^{\infty} \theta^{k}_{H}\beta^{k}\frac{\lambda^{o}_{t+k}}{\lambda^{o}_{t}}Y_{t+k}(j)\left[P^{\text{new}}_{H,\ t}(j) - \left(\frac{\varepsilon}{\varepsilon - 1}\right)P_{H,\ t+k}\text{MC}_{t+k}\right] = 0 \quad (4.26)$$

在假定的价格设定框架下，国内产品价格指数为

$$P_{H,\ t} = \{\theta_H (P_{H,\ t-1})^{1-\varepsilon} + (1 - \theta_H)\ [P^{\text{new}}_{H,\ t}(j)]^{1-\varepsilon}\}^{\frac{1}{1-\varepsilon}} \quad (4.27)$$

注意，这里由于所有调价企业都选择了相同的新价格，$P^{\text{new}}_{H,\ t}(j) = P^{\text{new}}_{H,\ t}$。线性化式（4.26）与式（4.27）后，将两者结合，我们可得到中间产品价格菲利普斯曲线

$$\hat{\pi}_{H,\ t} = \beta E_t(\hat{\pi}_{H,\ t+1}) + \lambda\hat{\text{mc}}_t + \hat{\varepsilon}^{H}_{t} \quad (4.28)$$

其中，$\lambda \equiv \dfrac{(1 - \theta_H)(1 - \beta\theta_H)}{\theta_H}$，$\hat{\varepsilon}^{H}_{t}$ 为额外添加的成本冲击。

4.2.3.2 进口企业

进口企业从国外进口不同产品时，具有一定的定价能力，因为它们被假定是垄断竞争的。当它们将进口品卖给国内消费者时会收取差价。短期内，这种行为会使得国外产品在国际市场上卖给进口企业的价格和以本国货币衡量的国外产品价格存在一定的差距。这就是所谓的一价定律缺口，被定义为

$$\psi_{F,\ t} = \frac{e_t P^{*}_{F,\ t}}{P_{F,\ t}} \quad (4.29)$$

进口企业依然遵从 Calvo 定价，与中间产品生产企业一样，假设 $P^{\text{new}}_{F,\ t}(j)$ 是企业 j 在 t 时期重新设定的价格，在卡尔沃价格设定框架下，则有

$$P_{F,\ t+k}(j) = P_{F,\ t+k-1}(j) = L = P^{\text{new}}_{F,\ t}(j)$$

由于在任意时期 t，只有 $(1 - \theta_F)$ 部分的企业被允许参与定价，这部

分企业最大化其下列期望利润贴现值

$$E_t \sum_{k=0}^{\infty} \theta_F^k \beta^k \frac{\lambda_{t+k}^o}{\lambda_t^o} C_{F,\ t+k}(j)\ [P_{F,\ t+k}(j) - e_{t+k} P_{F,\ t+k}^*]$$

并服从下列需求约束

$$C_{F,\ t+k}(j) = \left[\frac{P_{F,\ t+k}(j)}{P_{F,\ t+k}}\right]^{-\varepsilon} C_{F,\ t+k}$$

$$= \left[\frac{P_{F,\ t}^{new}(j)}{P_{F,\ t+k}}\right]^{-\varepsilon} C_{F,\ t+k}$$

于是，我们得到该问题的一阶条件

$$E_t \sum_{k=0}^{\infty} \theta_F^k \beta^k \frac{\lambda_{t+k}^o}{\lambda_t^o} C_{F,\ t+k}(j) \left[P_{F,\ t}^{new}(j) - \left(\frac{\varepsilon}{\varepsilon - 1}\right) e_{t+k} P_{F,\ t+k}^*\right] = 0 \quad (4.30)$$

在假定的价格设定框架下，国内进口产品价格指数为

$$P_{F,\ t} = \{\theta_F\ (P_{F,\ t-1})^{1-\varepsilon} + (1-\theta_F)\ [P_{F,\ t}^{new}(j)\ ]^{1-\varepsilon}\}^{\frac{1}{1-\varepsilon}} \quad (4.31)$$

注意：这里由于所有调价企业都选择了相同的新价格，$P_{F,\ t}^{new}(j) = P_{F,\ t}^{new}$。线性化式（4.30）与式（4.31）后，将两者结合，我们可得到进口产品价格菲利普斯曲线

$$\hat{\pi}_{F,\ t} = \beta E_t(\hat{\pi}_{F,\ t+1}) + \lambda_F \hat{\psi}_{F,\ t} + \hat{\varepsilon}_t^F \quad (4.32)$$

其中，$\lambda_F \equiv \dfrac{(1-\theta_F)\ (1-\beta\theta_F)}{\theta_F}$，$\hat{\varepsilon}_t^F$ 为额外添加的成本推动冲击。

4.2.4 劳动市场

遵从 Christoffel 等（2009）以及 De Walque 等（2009）的做法，我们假设模型经济中存在一种劳动企业，从家庭部门雇用工人，培训以使之成为同质的劳动力，并以完全竞争价格 x_t 将这些同质劳动力出售给中间产品生产企业。此外，我们仍然坚持 Pissarides（2000）框架的传统假设：每个劳动企业最多雇用一个工人。每个劳动企业的生产函数关于其雇员的劳动时间数量是线性的，并且该劳动时间数量被固定在水平 $\tilde{h}$。令 N_t 既表示人均的劳动企业数量，又表示中间产品生产企业所雇用劳动力的部分，于是，总的人均劳动供给 L_t 为

$$L_t = \tilde{h} \cdot N_t \quad (4.33)$$

这里，劳动市场均衡要求为

$$L_t \equiv \int_0^1 L(j)\, \mathrm{d}j \tag{4.34}$$

其中，劳动总供给为 L_t，劳动总需求为 $\int_0^1 L(j)\, \mathrm{d}j$。

此外，我们对式（4.23）关于中间企业积分，并代入式（4.30），得到

$$\int_0^1 Y_t(j)\, \mathrm{d}j = \int_0^1 A_t L_t(j)\, \mathrm{d}j$$

$$\Rightarrow \int_0^1 \left\{ \left[\frac{P_{H,t}(j)}{P_{H,t}} \right]^{-\varepsilon} Y_t \right\} \mathrm{d}j = A_t \int_0^1 L_t(j)\, \mathrm{d}j$$

$$\Rightarrow Y_t \int_0^1 \left[\frac{P_{H,t}(j)}{P_{H,t}} \right]^{-\varepsilon} \mathrm{d}j = A_t L_t$$

我们令 $D_t \equiv \int_0^1 \left[\frac{P_{H,t}(j)}{P_{H,t}} \right]^{-\varepsilon} \mathrm{d}j$，于是，中间产品生产企业的生产函数可写为

$$Y_t D_t = A_t L_t \tag{4.35}$$

这里，D_t 是各个中间产品生产企业之间价格分散度的一种度量。

4.2.4.1　匹配过程与劳动市场的流动

我们在模型中考虑了工人的两种状态：失业和就业。某种意义上，失业是指工人在结束前一个就业关系后，进入下一个就业关系之前的某种暂时状态。虽然他们搜寻企业的工作岗位，但他们是通过劳动企业进行搜寻，而并不直接寻找，因此，匹配是随机的。

令 N_t 表示企业部门的就业。失业则由下式给出

$$U_t = 1 - N_t \tag{4.36}$$

遵从 Blancharel 和 Gali（2010）的做法，我们假定雇用发生在每个时期期初，并且新雇用立刻开始生产。我们还假定 $t-1$ 期期末解雇的工人在 t 期期初开始搜寻新职位。因此，t 期期初搜寻职位的工人群体由下式给出

$$\widetilde{U}_t = U_{t-1} + sN_{t-1} \tag{4.37}$$

其中，s 表示企业部门的固定离职率（the constant separation rate）。对于企业部门，其匹配过程由一个标准的 C-D 总量匹配函数表示

$$M_t = \kappa_e (\widetilde{U}_t)^{\varphi} (V_t)^{1-\varphi}$$

其中 κ_e 表示具体企业部门的匹配效率参数。而 $\varphi \in (0,1)$ 表示企业部门的匹配弹性。M_t 表示 t 期搜寻工人总数量与具体企业部门空闲职位数

量 V_t 所形成的新匹配数。一个失业工人在企业部门寻找到一个空闲职位的概率为

$$p_t = \frac{M_t}{\widetilde{U}_t} \tag{4.38}$$

而填补企业部门一个空闲职位的概率则表示为

$$q_t = \frac{M_t}{V_t} \tag{4.39}$$

因此，企业部门的就业演变法由下式给出

$$N_t = (1 - s)\ N_{t-1} + p_t \widetilde{U}_t \tag{4.40}$$

于是，今天企业部门的就业由昨天未曾破坏的就业加上今天新创造的匹配所组成。

4.2.4.2　工资谈判

4.2.4.2.1　企业的价值

为了描述谈判过程，我们首先需推导出工人和企业的价值函数。根据 Bodart 等（2006）的思路，我们假定名义工资的谈判是企业与代表工人利益的职工代表组织（或工会）之间进行的谈判，并且是一种交错谈判。尤其是每个时期随机选择 θ_w 部分存活下来的企业不能重新谈判工资，同时 θ_w^n 部分新诞生的企业也不能谈判工资，而只是支付前一期的平均名义工资。令 $\widetilde{W}_t$ 表示 t 期的名义谈判工资，那么该时期重新谈判企业的价值函数由下式给出

$$J_t(\widetilde{W}_t) = \tilde{h} \cdot x_t - \frac{\widetilde{W}_t}{P_t} + \beta(1 - s)\ E_t \frac{\lambda_{t+1}^o}{\lambda_t^o}$$

$$\sum_{k=1}^{\infty} [\theta_w J_{t+1}(\widetilde{W}_t) + (1 - \theta_w)\ J_{t+1}(\widetilde{W}_{t+1})]$$

通过迭代[①]，我们得到

$$J_t(\widetilde{W}_t) = E_t \sum_{k=0}^{\infty} \left\{ [\beta(1 - s)\ \theta_w]^k \frac{\lambda_{t+k}^o}{\lambda_t^o} \left[\tilde{h} \cdot x_{t+k} - \frac{\widetilde{W}_t}{P_{t+k}} \right] \right\} +$$

$$(1 - \theta_w)\ E_t \sum_{k=1}^{\infty} \left\{ [\beta(1 - s)]^k \theta_w^{k-1} \frac{\lambda_{t+k}^o}{\lambda_t^o} J_{t+k}(\widetilde{W}_{t+k}) \right\} \tag{4.41}$$

其中，$\tilde{h} \cdot x_t$ 是劳动企业以单价 x_t 出售平均劳动时间 $\tilde{h}$ 给中间品生产企业所

---

① 其推导见附录。

获得的收入；$\frac{\widetilde{W}_t}{P_t}$ 是劳动企业支付工人的实际工资；而劳动企业关于谈判企业t+1期的预期价值则表示为 $\beta(1-s)E_t\frac{\lambda^o_{t+1}}{\lambda^o_t}[\theta_w J_{t+1}(\widetilde{W}_t)+(1-\theta_w)J_{t+1}(\widetilde{W}_{t+1})]$ ，该预期价值是企业在 $t+1$ 期以概率 θ_w 保持原有谈判价格 $\widetilde{W}_t$ 和以概率 $(1-\theta_w)$ 重新谈判新价格 $\widetilde{W}_{t+1}$ 的一种加权平均值。需要指出的是式（4.41）中各项都是按李嘉图家庭的边际消费效用进行度量的。式（4.41）表明：企业价值是企业未来各种状态下的贴现利润流，即在未来的各种状态下，企业未被允许重新协商其收入与支付（等式右边第一项）加上其有机会重新最优化下一期的未来企业价值（等式右边第二项）。

对于新职位，由于企业和工人不进行谈判，所以其名义工资等于上一期的平均名义工资（ $\widetilde{W}_t=W_{t-1}$ ）。于是，未谈判企业的价值函数为

$$J_t(W_{t-1})=\tilde{h}\cdot x_t-\frac{W_{t-1}}{P_t}+$$

$$\beta(1-s)E_t\frac{\lambda^o_{t+1}}{\lambda^o_t}\sum_{k=1}^{\infty}[\theta_w J_{t+1}(W_{t-1})+(1-\theta_w)J_{t+1}(\widetilde{W}_{t+1})]$$

通过迭代①，我们得到

$$J_t(W_{t-1})=J_t(\widetilde{W}_t)-E_t\sum_{k=0}^{\infty}\left\{[\beta(1-s)\theta_w]^k\frac{\lambda^o_{t+k}}{\lambda^o_t}\frac{W_{t-1}-\widetilde{W}_t}{P_{t+k}}\right\} \quad (4.42)$$

发布一个空闲职位会有一个实际流动成本 κ_v 。遵从 Pissarides（2009）的思路，我们假定针对匹配企业产生一种培训成本 κ_{tc} 。免费进入空闲职位发布市场导致空闲职位的预期价值为0。在我们的瞬时雇用假设下，实际空闲职位发布成本 κ_v 一定等于 t 期空闲职位填充概率 q_t 乘以 t 期一个已填充职位的预期值减去培训成本 κ_{tc} 之后的净值

$$\kappa_v=q_t\{[(1-\theta^n_w)J_t(\widetilde{W}_t)+\theta^n_w J_t(W_{t-1})]-\kappa_{tc}\}$$

变换后得到

$$\frac{\kappa_v}{q_t}+\kappa_{tc}=(1-\theta^n_w)J_t(\widetilde{W}_t)+\theta^n_w J_t(W_{t-1}) \quad (4.43)$$

这里，我们认为新创造职位的工资是在概率 $(1-\theta^n_\omega)$ 下通过最优谈判得到的。

---

① 其推导见附录。

4.2.4.2.2 工人的价值

我们现在推导工人的价值函数。实际上，我们关注的是工人就业时的价值要比失业时的价值超出多少，即工人的匹配剩余价值。由于不同类型的家庭（李嘉图与非李嘉图家庭）利用不同的随机贴现因子，我们必须区分李嘉图家庭的剩余价值和非李嘉图家庭的剩余价值。对于来自 $i(i=o, r)$ 型家庭的工人，重新谈判工资时的剩余价值为

$$H_t^i(\widetilde{W}_t) \equiv (1-\tau_t^w)\frac{\widetilde{W}_t}{P_t} - \Xi_t^i +$$

$$\beta(1-s)E_t\frac{\lambda_{t+1}^i}{\lambda_t^i}[\theta_w H_{t+1}^i(\widetilde{W}_t) + (1-\theta_w)H_{t+1}^i(\widetilde{W}_{t+1})]$$

迭代后①，得到

$$H_t^i(\widetilde{W}_t) = E_t\sum_{k=0}^{\infty}\left\{[\beta(1-s)\theta_w]^k\frac{\lambda_{t+k}^i}{\lambda_t^i}\left[(1-\tau_{t+k}^w)\frac{\widetilde{W}_t}{P_{t+k}} - \Xi_{t+k}^i\right]\right\} +$$

$$(1-\theta_w)E_t\sum_{k=1}^{\infty}\left\{[\beta(1-s)]^k\theta_w^{k-1}\frac{\lambda_{t+k}^i}{\lambda_t^i}H_{t+k}^i(\widetilde{W}_{t+k})\right\} \tag{4.44}$$

其中，Ξ_t^i 为在企业部门就业的 $i(i=o, r)$ 类型工人的外部选择，将其定义为

$$\Xi_t^i \equiv \kappa^B + \beta(1-s)E_t\frac{\lambda_{t+1}^i}{\lambda_t^i}\left\{p_{t+1}\left[(1-\theta_w^n)H_{t+1}^i(\widetilde{W}_{t+1}) + \theta_w^n H_{t+1}^i(W_t)\right]\right\} \tag{4.45}$$

其中，κ^B 为失业救济金。第一项是失业救济金，第二项则是随后时期搜寻职位的预期价值。该预期价值中，p_{t+1} 是私人部门寻找职位的概率。以一个私人部门职位为条件，工人的剩余价值取决于企业是进行工资谈判（在该情况下工人接收 $\widetilde{W}_t$ ）还是不进行工资谈判（在该情况下工人接收 W_t ）。在新职位方面，由于不进行最优工资谈判，即 $\widetilde{W}_t = W_{t-1}$ ，i 类型工人的剩余价值为

$$H_t^i(W_{t-1}) \equiv (1-\tau_t^w)\frac{W_{t-1}}{P_t} - \Xi_t^i + \beta(1-s)E_t\frac{\lambda_{t+1}^i}{\lambda_t^i}$$

$$[\theta_w H_{t+1}^i(W_{t-1}) + (1-\theta_w)H_{t+1}^i(\widetilde{W}_{t+1})]$$

---

① 其推导见附录。

迭代后①，得到

$$H_t^i(W_{t-1}) = H_t^i(\widetilde{W}_t) - E_t \sum_{k=0}^{\infty} \left\{ [\beta(1-s)\theta_w]^k \frac{\lambda_{t+k}^i}{\lambda_t^i}(1-\tau_{t+k}^w) \frac{W_{t-1} - \widetilde{W}_t}{P_{t+k}} \right\}$$

(4.46)

正如前文所指，我们假设代表家庭利益的职工代表组织（或工会）遵从 Bosca 等（2009、2010、2011）的做法：职工代表组织（或工会）的效用是其各成员的平均效用。更确切地，它是李嘉图和非李嘉图工人剩余价值的一种加权平均

$$\Omega_t \equiv (1-\mu) H_t^o(\widetilde{W}_t) + \mu H_t^r(\widetilde{W}_t) \tag{4.47}$$

这意味着职工代表组织（或工会）希望最大化其各成员从就业中所获的收益，正如 Oswald（1993）阐述的那样。我们假设企业与职工代表组织（或工会）之间进行 Nash 谈判。谈判中，职工代表组织（或工会）的谈判能力由参数 $\xi \in [0, 1)$ 给出。因此，联合的最大化问题为

$$\underset{\{\widetilde{W}_t\}}{\text{Max}}\ [\Omega_t]^{\xi} [J_t(\widetilde{W}_t)]^{1-\xi} \tag{4.48}$$

在式（4.47）的约束下，得到如下效用最大化结果②

$$\Omega_t = \left(\frac{\xi}{1-\xi}\right) \frac{\sum_{k=0}^{\infty} \left\{ [\beta(1-s)\theta_w]^k \frac{(1-\tau_{t+k}^w)}{P_{t+k}} \left[(1-\mu)\frac{\lambda_{t+k}^o}{\lambda_t^o} + \mu \frac{\lambda_{t+k}^r}{\lambda_t^r} \right] \right\}}{\sum_{k=0}^{\infty} \left\{ [\beta(1-s)\theta_w]^k \frac{1}{P_{t+k}} \frac{\lambda_{t+k}^o}{\lambda_t^o} \right\}} J(\widetilde{W}_t)$$

(4.49)

该式表明：工人获得哪部分剩余价值取决于职工代表组织（或工会）的谈判能力 ξ 、劳动收入税 τ_t^w 、价格 P_t ，以及具体家庭类型的随机贴现因子 $\lambda_t^i(i=o, r)$ 。在利用上述各个价值函数的前提下，针对 $\widetilde{W}_t$ 求解式（4.49），我们得到 t 期最优谈判工资。

最后，我们需要推导企业部门的平均实际工资 $w_t \equiv W_t/P_t$ ，它按下列方式演变

$$w_t = \frac{(1-s)N_{t-1}}{N_t}\left[(1-\theta_w)\tilde{w}_t + \theta_w \frac{w_{t-1}}{\pi_t}\right] + \frac{M_t}{N_t}\left[(1-\theta_w^n)\tilde{w}_t + \theta_w^n \frac{w_{t-1}}{\pi_t}\right]$$

(4.50)

---

① 其推导见附录。

② 其推导见附录。

这里，$\tilde{w}_t \equiv \tilde{W}_t/P_t$ 是实际最优谈判工资，$w_{t-1}/\pi_t = W_{t-1}/P_t$ 是上期平均名义工资按当期价格折算的实际值，并且我们认为：新职位与存活下来的职位分别以概率 $(1-\theta_w^n)$ 和 $(1-\theta_w)$ 支付最优谈判工资。式（4.50）也可表示为

$$w_t = \left[\frac{(1-s)N_{t-1}}{N_t}(1-\theta_w) + \frac{M_t}{N_t}(1-\theta_w^n)\right]\tilde{w}_t + \left[\frac{(1-s)N_{t-1}}{N_t}\theta_w + \frac{M_t}{N_t}\theta_w^n\right]\frac{w_{t-1}}{\pi_t}$$

令 $\gamma_t \equiv \frac{(1-s)N_{t-1}}{N_t}\theta_w + \frac{M_t}{N_t}\theta_w^n = \theta_w + \frac{M_t}{N_t}(\theta_w^n - \theta_w)$，第二等式利用了式（4.40），于是，上式可写为

$$w_t = (1-\gamma_t)\tilde{w}_t + \gamma_t \frac{w_{t-1}}{\pi_t} \tag{4.51}$$

该方程与 Blanchard 和 Gali（2007）所给出的实际工资刚性类似。

4.2.5 政府部门

4.2.5.1 财政政策

为了探究财政政策通过控制国内需求来平衡经常账户的潜在能力，假定政府只购买本国产品 G_t。公共消费函数为

$$G_t = \left[\int_0^1 G_t(j)^{\frac{\varepsilon-1}{\varepsilon}} \mathrm{d}j\right]^{\frac{\varepsilon}{\varepsilon-1}} \tag{4.52}$$

其中 $G_t(j)$ 表示政府对 j 型产品的购买。对于任意时期的公共消费，政府都会安排其支出以使其总消费达到最小。在式（4.52）的约束下，政府总消费 $P_{H,t}G_t$ 最小化，得到政府需求函数

$$G_t(j) = \left[\frac{P_{H,t}(j)}{P_{H,t}}\right]^{-\varepsilon} G_t \tag{4.53}$$

政府收入来源于家庭部门税收和发行的政府债券，政府支出主要为政府购买和发放失业津贴。因此政府的实际预算约束由下式给出

$$b_t = \frac{(1+r_{t-1})}{\pi_t}b_{t-1} + \frac{P_{H,t}}{P_t}G_t + \kappa^B U_t - \tau_t^w w_t N_t - \tau_t^c C_t \tag{4.54}$$

其中，$b_t \equiv \frac{B_t}{P_t}$ 为国内实际债券。G_t 为政府在商品和服务方面的实际支出。τ_t^w、τ_t^c 分别是政府征收劳动收入税和消费税时的税率。而 $\kappa^B U_t$ 则是政府所发放的失业救济金总额。

对于财政政策工具变量 $X_t \in \{\tau_t^w, \tau_t^c, G_t\}$ ，我们假设它们拥有下列政策规则形式

$$\frac{X_t}{X} = \left(\frac{X_{t-1}}{X}\right)^{\rho_X} \cdot \exp(\varepsilon_t^X) \tag{4.55}$$

其中，X 是变量 X_t 的长期稳态值，ε_t^X 是一个白噪声。

4.2.5.2　货币政策

我们假定货币权力机构所实施的货币政策遵从如下的一种 Taylor 法则

$$\hat{r}_t = \rho_r \hat{r}_{t-1} + (1 - \rho_r)(\phi_\pi \hat{\pi}_{t+1} + \phi_y \hat{Y}_t) + \hat{\varepsilon}_t^r \tag{4.56}$$

其中，ρ_r 为名义利率 $\hat{r}_t$ 自身的平滑系数，而 ϕ_y 和 ϕ_π 则分别是名义利率对产出波动和通货膨胀波动的反应系数，$\hat{\varepsilon}_t^r$ 为一个白噪声。

4.2.6　市场出清

4.2.6.1　总资源约束

从生产企业的产出看，总资源约束条件应从下式导出

$$Y_t(j) = C_{H,t}(j) + C_{H,t}^*(j) + G_t(j)$$

其中，$C_{H,t}^*(j) = \left[\frac{P_{H,t}(j)}{P_{H,t}}\right]^{-\varepsilon}$，$C_{H,t}^*$ 表示出口到国外的消费品 j 的需求。为了简化模型结果的表达形式，考虑国外消费与本国消费的表达形式

$$C_t^* = \left[(1-\alpha)^{\frac{1}{\eta}} C_{F,t}^{*\ \frac{\eta-1}{\eta}} + \alpha^{\frac{1}{\eta}} C_{H,t}^{*\ \frac{\eta-1}{\eta}}\right]^{\frac{\eta}{\eta-1}}$$

遵循最优的支出分配原则，建立拉格朗日函数如下

$$L = P_t^* C_t^* - P_{F,t}^* C_{F,t}^* - P_{H,t}^* C_{H,t}^*$$

$$= P_t^* \left[(1-\alpha)^{\frac{1}{\eta}} C_{F,t}^{*\ \frac{\eta-1}{\eta}} + \alpha^{\frac{1}{\eta}} C_{H,t}^{*\ \frac{\eta-1}{\eta}}\right]^{\frac{\eta}{\eta-1}} - P_{F,t}^* C_{F,t}^* - P_{H,t}^* C_{H,t}^*$$

$$\Rightarrow \frac{\partial L}{\partial C_{H,t}^*} = 0：\alpha^{\frac{1}{\eta}} P_t^* C_{H,t}^{*\ \frac{-1}{\eta}} C_t^{*\ \frac{1}{\eta}} = P_{H,t}^*$$

从而得到出口到国外产品的需求函数

$$C_{H,t}^* = \alpha \left(\frac{P_{H,t}^*}{P_t^*}\right)^{-\eta} C_t^*$$

于是有

$$Y_t(j) = \left[\frac{P_{H,t}(j)}{P_{H,t}}\right]^{-\varepsilon} C_{H,t} + \left[\frac{P_{H,t}(j)}{P_{H,t}}\right]^{-\varepsilon} C_{H,t}^{*} + \left[\frac{P_{H,t}(j)}{P_{H,t}}\right]^{-\varepsilon} G_t$$

$$= \left[\frac{P_{H,t}(j)}{P_{H,t}}\right]^{-\varepsilon} (C_{H,t} + C_t^{*} + G_t)$$

$$= \left[\frac{P_{H,t}(j)}{P_{H,t}}\right]^{-\varepsilon} \left((1-\alpha)\left(\frac{P_{H,t}}{P_t}\right)^{-\eta} C_t + \alpha\left(\frac{P_{H,t}^{*}}{P_t^{*}}\right)^{-\eta} C_t^{*} + G_t\right)$$

又因 $Y_t(j) = \left[\frac{P_{H,t}(j)}{P_{H,t}}\right]^{-\varepsilon} Y_t$，所以

$$Y_t = (1-\alpha)\left(\frac{P_{H,t}}{P_t}\right)^{-\eta} C_t + \alpha\left(\frac{P_{H,t}^{*}}{P_t^{*}}\right)^{-\eta} C_t^{*} + G_t$$

$$= (1-\alpha)\left(\frac{P_{H,t}}{P_t}\right)^{-\eta} C_t + \alpha\left(\frac{P_{H,t}}{e_t P_t^{*}}\right)^{-\eta} C_t^{*} + G_t$$

该式线性化为

$$Y\hat{Y}_t = (1-\alpha) C[\hat{C}_t - \eta(\hat{P}_{H,t} - \hat{P}_t)] +$$
$$\alpha C^{*}[-\eta(\hat{P}_{H,t} - \hat{P}_t^{*} - \hat{e}_t) + \hat{C}_t^{*}] + G\hat{G}_t$$
$$\Rightarrow \hat{Y}_t = (1-\alpha)\frac{C}{Y}[\hat{C}_t - \eta(\hat{P}_{H,t} - \hat{P}_t)] +$$
$$\alpha\frac{C^{*}}{Y}[-\eta(\hat{P}_{H,t} - \hat{P}_t^{*} - \hat{e}_t) + \hat{C}_t^{*}] + \frac{G}{Y}\hat{G}_t$$
$$\Rightarrow \hat{Y}_t = \frac{C}{Y}\begin{bmatrix}(1-\alpha)[\hat{C}_t - \eta(\hat{P}_{H,t} - \hat{P}_t)] + \\ \alpha[-\eta(\hat{P}_{H,t} - \hat{P}_t^{*} - \hat{e}_t) + \hat{C}_t^{*}]\end{bmatrix} + \frac{G}{Y}\hat{G}_t$$
$$\Rightarrow \hat{Y}_t = (1-\rho_{\text{gov}})\begin{bmatrix}(1-\alpha)[\hat{C}_t - \eta(\hat{P}_{H,t} - \hat{P}_t)] + \\ \alpha[-\eta(\hat{P}_{H,t} - \hat{P}_t^{*} - \hat{e}_t) + \hat{C}_t^{*}]\end{bmatrix} + \rho_{\text{gov}}\hat{G}_t$$

其中，我们定义了 $\rho_{\text{gov}} \equiv G/Y$；同时还利用了

$$C^{*} = C, \ G/Y + C/Y = 1$$

以及开放经济中的下列关系式

$$\hat{P}_t = (1-\alpha)\hat{P}_{H,t} + \alpha\hat{P}_{F,t}, \ \hat{S}_t$$
$$= \hat{P}_{F,t} - \hat{P}_{H,t}, \ \hat{\psi}_{F,t} = (\hat{e}_t + \hat{P}_{F,t}^{*}) - \hat{P}_{F,t}$$

于是，我们最终得到

$$\hat{Y}_t = (1-\rho_{\text{gov}})\begin{Bmatrix}(1-\alpha)(\hat{C}_t + \alpha\eta\hat{S}_t) + \\ \alpha[\eta(\hat{S}_t + \hat{\psi}_{F,t}) + \hat{C}_t^{*}]\end{Bmatrix} + \rho_{\text{gov}}\hat{G}_t \tag{4.57}$$

4.2.6.2 国外净资产的演化与经常项目

在此我们建立净出口与国外净资产之间的关系，实际国外净资产的演化遵从以下方程

$$\frac{e_t \mathrm{NFA}_t}{P_t} = \frac{1 + r_{t-1}}{\pi_t}\left(\frac{e_{t-1}\mathrm{NFA}_{t-1}}{P_{t-1}}\right) + \mathrm{NX}_t \tag{4.58}$$

其中 NX_t 表示净出口，是出口和进口的差，将其定义为

$$\mathrm{NX}_t = \frac{P_{H,t}}{P_t}C_{H,t}^{*} - \frac{e_t P_t^{*}}{P_t}C_{F,t} \tag{4.59}$$

经常项目反映实际国外净资产的变化

$$\mathrm{CA}_t = \frac{e_t \mathrm{NFA}_t - e_{t-1}\mathrm{NFA}_{t-1}}{P_t} \tag{4.60}$$

4.2.7 外生冲击过程

中性技术冲击为 $\hat{a}_t = \rho_a \hat{a}_{t-1} + \hat{e}_t^{a}$。

国外消费冲击为 $\hat{C}_t^{*} = \rho_{c^*} \hat{C}_{t-1}^{*} + \hat{e}_t^{c^*}$。

国外利率冲击为 $\hat{r}_t^{*} = \rho_{r^*} \hat{r}_{t-1}^{*} + \hat{e}_t^{r^*}$。

国外通货膨胀冲击为 $\hat{\pi}_t^{*} = \rho_{\pi^*} \hat{\pi}_{t-1}^{*} + \hat{e}_t^{\pi^*}$。

政府支出冲击为 $\hat{G}_t = \rho_g \hat{G}_{t-1} + \hat{e}_t^{g}$。

消费税率冲击为 $\hat{\tau}_t^{c} = \rho_{\tau^c} \hat{\tau}_{t-1}^{c} + \hat{e}_t^{\tau^c}$。

劳动收入税率冲击为 $\hat{\tau}_t^{w} = \rho_{\tau^w} \hat{\tau}_{t-1}^{w} + \hat{e}_t^{\tau^w}$。

4.3 模型参数校准与估计

4.3.1 数据处理

本研究选取的观测数据包括实际的产出、消费、通货膨胀、政府支出共四个，时间范围从 1996 年第 1 季度到 2014 年第 4 季度。数据来源为中经网统计数据库。产出为国内生产总值，消费为全社会消费品零售总额，通货膨胀为定基 CPI 指数的对数差分，政府支出为名义政府支出。

首先，我们利用定基 CPI 指数对除通货膨胀和汇率之外的其他所有变量进行处理以得到相应的实际变量，并利用 Eviews 对具有明显季节特征的

数据实施 Census X12 方法的处理以进行季节调整。然后，对所有数据取自然对数，并再次利用 Eviews 对取对数后的数据实施 HP 滤波，以得到除去趋势后的波动数据。

4.3.2 参数校准

本研究需要校准的参数大致分为家庭、企业、劳动市场、政府共四部分。

首先，家庭部门参数校准。与国内大多数传统文献一样，我们模型中所有参数都是根据相关文献所给出的具体参数值来赋值的。根据 Zhang（2009）的算法，家庭的贴现因子主观贴现率校准为 $\beta = 1/(1+r) \approx 0.98$。这是因为 1992 年至 2011 年，我国总的年平均名义利率为 $r = 0.08$，而稳态时的季度利率则折算为 0.02。我们遵从刘斌（2008）的估计将资本折旧率 δ 、消费跨期替代弹性 σ_c 、消费习惯参数 h 和劳动供给弹性 φ 分别校准为 0.025、2.0、0.7 和 2.0。根据马勇和陈雨露（2014）的估计，我们将经济开放度 α 校准为 0.26。根据王文甫（2010）的估计，我们将经济中非李嘉图家庭的占例 μ 校准为 0.8。

其次，企业部门参数校准。我们遵从李春吉和孟晓宏（2005）的估计将产出稳态值 Y 校准为 1。遵从刘斌（2008）的估计将资本产出弹性 α^n 校准为 0.4，而将投资成本函数弹性系数 $S''(1)$ 、国内外产品之间的替代弹性 η 、不同中间产品之间的替代弹性 ε 、国外净资产反应系数 χ 分别校准为 2.0、2.5、11、0.1。而遵从仝冰（2010）的做法，我们将国内中间产品价格黏性系数 θ_H 、进口产品价格黏性系数 θ_F 、工资黏性系数 θ_w 和新职位工资的黏性系数 θ_w^n 均校准为 0.6。

再次，劳动市场参数校准。根据政府近年来制定的城镇登记失业率目标，我们将失业率稳态值 U 校准为 4.5%。遵从 Stahler 和 Thomas（2012）的估计，我们将空闲职位填补概率稳态值 q 、企业的固定离职率 s 、企业的匹配弹性 φ^p 、失业救济金稳态值 κ^B 、职工代表谈判能力参数 ξ 分别校准为 0.75、0.1、0.5、0.3、0.5。

最后，政府部门参数校准。遵从刘斌（2008）的估计结果，我们将利率规则中利率平滑系数 ρ_i 、利率对通货膨胀反应系数 φ_π 、利率对产出波动反应系数 φ_y 的校准分别调整为 0.6、1.5、0.5；而财政政策规则中的反馈系数 φ_b 、φ_g 则根据王国静和田国强（2014）的估计，均调整后设定为 0.4。按照数据计算，我们将总资源约束方程中政府支出占总产出的稳态之比 ρ_{gov} 校准为 0.16。遵从王玉凤和张淑芹（2015）的估计，我们将消费税率稳态值 τ^c、工资收入税率稳态值 τ^w 均校准为 0.08。常见参数的校准见表 4.1。

表 4.1　常见参数的校准

参数	参数说明	校准值	参数	参数说明	校准值
β	贴现因子	0.98	α	资本折旧率	0.26
Y	产出稳态值	1.00	U	失业率稳态值	0.05
τ^c	消费税率稳态值	0.08	τ^w	工资收入税率稳态值	0.08
q	空闲职位填补概率稳态值	0.75	ρ_{gov}	稳态时政府支出在总产出中的占比	0.16

4.3.3　模型估计

参照 DSGE 文献的标准做法，在贝叶斯估计中，我们将不对模型中那些较为明确的参数进行估计，如贴现因子 β、资本折旧率 α 以及资本折旧率 δ。如果估计所有结构参数，那么一些参数将无法得到识别（Canova、Fabio、Sala，et al.，2009）。

由于参数的先验分布对于贝叶斯估计至关重要，它的选择需十分慎重。遵从 An 和 Schorfheide（2007）的估计，我们通常将介于 0 与 1 之间的参数设定为服从 Beta 分布，将介于 0 与 1 之间且其校准值取值不确定的参数设定为服从均匀分布，将大于 0 的参数设定为服从 Gamma 分布，将不必然介于 0 与 1 之间的参数设定为服从 Gamma 分布或正态分布，将校准值取值争议较大且其符号不确定的参数设定为服从正态分布，而将外生冲击过程中 AR（1）系数设定为服从 Beta 分布，将外生冲击过程中新息的标准差设定为服从 Inverse Gamma 分布。

估计通过 Matlab 的 Dyanre 工具包完成。在设定 MH 再抽样参数时，我们将跳跃参数设定为 0.185，以使接受率（acceptance rate）位于 0.2~0.4。估计结果中，众数检验（mode check）可判断参数的后验估计结果是否对其先验分布的设定敏感，不敏感则表明：对数后验似然函数（log-post）与对数似然核（log-lik-kernal）在后验众数（mode）附近几乎重合。Brooks 和 Gelman 的检验表明：通过再抽样技术所得到的后验分布收敛，即组间方差趋于 0，而组内方差趋于稳定。先后验对比检验表明：先后验越接近甚至重合说明该参数的识别较差，数据似然在先后验分布之间并未发挥明显的“桥梁”作用。

图 4.1 报告了收敛性检验的多变量诊断结果。图中实线与虚线分别代表各个 MCMC 链内部和各个 MCMC 链之间的参数向量的矩估计（上图为均值、中图为方差、下图为三阶矩）。当这些矩估计在各个 MCMC 链内部和之间趋于稳定时，上中下三图中的实线与虚线收敛，这表明参数估计的结果是稳健的。

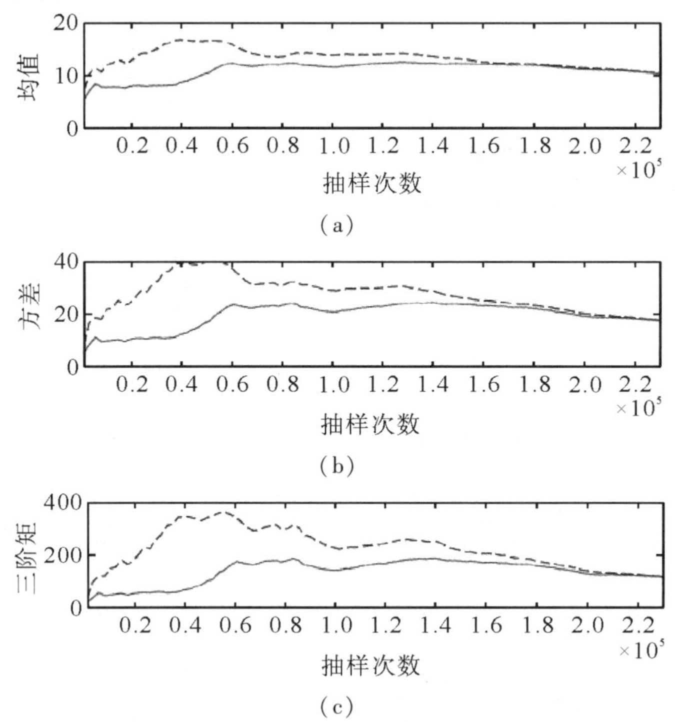

图 4.1　多变量的收敛诊断图

表 4.2 和表 4.3 报告了模型中各待估参数的贝叶斯估计结果。

表 4.2　结构参数估计

参数	参数说明	先验分布	后验均值	95%置信区间
h	消费习惯	Beta [0.7, 0.05]	0.782 8	[0.740 0, 0.826 0]
μ	经济中非李嘉图家庭的占例	Beta [0.8, 0.1]	0.965 2	[0.939 2, 0.992 3]
σ_c	消费跨期替代弹性	Gamma [2.0, 0.5]	1.060 2	[0.757 8, 1.391 3]
η	国内外产品之间的替代弹性	Gamma [2.5, 0.5]	1.122 9	[0.992 6, 1.251 9]

表4.2(续)

参数	参数说明	先验分布	后验均值	95%置信区间
ε	不同产品之间的替代弹性	Gamma [11.0, 0.5]	11.350 7	[10.915 7, 11.774 4]
s	企业的固定离职率	Beta [0.1, 0.01]	0.096 9	[0.088 8, 0.105 0]
κ^B	失业救济金稳态值	Beta [0.25, 0.01]	0.243 6	[0.235 1, 0.250 9]
φ^p	企业的匹配弹性	Beta [0.5, 0.1]	0.452 2	[0.395 3, 0.515 1]
χ	国外净资产反应系数	Beta [0.1, 0.05]	0.007 9	[0.003 7, 0.012 0]
ξ	职工代表谈判能力参数	Beta [0.5, 0.1]	0.481 2	[0.463 3, 0.498 5]
θ_H	国内中间产品价格黏性系数	Beta [0.6, 0.1]	0.656 2	[0.607 4, 0.703 3]
θ_w	工资黏性系数	Beta [0.6, 0.05]	0.659 1	[0.620 1, 0.700 2]
θ_w^n	新职位工资黏性系数	Beta [0.6, 0.1]	0.614 5	[0.493 4, 0.716 8]
θ_F	进口产品价格黏性系数	Beta [0.6, 0.1]	0.736 2	[0.674 6, 0.799 4]
ϕ_b	税收对政府债券反应系数	Beta [0.4, 0.2]	0.228 7	[0.130 6, 0.326 9]
ϕ_g	税收的政府支出反应系数	Beta [0.4, 0.2]	0.012 3	[0.000 7, 0.023 9]
ρ_r	利率平滑系数	Beta [0.6, 0.1]	0.614 3	[0.518 9, 0.696 2]
ϕ_π	利率对通货膨胀反应系数	Gamma [1.5, 0.1]	1.464 5	[1.386 4, 1.553 9]
ϕ_y	利率对产出波动反应系数	Beta [0.5, 0.1]	0.633 3	[0.524 4, 0.721 4]

表4.3 外生冲击过程中自回归系数及冲击方差的估计

参数	参数说明	先验分布	后验均值	95%置信区间
ρ_g	政府支出冲击自回归系数	Beta [0.6, 0.1]	0.550 6	[0.414 0, 0.667 4]
ρ_a	生产技术冲击自回归系数	Beta [0.6, 0.1]	0.585 2	[0.525 4, 0.655 9]
ρ_{π^*}	国外通货膨胀冲击自回归系数	Beta [0.6, 0.1]	0.414 7	[0.339 8, 0.485 5]
ρ_{r^*}	国外利率冲击自回归系数	Beta [0.6, 0.1]	0.395 0	[0.321 5, 0.468 8]

表4.3(续)

参数	参数说明	先验分布	后验均值	95%置信区间
ρ_{c^*}	国外消费冲击自回归系数	Beta [0.6, 0.1]	0.739 5	[0.684 2, 0.796 8]
ρ_{τ^w}	工资税冲击自回归系数	Beta [0.6, 0.1]	0.606 7	[0.547 6, 0.659 9]
ρ_{τ^c}	消费税冲击自回归系数	Beta [0.6, 0.1]	0.552 2	[0.473 3, 0.640 9]
σ_r	利率冲击标准差	InvGamma [0.1, 2.0]	0.012 1	[0.011 8, 0.012 6]
σ_g	政府支出冲击标准差	InvGamma [0.1, 2.0]	0.013 5	[0.011 8, 0.014 8]
σ_a	生产技术冲击标准差	InvGamma [0.1, 2.0]	0.012 7	[0.011 8, 0.013 8]
σ_{π^*}	国外通货膨胀冲击标准差	InvGamma [0.1, 2.0]	0.030 6	[0.020 5, 0.040 5]
σ_{r^*}	国外利率冲击标准差	InvGamma [0.1, 2.0]	0.017 3	[0.013 8, 0.020 7]
σ_{c^*}	国外消费冲击标准差	InvGamma [0.1, 2.0]	0.025 5	[0.020 1, 0.030 8]
σ_{τ^w}	工资税冲击标准差	InvGamma [0.1, 2.0]	0.023 7	[0.017 5, 0.029 8]
σ_{τ^c}	消费税冲击标准差	InvGamma [0.1, 2.0]	0.017 8	[0.013 9, 0.021 7]
$\sigma_{\tilde{\varphi}}$	国际金融风险冲击标准差	InvGamma [0.1, 2.0]	0.022 0	[0.016 5, 0.027 1]
σ_H	国内产品价格冲击标准差	InvGamma [0.1, 2.0]	0.013 9	[0.011 8, 0.015 6]
σ_F	进口产品价格冲击标准差	InvGamma [0.1, 2.0]	0.022 7	[0.017 9, 0.027 4]
边际数据密度 (laplace approximation)		1 568.152 558		

4.4 结果分析

4.4.1 预测误差方差分解

通过预测误差方差分解 (variance decomposition), 我们可观察不同外生冲击对经济波动的贡献度，以及这些冲击在短期和中长期波动中的相对贡献。具体分解见表 4.4。

表 4.4　预测误差方差分解　　单位:%

参数	$\hat{e}_t^g$	$\hat{e}_t^{\tau^w}$	$\hat{e}_t^{\tau^c}$	$\hat{e}_t^r$	$\hat{e}_t^a$	$\hat{e}_t^H$	$\hat{e}_t^F$	$\hat{e}_t^{\pi*}$	$\hat{e}_t^{c*}$	$\hat{e}_t^{r*}$	$\hat{e}_t^{\varphi}$
$\hat{Y}_t$	1.24	1.76	3.33	73.51	13.46	0.59	0.65	0.97	0.67	2.39	1.42
$\hat{C}_t$	0.17	4.04	6.77	36.52	9.11	2.92	5.70	8.00	13.28	8.48	5.02
$\hat{C}_t^o$	0.01	0.77	2.35	9.37	24.64	16.80	2.09	10.30	13.16	12.90	7.63
$\hat{C}_t^r$	0.81	5.99	5.75	46.44	10.81	19.26	6.55	0.43	2.40	0.97	0.58
$\hat{\pi}_t$	0.48	1.18	1.80	28.95	31.26	22.42	9.95	1.13	0.21	1.65	0.98
N_t	1.03	1.46	2.75	60.73	28.50	0.49	0.54	0.80	0.55	1.98	1.17
$\hat{w}_t$	0.33	2.02	2.24	17.75	2.61	49.84	19.68	0.45	4.55	0.34	0.20
$\hat{S}_t$	0.52	1.21	1.67	7.82	11.37	7.97	50.23	1.34	17.00	0.54	0.32
$C\hat{A}_t$	0.01	0.40	0.68	29.32	0.77	2.09	9.75	3.85	41.07	7.58	4.48
$\hat{Q}_t$	0.16	0.25	0.35	19.25	1.84	0.30	1.97	19.46	7.58	30.67	18.16

从表 4.4 我们发现，对宏观经济波动具有较强解释能力的冲击由大到小分别是货币政策冲击、技术冲击、消费税率冲击、国外利率冲击、工资税率、国际金融风险冲击、政府支出冲击。其中，政府支出冲击为第七大冲击，它大约解释了产出波动的 1.24%。从各个主要宏观经济变量来看，政府支出冲击的解释能力由大到小分别为产出、劳动供给、贸易条件、通货膨胀、工资、消费、汇率、经常项目余额。在消费中，政府支出冲击对非李嘉图家庭消费的解释能力远高于对李嘉图家庭消费的解释能力。

4.4.2　模型动态分析

4.4.2.1　*主要宏观经济变量对政府支出冲击的响应*

由于政府支出的两个融资渠道是政府债券和税收，当政府支出增加时，政府债券与税收也将随之增加。一方面，在货币供给不变的情况下，政府债券的增加相当于资金市场中的货币回流加速，从而利率升高。另一方面，税收增加的预期使得李嘉图家庭出现负财富效应，其消费水平下降，进而出现政府支出对李嘉图家庭消费的挤出效应（见图 4.2 上图 c_0）。

其次，当政府支出增加时，就业增加，实际工资上涨，非李嘉图家庭需求增加，其消费水平上升，从而出现政府支出对非李嘉图家庭消费的挤入效应（见图 4.2 中上图 C -tot）。由于非李嘉图家庭在总人口中占比近 80%，政府支出对总的私人消费呈现挤入效应（见图 4.2 中上图 c_0）。此外，当政府支出增加时，实际工资上涨，出口产品价格上升，出口下降，国际收支逆差（外汇储备减少），实际汇率下降（本币升值）。

最后，李嘉图家庭作为唯一可进入国际资本市场的市场主体，其消费水平的变化也可通过国际风险分担的方式影响实际汇率的变动（Monacelli、Perotti，2010）。当李嘉图家庭的消费水平下降时，实际汇率水平也将随之下降（见图 4.2 下图，c_0 为李嘉图家庭消费，Q 为实际汇率）。

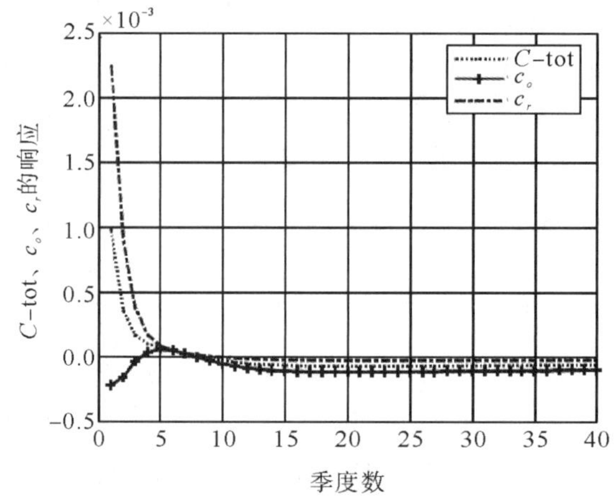

(a)

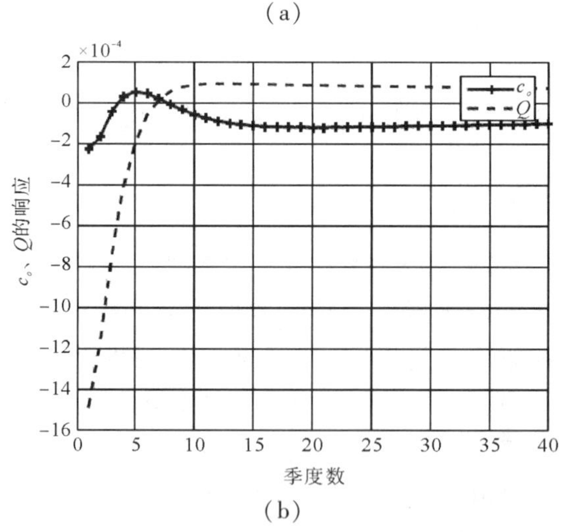

(b)

图 4.2　私人消费、李嘉图消费、非李嘉图消费、实际汇率对政府支出冲击的响应

从图 4.3 我们发现：政府支出增加导致私人消费增加、实际汇率下降，而总产出则在政府支出和私人消费的合力下最终呈现增加、通货膨胀上升、利率上升。这与第 1 章中基于结构 VAR 的经验事实基本相符。

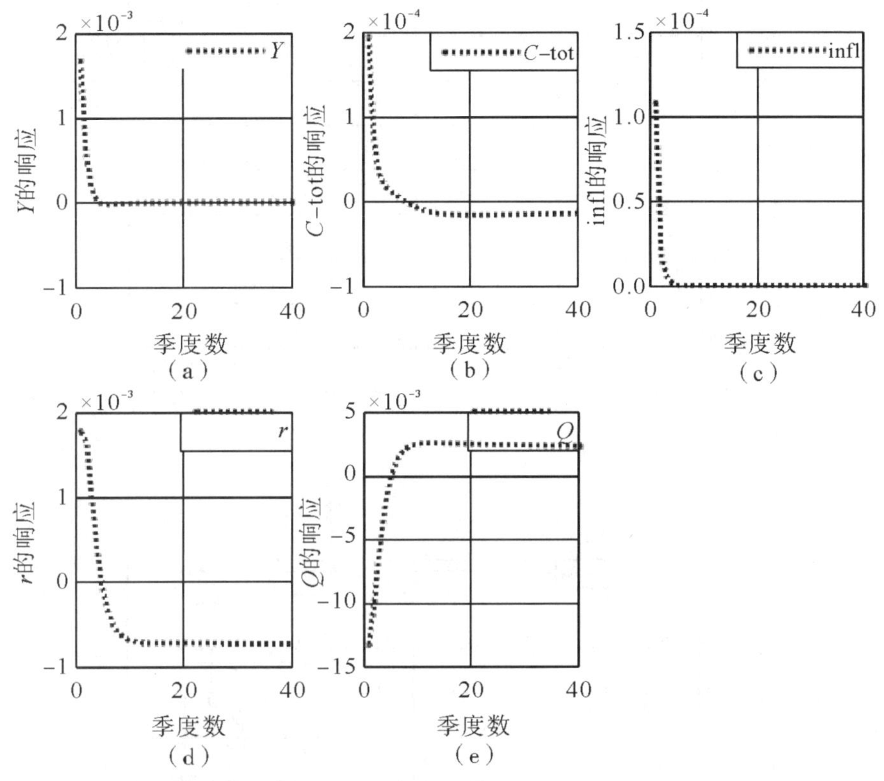

图 4.3 主要宏观经济变量对政府支出冲击的响应

4.4.2.2 不同 μ 和 α 值下实际汇率对政府支出冲击的响应

随着非李嘉图家庭占比 μ 的不断增加，李嘉图家庭占比逐渐下降，进入国际资本市场的李嘉图家庭数量逐渐下降，其消费水平变化对实际汇率的影响也逐渐下降，实际汇率对政府支出冲击的响应也因此而随 μ 的增加表现出一定的紧缩效应（见图 4.4 上图中实线）。

随着经济开放程度 α 的不断增加，本国消费偏好下降，本国产品价格下降，出口增加，实际汇率上升，这与所谓的“消费—实际汇率悖论”相一致。该悖论在中国成立。当政府支出增加使实际工资上涨、出口产品价格上升时，本国消费偏好下降所造成的本国产品价格下降会抵消出口产品价格的部分上升，从而使实际汇率表现出一定程度的紧缩现象（见图 4.4

下图中 α ）。

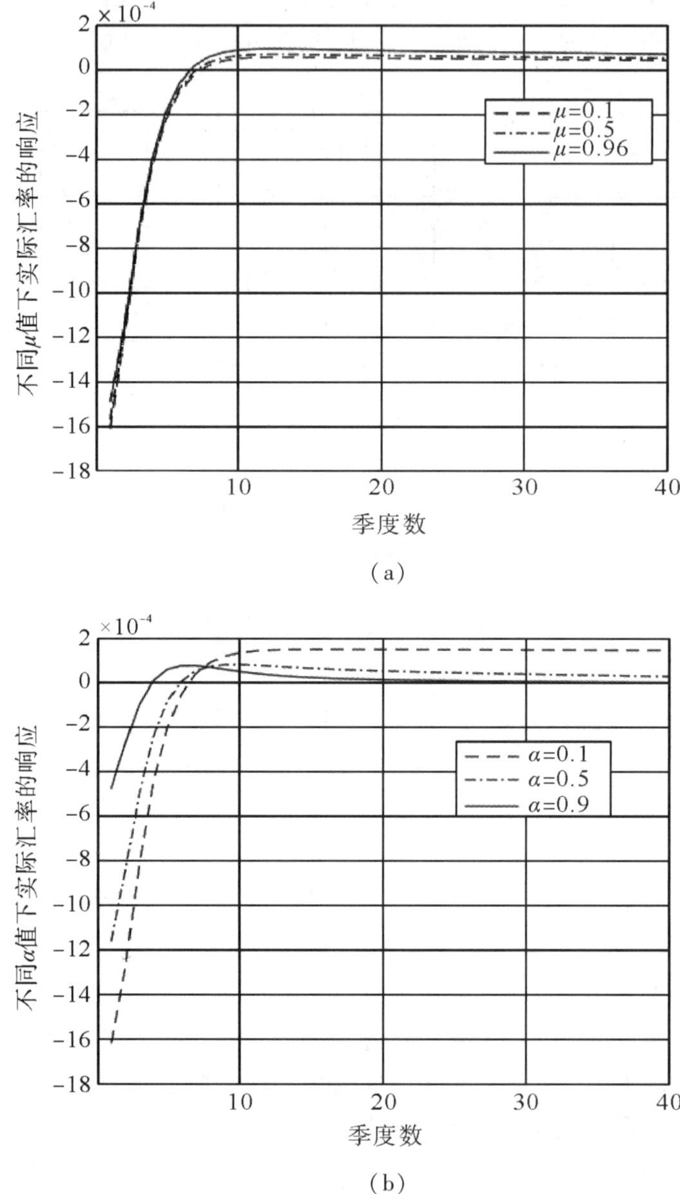

图 4.4　不同 μ 和 α 值下实际汇率对政府支出冲击的响应

4.5 结论

在国内，利用含有非李嘉图家庭及劳动市场摩擦的小型开放经济新凯恩斯模型，关于政府支出对实际汇率影响的研究几乎没有，本研究尝试填补这一空白。本研究基于 GLV（2007）进行了两方面的拓展：引入了劳动市场摩擦和开放经济环境。此外，本研究还基于中国 1996—2015 年每季度的数据对模型进行了贝叶斯估计，并发现基于估计结果的模拟脉冲响应与基于结构 VAR 的脉冲响应基本相符。

本研究的主要结论是：①政府支出对私人消费具有挤入效应，这主要是因为政府支出对非李嘉图家庭的消费具有挤入效应，并且非李嘉图家庭在整个人口中的占比高达约 97%。②政府支出造成国内产品价格相对国外产品上升，实际汇率下降，出口成本增加，贸易条件恶化，不利于出口。③随着非李嘉图家庭在整个人口中占比的不断提高，政府支出对实际汇率的冲击效应呈现一定程度的紧缩。④随着经济开放程度的不断上升、本国偏好的不断下降，政府支出对实际汇率的冲击效应出现明显的紧缩现象。⑤从方差分解看，政府支出冲击能解释大约 1.24%的产出波动，为该模型经济中的第七大冲击，但比国内、国外产品价格加成冲击，国外需求冲击，国外通货膨胀冲击等四种冲击要强。

本研究得到的启示是，政府支出虽有利于私人消费的增加，尤其是有利于非李嘉图家庭的消费增加，但不利于实际汇率的上升及贸易条件的改善，从而不利于出口。因此，该政策工具的实施需平衡好消费、出口二者之间的关系，以使其共同促进经济增长。

5 政府支出与劳动市场

5.1 导言

在本章，我们将基于第 4 章中的小型开放经济框架建立一个拥有资本累积的模型。在该框架中，本国经济被模型化为一个小型经济连续统中的一员。由于连续统中每个成员国无限小，特定国家的政策和冲击不影响世界其他国家，而世界其他所有国家则足够大以至于被刻画成一个封闭经济（Monacelli，2005；Beltran、Draper，2008）。此外，遵从 Gali、Lopez-Salido和 Valles（2007）的做法，我们还将家庭部门分为李嘉图的家庭和非李嘉图家庭两部分。与第 4 章不同的是，本章模型考虑了中间产品生产企业的资本投入，实质上是第 4 章模型的资本扩展版。

5.2 模型设定

5.2.1 家庭部门

我们假设国内存在一个家庭连续统，该连续统通过 $i \in [0, 1]$ 实现指数化。正如 GLV（2004、2007）一样，位于区间 $[0, \mu]$ 的家庭不能进入金融市场，也不能拥有初始的资本禀赋，他们每个时期只能消费其所获的劳动收入，我们将这些家庭称为非李嘉图家庭；而位于区间 $[\mu, 1]$ 的剩余家庭则可以进入实物资本市场和债券市场，并且这些能进入金融市场的家庭拥有相同的初始资本禀赋，他们每个时期的消费无须只依赖于其劳动收入，我们将这些家庭称为李嘉图家庭。另外，这两种家庭拥有相同的瞬

时效用函数，于是其基于 0 时期的终生效用函数为

$$E_0 \sum_{t=0}^{\infty} \beta^t \left\{ \frac{[C_t(i) - hC_{t-1}(i)]^{1-\sigma_c}}{1-\sigma_c} \right\} \tag{5.1}$$

其中，$E_0(g)$ 表示基于 0 时期所获的信息集为条件的期望算子，$\beta \in (0, 1)$ 表示主观贴现因子，$C_t(i)$ 表示家庭 i 的一种复合消费品。

正如前面所提到的那样，$C_t(i)$ 是一种复合消费品。遵从 Colciago（2011）的做法，在同质性假设下，我们将除去家庭指数化指标 i，用 C_t 替代 $C_t(i)$。于是，C_t 的定义为

$$C_t = [(1-\alpha)^{\frac{1}{\eta}} C_{H,t}{}^{\frac{\eta-1}{\eta}} + \alpha^{\frac{1}{\eta}} C_{F,t}{}^{\frac{\eta-1}{\eta}}]^{\frac{\eta}{\eta-1}} \tag{5.2}$$

$C_{H,t}$、$C_{F,t}$ 表示两种家庭对本国产品和国外产品的消费

$$C_{H,t} = \left[\int_0^1 C_{H,t}(j)^{\frac{\varepsilon-1}{\varepsilon}} \mathrm{d}j\right]^{\frac{\varepsilon}{\varepsilon-1}}, C_{F,t} = \left[\int_0^1 C_{F,t}(j)^{\frac{\varepsilon-1}{\varepsilon}} \mathrm{d}j\right]^{\frac{\varepsilon}{\varepsilon-1}} \tag{5.3}$$

其中，η 表示国内外产品的替代弹性。参数 α、$\varepsilon > 1$ 分别表示国外产品在本国消费中所占份额，国外不同产品之间或国内不同产品之间的替代弹性。

由家庭的消费最优化选择得到其对本国产品和国外产品的需求函数

$$C_{H,t}(j) = \left[\frac{P_{H,t}(j)}{P_{H,t}}\right]^{-\varepsilon} C_{H,t}, C_{F,t}(j) = \left[\frac{P_{F,t}(j)}{P_{F,t}}\right]^{-\varepsilon} C_{F,t} \tag{5.4}$$

国内外产品的定价为

$$P_{H,t} \equiv \left[\int_0^1 P_{H,t}(j)^{1-\varepsilon} \mathrm{d}j\right]^{\frac{1}{1-\varepsilon}}, P_{F,t} \equiv \left[\int_0^1 P_{F,t}(j)^{1-\varepsilon} \mathrm{d}j\right]^{\frac{1}{1-\varepsilon}} \tag{5.5}$$

假定对于所有 i 型产品的消费是对称的，对国内外产品需求的最优分配得到以下需求函数

$$C_{H,t} = (1-\alpha)\left(\frac{P_{H,t}}{P_t}\right)^{-\eta} C_t \tag{5.6}$$

$$C_{F,t} = \alpha\left(\frac{P_{F,t}}{P_t}\right)^{-\eta} C_t \tag{5.7}$$

其中，消费价格指数定义为

$$P_t \equiv [(1-\alpha) P_{H,t}{}^{1-\eta} + \alpha P_{F,t}{}^{1-\eta}]^{\frac{1}{1-\eta}} \tag{5.8}$$

5.2.1.1 李嘉图家庭

仅有的可用资产为国内外债券，并且只有富人即李嘉图家庭才有足够的财富购买债券，所以李嘉图家庭的实际预算约束条件为

$$(1+\tau_t^c)\ C_t^o+I_t^o+\frac{B_t^o}{P_t}=(1-\tau_t^w)\ \frac{W_tN_t^o}{P_t}+(1-\tau_t^k)\ R_{t-1}^kK_{t-1}^o+$$
$$\frac{(1+r_{t-1})\ B_{t-1}^o}{P_t}+\frac{\Pi_t}{P_t}+(1-N_t^o)\ \kappa^B \tag{5.9}$$

其中，C_t^o 和 I_t^o 分别是按实际变量所表示的消费支出和投资支出，李嘉图的家庭可以用它们来购买消费品和债券。B_t^o 表示一定时期的国内名义债券。$W_tN_t^o$ 表示所得的工资收入，但部分需用来交纳劳动收入税 $\tau_t^wW_tN_t^o$ 。$R_{t-1}^kK_{t-1}^o$ 表示其所持实物资本 K_{t-1}^o 按照实际资本租金率 R_{t-1}^k 租借给企业所得的资本收益，也必须缴纳资本收益税 $\tau_t^kR_t^kK_t^o$ 。$\tau_t^cC_t^o$ 则是消费时所支付的消费税。Π_t 表示从厂商获得的股份红利。$(1-N_t^o)\ \kappa^B$ 表示政府给予的失业津贴。

遵从 Christiano 等（2005）的做法，我们假定实物资本累积方程为

$$K_t^o=(1-\delta)\ K_{t-1}^o+\left[1-S\left(\frac{I_t^o}{I_{t-1}^o}\right)\right]\varepsilon_tI_t^o \tag{5.10}$$

其中，δ 是资本折旧率，$S\left(\frac{I_t^o}{I_{t-1}^o}\right)$ 项反映了资本调整成本。这里，我们假定：$S(1)=S'(1)=0$，并且 $S''(1)>0$。

于是，李嘉图家庭最优问题的建立拉格朗日函数如下

$$L=E_0\sum_{t=0}^{\infty}\beta^t\left\{\begin{aligned}&\left[\frac{(C_t^o-hC_{t-1}^o)^{1-\sigma_c}}{1-\sigma_c}\right]+\\&\lambda_t^o\left[\begin{aligned}&\frac{W_tN_t^o}{P_t}(1-\tau_t^w)+(1-\tau_t^k)\ R_{t-1}^kK_{t-1}^o+\frac{(1+r_{t-1})\ B_{t-1}^o}{P_t}\\&+\frac{\Pi_t}{P_t}+(1-N_t^o)\ \kappa^B-(1+\tau_t^c)\ C_t^o-I_t^o-\frac{B_t^o}{P_t}-\end{aligned}\right]+\\&\mathbb{Q}_t\left\{(1-\delta)\ K_{t-1}^o+\left[1-S\left(\frac{I_t^o}{I_{t-1}^o}\right)\right]\varepsilon_tI_t^o-K_t^o\right\}\end{aligned}\right\}$$

其一阶条件为

$$(\partial c_t^o):\ \lambda_t^o=\frac{(C_t^o-hC_{t-1}^o)^{-\sigma_c}-\beta hE_t\ (C_{t+1}^o-hC_t^o)^{-\sigma_c}}{(1+\tau_t^c)} \tag{5.11}$$

$$(\partial B_t^o):\ \lambda_t^o=\beta E_t\left[\lambda_{t+1}^o\frac{(1+r_t)}{\pi_{t+1}}\right] \tag{5.12}$$

$$(\partial K_t^o): \mathbb{Q}_t = \beta E_t \lambda_{t+1}^o (1-\tau_{t+1}^k) R_t^k + \beta E_t (1-\delta) \mathbb{Q}_{t+1} \tag{5.13}$$

$$(\partial I_t^o): \lambda_t^o = \mathbb{Q}_t \varepsilon_t^I \left[1 - S\left(\frac{I_t^o}{I_{t-1}^o}\right) - S'\left(\frac{I_t^o}{I_{t-1}^o}\right)\left(\frac{I_t^o}{I_{t-1}^o}\right)\right] + \beta E_t \mathbb{Q}_{t+1} \varepsilon_{t+1}^I S'\left(\frac{I_{t+1}^o}{I_t^o}\right)\left(\frac{I_{t+1}^o}{I_t^o}\right)^2 \tag{5.14}$$

其中，λ_t^o 是李嘉图家庭最优问题中预算约束方程的拉格朗日乘子，也是消费的边际效用；$\mathbb{Q}_t$ 是李嘉图家庭最优问题中资本演化方程的拉格朗日乘子，也是资本的影子价格，即资本重置价格——托宾 $\mathbb{Q}_t$，而资本的实际相对价格为 $q_t^I \equiv \mathbb{Q}_t / \lambda_t^o$。式（4.10）给出了李嘉图的家庭消费的边际效用，反映了增加一单位消费所带来的效用的增量。式（4.11）是标准的欧拉方程，它反映对本国债券的最优持有量的选择。此外，根据 $q_t^I \equiv \mathbb{Q}_t / \lambda_t^o$，式（4.12）可写为

$$q_t^I = \beta E_t \left(\frac{\lambda_{t+1}^o}{\lambda_t^o}\right) [(1-\tau_{t+1}^k) R_{t+1}^k + (1-\delta) q_{t+1}^I]$$

式（4.13）可写为

$$1 = q_t^I \varepsilon_t^I \left[1 - S\left(\frac{I_t^o}{I_{t-1}^o}\right) - S'\left(\frac{I_t^o}{I_{t-1}^o}\right)\left(\frac{I_t^o}{I_{t-1}^o}\right)\right] + \beta E_t \left(\frac{\lambda_{t+1}^o}{\lambda_t^o}\right) q_{t+1}^I \varepsilon_{t+1}^I S'\left(\frac{I_{t+1}^o}{I_t^o}\right)\left(\frac{I_{t+1}^o}{I_t^o}\right)^2$$

5.2.1.2 非李嘉图家庭

非李嘉图家庭的收入仅仅来源于劳动所获得的工资及政府给予的失业津贴，并且这些收入只用来消费，而不进行其他经济活动。因此，非李嘉图家庭的预算约束条件由下式给出

$$(1+\tau_t^c) C_t^r = \frac{W_t n_t^r}{P_t}(1-\tau_t^w) + (1-N_t^r) \kappa^B \tag{5.15}$$

实现效用最大化建立拉格朗日函数如下

$$L = E_0 \sum_{t=0}^{\infty} \beta^t \left\{ \begin{array}{l} \left[\dfrac{(C_t^r - hC_{t-1}^r)^{1-\sigma_c}}{1-\sigma_c}\right] + \\ \lambda_t^r \left[\dfrac{W_t N_t^r}{P_t}(1-\tau_t^w) + (1-N_t^r)\kappa^B - (1+\tau_t^c) C_t^r\right] \end{array} \right\}$$

得到消费的边际效用为

$$(\partial c_t^r): \lambda_t^r = \frac{(C_t^r - hC_{t-1}^r)^{-\sigma_c} - \beta h E_t (C_{t+1}^r - hC_t^r)^{-\sigma_c}}{(1+\tau_t^c)} \tag{5.16}$$

5.2.1.3　总量加总

本研究将家庭分为李嘉图的家庭和非李嘉图家庭，总消费是李嘉图的家庭消费与非李嘉图家庭消费的线性加总，并且非李嘉图家庭没有多余的财富购买债券，其所得的收入仅仅用来购买生活消费品。因此可以得到如下等式

$$C_t = (1-\mu)C_t^o + \mu C_t^r,\ N_t = (1-\mu)N_t^o + \mu N_t^r \tag{5.17}$$

$$B_t = (1-\mu)\ B_t^o \tag{5.18}$$

$$I_t = (1-\mu)\ I_t^o \tag{5.19}$$

$$K_t = (1-\mu)\ K_t^o \tag{5.20}$$

其中，μ 表示非李嘉图的家庭在本国家庭中所占的份额。

5.2.2　贸易条件与实际汇率

5.2.2.1　贸易条件

贸易条件定义为

$$S_t = \frac{P_{F,\ t}}{P_{H,\ t}} \tag{5.21}$$

贸易条件为国外产品价格和国内产品价格之比，S_t 的值增加意味着竞争力的增强。

5.2.2.2　实际汇率

实际汇率定义为

$$Q_t = \frac{e_t P_t^*}{P_t} \tag{5.22}$$

Q_t 值的增加意味着本国货币的贬值，因此竞争力增强。

5.2.3　企业部门

5.2.3.1　国内产品生产企业

假设国内产品生产方面存在两个生命无限的代理人部门：一个是完全竞争的最终产品生产部门，它购买各种差别化的中间产品，利用一种 CES 技术以生产最终产品；另一个是垄断竞争的中间产品生产部门，它购买各生产要素，利用 CD 技术以生产各中间产品。

5.2.3.1.1　最终产品生产企业

在该部门，企业利用各种差别化中间产品 $Y_t(j)$ ，通过下列方式生产

最终产品 Y_t

$$Y_t = \left[\int_0^1 Y_t(j)^{\frac{\varepsilon-1}{\varepsilon}} \mathrm{d}j\right]^{\frac{\varepsilon}{\varepsilon-1}}$$

这里，$\varepsilon > 1$ 反映了在有关 $Y_t(j)$ 的投入要素市场中的竞争程度。在该部门的均衡处，我们得到要素需求函数

$$Y_t(j) = \left[\frac{P_{H,t}(j)}{P_{H,t}}\right]^{-\varepsilon} Y_t \tag{5.23}$$

以及国内产品总价格指数

$$P_{H,t} \equiv \left[\int_0^1 P_{H,t}(j)^{1-\varepsilon} \mathrm{d}j\right]^{\frac{1}{1-\varepsilon}} \tag{5.24}$$

5.2.3.1.2　中间产品生产企业

差别化的国内中间产品由消费者所拥有的一系列垄断竞争企业生产。每个中间产品企业的生产由下列生产函数给出

$$Y_t(j) = A_t K_t(j)^{\alpha} L_t(j)^{1-\alpha} \tag{5.25}$$

其中，A_t 是外部生产率冲击，$K_t(j)$ 为企业租赁的资本存量，$L_t(j)$ 为企业需求的劳动量。参数 $\eta \in [0, 1]$ 反映了公共资本对中间产品生产的影响程度（Leeper，et al.，2010），而参数 α 则是产出总资本所占的份额。中间产品企业在完全竞争的要素市场以实际价格 R_t^k 获得资本 $K_t(j)$，以实际价格 x_t 获得劳动 $L_t(j)$。因此，t 期企业 j 的实际利润为

$$\frac{P_{H,t}(j)\, Y_t(j)}{P_t} - x_t L_t(j) - R_t^k K_t(j) \tag{5.26}$$

在服从式（5.25）的约束下，我们有

$$L \equiv x_t L_t(j) + R_t^k K_t(j) + \frac{P_{H,t}\mathrm{MC}_t(j)}{P_t}\left[Y_t(j) - A_t K_t(j)^{\alpha} L_t(j)^{1-\alpha}\right]$$

其中，L 为目标函数。在实现成本最小化后，我们得到下列要素需求条件

$$x_t = (1-\alpha)\frac{P_{H,t}\mathrm{MC}_t(j)}{P_t}\frac{Y_t(j)}{L_t(j)} = (1-\alpha)\frac{P_{H,t}\mathrm{MC}_t}{P_t}\frac{Y_t}{L_t} \tag{5.27}$$

$$R_t^k = \alpha\frac{P_{H,t}\mathrm{MC}_t(j)}{P_t}\frac{Y_t(j)}{K_t(j)} = \alpha\frac{P_{H,t}\mathrm{MC}_t}{P_t}\frac{Y_t}{K_t} \tag{5.28}$$

这里，MC_t 是所有中间产品企业所共有的实际边际成本，即 $\mathrm{MC}_t(j) = \mathrm{MC}_t$。此外，在上两个式的第二等式中，我们利用了这样的事实：在关于资本和劳动都是不变规模报酬的生产函数假设下，且在资本和劳动的投入

价格都是完全竞争价格时，比例 $Y_t(j)/L_t(j)$ 和比例 $Y_t(j)/K_t(j)$ 在各个企业之间都是相同的，即 $Y_t(j)/L_t(j)=Y_t/L_t$，$Y_t(j)/K_t(j)=Y_t/K_t$ ①。

定价方面，我们假定该企业的定价采取 Calvo（1983）的交错定价方式。假设 $P_{H,t}^{\text{new}}(j)$ 是企业 j 在 t 时期重新设定的价格，在卡尔沃价格设定框架下，则有

$$P_{H,t+k}(j)=P_{H,t+k-1}(j)=\cdots=P_{H,t}^{\text{new}}(j)$$

由于在任意时期 t，只有 $(1-\theta_H)$ 部分的企业被允许参与定价，这部分企业最大化其下列期望利润贴现值

$$E_t\sum_{k=0}^{\infty}\theta_H^k\beta^k\frac{\lambda_{t+k}^o}{\lambda_t^o}Y_{t+k}(j)\left[P_{H,t+k}(j)-P_{H,t+k}\mathrm{MC}_{t+k}\right]$$

并服从如下需求函数

$$\begin{aligned}Y_{t+k}(j)&=\left[\frac{P_{H,t+k}(j)}{P_{H,t+k}}\right]^{-\varepsilon}(C_{H,t+k}+C_{H,t+k}^*)\\&=\left[\frac{P_{H,t}^{\text{new}}(j)}{P_{H,t+k}}\right]^{-\varepsilon}(C_{H,t+k}+C_{H,t+k}^*)\end{aligned}$$

其中，MC_t 表示实际边际成本。遵从 Stahler 和 Thomas（2012）的做法，在随机贴现因子中，我们利用李嘉图家庭的消费边际效用 λ_t^o 进行折算。而 θ_H^k 则是国内中间产品企业在 k 个时期内不能调整其价格的概率。最终得到以下一阶条件

$$E_t\sum_{k=0}^{\infty}\theta_H^k\beta^k\frac{\lambda_{t+k}^o}{\lambda_t^o}Y_{t+k}(j)\left[P_{H,t}^{\text{new}}(j)-\left(\frac{\varepsilon}{\varepsilon-1}\right)P_{H,t+k}\mathrm{MC}_{t+k}\right]=0 \quad (5.29)$$

在假定的价格设定框架下，国内产品价格指数为

$$P_{H,t}=\{\theta_H(P_{H,t-1})^{1-\varepsilon}+(1-\theta_H)[P_{H,t}^{\text{new}}(j)]^{1-\varepsilon}\}^{\frac{1}{1-\varepsilon}} \quad (5.30)$$

注意：这里由于所有调价企业都选择了相同的新价格，$P_{H,t}^{\text{new}}(j)=P_{H,t}^{\text{new}}$。线性化式（5.29）与式（5.30）后，将两者结合，我们可得到中间产品价格菲利普斯曲线

$$\hat{\pi}_{H,t}=\beta E_t(\hat{\pi}_{H,t+1})+\lambda\hat{\mathrm{mc}}_t^r+\hat{e}_t^H \quad (5.31)$$

其中，$\lambda\equiv\dfrac{(1-\theta_H)(1-\beta\theta_H)}{\theta_H}$，$\hat{e}_t^H$ 为非基本的成本推动冲击。

① 详见 Stahler 和 Thomas（2012）。

5.2.3.2 进口企业

进口企业从国外进口不同产品时，具有一定的定价能力，因为它们被假定为会垄断竞争。它们将产品卖给国内消费者时会收取差价。短期内，这种行为会使得国外产品在国际市场上卖给进口企业的价格和以本国货币衡量的国外产品价格存在一定的差距。这就是所谓的一价定律缺口，被定义为

$$\psi_{F,t} = \frac{e_t P_{F,t}^*}{P_{F,t}} \tag{5.32}$$

进口企业依然遵从 Calvo 定价，与中间产品生产企业一样，假设 $P_{F,t}^{\text{new}}(j)$ 是企业 j 在 t 时期所重新设定的价格，在卡尔沃价格设定框架下，则有

$$P_{F,t+k}(j) = P_{F,t+k-1}(j) = L = P_{F,t}^{\text{new}}(j)$$

由于在任意时期 t，只有 $(1-\theta_F)$ 部分的企业被允许参与定价，这部分企业最大化其下列期望利润贴现值为

$$E_t \sum_{k=0}^{\infty} \theta_F^k \beta^k \frac{\lambda_{t+k}^o}{\lambda_t^o} C_{F,t+k}(j) \left[P_{F,t+k}(j) - e_{t+k} P_{F,t+k}^*\right]$$

并服从下列需求约束

$$C_{F,t+k}(j) = \left[\frac{P_{F,t+k}(j)}{P_{F,t+k}}\right]^{-\varepsilon} C_{F,t+k}$$

$$= \left[\frac{P_{F,t}^{\text{new}}(j)}{P_{F,t+k}}\right]^{-\varepsilon} C_{F,t+k}$$

于是，我们得到该问题的一阶条件

$$E_t \sum_{k=0}^{\infty} \theta_F^k \beta^k \frac{\lambda_{t+k}^o}{\lambda_t^o} C_{F,t+k}(j) \left[P_{F,t}^{\text{new}}(j) - \frac{\varepsilon}{\varepsilon-1} e_{t+k} P_{F,t+k}^*\right] = 0 \tag{5.33}$$

在假定的价格设定框架下，国内进口产品价格指数为

$$P_{F,t} = \{\theta_F (P_{F,t-1})^{1-\varepsilon} + (1-\theta_F) [P_{F,t}^{\text{new}}(j)]^{1-\varepsilon}\}^{\frac{1}{1-\varepsilon}} \tag{5.34}$$

注意：这里由于所有调价企业都选择了相同的新价格，$P_{F,t}^{\text{new}}(j) = P_{F,t}^{\text{new}}$。线性化式（5.33）与式（5.34）后，将两者结合，我们可得到进口产品价格菲利普斯曲线

$$\hat{\pi}_{F,t} = \beta E_t(\hat{\pi}_{F,t+1}) + \lambda_F \hat{\psi}_{F,t} + \hat{e}_t^F \tag{5.35}$$

其中，$\lambda_F \equiv \frac{(1-\theta_F)(1-\beta\theta_F)}{\theta_F}$，$\hat{e}_t^F$ 为非基本的成本推动冲击。

5.2.4 劳动市场

遵从 Christoffel 等（2009）以及 De Walque 等（2009）的做法，我们假设模型经济中存在一种劳动服务机构，从家庭部门雇用工人，培训以使之成为同质的劳动力，并以完全竞争价格 x_t 将这些同质劳动力出售给中间产品生产企业。此外，我们仍然坚持 Pissarides（2000）框架的传统假设：每个劳动服务机构最多雇用一个工人。每个劳动服务机构的生产函数关于其雇员的劳动时间数量是线性的，并且该劳动时间数量被固定在水平 $\tilde{h}$ 。令 N_t 既表示人均的劳动服务机构数量，又表示中间产品生产企业所雇用劳动力的部分，于是，总的人均劳动供给 L_t 为

$$L_t = \tilde{h} \cdot N_t \tag{5.36}$$

这里，劳动市场均衡要求

$$L_t \equiv \int_0^1 L(j)\,\mathrm{d}j \tag{5.37}$$

其中，劳动总供给为 L_t ，劳动总需求为 $\int_0^1 L(j)\,\mathrm{d}j$ 。

此外，我们对式（5.25）关于中间企业积分，并代入式（5.37），得到

$$\int_0^1 Y_t(j)\,\mathrm{d}j = \int_0^1 A_t K_t(j)^{\alpha} L_t(j)^{1-\alpha}\mathrm{d}j$$

$$\Rightarrow \int_0^1 \left\{\left[\frac{P_{H,t}(j)}{P_{H,t}}\right]^{-\varepsilon} Y_t\right\}\mathrm{d}j = A_t \int_0^1 K_t(j)^{\alpha} L_t(j)^{1-\alpha}\mathrm{d}j$$

$$\Rightarrow \int_0^1 \left\{\left[\frac{P_{H,t}(j)}{P_{H,t}}\right]^{-\varepsilon} Y_t\right\}\mathrm{d}j = A_t \int_0^1 L_t(j)\left[\frac{K_t(j)}{L_t(j)}\right]^{\alpha}\mathrm{d}j$$

由于比例 $K_t(j)/L_t(j)$ 在各个企业之间都是相同的，即 $K_t(j)/L_t(j) = K_t/L_t$（原因见式（5.27）和式（5.28）中有关比例 $Y_t(j)/L_t(j)$ 和 $Y_t(j)/L_t(j)$ 的解释），于是，我们有

$$Y_t \int_0^1 \left[\frac{P_{H,t}(j)}{P_{H,t}}\right]^{-\varepsilon}\mathrm{d}j = A_t\left(\frac{K_t}{L_t}\right)^{\alpha}\int_0^1 L_t(j)\,\mathrm{d}j$$

我们令 $D_t \equiv \int_0^1 \left[\frac{P_{H,t}(j)}{P_{H,t}}\right]^{-\varepsilon}\mathrm{d}j$ ，加之式（5.37），我们可将中间产品生产企业生产函数写为

$$Y_t D_t = A_t K_t^{\alpha} L_t^{1-\alpha} \tag{5.38}$$

这里，D_t 是各个中间产品生产企业之间价格分散度的一种度量。

5.2.4.1 匹配过程与劳动市场的流动

我们在模型中考虑了工人的两种状态：失业和就业。某种意义上，失业是指工人在结束前一个就业关系后，进入下一个就业关系之前的某种暂时状态。虽然他们搜寻企业的工作岗位，但他们是通过劳动就业培训机构进行搜寻的，并不直接寻找，因此，匹配是随机的。

令 N_t 表示企业部门的就业。失业则由下式给出

$$U_t = 1 - N_t \tag{5.39}$$

遵从 Blancharel 和 Gali（2010）的估计，我们假定雇用发生在每个时期期初，并且新雇用者立刻开始生产。我们还假定 $t-1$ 期期末解雇的工人在 t 期期初开始搜寻新职位。因此，t 期期初搜寻职位的工人群体由下式给出

$$\widetilde{U}_t = U_{t-1} + sN_{t-1} \tag{5.40}$$

其中、s 表示企业部门的固定离职率（the constant separation rate）。对于企业部门，其匹配过程由一个标准的 C-D 总量匹配函数表示

$$M_t = \kappa_e (\widetilde{U}_t)^{\phi} (V_t)^{1-\varphi}$$

其中，κ_e 表示具体企业部门的匹配效率参数。而 $\phi \in (0, 1)$ 表示企业部门的匹配弹性。M_t 表示 t 期搜寻工人总数量与具体企业部门空闲职位数量 V_t 所形成的新匹配数。一个失业工人在企业部门寻找到一个空闲职位的概率为

$$p_t = \frac{M_t}{\widetilde{U}_t} \tag{5.41}$$

而填补企业部门一个空闲职位的概率则表示为

$$q_t = \frac{M_t}{V_t} \tag{5.42}$$

因此，企业部门的就业演变法由下式给出

$$N_t = (1 - s) N_{t-1} + p_t \widetilde{U}_t \tag{5.43}$$

于是，今天企业部门的就业由昨天未曾破坏的就业加上今天新创造的匹配所组成。

5.2.4.2 工资谈判

5.2.4.2.1 企业的价值

为了描述谈判过程，我们首先需推导出工人和企业的价值函数。根据

Bodart 等（2006）的思路，我们假定名义工资的谈判是企业与代表工人利益的职工代表组织（或工会）之间进行的谈判，并且是一种交错谈判。尤其是每个时期随机选择 θ_w 部分存活下来的企业不能重新谈判工资，同时 θ_w^n 部分新诞生的企业也不能谈判工资，而只是支付前一期的平均名义工资。令 $\widetilde{W}_t$ 表示 t 期的名义谈判工资，那么该时期重新谈判企业的价值函数由下式给出

$$J_t(\widetilde{W}_t) = \tilde{h} \cdot x_t - \frac{\widetilde{W}_t}{P_t} + \beta(1-s)E_t \frac{\lambda_{t+1}^o}{\lambda_t^o} \sum_{k=1}^{\infty} \begin{bmatrix} \theta_w J_{t+1}(\widetilde{W}_t) + \\ (1-\theta_w) J_{t+1}(\widetilde{W}_{t+1}) \end{bmatrix}$$

通过迭代①，我们得到

$$J_t(\widetilde{W}_t) = E_t \sum_{k=0}^{\infty} \left\{ [\beta(1-s)\theta_w]^k \frac{\lambda_{t+k}^o}{\lambda_t^o} \left[\tilde{h} \cdot x_{t+k} - \frac{\widetilde{W}_t}{P_{t+k}} \right] \right\} + (1-\theta_w)E_t \sum_{k=1}^{\infty} \left\{ [\beta(1-s)]^k \theta_w^{k-1} \frac{\lambda_{t+k}^o}{\lambda_t^o} J_{t+k}(\widetilde{W}_{t+k}) \right\} \tag{5.44}$$

其中，$\tilde{h} \cdot x_t$ 是劳动服务机构以单价 x_t 出售平均劳动时间 $\tilde{h}$ 给中间品生产企业所获得的收入；$\frac{\widetilde{W}_t}{P_t}$ 是劳动服务机构支付工人的实际工资；而劳动服务机构关于谈判企业 $t+1$ 期的预期价值则表示为 $\beta(1-s)E_t \frac{\lambda_{t+1}^o}{\lambda_t^o}[\theta_w J_{t+1}(\widetilde{W}_t) + (1-\theta_w)J_{t+1}(\widetilde{W}_{t+1})]$，该预期价值是企业在 $t+1$ 期以概率 θ_w 保持原有谈判价格 $\widetilde{W}_t$ 和以概率 $(1-\theta_w)$ 重新谈判新价格 $\widetilde{W}_{t+1}$ 的一种加权平均值。需要指出式（5.44）中各项都是按李嘉图家庭的边际消费效用进行度量的。式（5.44）表明：企业价值是企业未来各种状态下的贴现利润流，即在未来的各种状态下，企业未被允许重新协商其收入与支付（等式右边第一项）加上他有机会重新最优化下一期的未来企业价值（等式右边第二项）。

对于新职位，由于企业和工人不进行谈判，所以其名义工资等于上一期的平均名义工资（$\widetilde{W}_t = W_{t-1}$），于是，未谈判企业的价值函数等于

$$J_t(W_{t-1}) = \tilde{h} \cdot x_t - \frac{W_{t-1}}{P_t} + \beta(1-s)E_t \frac{\lambda_{t+1}^o}{\lambda_t^o} \sum_{k=1}^{\infty} [\theta_w J_{t+1}(W_{t-1}) + (1-\theta_w)J_{t+1}(\widetilde{W}_{t+1})]$$

① 其推导见附录。

通过迭代①，我们得到

$$J_t(W_{t-1}) = J_t(\widetilde{W}_t) - E_t\sum_{k=0}^{\infty}\left\{[\beta(1-s)\theta_w]^k\frac{\lambda_{t+k}^o}{\lambda_t^o}\frac{W_{t-1}-\widetilde{W}_t}{P_{t+k}}\right\} \quad (5.45)$$

发布一个空闲职位会有一个实际流动成本 κ_v 。遵从 Pissarides（2009）的估计，我们假定针对匹配企业产生一种培训成本 κ_{tc} 。免费进入空闲职位发布市场导致空闲职位的预期价值为 0。在我们的瞬时雇用假设下，实际空闲职位发布成本 κ_v 一定等于 t 期空闲职位填充概率 q_t 乘以 t 期一个已填充职位的预期值减去培训成本 κ_{tc} 之后的净值

$$\kappa_v = q_t\{[(1-\theta_w^n)J_t(\widetilde{W}_t)+\theta_w^n J_t(W_{t-1})]-\kappa_{tc}\}$$

变换后得到

$$\frac{\kappa_v}{q_t}+\kappa_{tc} = (1-\theta_w^n)J_t(\widetilde{W}_t)+\theta_w^n J_t(W_{t-1}) \quad (5.46)$$

这里，我们认为新创造职位的工资是在概率 $(1-\theta_\omega^n)$ 下通过最优谈判得到的。

5.2.4.2.2　工人的价值

我们现在推导工人的价值函数。实际上，我们关注的是工人就业时的价值比失业时的价值要超出多少，即工人的匹配剩余价值。由于不同类型的家庭（李嘉图家庭与非李嘉图家庭）利用不同的随机贴现因子，我们必须区分李嘉图家庭的剩余价值和非李嘉图家庭的剩余价值。对于来自 i $(i=o, r)$ 型家庭的工人，重新谈判工资时的剩余价值为

$$H_t^i(\widetilde{W}_t) \equiv (1-\tau_t^w)\frac{\widetilde{W}_t}{P_t} - \Xi_t^i +$$
$$\beta(1-s)E_t\frac{\lambda_{t+1}^i}{\lambda_t^i}[\theta_w H_{t+1}^i(\widetilde{W}_t)+(1-\theta_w)H_{t+1}^i(\widetilde{W}_{t+1})]$$

迭代后②，得到

$$H_t^i(\widetilde{W}_t) = E_t\sum_{k=0}^{\infty}\left\{[\beta(1-s)\theta_w]^k\frac{\lambda_{t+k}^i}{\lambda_t^i}\left[(1-\tau_{t+k}^w)\frac{\widetilde{W}_t}{P_{t+k}}-\Xi_{t+k}^i\right]\right\}+$$
$$(1-\theta_w)E_t\sum_{k=1}^{\infty}\left\{[\beta(1-s)]^k\theta_w^{k-1}\frac{\lambda_{t+k}^i}{\lambda_t^i}H_{t+k}^i(\widetilde{W}_{t+k})\right\}$$

(5.47)

① 其推导见附录。

② 其推导见附录。

其中，Ξ_t^i 为在企业部门就业的 $i\ (i = o,\ r)$ 类型工人的外部选择，其定义为

$$\Xi_t^i \equiv \kappa^B + \beta(1 - s)\, E_t \frac{\lambda_{t+1}^i}{\lambda_t^i}\{p_{t+1}[(1 - \theta_w^n)\, H_{t+1}^i(\widetilde{W}_{t+1}) + \theta_w^n H_{t+1}^i(W_t)]\} \tag{5.48}$$

其中，κ^B 为失业救济金。第二项则是随后时期搜寻职位的预期价值；该预期价值中，p_{t+1} 是私人部门寻找职位的概率。以一个私人部门职位为条件，工人的剩余价值取决于企业是进行工资谈判（在该情况下工人接收 $\widetilde{W}_t$ ）还是不进行工资谈判（在该情况下工人接收 W_t ）。在新职位方面，由于不进行最优工资谈判，即 $\widetilde{W}_t = W_{t-1}$ ，i 类型工人的剩余价值为

$$H_t^i(W_{t-1}) \equiv (1 - \tau_t^w)\frac{W_{t-1}}{P_t} - \Xi_t^i +$$

$$\beta(1 - s)\, E_t \frac{\lambda_{t+1}^i}{\lambda_t^i}[\theta_w H_{t+1}^i(W_{t-1}) + (1 - \theta_w)\, H_{t+1}^i(\widetilde{W}_{t+1})]$$

迭代后[1]，得到

$$H_t^i(W_{t-1}) = H_t^i(\widetilde{W}_t) - E_t \sum_{k=0}^{\infty}\left\{[\beta(1 - s)\,\theta_w]^k \frac{\lambda_{t+k}^i}{\lambda_t^i}(1 - \tau_{t+k}^w)\frac{W_{t-1} - \widetilde{W}_t}{P_{t+k}}\right\} \tag{5.49}$$

正如前面所指，我们假设代表家庭利益的职工代表组织（或工会）遵从 Bosca 等（2009、2010、2011）的做法：职工代表组织（或工会）的效用是其各成员的平均效用，更确切地说它是李嘉图和非李嘉图工人剩余价值的一种加权平均

$$\Omega_t \equiv (1 - \mu)\, H_t^o(\widetilde{W}_t) + \mu H_t^r(\widetilde{W}_t) \tag{5.50}$$

这意味着职工代表组织（或工会）希望最大化其成员从就业中所获的收益，正如在 Oswald（1993）的阐述那样。我们假设在企业与职工代表组织（或工会）之间进行 Nash 谈判，谈判中，职工代表组织（或工会）的谈判能力由参数 $\xi \in [0,\ 1)$ 给出。因此，联合的最大化问题为

$$\underset{\{\widetilde{W}_t\}}{\text{Max}}\ [\Omega_t]^{\xi}\,[J_t(\widetilde{W}_t)]^{1-\xi} \tag{5.51}$$

在式（5.50）的约束下，得到如下效用最大化结果[2]

---

① 其推导见附录。

② 其推导见附录。

$$\Omega_t = \left(\frac{\xi}{1-\xi}\right) \frac{\sum_{k=0}^{\infty}\left\{[\beta(1-s)\theta_w]^k \frac{(1-\tau_{t+k}^w)}{P_{t+k}}\left[(1-\mu)\frac{\lambda_{t+k}^o}{\lambda_t^o}+\mu\frac{\lambda_{t+k}^r}{\lambda_t^r}\right]\right\}}{\sum_{k=0}^{\infty}\left\{[\beta(1-s)\theta_w]^k \frac{1}{P_{t+k}}\frac{\lambda_{t+k}^o}{\lambda_t^o}\right\}} J(\widetilde{W}_t) \tag{5.52}$$

该式表明：工人所获得的那部分剩余价值取决于职工代表组织（或工会）的谈判能力 ξ 、劳动收入税 τ_t^w 、价格 P_t ，以及具体家庭类型的随机贴现因子 $\lambda_t^i(i=o, r)$ 。在利用上述各个价值函数的前提下，针对 $\widetilde{W}_t$ 求解式（5.52），我们得到 t 期最优谈判工资。

最后，我们需要推导企业部门的平均实际工资 $w_t \equiv W_t/P_t$ ，它按下列方式演变

$$w_t = \frac{(1-s)N_{t-1}}{N_t}\left[(1-\theta_w)\tilde{w}_t + \theta_w \frac{w_{t-1}}{\pi_t}\right] + \frac{M_t}{N_t}\left[(1-\theta_w^n)\tilde{w}_t + \theta_w^n \frac{w_{t-1}}{\pi_t}\right] \tag{5.53}$$

这里，$\tilde{w}_t \equiv \widetilde{W}_t/P_t$ 是实际最优谈判工资，$w_{t-1}/\pi_t = W_{t-1}/P_t$ 是上期平均名义工资按当期价格折算的实际值，并且我们认为：新职位与存活下来的职位分别以概率 $(1-\theta_w^n)$ 和 $(1-\theta_w)$ 支付最优谈判工资。式（5.53）也可表示为

$$w_t = \left[\frac{(1-s)N_{t-1}}{N_t}(1-\theta_w) + \frac{M_t}{N_t}(1-\theta_w^n)\right]\tilde{w}_t + \left[\frac{(1-s)N_{t-1}}{N_t}\theta_w + \frac{M_t}{N_t}\theta_w^n\right]\frac{w_{t-1}}{\pi_t}$$

令 $\gamma_t \equiv \frac{(1-s)N_{t-1}}{N_t}\theta_w + \frac{M_t}{N_t}\theta_w^n = \theta_w + \frac{M_t}{N_t}(\theta_w^n - \theta_w)$ ，第二等式利用了式（5.43），于是，上式可写为

$$w_t = (1-\gamma_t)\tilde{w}_t + \gamma_t \frac{w_{t-1}}{\pi_t} \tag{5.54}$$

该式与 Blanchard 和 Gali（2007）所给出的实际工资刚性类似。

5.2.5 政府部门

5.2.5.1 财政政策

为了探究财政政策通过控制国内需求平衡经常账户的潜在能力，假定

政府只购买本国产品 G_t 。公共消费函数为

$$G_t = \left[\int_0^1 G_t(j)^{\frac{\varepsilon-1}{\varepsilon}} \mathrm{d}j\right]^{\frac{\varepsilon}{\varepsilon-1}} \tag{5.55}$$

其中 $G_t(j)$ 表示政府对 j 型产品的购买。对于任意时期的公共消费，政府都会安排其支出以使其总消费达到最小。在约束条件式（5.55）下，政府总消费 $P_{H,t}G_t$ 最小化，得到政府需求函数

$$G_t(j) = \left[\frac{P_{H,t}(j)}{P_{H,t}}\right]^{-\varepsilon} G_t \tag{5.56}$$

政府收入来源于家庭部门税收和发行的政府债券，政府支出主要为政府购买和发放失业津贴。因此政府的实际预算约束由下式给出

$$b_t = \frac{(1 + r_{t-1})}{\pi_t} b_{t-1} + \frac{P_{H,t}}{P_t} G_t + \kappa^B U_t - \tau_t^w w_t N_t - \tau_t^c C_t - \tau_t^k R_t^k K_t \tag{5.57}$$

其中，$b_t \equiv \dfrac{B_t}{P_t}$ 为国内实际债券，G_t 为政府在商品和服务方面的实际支出。τ_t^w 、τ_t^c 、τ_t^k 分别是政府征收劳动收入税、消费税和资本收入税时的税率，而 $\kappa^B U_t$ 则是政府所发放的失业救济金总额。

对于财政政策工具变量 $X_t \in \{\tau_t^w,\ \tau_t^c,\ \tau_t^k,\ G_t\}$ ，我们假设它们拥有下列的政策规则形式

$$\frac{X_t}{X} = \left(\frac{X_{t-1}}{X}\right)^{\rho_X} \cdot \exp(e_t^X) \tag{5.58}$$

其中，X 是变量 X_t 的长期稳态值，e_t^X 是一个白噪声。

5.2.5.2 货币政策

我们假定货币权力机构所实施的货币政策遵从如下的一种 Taylor 法则

$$\hat{r}_t = \rho_r \hat{r}_{t-1} + (1 - \rho_i)(\phi_\pi \hat{\pi}_{t+1} + \phi_y \hat{Y}_t) + \hat{e}_t^r \tag{5.59}$$

其中，ρ_r 为名义利率 $\hat{r}_t$ 自身的平滑系数，而 ϕ_y 和 ϕ_π 则分别是名义利率对产出波动和通货膨胀波动的反应系数，$\hat{e}_t^r$ 为一个白噪声。

5.2.6 市场出清

从生产企业的产出看，总资源约束条件应从下式导出

$$Y_t(j) = C_{H,t}(j) + I_{H,t}(j) + C_{H,t}^*(j) + G_t(j)$$

其中，$I_{H,t}(j)=\left[\frac{P_{H,t}(j)}{P_{H,t}}\right]^{-\varepsilon}I_{H,t}$ 和 $C_{H,t}^{*}(j)=\left[\frac{P_{H,t}(j)}{P_{H,t}}\right]^{-\varepsilon}C_{H,t}^{*}$ 分别表示用于投资的产品 j 的需求和出口到国外的产品 j 的需求。为了简化模型结果的表达形式，假设本国投资和国外消费的表达形式都与本国消费相同

$$I_t=[(1-\alpha)^{\frac{1}{\eta}}I_{H,t}{}^{\frac{\eta-1}{\eta}}+\alpha^{\frac{1}{\eta}}I_{F,t}{}^{\frac{\eta-1}{\eta}}]^{\frac{\eta}{\eta-1}}$$

$$C_t^{*}=[(1-\alpha)^{\frac{1}{\eta}}C_{F,t}^{*}{}^{\frac{\eta-1}{\eta}}+\alpha^{\frac{1}{\eta}}C_{H,t}^{*}{}^{\frac{\eta-1}{\eta}}]^{\frac{\eta}{\eta-1}}$$

遵循最优的支出分配原则，建立拉格朗日函数如下

$$L=P_tI_t-P_{H,t}I_{H,t}-P_{F,t}I_{F,t}$$

$$=P_t\ [(1-\alpha)^{\frac{1}{\eta}}I_{H,t}{}^{\frac{\eta-1}{\eta}}+\alpha^{\frac{1}{\eta}}I_{F,t}{}^{\frac{\eta-1}{\eta}}]^{\frac{\eta}{\eta-1}}-P_{H,t}I_{H,t}-P_{F,t}I_{F,t}$$

$$\Rightarrow\frac{\partial L}{\partial I_{H,t}}=0:\ (1-\alpha)^{\frac{1}{\eta}}P_tI_{H,t}{}^{\frac{-1}{\eta}}I_t{}^{\frac{1}{\eta}}=P_{H,t}$$

从而得到本国投资的需求函数

$$I_{H,t}=(1-\alpha)\left(\frac{P_{H,t}}{P_t}\right)^{-\eta}I_t$$

同理，可得到

$$C_{H,t}^{*}=\alpha\left(\frac{P_{H,t}^{*}}{P_t^{*}}\right)^{-\eta}C_t^{*}$$

于是有

$$Y_t(j)=\left[\frac{P_{H,t}(j)}{P_{H,t}}\right]^{-\varepsilon}C_{H,t}+\left[\frac{P_{H,t}(j)}{P_{H,t}}\right]^{-\varepsilon}I_{H,t}+$$

$$\left[\frac{P_{H,t}(j)}{P_{H,t}}\right]^{-\varepsilon}C_{H,t}^{*}+\left[\frac{P_{H,t}(j)}{P_{H,t}}\right]^{-\varepsilon}G_t$$

$$=\left[\frac{P_{H,t}(j)}{P_{H,t}}\right]^{-\varepsilon}(C_{H,t}+I_{H,t}+C_t^{*}+G_t)$$

$$=\left[\frac{P_{H,t}(j)}{P_{H,t}}\right]^{-\varepsilon}\left[\begin{array}{l}(1-\alpha)\left(\frac{P_{H,t}}{P_t}\right)^{-\eta}C_t+\\(1-\alpha)\left(\frac{P_{H,t}}{P_t}\right)^{-\eta}I_t+\alpha\left(\frac{P_{H,t}^{*}}{P_t^{*}}\right)^{-\eta}C_t^{*}+G_t\end{array}\right]$$

$$=\left[\frac{P_{H,t}(j)}{P_{H,t}}\right]^{-\varepsilon}\left[(1-\alpha)\left(\frac{P_{H,t}}{P_t}\right)^{-\eta}(C_t+I_t)+\alpha\left(\frac{P_{H,t}^{*}}{P_t^{*}}\right)^{-\eta}C_t^{*}+G_t\right]$$

又因 $Y_t(j)=\left[\frac{P_{H,t}(j)}{P_{H,t}}\right]^{-\varepsilon}Y_t$，所以

$$Y_t=(1-\alpha)\left(\frac{P_{H,t}}{P_t}\right)^{-\eta}(C_t+I_t)+\alpha\left(\frac{P_{H,t}^*}{P_t^*}\right)^{-\eta}C_t^*+G_t$$

$$=(1-\alpha)\left(\frac{P_{H,t}}{P_t}\right)^{-\eta}(C_t+I_t)+\alpha\left(\frac{P_{H,t}}{e_tP_t^*}\right)^{-\eta}C_t^*+G_t$$

该式线性化为

$$Y\hat{Y}_t=(1-\alpha)C[\hat{C}_t-\eta(\hat{P}_{H,t}-\hat{P}_t)]+(1-\alpha)I[\hat{I}_t-\eta(\hat{P}_{H,t}-\hat{P}_t)]+$$
$$\alpha C^*[-\eta(\hat{P}_{H,t}-\hat{P}_t^*-\hat{e}_t)+\hat{C}_t^*]+G\hat{G}_t$$
$$\Rightarrow\hat{Y}_t=(1-\alpha)\frac{C}{Y}[\hat{C}_t-\eta(\hat{P}_{H,t}-\hat{P}_t)]+$$
$$(1-\alpha)\frac{I}{Y}[\hat{I}_t-\eta(\hat{P}_{H,t}-\hat{P}_t)]+$$
$$\alpha\frac{C^*}{Y}[-\eta(\hat{P}_{H,t}-\hat{P}_t^*-\hat{e}_t)+\hat{C}_t^*]+\frac{G}{Y}\hat{G}_t$$
$$\Rightarrow\hat{Y}_t=\frac{C}{Y}\begin{Bmatrix}(1-\alpha)[\hat{C}_t-\eta(\hat{P}_{H,t}-\hat{P}_t)]+\\ \alpha[-\eta(\hat{P}_{H,t}-\hat{P}_t^*-\hat{e}_t)+\hat{C}_t^*]\end{Bmatrix}+$$
$$(1-\alpha)\frac{I}{Y}[\hat{I}_t-\eta(\hat{P}_{H,t}-\hat{P}_t)]+\frac{G}{Y}\hat{G}_t$$
$$\Rightarrow\hat{Y}_t=\rho_{\mathrm{con}}\begin{Bmatrix}(1-\alpha)[\hat{C}_t-\eta(\hat{P}_{H,t}-\hat{P}_t)]+\\ \alpha[-\eta(\hat{P}_{H,t}-\hat{P}_t^*-\hat{e}_t)+\hat{C}_t^*]\end{Bmatrix}+$$
$$(1-\alpha)\rho_{\mathrm{inv}}[\hat{I}_t-\eta(\hat{P}_{H,t}-\hat{P}_t)]+\rho_{\mathrm{gov}}\hat{G}_t$$
$$\Rightarrow\hat{Y}_t=\rho_{\mathrm{con}}\{(1-\alpha)(\hat{C}_t+\alpha\eta\hat{S}_t)+\alpha[\eta(\hat{S}_t+\hat{\psi}_{F,t})+\hat{C}_t^*]\}+$$
$$(1-\alpha)\rho_{\mathrm{inv}}(\hat{I}_t+\alpha\eta\hat{S}_t)+\rho_{\mathrm{gov}}\hat{G}_t$$

这里，我们定义了

$$\rho_{\mathrm{gov}}=\frac{G}{Y},\ \rho_{\mathrm{con}}=\frac{C}{Y},\ \rho_{\mathrm{inv}}=\frac{I}{Y}=1-\rho_{\mathrm{gov}}-\rho_{\mathrm{con}}$$

且我们利用了

$$C^*=C$$

以及开放经济中的下列关系式

$$\hat{P}_t=(1-\alpha)\hat{P}_{H,t}+\alpha\hat{P}_{F,t},\ \hat{S}_t$$

$$= \hat{P}_{F,t} - \hat{P}_{H,t}, \ \hat{\psi}_{F,t} = (\hat{e}_t + \hat{P}^*_{F,t}) - \hat{P}_{F,t}$$

于是，我们最终得到

$$\hat{Y}_t = \rho_{\text{con}}(1-\alpha)\hat{C}_t + \rho_{\text{inv}}(1-\alpha)\hat{I}_t + \rho_{\text{con}}\alpha\hat{C}^*_t + \rho_{\text{gov}}\hat{G}_t + [\rho_{\text{con}} + (1-\alpha)(\rho_{\text{con}} + \rho_{\text{inv}})]\alpha\eta\hat{S}_t + \rho_{\text{con}}\alpha\eta\hat{\psi}_{F,t} \tag{5.60}$$

5.2.7 外生冲击过程

中性技术冲击为 $\hat{a}_t = \rho_a \hat{a}_{t-1} + \hat{e}^a_t$。

国外消费冲击为 $\hat{C}^*_t = \rho_{c*}\hat{C}^*_{t-1} + \hat{e}^{c*}_t$。

政府支出冲击为 $\hat{G}_t = \rho_g \hat{G}_{t-1} + \hat{e}^g_t$。

消费税税率冲击为 $\hat{\tau}^c_t = \rho_{\tau^c}\hat{\tau}^c_{t-1} + \hat{e}^{\tau^c}_t$。

劳动收入税税率冲击为 $\hat{\tau}^w_t = \rho_{\tau^w}\hat{\tau}^w_{t-1} + \hat{e}^{\tau^w}_t$。

资本收入税税率冲击为 $\hat{\tau}^k_t = \rho_{\tau^k}\hat{\tau}^k_{t-1} + \hat{e}^{\tau^k}_t$。

私人投资冲击为 $\hat{\varepsilon}^I_t = \rho_i \hat{\varepsilon}^I_{t-1} + \hat{e}^I_t$。

5.3 模型参数校准与估计

5.3.1 数据处理

本研究选取的观测数据包括实际的产出、消费、通货膨胀、政府支出共四个，时间范围为 1996 年第 1 季度到 2014 年第 4 季度。数据来源为中经网统计数据库。产出为国内生产总值，消费为全社会消费品零售总额，通货膨胀为定基 CPI 指数的对数差分，政府支出为名义政府支出。

首先，我们利用定基 CPI 指数对除通货膨胀外的其他所有变量进行处理以得到相应的实际变量，并利用 Eviews 对具有明显季节特征的数据实施 Census X12 方法的处理以进行季节调整。然后，对所有数据取自然对数，并再次利用 Eviews 对取对数后的数据实施 HP 滤波，以得到去势后的波动数据。

5.3.2 参数校准

本研究需要校准的参数大致分为家庭、企业、劳动市场和政府四部分。

首先，家庭部门参数校准。与国内大多数传统文献一样，我们模型中所有参数都是根据相关文献给出的具体参数值来赋值的。根据 Zhang（2009）的算法，家庭的主观贴现率校准为 $\beta = 1/(1+r) \approx 0.98$。这是因为 1992 年至 2011 年，我国总的年平均名义利率为 $r = 0.08$，而稳态时的季度利率则折算为 0.02。我们遵从刘斌（2008）的算法将资本折旧率 δ 、消费跨期替代弹性 σ_c 、消费习惯参数 h 和劳动供给弹性 φ 分别校准为 0.025、2.0、0.7 和 2.0。根据马勇和陈雨露（2014）的算法，我们将经济开放度 α 校准为 0.26。根据王文甫（2010）的算法，我们将经济中非李嘉图家庭的占例 μ 校准为 0.8。

其次，企业部门参数校准。我们遵从李春吉和孟晓宏（2005）的算法将产出稳态值 Y 校准为 1。遵从刘斌（2008）的算法将资本产出弹性 α^n 校准为 0.4，而将投资成本函数弹性系数 $S''(1)$ 、国内外产品之间的替代弹性 η 、不同中间产品之间的替代弹性 ε 、国外净资产反应系数 χ 分别校准为 2.0、2.5、11、0.1。而遵从仝冰（2010）的做法，我们将国内中间产品价格黏性系数 θ_H 、进口产品价格黏性系数 θ_F 、工资黏性系数 θ_w 和新职位工资的黏性系数 θ_w^n 均校准为 0.6。

再次，劳动市场参数校准。根据政府近年来制定的城镇登记失业率目标，我们将失业率稳态值 U 校准为 4.5%。遵从 Stahler 和 Thomas（2012）的算法，我们将空闲职位填补概率稳态值 q 、企业的固定离职率 s 、企业的匹配弹性 φ^p 、失业救济金稳态值 κ^B 、职工代表谈判能力参数 ξ 分别校准为 0.75、0.1、0.5、0.3、0.5。

最后，政府部门参数校准。遵从刘斌（2008）的估计结果，我们将利率规则中利率平滑系数 ρ_i 、利率对通货膨胀反应系数 φ_π 、利率对产出波动反应系数 φ_y 的校准分别调整为 0.6、1.5、0.5；而财政政策规则中的反馈系数 φ_b 、φ_g 则根据王国静和田国强（2014）的算法，均调整后设定为 0.5。按照数据计算，我们将总资源约束方程中投资与政府支出占总产出的稳态之比 ρ_{inv} 、ρ_{gov} 分别校准为 0.13、0.38。遵从王玉凤和张淑芹（2015）的做法，我们将资本收入税率稳态值 τ^k 、消费税率稳态值 τ^c 、工资收入税率稳态值 τ^w 分别校准为 0.26、0.08、0.08。常见参数的校准见表 5.1。

表 5.1　常见参数的校准

参数	参数说明	校准值	参数	参数说明	校准值
β	贴现因子	0.98	α	资本产出弹性	0.26
α^n	企业产出中资本的份额	0.40	τ^k	资本收入税率稳态值	0.26
τ^c	消费税率稳态值	0.08	τ^w	工资收入税率稳态值	0.08
Y	产出稳态值	1.00	U	失业率稳态值	0.05
ρ_{gov}	稳态时政府支出与总产出之比	0.13	ρ_{inv}	稳态时投资与总产出之比	0.38
δ	资本折旧率	0.03	q	空闲职位填补概率稳态值	0.75

5.3.3　模型估计

参照 DSGE 文献的标准做法，在贝叶斯估计中，我们将不对模型中那些较为明确的参数进行估计，如贴现因子 β 、资本产出弹性 α 以及资本折旧率 δ 等。如果估计所有结构参数，那么一些参数将无法得到识别（Canova、Fabio、Sala，et al.，2009）。

由于参数的先验分布对于贝叶斯估计至关重要，关于它的选择需十分慎重。遵从 An 和 Schorfheide（2007）的估计，我们通常将介于 0 与 1 之间的参数设定为服从 Beta 分布，将介于 0 与 1 之间且其校准值取值不确定的参数设定为服从均匀分布，将大于 0 的参数设定为服从 Gamma 分布，将不必然介于 0 与 1 之间的参数设定为服从正态分布，并且将校准值取值争议较大且其符号不确定的参数也设定为服从正态分布，而将外生冲击过程中 AR（1）系数设定为服从 Beta 分布，将外生冲击过程中新息的标准差设定为服从 Inverse Gamma 分布。

估计通过 Matlab 的 Dyanre 工具包完成。在设定 MH 再抽样参数时，我们将跳跃参数设定为 0.187 8，以使接受率（acceptance rate）位于 0.2～0.4。估计结果中，众数检验（mode check）可判断参数的后验估计结果是否对其先验分布的设定敏感，不敏感则表明：对数后验似然函数（log-post）与对数似然核（log-lik-kernal）在后验众数（mode）附近几乎重合。Brooks 和 Gelman 的检验表明：通过再抽样技术所得到的后验分布收敛，即组间方差趋于 0，而组内方差趋于稳定。先后验对比检验表明：先后验越接近甚至重合说明该参数的识别较差，数据似然在先后验分布之间并未发挥明显的“桥梁”作用。

图 5.1 报告了收敛性检验的多变量诊断结果。图中实线与虚线分别代表各个 MCMC 链内部和各个 MCMC 链之间的参数向量的矩估计（上图为均值、中图为方差、下图为三阶矩）。当这些矩估计在各个 MCMC 链内部和之间趋于稳定时，上中下三图中的实线与虚线则收敛，这表明参数估计的结果是稳健的。表 5.2 和表 5.3 报告了模型中各待估参数的贝叶斯估计结果。

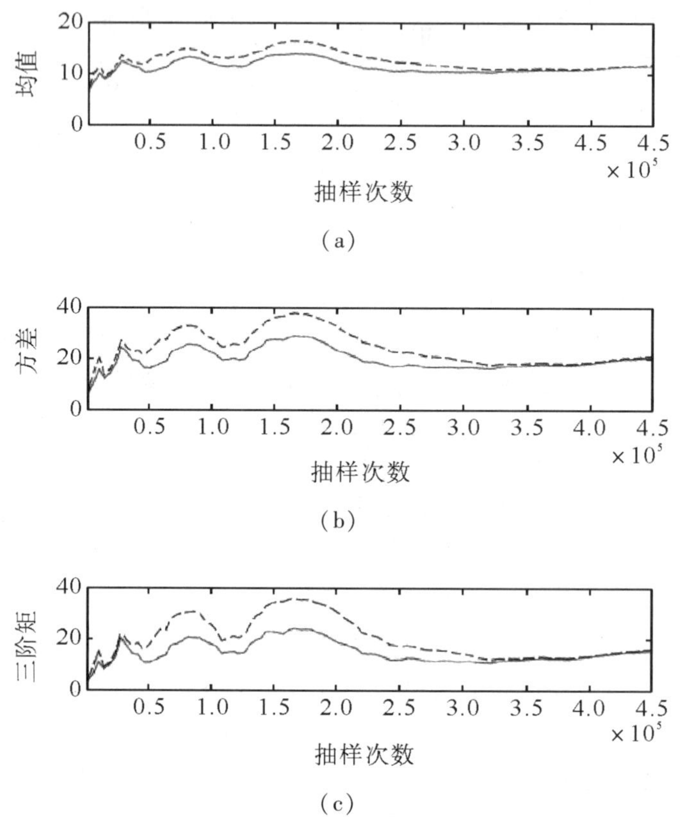

图 5.1　多变量收敛诊断图

表 5.2　结构参数估计结果

参数	参数说明	先验分布	后验均值	90%置信区间
h	消费习惯	Beta [0.7, 0.02]	0.686 8	[0.661 5, 0.712 2]
ε	不同产品之间的替代弹性	Gamma [11.0, 0.5]	11.233 0	[10.319 6, 12.222 2]

表5.2(续)

参数	参数说明	先验分布	后验均值	90%置信区间
σ_c	消费跨期替代弹性	Gamma [2.0, 0.5]	1.019 5	[0.586 5, 1.443 0]
$S''(1)$	投资成本函数弹性	Gamma [2.0, 0.5]	5.333 4	[4.607 5, 6.166 3]
η	国内外产品之间的替代弹性	Gamma [2.5, 0.5]	3.213 2	[2.500 0, 4.002 9]
ϕ^p	企业的匹配弹性	Beta [0.5, 0.1]	0.660 7	[0.602 8, 0.721 6]
s	企业的固定离职率	Beta [0.1, 0.01]	0.112 0	[0.103 6, 0.120 7]
κ^B	失业救济金稳态值	Beta [0.3, 0.1]	0.242 3	[0.222 5, 0.262 2]
μ	经济中非李嘉图家庭的占例	Beta [0.8, 0.02]	0.741 7	[0.707 6, 0.776 8]
θ_w	工资黏性系数	Beta [0.6, 0.1]	0.568 7	[0.493 7, 0.638 2]
θ_w^n	新职位工资的黏性系数	Beta [0.6, 0.1]	0.458 6	[0.305 6, 0.619 1]
θ_H	国内中间产品价格黏性系数	Beta [0.6, 0.05]	0.740 3	[0.707 0, 0.774 6]
θ_F	进口产品价格黏性系数	Beta [0.6, 0.1]	0.773 5	[0.719 8, 0.825 5]
ρ_i	利率平滑系数	Beta [0.6, 0.1]	0.198 6	[0.120 4, 0.272 4]
ϕ_π	利率对通货膨胀反应系数	Gamma [1.5, 0.1]	1.615 3	[1.448 7, 1.780 4]
ϕ_y	利率对产出波动反应系数	Beta [0.5, 0.1]	0.796 9	[0.716 0, 0.879 7]
ξ	职工代表谈判能力参数	Beta [0.5, 0.02]	0.469 5	[0.436 6, 0.501 4]
ϕ_b	税收对政府债券反应系数	Beta [0.5, 0.02]	0.508 8	[0.471 0, 0.540 6]
ϕ_g	税收的政府支出反应系数	Beta [0.5, 0.1]	0.152 1	[0.082 4, 0.225 8]

表 5.3　外生冲击过程中自回归系数及冲击标准差的估计结果

参数	参数说明	先验分布	后验均值	90%置信区间
ρ_i	投资冲击自回归系数	Beta [0.6, 0.05]	0.522 2	[0.456 1, 0.585 4]
ρ_a	生产技术冲击自回归系数	Beta [0.6, 0.1]	0.445 1	[0.368 2, 0.519 7]

表5.3(续)

参数	参数说明	先验分布	后验均值	90%置信区间
ρ_g	政府支出冲击自回归系数	Beta [0.6, 0.1]	0.660 7	[0.493 2, 0.852 5]
ρ_{τ^w}	工资税率冲击自回归系数	Beta [0.6, 0.1]	0.692 0	[0.636 5, 0.751 1]
ρ_{τ^c}	消费税率冲击自回归系数	Beta [0.6, 0.1]	0.657 2	[0.547 5, 0.763 4]
ρ_{τ^k}	资本税率冲击自回归系数	Beta [0.6, 0.015]	0.626 4	[0.609 3, 0.644 1]
ρ_{c^*}	国外消费冲击自回归系数	Beta [0.6, 0.1]	0.599 5	[0.475 8, 0.727 8]
σ_i	私人投资冲击标准差	InvGamma [0.1, 2.0]	0.013 6	[0.011 8, 0.015 3]
σ_a	生产技术冲击标准差	InvGamma [0.1, 2.0]	0.012 6	[0.011 8, 0.013 6]
σ_g	政府支出冲击标准差	InvGamma [0.1, 2.0]	0.013 7	[0.011 9, 0.015 1]
σ_{τ^w}	工资税率冲击标准差	InvGamma [0.1, 2.0]	0.142 8	[0.116 4, 0.172 4]
σ_{τ^c}	消费税率冲击标准差	InvGamma [0.1, 2.0]	0.053 5	[0.024 0, 0.082 1]
σ_{τ^k}	资本税率冲击标准差	InvGamma [0.1, 2.0]	0.091 4	[0.059 5, 0.123 1]
σ_{c^*}	国外消费冲击标准差	InvGamma [0.1, 2.0]	0.035 8	[0.022 2, 0.049 1]
σ_H	国内产品价格冲击标准差	InvGamma [0.1, 2.0]	0.012 8	[0.011 8, 0.013 8]
σ_F	进口产品价格冲击标准差	InvGamma [0.1, 2.0]	0.020 3	[0.016 6, 0.023 9]
σ_r	名义利率冲击标准差	InvGamma [0.1, 2.0]	0.012 1	[0.011 8, 0.012 6]
边际数据密度 (laplace approximation)		1 970.461 883		

5.4 结果分析

5.4.1 预测误差方差分解

通过预测误差方差分解 (variance decomposition)，我们可观察不同外生冲击对经济波动的贡献度，以及这些冲击在短期和中长期波动中的相对贡献。具体分解见表 5.4。

表 5.4 预测误差方差分解 单位:%

	$\hat{e}_t^g$	$\hat{e}_t^{\tau^w}$	$\hat{e}_t^{\tau^c}$	$\hat{e}_t^{\tau^k}$	$\hat{e}_t^r$	$\hat{e}_t^a$	$\hat{e}_t^I$	$\hat{e}_t^H$	$\hat{e}_t^F$	$\hat{e}_t^{c^*}$
$\hat{Y}_t$	0.17	0.05	0.02	1.86	64.91	24.84	6.75	0.23	1.16	0.01
$\hat{I}_t$	0.64	0.25	0.06	0.81	4.21	10.02	81.68	0.99	1.21	0.13
$\hat{C}_t$	0.06	30.80	5.15	0.43	19.61	30.09	3.58	9.48	0.74	0.05
$\hat{C}_t^o$	0.72	0.12	10.55	7.86	5.27	6.44	66.98	0.40	1.56	0.11
$\hat{C}_t^r$	0.09	32.73	4.42	0.73	19.30	30.11	2.04	9.86	0.68	0.04
$\hat{\pi}_t$	0.05	0.06	0.03	1.02	10.95	28.81	6.23	40.84	11.97	0.04
N_t	0.10	0.03	0.01	1.20	43.92	52.37	1.51	0.13	0.73	0.00
$\hat{w}_t$	0.15	1.44	0.59	0.86	17.29	34.23	6.42	34.94	3.98	0.12
$\hat{S}_t$	0.19	0.39	0.16	0.13	3.65	26.57	4.12	12.44	51.51	0.84
$\hat{Q}_t$	0.71	3.91	0.41	1.03	18.05	8.66	0.31	26.57	32.15	8.20

从表 5.4 我们发现，对宏观经济波动具有较强解释能力的冲击分别是货币政策冲击、技术冲击、投资冲击、资本收入税率冲击、进口产品价格加成冲击、国内产品价格加成冲击、政府支出冲击七大冲击。其中，政府支出冲击为第七大冲击，它大约解释了产出波动的 0.17%。从各个主要宏观经济变量来看，政府支出冲击的解释能力由大到小分别为汇率、投资、贸易条件、产出、工资、劳动供给、消费、通货膨胀。在消费中，政府支出冲击对李嘉图家庭消费的解释能力明显高于对非李嘉图家庭消费的解释能力。

5.4.2 模型动态

5.4.2.1 主要宏观经济变量对政府支出冲击的响应

首先，由于政府支出的两个融资渠道是政府债券和税收，当政府支出增加时，政府债券与税收也将随之增加。一方面，在货币供给不变下，政府债券的增加相当于资金市场中的货币回流加速，从而利率升高，投资成本上升，导致私人投资下降，进而出现政府支出对私人投资的挤出效应（见图 5.2 中的上图）。另一方面，税收增加的预期使得李嘉图家庭出现负财富效应，其消费水平下降，进而出现政府支出对李嘉图家庭消费的挤出效应（见图 5.2 中图的 c_0）。

其次，当政府支出增加时，就业增加，实际工资上涨，非李嘉图家庭需求增加，其消费水平上升，从而出现政府支出对非李嘉图家庭消费的挤入效应（见图 5.2 中图的 c_r ）。由于非李嘉图家庭在总人口中占比近 80%，因此，政府支出对总的私人消费呈现挤入效应（见图 5.2 中图的 C -tot）。此外，当政府支出增加时，实际工资上涨，出口产品价格上升，国际收支逆差（外汇储备减少），实际汇率下降（本币升值）。

最后，李嘉图家庭作为唯一可进入国际资本市场的市场主体，其消费水平的变化可通过国际风险分担的方式影响实际汇率的变动（Monacelli、Perotti，2010）。当李嘉图家庭的消费水平下降时，实际汇率水平也将随之下降（见图 5.2 中下图，r 为李嘉图家庭消费，i 为实际汇率）。

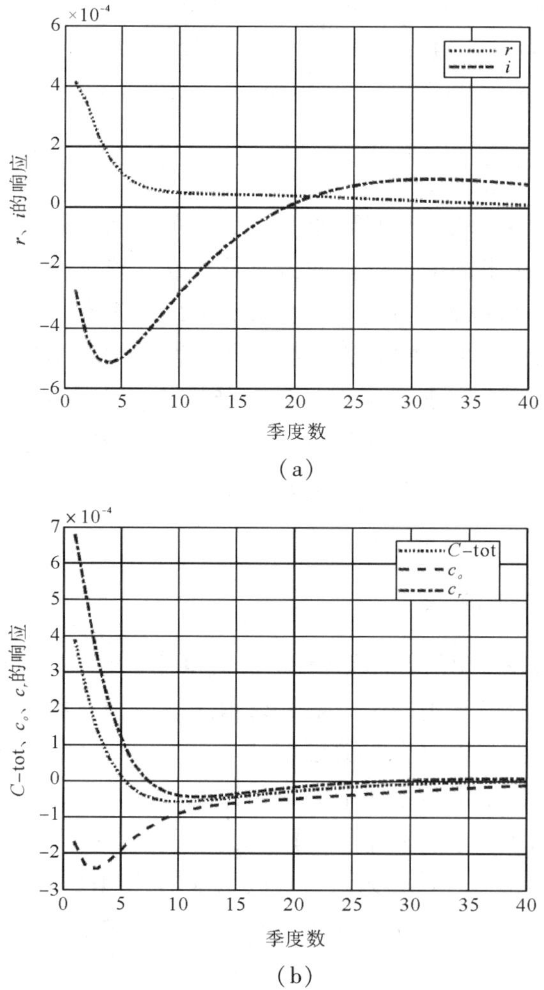

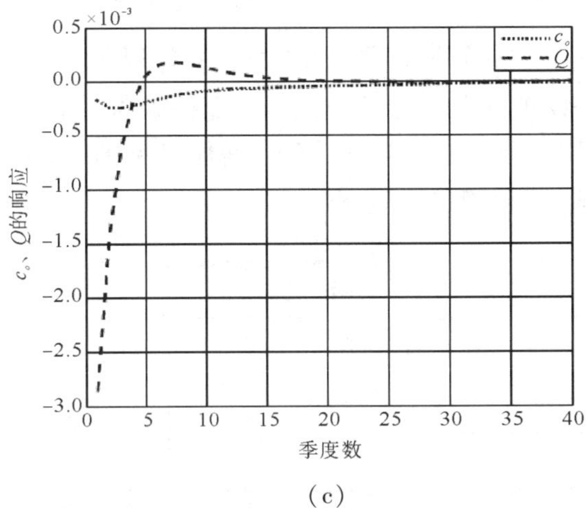

（c）

图 5.2　私人投资、私人消费、李嘉图消费、非李嘉图消费、实际汇率对政府支出的响应

从图 5.3 我们发现：政府支出增加导致私人消费增加、私人投资下降、实际汇率下降，而总产出则在政府支出和私人消费的合力下最终呈现增加，通货膨胀上升、利率上升。这与第 1 章中基于结构 VAR 的经验事实基本相符。

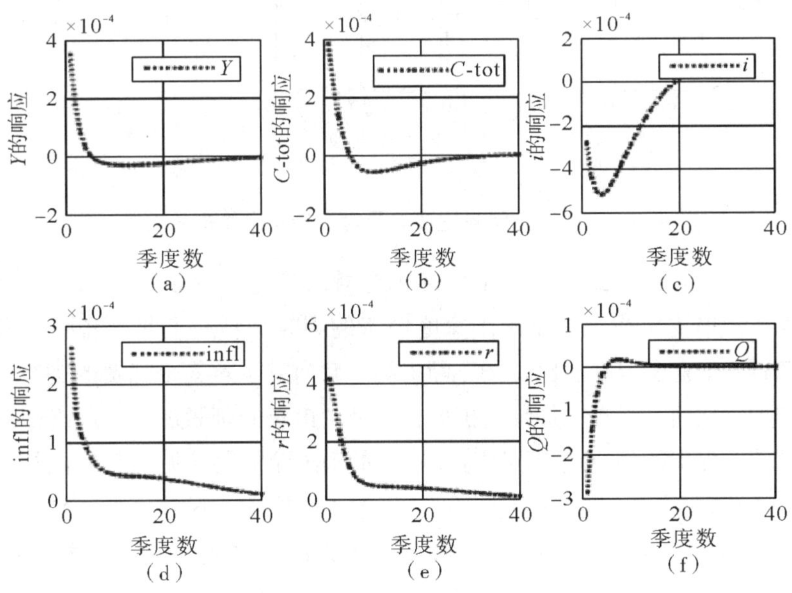

图 5.3　主要宏观经济变量对政府支出冲击的响应

5.4.2.2 劳动市场变量对政府支出冲击的响应

政府支出增加，总需求增加，企业空闲职位数 V_t 增加，失业工人数 U_t 下降，就业工人数 N_t 增加，企业空闲职位填补概率 q_t 下降，失业工人寻找到空闲职位的概率 p_t 增加，实际工资 w_t 增加（见图 5.4），劳动市场在政府支出的需求刺激下逐渐繁荣起来。

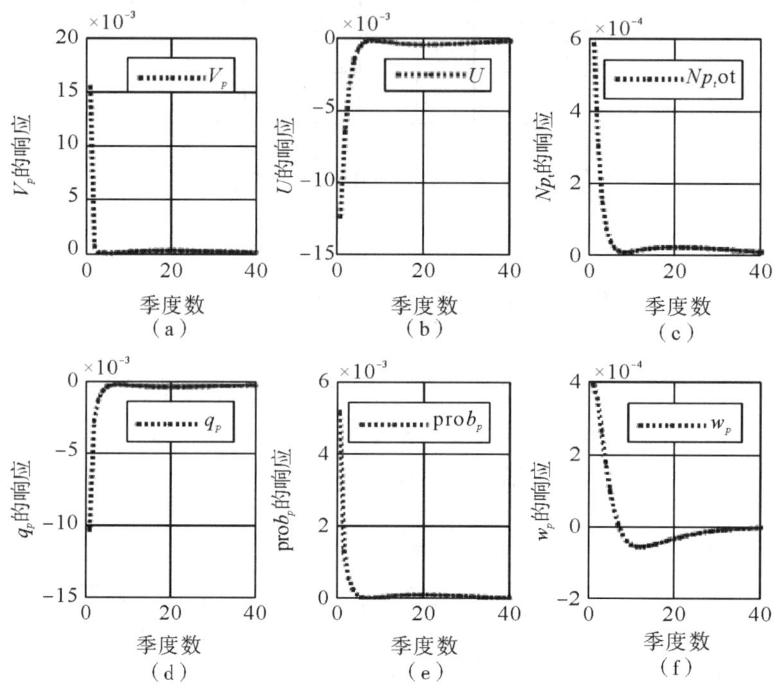

图 5.4 劳动市场各主要变量对政府支出冲击的响应

5.4.2.3 不同 μ 和 α 值下实际工资对政府支出冲击的响应

由于政府支出在抑制李嘉图家庭消费的同时，刺激了非李嘉图家庭的消费，随着非李嘉图家庭占比 μ 的不断提高，政府支出对整个消费的刺激作用也随之增加，从而总需求增加幅度扩大，对劳动市场的刺激加大，最终使得实际工资对政府支出的响应随李嘉图家庭占比的提高而扩大（见图 5.5 上图）。

随着经济开放程度的不断提升，消费的本国偏好不断下降，本国产品价格下降，出口增加，实际汇率上升，这与所谓的“消费—实际汇率悖论”（傅章彦，2008）相一致，该悖论在中国成立。反过来，实际汇率贬值又进一步促进了出口，拉动了总需求，刺激了劳动市场，最终使得实际工资对政府支出的响应随着经济开放程度的不断扩大而增强（见图 5.5 下图）。

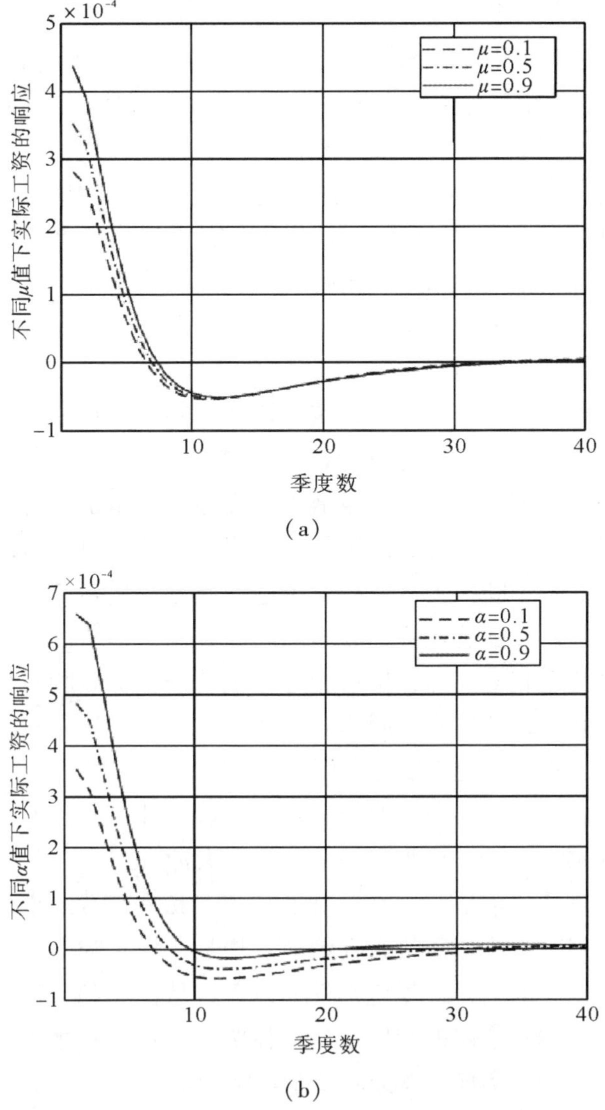

图 5.5　不同 μ 和 α 值下实际工资对政府支出冲击的响应

5.5　结论

在国内，利用含有非李嘉图家庭与劳动市场摩擦的小型开放经济新凯恩斯模型，进行的政府支出对劳动市场影响的研究几乎没有，本研究尝试弥补这一空白。本研究基于 GLV（2007）进行了三方面的拓展：引入了资本累积、劳动市场摩擦和开放经济环境。此外，本研究还基于中国 1996—2015 年每季度的数据对模型进行了贝叶斯估计，并发现基于估计结果的模拟脉冲响应与基于结构 VAR 的脉冲响应基本相符。

本研究的主要结论是：①政府支出增加，政府债券增加，利率上升，投资成本上升，私人投资下降，导致政府支出对私人投资的挤出效应。②政府支出增加，李嘉图家庭因负财富效应消费水平下降，而非李嘉图家庭却因劳动与工资的增加消费水平上升。在非李嘉图家庭占比高达 74%的绝对优势下，政府支出对私人消费最终呈现挤入效应。③政府支出增加，国内产品价格相对国外产品上升，实际汇率下降，出口成本增加，贸易条件恶化，出口下降。④政府支出增加，总需求增加，企业空闲职位数增加，就业工人数增加，失业工人数减少，实际工资增加，劳动市场逐渐繁荣起来。⑤随着非李嘉图家庭占比的不断提高，政府对消费的刺激作用也不断加大，总需求不断扩大，劳动市场逐渐繁荣，实际工资对政府支出的响应也随之扩大。⑥随着经济开放度的不断提高，消费的本国偏好不断下降，本国产品价格相对下降，出口相对增加，外汇储备相对增加，实际汇率相对上升。相反，这一本币的相对贬值又进一步促进了出口，拉动了需求，刺激了劳动市场，使得实际工资对政府支出的响应最终随经济开放度的不断扩大而扩大。⑦从预测误差方差分解看，政府支出冲击大约可解释产出波动的 0.17%，为该模型经济中的第七大冲击。

本研究得到的启示是，政府支出虽有利于私人消费的增加和劳动市场的繁荣，尤其有利于非李嘉图家庭的消费增加，但它却不利于私人投资的增加，不利于汇率的上升及贸易条件的改善，从而不利于出口的增加。因此，该政策工具的实施需平衡好消费、投资、出口三者之间的关系，以推动它们共同促进劳动市场的繁荣和整个经济的增长。

参考文献

[1] 傅章彦. 消费—实际汇率悖论在中国的实证检验 [J]. 经济评论, 2008 (4): 71-78.

[2] 刘斌. 我国DSGE模型的开发及在货币政策分析中的应用 [J]. 金融研究, 2008 (10): 1-21.

[3] 李春吉, 孟晓宏. 中国经济波动: 基于新凯恩斯主义垄断竞争模型的分析 [J]. 经济研究, 2006 (10): 72-82.

[4] 马勇, 陈雨露. 经济开放度与货币政策有效性: 微观基础与实证分析 [J]. 经济研究, 2014, 49 (3): 35-46.

[5] 仝冰. 货币、利率与资产价格 [D]. 北京: 北京大学, 2010.

[6] 王国静, 田国强. 金融冲击和中国经济波动 [J]. 经济研究, 2014, 49 (3): 20-34.

[7] 王君斌. 通货膨胀惯性、产出波动与货币政策冲击: 基于刚性价格模型的通货膨胀和产出的动态分析 [J]. 世界经济, 2010, 33 (3): 71-94.

[8] 王文甫. 价格黏性、流动性约束与中国财政政策的宏观效应: 动态新凯恩斯主义视角 [J]. 管理世界, 2010 (9): 11-25.

[9] 王玉凤, 张淑芹. 财政政策冲击对社会福利及宏观经济的动态影响: 基于新凯恩斯DSGE模型的分析 [J]. 中央财经大学学报, 2015 (4): 11-19.

[10] 许伟, 陈斌开. 银行信贷与中国经济波动: 1993—2005 [J]. 经济学 (季刊), 2009, 8 (2): 969-994.

[11] AN S, SCHORFHEIDE F. Bayesian analysis of DSGE models [J]. Econometric Reviews, 2007, 26 (2-4): 113-172.

[12] AMATO J D, LAUBACH T. Rule-of-thumb behavior and monetary policy [J]. European Economic Review, 2003, 47 (5): 791-831.

[13] BELTRAN D O, DRAPER D. Estimating the parameters of a small

open economy DSGE model: identifiability and inferential validity [Z]. International Finance Discussion Papers, Board of Governors of the Federal Reserve System (U. S.), 2008.

[14] BLANCHARD O, GALI J. Real wage rigidities and the New Keynesian model [J]. Journal of Money, Credit and Banking, 2007, 39 (S1): 35-65.

[15] BLANCHARD O, GALI J. Labor markets and monetary policy: a New Keynesian model with unemployment [J]. American Economic Journal: Macroeconomics, 2008, 2 (2): 1-30.

[16] BLANCHARD O J, PEROTTI R. An empirical characterization of the dynamic effects of changes in government spending and taxes on output [J]. The Quarterly Journal of Economics, 2002, 117 (4): 1329-1368.

[17] BODART V, PIERRARD O, SNEESSENS A. Calvo wages in a search unemployment model [Z]. IZA Discussion Papers Institute of Labor Economics (IZA), 2006.

[18] BOSCA J E, DOMENECH R, FERRI J, Tax reforms and labour-market performance: an evaluation for Spain using REMS [Z]. Madrid: Banco Bilbao Vizcaya Argentaria (BBVA), Working Paper, 2009.

[19] BOSCA J E, DíAZ A, DOMENECH R, et al. A rational expectations model for simulation and policy evaluation of the Spanish economy [J]. SERIEs—Journal of the Spanish Economic Association 1, 2010, 1 (1): 135-169.

[20] BOSCA J E, DOMENECH R, FERRI J. Search, Nash bargaining and rule of thumb consumers [J]. European Economic Review, 2011, 55 (7): 927-942.

[21] BILBIIE F O. Limited asset markets participation, monetary policy and (inverted) aggregate demand logic [J]. Journal of Economic Theory, 2008, 140 (1): 162-196.

[22] BILBIIE F O, STRAUB R. Fiscal policy, business cycles and labor-market fluctuations [Z]. Magyar Nemzeti Bank (Central Bank of Hungary) Working Papers, 2004.

[23] BILBIIE F O, GHIRONI F, MELITZ M J. Endogenous entry, prod-

uct variety and business cycles [J]. Journal of Political Economy, 2007, 120 (2): 304-345.

[24] BROCK W A, MIRMAN L J. Optimal economic growth and uncertainty: the discounted case [J]. Journal of Economic Theory, 1972, 4 (3): 479-513.

[25] BURNSIDE A C, EICHENBAUM M, FISHER J D M. Fiscal shocks and their consequences [J]. Journal of Economic Theory, 2004, 115 (1): 89-117.

[26] CALVO G. Staggered prices in a utility-maximizing framework [J]. Journal of monetary economics, 1983, 12 (3): 383-398.

[27] CAMPBELL J Y, MANKIW N G. Consumption, income, and interest rates: reinterpreting the time series evidence [M] //BLANCHARD O J, FISCHER S. NBER macroeconomics annual. Cambridge: MIT Press, 1989: 185-216.

[28] CAMPBELL J Y, MANKIW N G. Permanent income, current income, and consumption [J]. Journal of Business and Economic Statistics, 1990, 8 (3): 265-279.

[29] CAMPBELL J Y, MANKIW N G. The response of consumption to income: a cross-country investigation [J]. European Economic Review, 1991, 35 (4): 723-767.

[30] CANOVA F, SALA L, Luca. Back to square one: identification issues in DSGE models [J]. Journal of Monetary Economics, 2009, 56 (4): 431-449.

[31] COENEN G, STRAUB R. Does government spending crowd in private consumption? Theory and empirical evidence for the Euro Area [J]. International Finance, 2005, 8 (3): 435-470.

[32] COLCIAGO A. Rule of thumb consumers meet sticky wages [J]. Journal of Money, Credit and Banking, 2011, 43 (2-3): 325-353.

[33] COLCIAGO A, ROPELE T, MUSCATELLI V A, et al. The role of fiscal policy in a monetary union: are national automatic stabilizers effective? [J]. Review of International Economics, 2008, 16 (3): 591-610.

[34] CHRISTIANO L, EICHENBAUM M. Current real-business-cycle

theories and aggregate labor-market fluctuations [J]. American Economic Review, 1992, 82 (3): 430-450.

[35] CHRISTIANO L J, EICHENBAUM M, EVANS C L. Nominal rigidities and the dynamic effects of a shock to monetary policy [J]. Journal of Political Economy, 2005, 113 (1): 1-45.

[36] CHRISTOFFEL K P, KUESTER K, LINZERT T. The role of labor markets for Euro Area monetary policy [J]. European Economic Review, 2009, 53 (8): 908-936.

[37] WALQUE G D, PIERRARD O, SNESSENS H, et al. Sequential bargaining in a New-Keynesian model with frictional unemployment and wage negotiation [Z]. European Central Bank, Working Paper, Frankfurt am Main. 2009.

[38] BARTOLOMEO G D, ROSSI L. Heterogeneous consumers, demand regimes, monetary policy efficacy and determinacy [R]. Macroeconomics Working Paper, 2005, University Library of Munich, Germany.

[39] DUPAIGNE M, FEVE P. Persistent government spending and fiscal multipliers: the investment-channel [J]. European Economic Review, 2016, 89 (C): 425-453.

[40] ERCEG C J, GUERRIERI L, GUST C. SIGMA: a new open economy model for policy analysis [J]. International Journal of Central Banking, 2006, 2 (1): 1-50.

[41] ERCEG C J, GUERRIERI L, GUST C. Expansionary fiscal shocks and the US trade deficit [J]. International Finance, 2005, 8 (3): 363-397.

[42] FATAS A, MIHOV L. Government size and automatic stabilizers: international and intranational evidence [J]. Journal of International Economics, 2001, 55 (1): 3-28.

[43] GALI J. Technology, employment, and the business cycle: do technology shocks explain aggregate fluctuations [J]. American Economic Review, 1999, 89 (1) : 249-271.

[44] GALI J, LOPEZ-SALIDO D, VALLES J. Rule-of-thumb consumers and the design of interest rate rules [J]. Journal of Money Credit and Banking, 2004, 36 (4): 739-763.

[45] GALI J, LOPEZ-SALIDO D, VALLES J. Understanding the effects of government spending on consumption [J]. Journal of the European Economic Association, 2005, 5 (1): 227-270.

[46] GALI J, MONACELLI T. Monetary policy and exchange rate volatility in a small open economy [J]. Review of Economic Studies, 2005, 72 (3): 707-734.

[47] GALI J, MONACELLI T. Optimal monetary and fiscal policy in a currency union [J]. Journal of International Economics, 2005, 76 (1): 116-132.

[48] HORVATH J. The effects of government spending shocks on consumption under optimal stabilization [J]. European Economic Review, 2009, 53 (7): 815-829.

[49] JUSTINIANO A, PRESTON B. Can structural small open-economy models account for the influence of foreign disturbances? [J]. Journal of International Economics, 2010, 81 (1): 61-74.

[50] KYDLAND F E, PRESCOTT E C. Time to build and aggregate fluctuations [J]. Econometrica, 1982, 50 (6): 1345-1370.

[51] LEEPER E M, RICHTER A W, WALKER T B. Quantitative effects of fiscal foresight [J]. American Economic Journal: Economic Policy, 2012, 4 (2): 115-144.

[52] LEEPER E M, WALKER T B, YANG S S. Government investment and fiscal stimulus [J]. journal of monetary economics, 2010, 57 (8): 1000-1012.

[53] LEWIS V, WINKLER R. Government spending, entry, and the consumption crowding-in puzzle [J]. International Economic Review, 2017, 58 (3): 943-972.

[54] MANKIW N G. The savers-spenders theory of fiscal policy [J]. American Economic Review, 2000, 90 (2): 120-125.

[55] MONACELLI T. Monetary policy in a low pass-through environment [J]. Journal of Money, Credit, and Banking, 2005, 37 (6): 1047-1066.

[56] MONACELLI T PEROTTI E. Fiscal policy, the real exchange rate and traded goods [J]. Economic Journal, 2010, 120 (544): 437-461.

[57] MURPHY D P. How can government spending stimulate consump-

tion? [J]. Review of Economic Dynamics, 2015, 18 (3): 551-574.

[58] OSWALD A J. Efficient contracts are on the labour demand curve: theory and evidence [J]. Labour Economics, 1993 (1): 85-113.

[59] PISSARIDES C A. Equilibrium unemployment theory [M]. Cambridge, MA: The MIT Press, 2000.

[60] PISSARIDES C A. The unemployment volatility puzzle: is wage stickiness the answer? [J]. Econometrica, 2009, 77 (5): 1339-1369.

[61] RAVN M O, SCHMITT-GROHé S, URIBE M. Consumption, government spending, and the real exchange rate [J]. Journal of Monetary Economics, 2012, 59 (3): 215-234.

[62] ROSSI R. Rule of thumb consumers, public debt and income tax [EB/OL]. https://www.gla.ac.uk/media/Media_57627_smxx.pdf.

[63] SCHMITT-GROHE S, URIBE M. Optimal fiscal and monetary policy in a medium-scale macroeconomic model [J]. NBER Macroeconomics Annual, 2005, 20: 383-462.

[64] SMETS F, WOUTERS R. An estimated stochastic dynamic general equilibrium model of the Euro Area [J]. Journal of European Economic Assodiation, 2003, 1 (5): 1123-1175.

[65] STAHLER N, THOMAS C. FiMod-a DSGE model for fiscal policy simulations [J]. Economic Modelling, 2012, 29 (2): 239-261.

[66] YUN T. Monetary policy, nominal price rigidity, and business cycles [J]. Joumal of Monetary Economics, 1996, 37: 345-370.

[67] Zhang W. China's monetary policy: quantity versus price rules [J]. Journal of Macroeconomics, 2009, 31 (3): 473-484.

附录 2A 方程推导

一、家庭一阶条件

$$(\partial C_t^o):\ \lambda_t^o = \varepsilon_t^c (C_t^o - hC_{t-1}^o)^{-\sigma_c} - \beta h E_t \varepsilon_{t+1}^c (C_{t+1}^o - hC_t^o)^{-\sigma_c}$$

$$(\partial C_t^r):\ \lambda_t^r = \varepsilon_t^c (C_t^r - hC_{t-1}^r)^{-\sigma_c} - \beta h E_t \varepsilon_{t+1}^c (C_{t+1}^r - hC_t^r)^{-\sigma_c}$$

令 $\zeta_t^o = (C_t^o - hC_{t-1}^o)^{-\sigma_c}$，$\zeta_t^r = (C_t^r - hC_{t-1}^r)^{-\sigma_c}$，则有

$$\lambda_t^o = \varepsilon_t^c \zeta_t^o - \beta h E_t \varepsilon_{t+1}^c \zeta_{t+1}^o,\ \lambda_t^r = \varepsilon_t^c \zeta_t^r - \beta h E_t \varepsilon_{t+1}^c \zeta_{t+1}^r$$

稳态分别为

$$(\zeta^o)^{-1/\sigma_c} = (1-h)C^o,\ (\zeta^r)^{-1/\sigma_c} = (1-h)C^r$$

$$\lambda^o = (1-\beta h)\zeta^o,\ \lambda^r = (1-\beta h)\zeta^r$$

线性化定义式

$$\begin{aligned}
(\zeta_t^o)^{-1/\sigma_c} &= C_t^o - hC_{t-1}^o \\
\Rightarrow (\zeta^o e^{\hat{\zeta}_t^o})^{-1/\sigma_c} &= C^o e^{\hat{c}_t^o} - hC^o e^{\hat{c}_{t-1}^o} \\
\Rightarrow (\zeta^o)^{-1/\sigma_c} e^{-\hat{\zeta}_t^o/\sigma_c} &= C^o e^{\hat{c}_t^o} - hC^o e^{\hat{c}_{t-1}^o} \\
\Rightarrow (\zeta^o)^{-1/\sigma_c} - (\zeta^o)^{-1/\sigma_c}\hat{\zeta}_t^o/\sigma_c &= C^o + C^o\hat{c}_t^o - hC^o - hC^o\hat{c}_{t-1}^o \\
\Rightarrow -(\zeta^o)^{-1/\sigma_c}\hat{\zeta}_t^o/\sigma_c &= C^o\hat{c}_t^o - hC^o\hat{c}_{t-1}^o \\
\Rightarrow \hat{\zeta}_t^o &= -\frac{\sigma_c}{(1-h)C^o}(C^o\hat{c}_t^o - hC^o\hat{c}_{t-1}^o) \\
\Rightarrow \hat{\zeta}_t^o &= -\frac{\sigma_c}{1-h}(\hat{c}_t^o - h\hat{c}_{t-1}^o)
\end{aligned} \tag{2A.1}$$

同理

$$\hat{\zeta}_t^r = -\frac{\sigma_c}{1-h}(\hat{c}_t^r - h\hat{c}_{t-1}^r) \tag{2A.2}$$

线性化跨期方程式为

$$\lambda_t^o = \varepsilon_t^c \zeta_t^o - \beta h E_t \varepsilon_{t+1}^c \zeta_{t+1}^o$$

$$\Rightarrow \lambda^o e^{\hat{\lambda}_t^o} = (\varepsilon^c e^{\hat{\varepsilon}_t^c})(\zeta^o e^{\hat{\zeta}_t^o}) - \beta h(\varepsilon^c e^{E_t \hat{\varepsilon}_{t+1}^c})(\zeta^o e^{E_t \hat{\zeta}_{t+1}^o})$$

$$\Rightarrow \lambda^o e^{\hat{\lambda}_t^o} = \zeta^o e^{\hat{\varepsilon}_t^c + \hat{\zeta}_t^o} - \beta h \zeta^o e^{E_t \hat{\varepsilon}_{t+1}^c + E_t \hat{\zeta}_{t+1}^o}$$

$$\Rightarrow \lambda^o + \lambda^o \hat{\lambda}_t^o = \zeta^o + \zeta^o(\hat{\varepsilon}_t^c + \hat{\zeta}_t^o) - \beta h \zeta^o - \beta h \zeta^o (E_t \hat{\varepsilon}_{t+1}^c + E_t \hat{\zeta}_{t+1}^o)$$

$$\Rightarrow \lambda^o \hat{\lambda}_t^o = \zeta^o(\hat{\varepsilon}_t^c + \hat{\zeta}_t^o) - \beta h \zeta^o (E_t \hat{\varepsilon}_{t+1}^c + E_t \hat{\zeta}_{t+1}^o)$$

$$\Rightarrow \hat{\lambda}_t^o = \frac{1}{1-\beta h}(\hat{\varepsilon}_t^c + \hat{\zeta}_t^o) - \frac{\beta h}{1-\beta h}(E_t \hat{\varepsilon}_{t+1}^c + E_t \hat{\zeta}_{t+1}^o)$$

$$\Rightarrow \hat{\lambda}_t^o = -\frac{\beta h}{1-\beta h} E_t \hat{\zeta}_{t+1}^o + \frac{1}{1-\beta h}\hat{\zeta}_t^o + \frac{1}{1-\beta h}(\hat{\varepsilon}_t^c - \beta h E_t \hat{\varepsilon}_{t+1}^c) \quad (2A.3)$$

同理

$$\hat{\lambda}_t^r = -\frac{\beta h}{1-\beta h} E_t \hat{\zeta}_{t+1}^r + \frac{1}{1-\beta h}\hat{\zeta}_t^r + \frac{1}{1-\beta h}(\hat{\varepsilon}_t^c - \beta h E_t \hat{\varepsilon}_{t+1}^c) \quad (2A.4)$$

式（2A.1）和式（2A.3）结合，得到

$$\hat{\lambda}_t^o = \frac{\sigma_c \beta h}{(1-h)(1-\beta h)}(E_t \hat{c}_{t+1}^o - h\hat{c}_t^o) - \frac{\sigma_c}{(1-h)(1-\beta h)}(\hat{c}_t^o - h\hat{c}_{t-1}^o) + \frac{1}{1-\beta h}(\hat{\varepsilon}_t^c - \beta h E_t \hat{\varepsilon}_{t+1}^c)$$

式（2A.2）和式（2A.4）结合，得到

$$\hat{\lambda}_t^r = \frac{\sigma_c \beta h}{(1-h)(1-\beta h)}(E_t \hat{c}_{t+1}^r - h\hat{c}_t^r) - \frac{\sigma_c}{(1-h)(1-\beta h)}(\hat{c}_t^r - h\hat{c}_{t-1}^r) + \frac{1}{1-\beta h}(\hat{\varepsilon}_t^c - \beta h E_t \hat{\varepsilon}_{t+1}^c)$$

二、工资方程推导 1

重新最优化名义工资的职工代表组织，其目标函数是基于李嘉图家庭和非李嘉图家庭的效用函数

$$\underset{\{W_t^{new}(z)\}}{\mathrm{Max}} E_t \sum_{k=0}^{\infty} (\beta \lambda_w)^k \left(\varepsilon_{t+k}^c \Omega_{t+k} - \varepsilon_{t+k}^n \frac{N_{t+k}^{1+\varphi}}{1+\varphi} \right) \quad (2A.5)$$

并服从

$$N_{t+k} = \int_0^1 N_{t+k}(z)\,\mathrm{d}z \quad (2A.6)$$

$$\Omega_{t+k} \equiv (1-\lambda)\frac{(C_{t+k}^o - hC_{t+k-1}^o)^{1-\sigma_c}}{1-\sigma_c} + \lambda \frac{(C_{t+k}^r - hC_{t+k-1}^r)^{1-\sigma_c}}{1-\sigma_c} \quad (2A.7)$$

$$C^o_{t+k} = \frac{1}{P_{t+k}} \int_0^1 W_{t+k}(z)\, N_{t+k}(z)\, \mathrm{d}z + R^k_{t+k} K^o_{t+k} - I^o_{t+k} +$$

$$\frac{B^o_{t+k}}{P_{t+k}} - \frac{B^o_{t+k+1}}{R_{t+k} P_{t+k}} + D^o_{t+k} - T^o_{t+k} \tag{2A.8}$$

$$C^r_{t+k} = \frac{1}{P_{t+k}} \int_0^1 W_{t+k}(z)\, N_{t+k}(z)\, \mathrm{d}z - T^r_{t+k} \tag{2A.9}$$

$$N_{t+k}(z) = \left[\frac{W_{t+k}(z)}{W_{t+k}}\right]^{-\frac{1+\lambda^w_t}{\lambda^w_t}} N^d_{t+k} \tag{2A.10}$$

$$W_{t+k}(z) = \pi^{\gamma_w}_{t+k-1} W_{t+k-1}(z) = L = \left(\prod_{s=0}^{k} \pi^{\gamma_w}_{t+s-1}\right) W^{\mathrm{new}}_t(z) \tag{2A.11}$$

第一，针对式（2A.11）关于新谈判工资求导

$$\frac{\partial W_{t+k}(z)}{\partial W^{\mathrm{new}}_t(z)} = \prod_{s=0}^{k} \pi^{\gamma_w}_{t+s-1}$$

第二，针对式（2A.10）关于新谈判工资求导

$$\frac{\partial N_{t+k}(z)}{\partial W^{\mathrm{new}}_t(z)} = \left(-\frac{1+\lambda^w_t}{\lambda^w_t}\right)\left(\prod_{s=0}^{k} \pi^{\gamma_w}_{t+s-1}\right)\left[\frac{W_{t+k}(z)}{W_{t+k}}\right]^{-\frac{1+\lambda^w_t}{\lambda^w_t}-1} \frac{1}{W_{t+k}} \frac{\partial W_{t+k}(z)}{\partial W^{\mathrm{new}}_t(z)} N^d_{t+k}$$

$$= \left(-\frac{1+\lambda^w_t}{\lambda^w_t}\right)\left[\frac{W_{t+k}(z)}{W_{t+k}}\right]^{-\frac{1+\lambda^w_t}{\lambda^w_t}} \frac{N^d_{t+k}}{W_{t+k}(z)} \frac{\partial W_{t+k}(z)}{\partial W^{\mathrm{new}}_t(z)}$$

$$= \left(-\frac{1+\lambda^w_t}{\lambda^w_t}\right)\left(\prod_{s=0}^{k} \pi^{\gamma_w}_{t+s-1}\right)\left[\frac{W_{t+k}(z)}{W_{t+k}}\right]^{-\frac{1+\lambda^w_t}{\lambda^w_t}} \frac{N^d_{t+k}}{W_{t+k}(z)}$$

$$= \left(-\frac{1+\lambda^w_t}{\lambda^w_t}\right)\left(\prod_{s=0}^{k} \pi^{\gamma_w}_{t+s-1}\right) \frac{N_{t+k}(z)}{W_{t+k}(z)}$$

第三，针对式（2A.9）关于新谈判工资求导

$$\frac{\partial C^r_{t+k}}{\partial W^{\mathrm{new}}_t(z)} = \frac{1}{P_{t+k}} N_{t+k}(z) \frac{\partial W_{t+k}(z)}{\partial W^{\mathrm{new}}_t(z)} + \frac{1}{P_{t+k}} W_{t+k}(z) \frac{\partial N_{t+k}(z)}{\partial W^{\mathrm{new}}_t(z)}$$

$$= \left(\prod_{s=0}^{k} \pi^{\gamma_w}_{t+s-1}\right) \frac{N_{t+k}(z)}{P_{t+k}} + \left(-\frac{1+\lambda^w_t}{\lambda^w_t}\right)\left(\prod_{s=0}^{k} \pi^{\gamma_w}_{t+s-1}\right) \frac{N_{t+k}(z)}{P_{t+k}}$$

$$= \left(1-\frac{1+\lambda^w_t}{\lambda^w_t}\right)\left(\prod_{s=0}^{k} \pi^{\gamma_w}_{t+s-1}\right) \frac{N_{t+k}(z)}{P_{t+k}} = \left(-\frac{1}{\lambda^w_t}\right)\left(\prod_{s=0}^{k} \pi^{\gamma_w}_{t+s-1}\right) \frac{N_{t+k}(z)}{P_{t+k}}$$

第四，针对式（2A.8）关于新谈判工资求导

$$\frac{\partial C_{t+k}^{o}}{\partial W_{t}^{new}(z)}=\left(-\frac{1}{\lambda_{t}^{w}}\right)\left(\prod_{s=0}^{k}\pi_{t+s-1}^{\gamma_{w}}\right)\frac{N_{t+k}(z)}{P_{t+k}}$$

第五，针对式（2A.7）关于新谈判工资求导

$$\frac{\partial \Omega_{t+k}}{\partial W_{t}^{new}(z)}=(1-\lambda)(C_{t+k}^{o}-hC_{t+k-1}^{o})^{-\sigma_{c}}\frac{\partial C_{t+k}^{o}}{\partial W_{t}^{new}(z)}+$$

$$\lambda(C_{t+k}^{r}-hC_{t+k-1}^{r})^{-\sigma_{c}}\frac{\partial C_{t+k}^{r}}{\partial W_{t}^{new}(z)}$$

$$=[(1-\lambda)(C_{t+k}^{o}-hC_{t+k-1}^{o})^{-\sigma_{c}}+\lambda(C_{t+k}^{r}-hC_{t+k-1}^{r})^{-\sigma_{c}}]$$

$$\left(-\frac{1}{\lambda_{t}^{w}}\right)\left(\prod_{s=0}^{k}\pi_{t+s-1}^{\gamma_{w}}\right)\frac{N_{t+k}(z)}{P_{t+k}}$$

$$\frac{\partial \Omega_{t+k+1}}{\partial W_{t}^{new}(z)}=(1-\lambda)(C_{t+k+1}^{o}-hC_{t+k}^{o})^{-\sigma_{c}}(-h)\frac{\partial C_{t+k}^{o}}{\partial W_{t}^{new}(z)}+$$

$$\lambda(C_{t+k+1}^{r}-hC_{t+k}^{r})^{-\sigma_{c}}(-h)\frac{\partial C_{t+k}^{r}}{\partial W_{t}^{new}(z)}$$

$$=[(1-\lambda)(C_{t+k+1}^{o}-hC_{t+k}^{o})^{-\sigma_{c}}+\lambda(C_{t+k+1}^{r}-hC_{t+k}^{r})^{-\sigma_{c}}]$$

$$(-h)\left(-\frac{1}{\lambda_{t}^{w}}\right)\left(\prod_{s=0}^{k}\pi_{t+s-1}^{\gamma_{w}}\right)\frac{N_{t+k}(z)}{P_{t+k}}$$

第六，针对式（2A.6）关于新谈判工资求导

$$\because N_{t+k}=\int_{0}^{1}N_{t+k}(z)\,\mathrm{d}z$$

$$\therefore \frac{\partial N_{t+k}}{\partial W_{t}^{new}(z)}=\frac{\partial N_{t+k}(z)}{\partial W_{t}^{new}(z)}=\left(-\frac{1+\lambda_{t}^{w}}{\lambda_{t}^{w}}\right)\left(\prod_{s=0}^{k}\pi_{t+s-1}^{\gamma_{w}}\right)\frac{N_{t+k}(z)}{W_{t+k}(z)}$$

第七，我们令式（2A.5）为 L，并针对式（2A.5）关于新谈判工资求导

$$\frac{\partial L}{\partial W_{t}^{new}(z)}=E_{t}\sum_{k=0}^{\infty}(\beta\lambda_{w})^{k}\left[\varepsilon_{t+k}^{c}\frac{\partial \Omega_{t+k}}{\partial W_{t}^{new}(z)}-\varepsilon_{t+k}^{n}N_{t+k}{}^{\varphi}\frac{\partial N_{t+k}}{\partial W_{t}^{new}(z)}\right]=0$$

$\Rightarrow$

$$E_{t}\sum_{k=0}^{\infty}(\beta\lambda_{w})^{k}\left(-\frac{1}{\lambda_{t}^{w}}\right)\left(\prod_{s=0}^{k}\pi_{t+s-1}^{\gamma_{w}}\right)\frac{N_{t+k}(z)}{W_{t+k}(z)}\{\varepsilon_{t+k}^{c}[(1-\lambda)(C_{t+k}^{o}-hC_{t+k-1}^{o})^{-\sigma_{c}}+$$

$$\lambda(C_{t+k}^{r}-hC_{t+k-1}^{r})^{-\sigma_{c}}]\frac{W_{t+k}(z)}{P_{t+k}}-\varepsilon_{t+k}^{n}(1+\lambda_{t}^{w})N_{t+k}{}^{\varphi}\}=0$$

$\Rightarrow$

$$E_t \sum_{k=0}^{\infty} (\beta\lambda_w)^k \left(-\frac{1}{\lambda_t^w}\right) \left(\prod_{s=0}^{k} \pi_{t+s-1}^{\gamma_w}\right) \frac{N_{t+k}(z)}{W_{t+k}(z)} \left[\varepsilon_{t+k}^c \psi_{t+k}^a \frac{W_{t+k}(z)}{P_{t+k}} - \varepsilon_{t+k}^n (1+\lambda_t^w) N_{t+k}{}^{\varphi}\right] = 0$$

其中，我们令

$$\psi_{t+k}^a \equiv (1-\lambda)(C_{t+k}^o - hC_{t+k-1}^o)^{-\sigma_c} + \lambda(C_{t+k}^r - hC_{t+k-1}^r)^{-\sigma_c}$$

稳态分别为

$$\psi^a \frac{W}{P} = (1+\lambda^w) N^{\varphi},\ \psi^a \equiv (1-h)^{-\sigma_c}[(1-\lambda)(C^o)^{-\sigma_c} + \lambda(C^r)^{-\sigma_c}]$$

上式还可写成

$$E_t \sum_{k=0}^{\infty} (\beta\lambda_w)^k \left(-\frac{1}{\lambda_t^w}\right) \left(\prod_{s=0}^{k} \pi_{t+s-1}^{\gamma_w}\right) \frac{N_{t+k}(z)}{W_{t+k}(z)}$$

$$\left[\varepsilon_{t+k}^c \psi_{t+k}^a \left(\prod_{s=0}^{k} \pi_{t+s-1}^{\gamma_w}\right) \frac{W_t^{\text{new}}(z)}{P_{t+k}} - \varepsilon_{t+k}^n (1+\lambda_{t+k}^w) N_{t+k}^{\varphi}\right] = 0$$

对数线性化该式

$$E_t \sum_{k=0}^{\infty} (\beta\lambda_w)^k [\hat{\varepsilon}_{t+k}^c + \hat{\psi}_{t+k}^a + \gamma_w(\hat{P}_{t+k-1} - \hat{P}_{t-1}) + \hat{W}_t^{\text{new}}(z) - \hat{P}_{t+k}]$$

$$= E_t \sum_{k=0}^{\infty} (\beta\lambda_w)^k \left(\hat{\varepsilon}_{t+k}^n + \frac{\lambda^w}{1+\lambda^w}\hat{\lambda}_{t+k}^w + \varphi\hat{n}_{t+k}\right)$$

$$E_t \sum_{k=0}^{\infty} (\beta\lambda_w)^k [\hat{\varepsilon}_{t+k}^c + \hat{\psi}_{t+k}^a + (\gamma_w\hat{P}_{t+k-1} - \hat{P}_{t+k}) + \hat{W}_t^{\text{new}}(z) - \gamma_w\hat{P}_{t-1}]$$

$$= E_t \sum_{k=0}^{\infty} (\beta\lambda_w)^k \left(\hat{\varepsilon}_{t+k}^n + \frac{\lambda^w}{1+\lambda^w}\hat{\lambda}_{t+k}^w + \varphi\hat{n}_{t+k}\right)$$

$$E_t \sum_{k=0}^{\infty} (\beta\lambda_w)^k [\hat{W}_t^{\text{new}}(z) - \gamma_w\hat{P}_{t-1}]$$

$$= E_t \sum_{k=0}^{\infty} (\beta\lambda_w)^k$$

$$\left[\varphi\hat{n}_{t+k} - \hat{\psi}_{t+k}^a - (\gamma_w\hat{P}_{t+k-1} - \hat{P}_{t+k}) + \hat{\varepsilon}_{t+k}^n - \hat{\varepsilon}_{t+k}^c + \frac{\lambda^w}{1+\lambda^w}\hat{\lambda}_{t+k}^w\right]$$

$$[\hat{W}_t^{\text{new}}(z) - \gamma_w\hat{P}_{t-1}] E_t \sum_{k=0}^{\infty} (\beta\lambda_w)^k$$

$$= E_t \sum_{k=0}^{\infty} (\beta\lambda_w)^k$$

$$\left[\varphi\hat{n}_{t+k} - \hat{\psi}_{t+k}^a - (\gamma_w\hat{P}_{t+k-1} - \hat{P}_{t+k}) + \hat{\varepsilon}_{t+k}^n - \hat{\varepsilon}_{t+k}^c + \frac{\lambda^w}{1+\lambda^w}\hat{\lambda}_{t+k}^w\right]$$

$$[\hat{W}_t^{new}(z) - \gamma_w \hat{P}_{t-1}][1 + \beta\lambda_w + (\beta\lambda_w)^2 + \cdots]$$

$$= E_t \sum_{k=0}^{\infty} (\beta\lambda_w)^k$$

$$\left[\varphi \hat{n}_{t+k} - \hat{\psi}_{t+k}^a - (\gamma_w \hat{P}_{t+k-1} - \hat{P}_{t+k}) + \hat{\varepsilon}_{t+k}^n - \hat{\varepsilon}_{t+k}^c + \frac{\lambda^w}{1+\lambda^w}\hat{\lambda}_{t+k}^w\right]$$

$$\hat{W}_t^{new}(z) - \gamma_w \hat{P}_{t-1} = [1 + \beta\lambda_w + (\beta\lambda_w)^2 + \cdots]^{-1} E_t \sum_{k=0}^{\infty} (\beta\lambda_w)^k$$

$$\left[\varphi \hat{n}_{t+k} - \hat{\psi}_{t+k}^a - (\gamma_w \hat{P}_{t+k-1} - \hat{P}_{t+k}) + \hat{\varepsilon}_{t+k}^n - \hat{\varepsilon}_{t+k}^c + \frac{\lambda^w}{1+\lambda^w}\hat{\lambda}_{t+k}^w\right]$$

$$\hat{W}_t^{new}(z) - \gamma_w \hat{P}_{t-1} = (1 - \beta\lambda_w) E_t \sum_{k=0}^{\infty} (\beta\lambda_w)^k$$

$$\left[\varphi \hat{n}_{t+k} - \hat{\psi}_{t+k}^a - (\gamma_w \hat{P}_{t+k-1} - \hat{P}_{t+k}) + \hat{\varepsilon}_{t+k}^n - \hat{\varepsilon}_{t+k}^c + \frac{\lambda^w}{1+\lambda^w}\hat{\lambda}_{t+k}^w\right]$$

改写递归形式

$$\hat{W}_t^{new}(z) - \gamma_w \hat{P}_{t-1} = (1 - \beta\lambda_w)$$

$$\left[\varphi \hat{n}_t - \hat{\psi}_t^a - (\gamma_w \hat{P}_{t-1} - \hat{P}_t) + \hat{\varepsilon}_t^n - \hat{\varepsilon}_t^c + \frac{\lambda^w}{1+\lambda^w}\hat{\lambda}_t^w\right] +$$

$$(1 - \beta\lambda_w) E_t \sum_{k=1}^{\infty} (\beta\lambda_w)^k$$

$$\left[\varphi \hat{n}_{t+k} - \hat{\psi}_{t+k}^a - (\gamma_w \hat{P}_{t+k-1} - \hat{P}_{t+k}) + \hat{\varepsilon}_{t+k}^n - \hat{\varepsilon}_{t+k}^c + \frac{\lambda^w}{1+\lambda^w}\hat{\lambda}_{t+k}^w\right]$$

$$\hat{W}_t^{new}(z) - \gamma_w \hat{P}_{t-1} = (1 - \beta\lambda_w)$$

$$\left[\varphi \hat{n}_t - \hat{\psi}_t^a - (\gamma_w \hat{P}_{t-1} - \hat{P}_t) + \hat{\varepsilon}_t^n - \hat{\varepsilon}_t^c + \frac{\lambda^w}{1+\lambda^w}\hat{\lambda}_t^w\right] +$$

$$(1 - \beta\lambda_w) E_t \sum_{s=1}^{\infty} (\beta\lambda_w)^{s+1}$$

$$\left[\varphi \hat{n}_{t+s+1} - \hat{\psi}_{t+s+1}^a - (\gamma_w \hat{P}_{t+s} - \hat{P}_{t+s+1}) + \hat{\varepsilon}_{t+s+1}^n - \hat{\varepsilon}_{t+s+1}^c + \frac{\lambda^w}{1+\lambda^w}\hat{\lambda}_{t+s+1}^w\right]$$

$$\hat{W}_t^{new}(z) - \gamma_w \hat{P}_{t-1} = (1 - \beta\lambda_w)$$

$$\left[\varphi \hat{n}_t - \hat{\psi}_t^a - (\gamma_w \hat{P}_{t-1} - \hat{P}_t) + \hat{\varepsilon}_t^n - \hat{\varepsilon}_t^c + \frac{\lambda^w}{1+\lambda^w}\hat{\lambda}_t^w\right] +$$

$$(\beta\lambda_w)(1 - \beta\lambda_w) E_t \sum_{s=1}^{\infty} (\beta\lambda_w)^s$$

$$\left[\varphi\hat{n}_{t+s+1}-\hat{\psi}^{a}_{t+s+1}-(\gamma_{w}\hat{P}_{t+s}-\hat{P}_{t+s+1})+\hat{\varepsilon}^{n}_{t+s+1}-\hat{\varepsilon}^{c}_{t+s+1}+\frac{\lambda^{w}}{1+\lambda^{w}}\hat{\lambda}^{w}_{t+s+1}\right]$$

$$\hat{W}^{\text{new}}_{t}(z)-\gamma_{w}\hat{P}_{t-1}=(1-\beta\lambda_{w})$$

$$\left[\varphi\hat{n}_{t}-\hat{\psi}^{a}_{t}-(\gamma_{w}\hat{P}_{t-1}-\hat{P}_{t})+\hat{\varepsilon}^{n}_{t}-\hat{\varepsilon}^{c}_{t}+\frac{\lambda^{w}}{1+\lambda^{w}}\hat{\lambda}^{w}_{t}\right]+$$

$$(\beta\lambda_{w})\ [\hat{W}^{\text{new}}_{t+1}(z)-\hat{P}_{t}]$$

$$\hat{W}^{\text{new}}_{t}(z)-\gamma_{w}\hat{P}_{t-1}=(\beta\lambda_{w})\ [\hat{W}^{\text{new}}_{t+1}(z)-\hat{P}_{t}]+(1-\beta\lambda_{w})$$

$$\left[\varphi\hat{n}_{t}-\hat{\psi}^{a}_{t}-(\gamma_{w}\hat{P}_{t-1}-\hat{P}_{t})+\hat{\varepsilon}^{n}_{t}-\hat{\varepsilon}^{c}_{t}+\frac{\lambda^{w}}{1+\lambda^{w}}\hat{\lambda}^{w}_{t}\right]$$

利用实际工资定义，我们有

$$\hat{W}^{\text{new}}_{t}(z)=\hat{w}^{\text{new}}_{t}(z)+\hat{P}_{t}$$

将该式代入上式，我们得到

$$\hat{W}^{\text{new}}_{t}(z)-\gamma_{w}\hat{P}_{t-1}=(\beta\lambda_{w})\ [\hat{W}^{\text{new}}_{t+1}(z)-\hat{P}_{t}]+$$

$$(1-\beta\lambda_{w})\left[\varphi\hat{n}_{t}-\hat{\psi}^{a}_{t}-(\gamma_{w}\hat{P}_{t-1}-\hat{P}_{t})+\hat{\varepsilon}^{n}_{t}-\hat{\varepsilon}^{c}_{t}+\frac{\lambda^{w}}{1+\lambda^{w}}\hat{\lambda}^{w}_{t}\right]$$

$$\hat{w}^{\text{new}}_{t}(z)+\hat{P}_{t}-\gamma_{w}\hat{P}_{t-1}=(\beta\lambda_{w})\ [\hat{w}^{\text{new}}_{t+1}(z)+\hat{P}_{t+1}-\gamma_{w}\hat{P}_{t}]-$$

$$(1-\beta\lambda_{w})(\gamma_{w}\hat{P}_{t-1}-\hat{P}_{t})+(1-\beta\lambda_{w})\left(\varphi\hat{n}_{t}-\hat{\psi}^{a}_{t}+\hat{\varepsilon}^{n}_{t}-\hat{\varepsilon}^{c}_{t}+\frac{\lambda^{w}}{1+\lambda^{w}}\hat{\lambda}^{w}_{t}\right)$$

$$\hat{w}^{\text{new}}_{t}(z)=(\beta\lambda_{w})\ \hat{w}^{\text{new}}_{t+1}(z)+(\beta\lambda_{w})(\hat{\pi}_{t+1}-\gamma_{w}\hat{\pi}_{t})+$$

$$(1-\beta\lambda_{w})\left(\varphi\hat{n}_{t}-\hat{\psi}^{a}_{t}+\hat{\varepsilon}^{n}_{t}-\hat{\varepsilon}^{c}_{t}+\frac{\lambda^{w}}{1+\lambda^{w}}\hat{\lambda}^{w}_{t}\right)$$

$$\hat{w}^{\text{new}}_{t}(z)=(\beta\lambda_{w})\ \hat{w}^{\text{new}}_{t+1}(z)+(\beta\lambda_{w})\ \hat{\pi}_{t+1}-(\beta\lambda_{w}\gamma_{w})\ \hat{\pi}_{t}+$$

$$(1-\beta\lambda_{w})\left(\varphi\hat{n}_{t}-\hat{\psi}^{a}_{t}+\hat{\varepsilon}^{n}_{t}-\hat{\varepsilon}^{c}_{t}+\frac{\lambda^{w}}{1+\lambda^{w}}\hat{\lambda}^{w}_{t}\right)\qquad(2A.12)$$

在经济中，总的工资指数 W_t 为

$$W_{t}=\{(1-\lambda_{w})\ [W^{\text{new}}_{t}(z)]^{-\frac{1}{\lambda^{w}_{t}}}+\lambda_{w}(\pi^{\gamma_{w}}_{t-1}W_{t-1})^{-\frac{1}{\lambda^{w}_{t}}}\}^{-\lambda^{w}_{t}}$$

线性化上式，等式两边同除 P_t，我们得到总实际工资 w_t 的表达式为

$$w_{t}=\{(1-\lambda_{w})\ [w^{\text{new}}_{t}(z)]^{-\frac{1}{\lambda^{w}_{t}}}+\lambda_{w}(\pi^{-1}_{t}\pi^{\gamma_{w}}_{t-1}w_{t-1})^{-\frac{1}{\lambda^{w}_{t}}}\}^{-\lambda^{w}_{t}}$$

该式的线性化形式为

$$\hat{w}^{\text{new}}_{t}(z)=\frac{1}{1-\lambda_{w}}\hat{w}_{t}-\frac{\lambda_{w}}{1-\lambda_{w}}\hat{w}_{t-1}+\frac{\lambda_{w}}{1-\lambda_{w}}\hat{\pi}_{t}-\frac{\lambda_{w}\gamma_{w}}{1-\lambda_{w}}\hat{\pi}_{t-1}\qquad(2A.13)$$

将式（2A.13）代入式（2A.12），我们得到

$$\frac{1}{1-\lambda_w}\hat{w}_t - \frac{\lambda_w}{1-\lambda_w}\hat{w}_{t-1} + \frac{\lambda_w}{1-\lambda_w}\hat{\pi}_t - \frac{\lambda_w\gamma_w}{1-\lambda_w}\hat{\pi}_{t-1}$$

$$= \frac{\beta\lambda_w}{1-\lambda_w}\hat{w}_{t+1} - \frac{\beta\lambda_w^2}{1-\lambda_w}\hat{w}_t + \frac{\beta\lambda_w^2}{1-\lambda_w}\hat{\pi}_{t+1} - \frac{\beta\lambda_w^2\gamma_w}{1-\lambda_w}\hat{\pi}_t + (\beta\lambda_w)\hat{\pi}_{t+1} -$$

$$(\beta\lambda_w\gamma_w)\hat{\pi}_t + (1-\beta\lambda_w)\left(\varphi\hat{n}_t - \hat{\psi}_t^a + \hat{\varepsilon}_t^n - \hat{\varepsilon}_t^c + \frac{\lambda^w}{1+\lambda^w}\hat{\lambda}_t^w\right)$$

整理后得到

$$\frac{1+\beta\lambda_w^2}{1-\lambda_w}\hat{w}_t = \frac{\beta\lambda_w}{1-\lambda_w}\hat{w}_{t+1} + \frac{\lambda_w}{1-\lambda_w}\hat{w}_{t-1} + \frac{\beta\lambda_w}{1-\lambda_w}\hat{\pi}_{t+1} - \frac{(1+\beta\gamma_w)\lambda_w}{1-\lambda_w}\hat{\pi}_t +$$

$$\frac{\gamma_w\lambda_w}{1-\lambda_w}\hat{\pi}_{t-1} + (1-\beta\lambda_w)\left(\varphi\hat{n}_t - \hat{\psi}_t^a + \hat{\varepsilon}_t^n - \hat{\varepsilon}_t^c + \frac{\lambda^w}{1+\lambda^w}\hat{\lambda}_t^w\right)$$

$$\hat{w}_t = \frac{\beta\lambda_w}{1+\beta\lambda_w^2}\hat{w}_{t+1} + \frac{\lambda_w}{1+\beta\lambda_w^2}\hat{w}_{t-1} + \frac{\beta\lambda_w}{1+\beta\lambda_w^2}\hat{\pi}_{t+1} - \frac{(1+\beta\gamma_w)\lambda_w}{1+\beta\lambda_w^2}\hat{\pi}_t +$$

$$\frac{\gamma_w\lambda_w}{1+\beta\lambda_w^2}\hat{\pi}_{t-1} + \frac{(1-\lambda_w)(1-\beta\lambda_w)}{1+\beta\lambda_w^2}\left(\varphi\hat{n}_t - \hat{\psi}_t^a + \hat{\varepsilon}_t^n - \hat{\varepsilon}_t^c + \frac{\lambda^w}{1+\lambda^w}\hat{\lambda}_t^w\right)$$

$$\hat{w}_t = \frac{\beta}{\kappa_w}\hat{w}_{t+1} + \frac{1}{\kappa_w}\hat{w}_{t-1} + \frac{\beta}{\kappa_w}\hat{\pi}_{t+1} - \frac{1+\beta\gamma_w}{\kappa_w}\hat{\pi}_t + \frac{\gamma_w}{\kappa_w}\hat{\pi}_{t-1} +$$

$$\frac{(1-\lambda_w)(1-\beta\lambda_w)}{\lambda_w\kappa_w}\left(\varphi\hat{n}_t - \hat{\psi}_t^a + \hat{\varepsilon}_t^n - \hat{\varepsilon}_t^c + \frac{\lambda^w}{1+\lambda^w}\hat{\lambda}_t^w\right)$$

其中，$\kappa_w \equiv \dfrac{1+\beta\lambda_w^2}{\lambda_w}$。

三、工资方程推导 2

$$\hat{w}_t = \frac{\beta}{\kappa_w}\hat{w}_{t+1} + \frac{1}{\kappa_w}\hat{w}_{t-1} + \frac{\beta}{\kappa_w}\hat{\pi}_{t+1} - \frac{1+\beta\gamma_w}{\kappa_w}\hat{\pi}_t + \frac{\gamma_w}{\kappa_w}\hat{\pi}_{t-1} +$$

$$\frac{(1-\lambda_w)(1-\beta\lambda_w)}{\lambda_w\kappa_w}\left(\varphi\hat{n}_t - \hat{\psi}_t^a + \hat{\varepsilon}_t^n - \hat{\varepsilon}_t^c + \frac{\lambda^w}{1+\lambda^w}\hat{\lambda}_t^w\right)$$

其中

$$\psi_t^a \equiv (1-\lambda)(C_t^o - hC_{t-1}^o)^{-\sigma_c} + \lambda(C_t^r - hC_{t-1}^r)^{-\sigma_c}$$

其稳态为

$$\psi^a \equiv (1-h)^{-\sigma_c}[(1-\lambda)(C^o)^{-\sigma_c} + \lambda(C^r)^{-\sigma_c}]$$

令 $\zeta_t^o = (C_t^o - hC_{t-1}^o)^{-\sigma_c}$，$\zeta_t^r = (C_t^r - hC_{t-1}^r)^{-\sigma_c}$，则有

$$\psi_t^a \equiv (1-\lambda)\zeta_t^o + \lambda\zeta_t^r$$

其稳态为

$$\psi^a \equiv (1-\lambda)\zeta^o + \lambda\zeta^r$$

$$\zeta^o = (C^o - hC^o)^{-\sigma_c} = (1-h)^{-\sigma_c}(C^o)^{-\sigma_c}$$

$$\zeta^r = (C^r - hC^r)^{-\sigma_c} = (1-h)^{-\sigma_c}(C^r)^{-\sigma_c}$$

线性化 $\psi_t^a \equiv (1-\lambda)\zeta_t^o + \lambda\zeta_t^r$，则有

$$\psi^a e^{\hat{\psi}_t^a} \equiv (1-\lambda)\zeta^o e^{\hat{\zeta}_t^o} + \lambda\zeta^r e^{\hat{\zeta}_t^r}$$

$$\psi^a(1+\hat{\psi}_t^a) = (1-\lambda)\zeta^o(1+\hat{\zeta}_t^o) + \lambda\zeta^r(1+\hat{\zeta}_t^r)$$

$$\psi^a + \psi^a\hat{\psi}_t^a = (1-\lambda)\zeta^o + (1-\lambda)\zeta^o\hat{\zeta}_t^o + \lambda\zeta^r + \lambda\zeta^r\hat{\zeta}_t^r$$

$$\psi^a\hat{\psi}_t^a = (1-\lambda)\zeta^o\hat{\zeta}_t^o + \lambda\zeta^r\hat{\zeta}_t^r$$

$$\hat{\psi}_t^a = \frac{(1-\lambda)\zeta^o}{(1-\lambda)\zeta^o + \lambda\zeta^r}\hat{\zeta}_t^o + \frac{\lambda\zeta^r}{(1-\lambda)\zeta^o + \lambda\zeta^r}\hat{\zeta}_t^r$$

又因 $\hat{\zeta}_t^o = -\frac{\sigma_c}{1-h}(\hat{c}_t^o - h\hat{c}_{t-1}^o)$，$\hat{\zeta}_t^r = -\frac{\sigma_c}{1-h}(\hat{c}_t^r - h\hat{c}_{t-1}^r)$，则有

$$\begin{aligned}
\hat{\psi}_t^a &= -\frac{(1-\lambda)\zeta^o}{(1-\lambda)\zeta^o + \lambda\zeta^r}\frac{\sigma_c}{1-h}(\hat{c}_t^o - h\hat{c}_{t-1}^o) - \\
&\quad \frac{\lambda\zeta^r}{(1-\lambda)\zeta^o + \lambda\zeta^r}\frac{\sigma_c}{1-h}(\hat{c}_t^r - h\hat{c}_{t-1}^r) \\
&= -\frac{\sigma_c(1-\lambda)(C^o)^{-\sigma_c}}{(1-h)[(1-\lambda)(C^o)^{-\sigma_c} + \lambda(C^r)^{-\sigma_c}]}(\hat{c}_t^o - h\hat{c}_{t-1}^o) - \\
&\quad \frac{\sigma_c\lambda(C^r)^{-\sigma_c}}{(1-h)[(1-\lambda)(C^o)^{-\sigma_c} + \lambda(C^r)^{-\sigma_c}]}(\hat{c}_t^r - h\hat{c}_{t-1}^r) \\
&= -\frac{\sigma_c S^o}{(1-h)(S^o + S^r)}(\hat{c}_t^o - h\hat{c}_{t-1}^o) - \frac{\sigma_c S^r}{(1-h)(S^o + S^r)}(\hat{c}_t^r - h\hat{c}_{t-1}^r) \\
&= -\frac{\sigma_c}{(1-h)(S^o + S^r)}[S^o(\hat{c}_t^o - h\hat{c}_{t-1}^o) + S^r(\hat{c}_t^r - h\hat{c}_{t-1}^r)]
\end{aligned}$$

其中，$S^o \equiv (1-\lambda)(C^o)^{-\sigma_c}$，$S^r \equiv \lambda(C^r)^{-\sigma_c}$。将该式代入实际工资方程，我们得到

$$\hat{w}_t = \frac{\beta}{\kappa_w}\hat{w}_{t+1} + \frac{1}{\kappa_w}\hat{w}_{t-1} + \frac{\beta}{\kappa_w}\hat{\pi}_{t+1} - \frac{1+\beta\gamma_w}{\kappa_w}\hat{\pi}_t + \frac{\gamma_w}{\kappa_w}\hat{\pi}_{t-1} +$$

$$\frac{(1-\lambda_w)(1-\beta\lambda_w)}{\lambda_w\kappa_w}\left\{\varphi\hat{n}_t + \frac{\sigma_c}{(1-h)(S^o + S^r)}\left[S^o(\hat{c}_t^o - h\hat{c}_{t-1}^o) + \right.\right.$$

$$S^r(\hat{c}_t^r - h\hat{c}_{t-1}^r)\ ] + \hat{\varepsilon}_t^n - \hat{\varepsilon}_t^c + \frac{\lambda^w}{1+\lambda^w}\hat{\lambda}_t^w \}$$

利用 $S^o \equiv (1-\lambda)(C^o)^{-\sigma_c}$，$S^r \equiv \lambda(C^r)^{-\sigma_c}$，我们将上面两稳态合并为

$$N = \left[\frac{(1-h)^{-\sigma_c}(S^o + S^r)w}{1+\lambda^w}\right]^{1/\varphi}$$

四、菲利普斯曲线推导

重新定价企业选择 P_t^{new} 是为了使得其下列利润最大化

$$\underset{\{P_t^{\text{new}}\}}{\text{Max}}\, E_t \sum_{k=0}^{\infty}(\beta\lambda_p)^k\left(\frac{\lambda_{t+k}^o}{\lambda_t^o}\right)\left\{\left[\left(\prod_{s=0}^{k}\pi_{t+s-1}^{\gamma_p}\right)\frac{P_t^{\text{new}}}{P_{t+k}} - \text{MC}_{t+k}\right]Y_{t+k}(j)\right\} \tag{2A.14}$$

并服从其产品的需求函数

$$Y_{t+k}(j) = \left[\frac{P_{t+k}(j)}{P_{t+k}}\right]^{-\frac{1+\lambda_{t+k}^p}{\lambda_{t+k}^p}} Y_{t+k} \tag{2A.15}$$

$$P_{t+k}(j) = \pi_{t+k-1}^{\gamma_p}P_{t+k-1}(j) = \cdots = \left(\prod_{s=0}^{k}\pi_{t+s-1}^{\gamma_p}\right)P_t^{\text{new}} \tag{2A.16}$$

首先，针对式（2A.16）关于新设定的价格求导

$$\frac{\partial P_{t+k}(j)}{\partial P_t^{\text{new}}} = \prod_{s=0}^{k}\pi_{t+s-1}^{\gamma_p}$$

其次，针对式（2A.15）关于新设定的价格求导

$$\begin{aligned}
\frac{\partial Y_{t+k}(j)}{\partial P_t^{\text{new}}} &= \left(-\frac{1+\lambda_{t+k}^p}{\lambda_{t+k}^p}\right)\left[\frac{P_{t+k}(j)}{P_{t+k}}\right]^{-\frac{1+\lambda_{t+k}^p}{\lambda_{t+k}^p}-1}\frac{1}{P_{t+k}}\frac{\partial P_{t+k}(j)}{\partial P_t^{\text{new}}}Y_{t+k} \\
&= \left(-\frac{1+\lambda_{t+k}^p}{\lambda_{t+k}^p}\right)\left[\frac{P_{t+k}(j)}{P_{t+k}}\right]^{-\frac{1+\lambda_{t+k}^p}{\lambda_{t+k}^p}}\frac{1}{P_{t+k}(j)}\frac{\partial P_{t+k}(j)}{\partial P_t^{\text{new}}}Y_{t+k} \\
&= \left(-\frac{1+\lambda_{t+k}^p}{\lambda_{t+k}^p}\right)\left[\frac{P_{t+k}(j)}{P_{t+k}}\right]^{-\frac{1+\lambda_{t+k}^p}{\lambda_{t+k}^p}}\frac{1}{P_{t+k}(j)}\left(\prod_{s=0}^{k}\pi_{t+s-1}^{\gamma_p}\right)Y_{t+k} \\
&= \left(-\frac{1+\lambda_{t+k}^p}{\lambda_{t+k}^p}\right)\left(\prod_{s=0}^{k}\pi_{t+s-1}^{\gamma_p}\right)\left[\frac{P_{t+k}(j)}{P_{t+k}}\right]^{-\frac{1+\lambda_{t+k}^p}{\lambda_{t+k}^p}}Y_{t+k}\frac{1}{P_{t+k}(j)}
\end{aligned}$$

$$= \left(- \frac{1 + \lambda_{t+k}^{p}}{\lambda_{t+k}^{p}} \right) \left(\prod_{s=0}^{k} \pi_{t+s-1}^{\gamma_p} \right) \frac{Y_{t+k}(j)}{P_{t+k}(j)}$$

再次，我们令式（2A.14）式为 L，并针对式（2A.14）关于新设定的价格求导

$$\frac{\partial L}{\partial P_t^{\text{new}}} = E_t \sum_{k=0}^{\infty} (\beta\lambda_p)^k \left\{ \left[\left(\prod_{s=0}^{k} \pi_{t+s-1}^{\gamma_p} \right) \frac{P_t^{\text{new}}}{P_{t+k}} - \text{MC}_{t+k} \right] \left(- \frac{1 + \lambda_{t+k}^{p}}{\lambda_{t+k}^{p}} \right) \right.$$
$$\left. \left(\prod_{s=0}^{k} \pi_{t+s-1}^{\gamma_p} \right) \frac{Y_{t+k}(j)}{P_{t+k}(j)} + \left(\prod_{s=0}^{k} \pi_{t+s-1}^{\gamma_p} \right) \frac{Y_{t+k}(j)}{P_{t+k}} \right\}$$
$$= E_t \sum_{k=0}^{\infty} (\beta\lambda_p)^k \left\{ \left[\left(\prod_{s=0}^{k} \pi_{t+s-1}^{\gamma_p} \right) \frac{P_t^{\text{new}}}{P_{t+k}} - \text{MC}_{t+k} \right] \right.$$
$$\left. \left(- \frac{1 + \lambda_{t+k}^{p}}{\lambda_{t+k}^{p}} \right) \frac{Y_{t+k}(j)}{P_t^{\text{new}}} + \left(\prod_{s=0}^{k} \pi_{t+s-1}^{\gamma_p} \right) \frac{Y_{t+k}(j)}{P_{t+k}} \right\}$$
$$= E_t \sum_{k=0}^{\infty} (\beta\lambda_p)^k \left[\left(\prod_{s=0}^{k} \pi_{t+s-1}^{\gamma_p} \right) \left(- \frac{1 + \lambda_{t+k}^{p}}{\lambda_{t+k}^{p}} \right) \frac{Y_{t+k}(j)}{P_{t+k}} - \right.$$
$$\left. \text{MC}_{t+k} \left(- \frac{1 + \lambda_{t+k}^{p}}{\lambda_{t+k}^{p}} \right) \frac{Y_{t+k}(j)}{P_t^{\text{new}}} + \left(\prod_{s=0}^{k} \pi_{t+s-1}^{\gamma_p} \right) \frac{Y_{t+k}(j)}{P_{t+k}} \right]$$
$$= E_t \sum_{k=0}^{\infty} (\beta\lambda_p)^k \left[\left(\prod_{s=0}^{k} \pi_{t+s-1}^{\gamma_p} \right) \left(1 - \frac{1 + \lambda_{t+k}^{p}}{\lambda_{t+k}^{p}} \right) \frac{Y_{t+k}(j)}{P_{t+k}} - \right.$$
$$\left. \text{MC}_{t+k} \left(- \frac{1 + \lambda_{t+k}^{p}}{\lambda_{t+k}^{p}} \right) \frac{Y_{t+k}(j)}{P_t^{\text{new}}} \right]$$
$$= E_t \sum_{k=0}^{\infty} (\beta\lambda_p)^k \left[\left(\prod_{s=0}^{k} \pi_{t+s-1}^{\gamma_p} \right) \left(- \frac{1}{\lambda_{t+k}^{p}} \right) \frac{Y_{t+k}(j)}{P_{t+k}} - \right.$$
$$\left. \text{MC}_{t+k} \left(- \frac{1 + \lambda_{t+k}^{p}}{\lambda_{t+k}^{p}} \right) \frac{Y_{t+k}(j)}{P_t^{\text{new}}} \right]$$
$$= E_t \sum_{k=0}^{\infty} (\beta\lambda_p)^k \left(- \frac{1}{\lambda_{t+k}^{p}} \right) \frac{Y_{t+k}(j)}{P_{t+k}} \frac{1}{P_t^{\text{new}}} \left[\left(\prod_{s=0}^{k} \pi_{t+s-1}^{\gamma_p} \right) P_t^{\text{new}} - \right.$$
$$\left. (1 + \lambda_{t+k}^{p}) P_{t+k} \text{MC}_{t+k} \right] = 0$$

最后，我们得到如下一阶条件

$$P_t^{\text{new}} = \frac{E_t \sum_{k=0}^{\infty} (\beta\lambda_p)^k \left[\left(- \frac{1 + \lambda_{t+k}^{p}}{\lambda_{t+k}^{p}} \right) \text{MC}_{t+k} Y_{t+k}(j) \right]}{E_t \sum_{k=0}^{\infty} (\beta\lambda_p)^k \left[\left(- \frac{1}{\lambda_{t+k}^{p}} \right) \left(\prod_{s=0}^{k} \pi_{t+s-1}^{\gamma_p} \right) \frac{Y_{t+k}(j)}{P_{t+k}} \right]}$$

上式对于稳态为

$$MC = 1/(1+\lambda^p)$$

围绕上述稳态线性化

$$E_t \sum_{k=0}^{\infty} (\beta\lambda_p)^k [\gamma_p(\hat{P}_{t+k-1} - \hat{P}_{t-1}) + \hat{P}_t^{new}]$$
$$= E_t \sum_{k=0}^{\infty} (\beta\lambda_p)^k \left(\hat{mc}_{t+k} + \hat{P}_{t+k} + \frac{\lambda^p}{1+\lambda^p}\hat{\lambda}_{t+k}^p\right)$$

$$E_t \sum_{k=0}^{\infty} (\beta\lambda_p)^k (\hat{P}_t^{new} - \gamma_p \hat{P}_{t-1})$$
$$= E_t \sum_{k=0}^{\infty} (\beta\lambda_p)^k \left(\hat{mc}_{t+k} + \hat{P}_{t+k} - \gamma_p \hat{P}_{t+k-1} + \frac{\lambda^p}{1+\lambda^p}\hat{\lambda}_{t+k}^p\right)$$

$$(\hat{P}_t^{new} - \gamma_p \hat{P}_{t-1}) E_t \sum_{k=0}^{\infty} (\beta\lambda_p)^k = E_t \sum_{k=0}^{\infty} (\beta\lambda_p)^k$$
$$\left(\hat{mc}_{t+k} + \hat{P}_{t+k} - \gamma_p \hat{P}_{t+k-1} + \frac{\lambda^p}{1+\lambda^p}\hat{\lambda}_{t+k}^p\right)$$

$$(\hat{P}_t^{new} - \gamma_p \hat{P}_{t-1}) [1 + \beta\lambda_p + (\beta\lambda_p)^2 + \cdots]$$
$$= E_t \sum_{k=0}^{\infty} (\beta\lambda_p)^k \left(\hat{mc}_{t+k} + \hat{P}_{t+k} - \gamma_p \hat{P}_{t+k-1} + \frac{\lambda^p}{1+\lambda^p}\hat{\lambda}_{t+k}^p\right)$$

$$\hat{P}_t^{new} - \gamma_p \hat{P}_{t-1} = [1 + \beta\lambda_p + (\beta\lambda_p)^2 + \cdots]^{-1}$$
$$E_t \sum_{k=0}^{\infty} (\beta\lambda_p)^k \left(\hat{mc}_{t+k} + \hat{P}_{t+k} - \gamma_p \hat{P}_{t+k-1} + \frac{\lambda^p}{1+\lambda^p}\hat{\lambda}_{t+k}^p\right)$$

$$\hat{P}_t^{new} - \gamma_p \hat{P}_{t-1} = (1 - \beta\lambda_p) E_t \sum_{k=0}^{\infty} (\beta\lambda_p)^k$$
$$\left(\hat{mc}_{t+k} + \hat{P}_{t+k} - \gamma_p \hat{P}_{t+k-1} + \frac{\lambda^p}{1+\lambda^p}\hat{\lambda}_{t+k}^p\right)$$

改写递归形式

$$\hat{P}_t^{new} - \gamma_p \hat{P}_{t-1}$$
$$= (1 - \beta\lambda_p) E_t \sum_{k=0}^{\infty} (\beta\lambda_p)^k \left(\hat{mc}_{t+k} + \hat{P}_{t+k} - \gamma_p \hat{P}_{t+k-1} + \frac{\lambda^p}{1+\lambda^p}\hat{\lambda}_{t+k}^p\right)$$
$$= (1 - \beta\lambda_p) \left(\hat{mc}_t + \hat{P}_t - \gamma_p \hat{P}_{t-1} + \frac{\lambda^p}{1+\lambda^p}\hat{\lambda}_t^p\right) +$$
$$(1 - \beta\lambda_p) E_t \sum_{k=1}^{\infty} (\beta\lambda_p)^k \left(\hat{mc}_{t+k} + \hat{P}_{t+k} - \gamma_p \hat{P}_{t+k-1} + \frac{\lambda^p}{1+\lambda^p}\hat{\lambda}_{t+k}^p\right)$$

$$= (1-\beta\lambda_p)\left(\hat{\mathrm{mc}}_t + \hat{P}_t - \gamma_p \hat{P}_{t-1} + \frac{\lambda^p}{1+\lambda^p}\hat{\lambda}_t^p\right) +$$

$$(1-\beta\lambda_p) E_t \sum_{s=0}^{\infty} (\beta\lambda_p)^{s+1}\left(\hat{\mathrm{mc}}_{t+s+1} + \hat{P}_{t+k} - \gamma_p \hat{P}_{t+k-1} + \frac{\lambda^p}{1+\lambda^p}\hat{\lambda}_{t+s+1}^p\right)$$

$$= (1-\beta\lambda_p)\left(\hat{\mathrm{mc}}_t + \hat{P}_t - \gamma_p \hat{P}_{t-1} + \frac{\lambda^p}{1+\lambda^p}\hat{\lambda}_t^p\right) +$$

$$(\beta\lambda_p)(1-\beta\lambda_w) E_t \sum_{s=0}^{\infty} (\beta\lambda_p)^{s}\left(\hat{\mathrm{mc}}_{t+s+1} + \hat{P}_{t+s+1} - \gamma_p \hat{P}_{t+s} + \frac{\lambda^p}{1+\lambda^p}\hat{\lambda}_{t+s+1}^p\right)$$

$$= (1-\beta\lambda_p)\left(\hat{\mathrm{mc}}_t + \hat{P}_t - \gamma_p \hat{P}_{t-1} + \frac{\lambda^p}{1+\lambda^p}\hat{\lambda}_t^p\right) + (\beta\lambda_p)(\hat{P}_{t+1}^{\mathrm{new}} - \gamma_p \hat{P}_t)$$

即

$$\hat{P}_t^{\mathrm{new}} - \gamma_p \hat{P}_{t-1} = (\beta\lambda_p)(\hat{P}_{t+1}^{\mathrm{new}} - \gamma_p \hat{P}_t) +$$

$$(1-\beta\lambda_p)\left[\hat{\mathrm{mc}}_t + (\hat{P}_t - \gamma_p \hat{P}_{t-1}) + \frac{\lambda^p}{1+\lambda^p}\hat{\lambda}_t^p\right]$$

$$\hat{P}_t^{\mathrm{new}} = (\beta\lambda_p)\hat{P}_{t+1}^{\mathrm{new}} - (\beta\lambda_p)\gamma_p \hat{P}_t + \gamma_p \hat{P}_{t-1} +$$

$$(1-\beta\lambda_p)(\hat{P}_t - \gamma_p \hat{P}_{t-1}) + (1-\beta\lambda_p)\left(\hat{\mathrm{mc}}_t + \frac{\lambda^p}{1+\lambda^p}\hat{\lambda}_t^p\right)$$

整理后

$$\hat{P}_t^{\mathrm{new}} = (\beta\lambda_p)\hat{P}_{t+1}^{\mathrm{new}} + (1-\beta\lambda_p)\hat{P}_t - \beta\lambda_p\gamma_p\hat{\pi}_t +$$

$$(1-\beta\lambda_p)\left(\hat{\mathrm{mc}}_t + \frac{\lambda^p}{1+\lambda^p}\hat{\lambda}_t^p\right) \tag{2A.17}$$

在经济中，总价格指数 P_t 为

$$P_t = \left[(1-\lambda_p)(P_t^{\mathrm{new}})^{-\frac{1}{\lambda_t^p}} + \lambda_p(\pi_{t-1}^{\gamma_p} P_{t-1})^{-\frac{1}{\lambda_t^p}}\right]^{-\lambda_t^p}$$

对数线性化该式

$$\hat{P}_t^{\mathrm{new}} = \frac{1}{1-\lambda_p}\hat{P}_t - \frac{\lambda_p}{1-\lambda_p}\hat{P}_{t-1} - \frac{\lambda_p\gamma_p}{1-\lambda_p}\hat{\pi}_{t-1} \tag{2A.18}$$

将式（2A.18）代入式（2A.17），我们得到

$$\frac{1}{1-\lambda_p}\hat{P}_t - \frac{\lambda_p}{1-\lambda_p}\hat{P}_{t-1} - \frac{\lambda_p\gamma_p}{1-\lambda_p}\hat{\pi}_{t-1}$$

$$= \frac{\beta\lambda_p}{1-\lambda_p}\hat{P}_{t+1} - \frac{\beta\lambda_p^2}{1-\lambda_p}\hat{P}_t - \frac{\beta\lambda_p^2\gamma_p}{1-\lambda_p}\hat{\pi}_t + (1-\beta\lambda_p)\hat{P}_t -$$

$$\beta\lambda_p\gamma_p\hat{\pi}_t + (1-\beta\lambda_p)\left(\hat{\mathrm{mc}}_t + \frac{\lambda^p}{1+\lambda^p}\hat{\lambda}_t^p\right)$$

$\Rightarrow$

$$\frac{\beta\lambda_p+\lambda_p}{1-\lambda_p}\hat{P}_t=\frac{\beta\lambda_p}{1-\lambda_p}\hat{P}_{t+1}+\frac{\lambda_p}{1-\lambda_p}\hat{P}_{t-1}-\left(\frac{\beta\lambda_p^2\gamma_p}{1-\lambda_p}+\beta\lambda_p\gamma_p\right)\hat{\pi}_t+$$

$$\frac{\lambda_p\gamma_p}{1-\lambda_p}\hat{\pi}_{t-1}+(1-\beta\lambda_p)\left(\hat{\mathrm{mc}}_t+\frac{\lambda^p}{1+\lambda^p}\hat{\lambda}_t^p\right)$$

$\Rightarrow$

$$\frac{\lambda_p}{1-\lambda_p}\hat{\pi}_t=\frac{\beta\lambda_p}{1-\lambda_p}\hat{\pi}_{t+1}-\left(\frac{\beta\lambda_p^2\gamma_p}{1-\lambda_p}+\beta\lambda_p\gamma_p\right)\hat{\pi}_t+$$

$$\frac{\lambda_p\gamma_p}{1-\lambda_p}\hat{\pi}_{t-1}+(1-\beta\lambda_p)\left(\hat{\mathrm{mc}}_t+\frac{\lambda^p}{1+\lambda^p}\hat{\lambda}_t^p\right)$$

$\Rightarrow$

$$\frac{\lambda_p(1+\beta\gamma_p)}{1-\lambda_p}\hat{\pi}_t=\frac{\beta\lambda_p}{1-\lambda_p}\hat{\pi}_{t+1}+\frac{\lambda_p\gamma_p}{1-\lambda_p}\hat{\pi}_{t-1}+$$

$$(1-\beta\lambda_p)\left(\hat{\mathrm{mc}}_t+\frac{\lambda^p}{1+\lambda^p}\hat{\lambda}_t^p\right)$$

$\Rightarrow$

$$\hat{\pi}_t=\frac{\beta}{1+\beta\gamma_p}\hat{\pi}_{t+1}+\frac{\gamma_p}{1+\beta\gamma_p}\hat{\pi}_{t-1}+$$

$$\frac{(1-\lambda_p)(1-\beta\lambda_p)}{\lambda_p(1+\beta\gamma_p)}\left(\hat{\mathrm{mc}}_t+\frac{\lambda^p}{1+\lambda^p}\hat{\lambda}_t^p\right)$$

附录 2B 稳态方程

一

生产函数、劳动、资本比例与边际成本为

$$Y_t(j)=A_tK_t(j)^{\alpha}N_t(j)^{1-\alpha},\ \frac{K_t(j)}{N_t(j)}=\left(\frac{\alpha}{1-\alpha}\right)\left(\frac{w_t}{R_t^k}\right)$$

$$\mathrm{MC}_t=\alpha^{-\alpha}(1-\alpha)^{\alpha-1}(A_t)^{-1}(R_t^k)^{\alpha}(w_t)^{1-\alpha}$$

对应稳态为

$$Y=K^{\alpha}N^{1-\alpha},\ \frac{K}{N}=\left(\frac{\alpha}{1-\alpha}\right)\left(\frac{w}{R^k}\right),\ \mathrm{MC}=\alpha^{-\alpha}(1-\alpha)^{\alpha-1}(R^k)^{\alpha}(w)^{1-\alpha}$$

由于 $\mathrm{MC}=\alpha^{-\alpha}(1-\alpha)^{\alpha-1}(R^k)^{\alpha}(w)^{1-\alpha}$，我们有

$$w=\{\mathrm{MC}/[\alpha^{-\alpha}(1-\alpha)^{\alpha-1}(R^k)^{\alpha}]\}^{1/1-\alpha}$$

将上述三式合并，我们有

$$Y=K^{\alpha}N^{1-\alpha}=\left(\frac{K}{N}\right)^{\alpha}N=\left(\frac{\alpha}{1-\alpha}\right)^{\alpha}\left(\frac{w}{R^k}\right)^{\alpha}N=\frac{wN}{(1-\alpha)\mathrm{MC}}$$

$$\Rightarrow\gamma_n=\frac{N}{Y}=\frac{(1-\alpha)\mathrm{MC}}{w}$$

二

总均衡条件有

$$Y_t=C_t+I_t+G_t,\ Y_t=w_tN_t+R_t^kK_t+D_t,\ D_t=(1-\mathrm{MC}_t\Delta_t)Y_t$$

对应稳态为

$$Y=C+I+G,\ Y=wN+R^kK+D,\ D=(1-\mathrm{MC})Y$$

可写为

$$1=\frac{C+I+G}{Y},\ 1=\frac{wN+R^kK+D}{Y}=\frac{wN+R^kK+(1-\mathrm{MC})Y}{Y}$$

由于 $\frac{C}{Y} \equiv \gamma_c$，$\frac{I}{Y} \equiv \gamma_i$，$\frac{G}{Y} \equiv \gamma_g$，$\frac{N}{Y} \equiv \gamma_n$ ，于是有

$$\gamma_c + \gamma_i + \gamma_g = w\gamma_n + \frac{1}{\delta}R^k\gamma_i + (1 - \mathrm{MC})$$

最终得到

$$\gamma_c = w\gamma_n - \gamma_g - \left(1 - \frac{1}{\delta}R^k\right)\gamma_i + (1 - \mathrm{MC})$$

由于 $\gamma_i = 1 - \gamma_g - \gamma_c$ ，则有

$$\gamma_c = w\gamma_n - \gamma_g - \left(1 - \frac{1}{\delta}R^k\right)(1 - \gamma_g - \gamma_c) + (1 - \mathrm{MC})$$

$$\Rightarrow \gamma_c = w\gamma_n - \gamma_g - \left(1 - \frac{1}{\delta}R^k\right) + \left(1 - \frac{1}{\delta}R^k\right)\gamma_g + \left(1 - \frac{1}{\delta}R^k\right)\gamma_c + (1 - \mathrm{MC})$$

$$\Rightarrow \frac{1}{\delta}R^k\gamma_c = w\gamma_n + \frac{1}{\delta}R^k - \frac{1}{\delta}R^k\gamma_g - \mathrm{MC}$$

$$\Rightarrow \gamma_c = 1 - \gamma_g + \frac{\delta}{R^k}(w\gamma_n - \mathrm{MC})$$

三

非李嘉图家庭预算约束为

$$\frac{C^r}{Y} = w\left(\frac{N}{Y}\right) - \left(\frac{T^r}{Y}\right)$$

李嘉图家庭预算约束为

$$C^o + I^o + \frac{1}{R}\frac{B^o}{P} = wN + R^kK^o + \frac{B^o}{P} + D^o - T^o$$

$$\Rightarrow C^o + I^o = wN + R^kK^o + D^o - T^o$$

$$\Rightarrow \frac{C^o + I^o}{Y} = \frac{wN + R^kK^o + D^o - T^o}{Y}$$

$$\Rightarrow \frac{C^o}{Y} + \frac{I}{(1-\lambda)Y} = \frac{wN}{Y} + \frac{R^kK}{(1-\lambda)Y} + \frac{D}{(1-\lambda)Y} - \frac{T^o}{Y}$$

$$\Rightarrow \frac{C^o}{Y} + \frac{1}{1-\lambda}\left(\frac{I}{Y}\right) = w\left(\frac{N}{Y}\right) + \frac{R^k}{\delta(1-\lambda)}\left(\frac{I}{Y}\right) + \frac{1}{1-\lambda}\left(\frac{D}{Y}\right) - \left(\frac{T^o}{Y}\right)$$

$$\Rightarrow \frac{C^o}{Y} = w\left(\frac{N}{Y}\right) + \left(\frac{R^k}{\delta} - 1\right)\frac{1}{1-\lambda}\left(\frac{I}{Y}\right) + \left(\frac{1-\text{MC}}{1-\lambda}\right) - \left(\frac{T^o}{Y}\right)$$

$$\Rightarrow \frac{C^o}{Y} = w\left(\frac{N}{Y}\right) + \left(\frac{R^k}{\delta} - 1\right)\frac{1}{1-\lambda}\gamma_i + \left(\frac{1-\text{MC}}{1-\lambda}\right) - \left(\frac{T^o}{Y}\right)$$

由于 $C = (1-\lambda)\ C^o + \lambda C^r$，$\gamma_c \equiv \frac{C}{Y}$，则有

$$\gamma_c = (1-\lambda)\left(\frac{C^o}{Y}\right) + \lambda\left(\frac{C^r}{Y}\right)$$

$$\Rightarrow \frac{C^o}{Y} = \left[\gamma_c - \lambda\left(\frac{C^r}{Y}\right)\right] \Big/ (1-\lambda)$$

由于 $T = \lambda T^r + (1-\lambda)\ T^o$，则有

$$\frac{T}{Y} = \lambda\left(\frac{T^r}{Y}\right) + (1-\lambda)\left(\frac{T^o}{Y}\right)$$

$$\Rightarrow \frac{T^o}{Y} = \left[\left(\frac{T}{Y}\right) - \lambda\left(\frac{T^r}{Y}\right)\right] \Big/ (1-\lambda)$$

将上述四个方程联立，以求解 $\frac{T}{Y}$，我们有

$$\begin{cases} \left(\frac{C^r}{Y}\right) = w\left(\frac{N}{Y}\right) - \left(\frac{T^r}{Y}\right) & (2\text{B}.1) \\ \left(\frac{C^o}{Y}\right) = w\left(\frac{N}{Y}\right) + \left(\frac{R^k}{\delta} - 1\right)\frac{1}{1-\lambda}\gamma_i + \left(\frac{1-\text{MC}}{1-\lambda}\right) - \left(\frac{T^o}{Y}\right) & (2\text{B}.2) \\ \gamma_c = (1-\lambda)\left(\frac{C^o}{Y}\right) + \lambda\left(\frac{C^r}{Y}\right) & (2\text{B}.3) \\ \left(\frac{T}{Y}\right) = (1-\lambda)\left(\frac{T^o}{Y}\right) + \lambda\left(\frac{T^r}{Y}\right) & (2\text{B}.4) \end{cases}$$

首先，式（2B.1）和式（2B.2）分别乘以 λ 和 $(1-\lambda)$ 后两式相加，并利用式（2B.3）和式（2B.4），我们得到

$$\left(\frac{T}{Y}\right) = w\left(\frac{N}{Y}\right) + \left(\frac{R^k}{\delta} - 1\right)\gamma_i + (1-\text{MC}) - \gamma_c$$

$$\Rightarrow \left(\frac{T}{Y}\right) = w\gamma_n + \left(\frac{R^k}{\delta} - 1\right)\gamma_i + (1-\text{MC}) - \gamma_c$$

如果 $\left(\frac{T^o}{T^r}\right)$ 已知，那么解下列方程

$$\begin{cases}\left(\dfrac{T^o}{Y}\right)=\left(\dfrac{T^r}{Y}\right)\times\left(\dfrac{T^o}{T^r}\right) & (2B.5)\\ \left(\dfrac{T}{Y}\right)=(1-\lambda)\left(\dfrac{T^o}{Y}\right)+\lambda\left(\dfrac{T^r}{Y}\right) & (2B.6)\end{cases}$$

我们得到

$$\begin{cases}\left(\dfrac{T^r}{Y}\right)=\left[(1-\lambda)\left(\dfrac{T^o}{T^r}\right)+\lambda\right]^{-1}\left(\dfrac{T}{Y}\right)\\ \left(\dfrac{T^o}{Y}\right)=(1-\lambda)^{-1}\left\{1-\lambda\left[(1-\lambda)\left(\dfrac{T^o}{T^r}\right)+\lambda\right]^{-1}\right\}\left(\dfrac{T}{Y}\right)\end{cases}$$

于是

$$\begin{cases}\left(\dfrac{C^r}{Y}\right)=w\gamma_n-\left(\dfrac{T^r}{Y}\right)\\ \left(\dfrac{C^o}{Y}\right)=w\gamma_n+\left(\dfrac{R^k}{\delta}-1\right)\dfrac{1}{1-\lambda}\gamma_i+\left(\dfrac{1-\mathrm{MC}}{1-\lambda}\right)-\left(\dfrac{T^o}{Y}\right)\end{cases}$$

四

由工资设定一阶条件，我们有

$$\psi^a w=(1+\lambda^w)N^{\varphi},\ \psi^a\equiv(1-h)^{-\sigma_c}[(1-\lambda)(C^o)^{-\sigma_c}+\lambda(C^r)^{-\sigma_c}]$$

即

$$N\equiv\{[(1-h)^{-\sigma_c}((1-\lambda)(C^o)^{-\sigma_c}+\lambda(C^r)^{-\sigma_c})w]/(1+\lambda^w)\}^{1/\varphi}$$

其中

$$C^o=\left(\frac{C^o}{Y}\right)Y,\ C^r=\left(\frac{C^r}{Y}\right)Y$$

并且

$$Y=\frac{wN}{(1-\alpha)\mathrm{MC}}$$

合并得到

$$C^o=\left(\frac{C^o}{Y}\right)\frac{wN}{(1-\alpha)\mathrm{MC}},\ C^r=\left(\frac{C^r}{Y}\right)\frac{wN}{(1-\alpha)\mathrm{MC}}$$

于是

$$
\begin{cases}
N = \left\{\left[\left(\dfrac{1-h}{(1-\alpha)\ \mathrm{MC}}\right)^{-\sigma_c}\left((1-\lambda)\left(\dfrac{C^o}{Y}\right)^{-\sigma_c}+\lambda\left(\dfrac{C^r}{Y}\right)^{-\sigma_c}\right)w^{1-\sigma_c}\right]\Big/(1+\lambda^w)\right\}^{1/\varphi+\sigma_c} \\
Y = \dfrac{w}{(1-\alpha)\ \mathrm{MC}}N
\end{cases}
$$

附录 3A　线性化方程

线性化方程如下。

（1）家庭部门的效用最大化的一阶条件

$$\hat{q}_t = \beta(1-\delta)E_t(\hat{q}_{t+1}) + [1-\beta(1-\delta)]E_t(\hat{r}^k_{t+1}) - [\hat{r}_t - E_t(\hat{\pi}_{t+1})] \tag{3A.1}$$

（2）家庭部门的效用最大化的一阶条件

$$\hat{i}_t = \left(\frac{\beta}{1+\beta}\right)E_t\hat{i}_{t+1} + \left(\frac{1}{1+\beta}\right)\hat{i}_{t-1} + \left(\frac{1}{1+\beta}\right)\left(\frac{1}{S''(1)}\right)(\hat{q}^k_t + \hat{\mu}^i_t) \tag{3A.2}$$

（3）资本演化方程

$$\hat{k}_t = (1-\delta)\hat{k}_{t-1} + \delta(\hat{i}_t + S''(1)\hat{\mu}^i_t) \tag{3A.3}$$

（4）李嘉图消费的欧拉方程

$$\hat{\lambda}^o_t = \frac{\sigma_c\beta h}{(1-h)(1-\beta h)}(E_t\hat{c}^o_{t+1} - h\hat{c}^o_t) - \frac{\sigma_c}{(1-h)(1-\beta h)}(\hat{c}^o_t - h\hat{c}^o_{t-1}) + \frac{1}{1-\beta h}(\hat{\mu}^c_t - \beta h E_t\hat{\mu}^c_{t+1}) \tag{3A.4}$$

（5）非李嘉图家庭的欧拉方程

$$\hat{\lambda}^r_t = \frac{\sigma_c\beta h}{(1-h)(1-\beta h)}(E_t\hat{c}^r_{t+1} - h\hat{c}^r_t) - \frac{\sigma_c}{(1-h)(1-\beta h)}(\hat{c}^r_t - h\hat{c}^r_{t-1}) + \frac{1}{1-\beta h}(\hat{\mu}^c_t - \beta h E_t\hat{\mu}^c_{t+1}) \tag{3A.5}$$

（6）总消费

$$\hat{c}_t = \lambda\hat{c}^r_t + (1-\lambda)\hat{c}^o_t \tag{3A.6}$$

（7）资本—劳动比例

$$\hat{k}_{t-1} - \hat{n}_t = \hat{w}_t - \hat{r}^k_t \tag{3A.7}$$

（8）生产函数

$$\hat{y}_t = \alpha\hat{k}_{t-1} + (1-\alpha)\hat{n}_t + \hat{a}_t \tag{3A.8}$$

（9）国内厂商的菲利普斯曲线

$$\hat{\pi}_{H,t} = \frac{(1-\lambda_p)(1-\lambda_p\beta)}{\lambda_p(1+\beta\gamma_p)}\hat{\mathrm{mc}}_t + \frac{\beta}{1+\beta\gamma_p}E_t(\hat{\pi}_{H,t+1}) + \frac{\gamma_p}{1+\beta\gamma_p}\hat{\pi}_{H,t-1} \tag{3A.9}$$

（10）边际成本

$$\hat{\mathrm{mc}}_t = \alpha\hat{r}_t^k + (1-\alpha)\hat{w}_t - \hat{a}_t + (1-\chi)\hat{s}_t \tag{3A.10}$$

（11）进口厂商的菲利普斯曲线

$$\hat{\pi}_{F,t} = \frac{(1-\lambda_F)(1-\lambda_F\beta)}{\lambda_F(1+\beta\gamma_F)}\hat{\psi}_{F,t} + \frac{\beta}{1+\beta\gamma_F}E_t\{\hat{\pi}_{F,t+1}\} + \frac{\gamma_F}{1+\beta\gamma_F}\hat{\pi}_{F,t-1} \tag{3A.11}$$

（12）总通货膨胀

$$\hat{\pi}_t = \chi\hat{\pi}_{H,t} + (1-\chi)\hat{\pi}_{F,t} \tag{3A. 12}$$

（13）国外净资产演化方程

$$\mathrm{nfa}_t = (1+\rho)\mathrm{nfa}_{t-1} + \hat{\mathrm{nx}}_t \tag{3A. 13}$$

（14）净出口

$$\hat{\mathrm{nx}}_t = \hat{y}_t - \gamma_c[(1-\chi)(\hat{s}_t + \hat{\psi}_{F,t}) + \hat{c}_t] - \hat{g}_t - \gamma_i\hat{i}_t \tag{3A. 14}$$

（15）贸易条件与通货膨胀关系

$$\hat{s}_t = \hat{s}_{t-1} + \hat{\pi}_{F,t} - \hat{\pi}_{H,t} \tag{3A. 15}$$

（16）无抵补利率条件

$$(\hat{r}_t - \hat{\pi}_{t+1}) - (\hat{r}_t^* - \pi_{t+1}^*) + \kappa \cdot \mathrm{nfa}_t - \varepsilon_t^{\varphi} = E_t\{\hat{\tilde{q}}_{t+1}\} - \hat{\tilde{q}}_t \tag{3A. 16}$$

（17）实际汇率

$$\hat{\tilde{q}}_t = \hat{\psi}_{F,t} + (1-\gamma)\hat{s}_t \tag{3A.17}$$

（18）总资源约束

$$\begin{aligned}\hat{y}_t = {} & \chi\gamma_c\hat{c}_t + \gamma_c(1-\chi)\hat{c}_t^* + \gamma_i\hat{i}_t + \hat{g}_t + \\ & \varepsilon\gamma_c(1-\chi)\hat{\psi}_{F,t} + \varepsilon\gamma_c(1-\chi)(1+\chi)\hat{s}_t\end{aligned} \tag{3A.18}$$

（19）工资方程

$$\hat{w}_t = \frac{(1-\lambda_w)(1-\lambda_w\beta)}{\lambda_w\kappa_w}(\varphi\hat{n}_t + \hat{c}_t) +$$

$$\frac{1}{\kappa_w}[\hat{w}_{t-1} - (\hat{\pi}_t - \gamma_w \hat{\pi}_{t-1})] + \frac{\beta}{\kappa_w}(\hat{\pi}_{t+1} - \gamma_w \hat{\pi}_t) + \frac{\beta}{\kappa_w}\hat{w}_{t+1} + \varepsilon_{w,\ t}$$

(3A.19)

（20）财政政策

$$\hat{b}_{t+1} = (1+\rho)\ [\hat{b}_t + \hat{g}_t - \hat{t}_t - \gamma_g(1-\chi)\ \hat{s}_t] \quad (3A.20)$$

（21）财政政策经验法则

$$\hat{t}_t = \phi_b \hat{b}_t + \phi_g \hat{g}_t \quad (3A.21)$$

（22）货币政策冲击

$$\hat{r}_t = \rho_r \hat{r}_{t-1} + (1-\rho_r)\ (\phi_\pi \hat{\pi}_t + \phi_y \hat{y}_t) + \varepsilon_t^r \quad (3A.22)$$

（23）财政政策冲击

$$\hat{g}_t = \rho_g \hat{g}_{t-1} + \varepsilon_t^g \quad (3A.23)$$

（24）技术冲击

$$\hat{a}_t = \rho_a \hat{a}_{t-1} + \varepsilon_t^a \quad (3A.24)$$

（25）国外利率冲击

$$\hat{r}_t^* = \rho_{r*} r_{t-1}^* + \varepsilon_t^{r*} \quad (3A.25)$$

（26）国外通货膨胀冲击

$$\hat{\pi}_t^* = \rho_{\pi*} \pi_{t-1}^* + \varepsilon_t^{\pi*} \quad (3A.26)$$

（27）国外消费冲击

$$\hat{c}_t^* = \rho_{c*} c_{t-1}^* + \varepsilon_t^{c*} \quad (3A.27)$$

附录 3B 方程推导

一、李嘉图家庭效用最大化一阶条件推导

$$\mathrm{Max}E_0\sum_{t=0}^{\infty}\beta^t\left[\mu_t^c\frac{(C_t(i)-hC_{t-1}(i))^{1-\sigma_c}}{1-\sigma_c}-\mu_t^n\frac{N_t(i)^{1+\varphi}}{1+\varphi}\right]$$

s. t.

$$(C_t^o+I_t^o)+\frac{R_t^{-1}B_{t+1}^o}{P_t}+\frac{e_t\mathrm{NFA}_t^o}{P_t}$$

$$=\exp(\varepsilon_t^{co})w_tN_t^o+R_t^kK_t^o+\frac{B_t^o}{P_t}+\frac{D_t^o}{P_t}-T_t+\frac{R_{t-1}^*e_t\mathrm{NFA}_{t-1}^o\varphi_{t-1}(\mathrm{nfa}_{t-1})}{P_t}$$

$$K_{t+1}^o=(1-\delta)K_{t-1}^o+\mu_t^i\left(1-S\left(\frac{I_t^o}{I_{t-1}^o}\right)\right)I_t^o\text{ ，}\varphi_t(\mathrm{nfa}_t)=e^{-\kappa\mathrm{nfa}_t+\varepsilon\varphi}$$

构造拉格朗日回归函数

$$L=E_0\sum_{t=0}^{\infty}\beta^t\left\{\begin{array}{l}\mu_t^c\dfrac{(C_t^o-hC_{t-1}^0)^{1-\sigma_c}}{1-\sigma_c}-\mu_t^n\dfrac{N_t(i)^{1+\varphi}}{1+\varphi}+\\ \lambda_t^o\left[\begin{array}{l}w_tN_t^o+R_t^kK_t^o+\dfrac{B_t^o}{P_t}+\dfrac{D_t^o}{P_t}-T_t+\\ \dfrac{R_{t-1}^*e_t\mathrm{NFA}_{t-1}^o\varphi_{t-1}(\mathrm{nfa}_{t-1})}{P_t}\\ -(C_t^o+I_t^o)-\dfrac{R_t^{-1}B_{t+1}^o}{P_t}-\dfrac{e_t\mathrm{NFA}_t^o}{P_t}\end{array}\right]+\\ Q_t\lambda_t^o\left[(1-\delta)K_t^o+\varphi\left(\dfrac{I_t^o}{K_t^o}\right)K_t^o-K_{t+1}^o\right]\end{array}\right\}$$

$$\frac{\partial L}{\partial C_t^o}=0\text{：}\lambda_t^o=(C_t^o-hC_{t-1}^o)^{-\sigma_c}-\beta hE_t(C_{t+1}^o-hC_t^o)^{-\sigma_c}$$

$$\frac{\partial L}{\partial I_t^o}=0：\lambda_t^o=Q_t\mu_t^i\left(1-S\left(\frac{I_t^o}{I_{t-1}^o}\right)-S'\left(\frac{I_t^o}{I_{t-1}^o}\right)\frac{I_t^o}{I_{t-1}^o}\right)+$$

$$\beta E_tQ_{t+1}\mu_{t+1}^iS'\left(\frac{I_{t+1}^o}{I_t^o}\right)\left(\frac{I_{t+1}^o}{I_t^o}\right)^2$$

$$\frac{\partial L}{\partial B_{t+1}^o}=0：\lambda_t^o\frac{R_t^{-1}}{P_t}=\beta E_t\lambda_{t+1}^o\frac{1}{P_{t+1}}$$

$$1=\beta E_t\left(\frac{\lambda_{t+1}^o}{\lambda_t^o}\right)\left(\frac{P_t}{P_{t+1}}\right)R_t=\beta E_tR_t\left(\frac{\lambda_{t+1}^o}{\lambda_t^o}\right)\left(\frac{P_t}{P_{t+1}}\right) \tag{3B.1}$$

$$\frac{\partial L}{\partial \mathrm{NFA}_t}=0：\lambda_t^o\frac{e_t}{P_t}=\beta\lambda_{t+1}^o\frac{R_t^*e_{t+1}\varphi_t(\mathrm{nfa}_t)}{P_{t+1}}$$

$$\lambda_t^o=\beta\lambda_{t+1}^o\cdot\frac{R_t^*\varphi_t(\mathrm{nfa}_t)}{\pi_{t+1}}\cdot\frac{e_{t+1}}{e_t} \tag{3B.2}$$

两式联立得

$$R_t^*\varphi_t(\mathrm{nfa}_t)\frac{e_{t+1}}{e_t}=R_t$$

又因为 $\varphi_t(\mathrm{nfa}_t)=e^{-\kappa\mathrm{nfa}_t+\varepsilon\varphi}$

$$R_t^*e^{-\kappa\mathrm{nfa}_t+\varepsilon\varphi}\frac{e_{t+1}}{e_t}=R_t$$

$$\frac{\partial L}{\partial K_{t+1}^o}=0：Q_t=\beta E_t[\lambda_{t+1}^oR_{t+1}^k+(1-\delta)Q_{t+1}]$$

$$q_t=\beta E_t\left(\frac{\lambda_{t+1}^o}{\lambda_t^o}\right)[R_{t+1}^k+(1-\delta)q_{t+1}]$$

其中，$q_t\equiv Q_t/\lambda_t^o$。

对数线性化

（1）$\lambda_t^o=\mu_t^c(C_t^o-hC_{t-1}^o)^{-\sigma_c}-\beta hE_t[\mu_{t+1}^c(C_{t+1}^o-hC_t^o)^{-\sigma_c}]$ 的线性化

$$\hat{\lambda}_t^o=\frac{\sigma_c\beta h}{(1-h)(1-\beta h)}(E_t\hat{c}_{t+1}^o-h\hat{c}_t^o)-$$

$$\frac{\sigma_c}{(1-h)(1-\beta h)}(\hat{c}_t^o-h\hat{c}_{t-1}^o)+\frac{1}{1-\beta h}(\hat{\mu}_t^c-\beta hE_t\hat{\mu}_{t+1}^c)$$

（2）$\lambda_t^o=Q_t\mu_t^i\left(1-S\left(\frac{I_t^o}{I_{t-1}^o}\right)-S'\left(\frac{I_t^o}{I_{t-1}^o}\right)\frac{I_t^o}{I_{t-1}^o}\right)+\beta E_tQ_{t+1}\mu_{t+1}^iS'\left(\frac{I_{t+1}^o}{I_t^o}\right)\left(\frac{I_{t+1}^o}{I_t^o}\right)^2$ 的线性化

其稳态方程为 $q=1$。

$$\hat{i}_t=\left(\frac{\beta}{1+\beta}\right)E_t\hat{i}_{t+1}+\left(\frac{1}{1+\beta}\right)\hat{i}_{t-1}+\left(\frac{1}{1+\beta}\right)\left(\frac{1}{S''(1)}\right)(\hat{q}_t^k+\hat{\mu}_t^i) \tag{3B.3}$$

（3）$K_t^o=(1-\delta)K_{t-1}^o+\left[1-S\left(\frac{I_t^o}{I_{t-1}^o}\right)\right]\mu_t^I I_t^o$ 的线性化

其稳态方程为 $I^o=\delta K^o$

$$\hat{k}_t=(1-\delta)\hat{k}_{t-1}+\delta(\hat{i}_t+\varphi''(1)\hat{\mu}_t^i) \tag{3B.4}$$

（4）$\lambda_t^o=\beta E_t\left\{\lambda_{t+1}^o R_t\left(\frac{P_t}{P_{t+1}}\right)\right\}$ 的线性化

稳态方程为 $1=R\beta$

$$\hat{\lambda}_t^o=E_t\{\hat{\lambda}_{t+1}^o\}+(\hat{r}_t-E_t\{\hat{\pi}_{t+1}\}) \tag{3B.5}$$

（5）$q_t=\beta E_t\left(\frac{\lambda_{t+1}^o}{\lambda_t^o}\right)[R_{t+1}^k+(1-\delta)q_{t+1}]$ 的线性化

稳态方程为 $R^k\beta=1-\beta(1-\delta)$

$$\hat{q}_t=\beta(1-\delta)E_t\{\hat{q}_{t+1}\}+[1-\beta(1-\delta)]E_t\{\hat{r}_{t+1}^k\}-(\hat{r}_t-E_t\{\hat{\pi}_{t+1}\}) \tag{3B.6}$$

（6）$R_t^* e^{-\kappa \mathrm{nfa}_t+\varepsilon\varphi}\frac{e_{t+1}}{e_t}=R_t$ 的线性化

$$Re^{\hat{r}_t}=R^* e^{\hat{r}_t^*}e^{-\kappa \mathrm{nfa}_t+\varepsilon\varphi}\frac{e^{\hat{e}_{t+1}}}{e^{\hat{e}_t}}$$

$$\hat{r}_t=\hat{r}_t^*-\kappa \mathrm{nfa}_t+\hat{e}_{t+1}-\hat{e}_t+\varepsilon_t^{\varphi}$$

实际汇率为 $\tilde{Q}_t=\frac{e_t P_t^*}{P_t}$，对其进行线性化得 $\hat{\tilde{q}}_t=\hat{e}_t+\hat{P}_t^*-\hat{P}_t$，则有

$$\hat{e}_{t+1}-\hat{e}_t=\hat{\tilde{q}}_{t+1}-\hat{\tilde{q}}_t-\hat{\pi}_{t+1}^*+\hat{\pi}_{t+1}$$

最终无抵补利率条件为

$$(\hat{r}_t-\hat{\pi}_{t+1})-(\hat{r}_t^*-\hat{\pi}_{t+1}^*)+\kappa \mathrm{nfa}_t-\varepsilon_t^{\varphi}=\hat{\tilde{q}}_{t+1}-\hat{\tilde{q}}_t \tag{3B.7}$$

二、非李嘉图家庭效用最大化一阶条件推导

$$\text{Max:}\quad U(C_t^r,N_t^r)=\mu_t^c\frac{(C_t^r-hC_{t-1}^r)^{1-\sigma_c}}{1-\sigma_c}-\mu_t^n\frac{N_t^{r\ 1+\varphi}}{1+\varphi}$$

$$s.\ t. \qquad C_t^r = \exp(\varepsilon_t^{c^r})w_t N_t^r - T_t$$

（1）构造拉格朗日函数

$$L = E_0 \sum_{t=0}^{\infty} \beta^t \begin{Bmatrix} \mu_t^c \dfrac{(C_t^r - hC_{t-1}^r)^{1-\sigma_c}}{1-\sigma_c} - \mu_t^n \dfrac{N_t^{r\ 1+\varphi}}{1+\varphi} - \\ \lambda_t^r (C_t^r - \exp(\varepsilon_t^{c^r})w_t N_t^r + T_t) \end{Bmatrix}$$

$$\frac{\partial L}{\partial C_t^r} = 0: \lambda_t^r = \mu_t^c (C_t^r - hC_{t-1}^r)^{-\sigma_c} - \beta h E_t [\mu_{t+1}^c (C_{t+1}^r - hC_t^r)^{-\sigma_c}]$$

（2）对数线性化

$$\hat{\lambda}_t^r = \frac{\sigma_c \beta h}{(1-h)(1-\beta h)}(E_t \hat{c}_{t+1}^r - h\hat{c}_t^r) -$$

$$\frac{\sigma_c}{(1-h)(1-\beta h)}(\hat{c}_t^r - h\hat{c}_{t-1}^r) + \frac{1}{1-\beta h}(\hat{\mu}_t^c - \beta h E_t \hat{\mu}_{t+1}^c) \qquad (3B.8)$$

（3）总消费

$C_t \equiv \lambda C_t^r + (1-\lambda) C_t^o$ 其稳态方程为 $C = \lambda C^r + (1-\lambda) C^o$

$$C \cdot \hat{c}_t = \lambda \cdot C^r \cdot \hat{c}_t^r + (1-\lambda) \cdot C^o \cdot \hat{c}_t^o$$

$$\hat{c}_t = \lambda \left(\frac{C^r}{C}\right) \hat{c}_t^r + (1-\lambda) \left(\frac{C^o}{C}\right) \hat{c}_t^o$$

$$\because C = C^r = C^o$$

$$\therefore \hat{c}_t = \lambda \hat{c}_t^r + (1-\lambda) \hat{c}_t^o \qquad (3B.9)$$

（4）最终产品厂商

$$\text{Max}: P_t Y_t - \int_0^1 P_t(j) X_t(j) \, \mathrm{d}j$$

$$\text{s. t.} \qquad Y_t = \left(\int_0^1 X_t(j)^{\frac{\varepsilon_p - 1}{\varepsilon_p}} \mathrm{d}j\right)^{\frac{\varepsilon_p}{\varepsilon_p - 1}}$$

构造拉格朗日函数

$$L = P_t \left[\int_0^1 X_t(j)^{\frac{\varepsilon_p - 1}{\varepsilon_p}} \mathrm{d}j\right]^{\frac{\varepsilon_p}{\varepsilon_p - 1}} - \int_0^1 P_t(j) X_t(j) \, \mathrm{d}j$$

$$\frac{\partial L}{\partial X_t(j)} = P_t \cdot \frac{\varepsilon_p}{\varepsilon_p - 1} \cdot \left[\int_0^1 X_t(j)^{\frac{\varepsilon_p - 1}{\varepsilon_p}} \mathrm{d}j\right]^{\frac{\varepsilon_p}{\varepsilon_p - 1} - 1} \cdot \frac{\varepsilon_p - 1}{\varepsilon_p} \cdot [X_t(j)]^{\frac{\varepsilon_p - 1}{\varepsilon_p} - 1} - P_t(j)$$

$$= P_t \cdot \left[\int_0^1 X_t(j)^{\frac{\varepsilon_p - 1}{\varepsilon_p}} \mathrm{d}j\right]^{\frac{1}{\varepsilon_p - 1}} \cdot [X_t(j)]^{\frac{-1}{\varepsilon_p}} - P_t(j) = 0$$

$$\Rightarrow \qquad P_t \cdot Y_t^{\frac{1}{\varepsilon_p}} \cdot [X_t(j)]^{\frac{-1}{\varepsilon_p}} = P_t(j)$$

$$\Rightarrow \quad P_t^{\varepsilon_p} \cdot Y_t \cdot [X_t(j)]^{-1} = P_t(j)^{\varepsilon_p}$$

$$\Rightarrow \quad X_t(j) = \left[\frac{P_t(j)}{P_t}\right]^{-\varepsilon_p} Y_t$$

将 $X_t(j) = \left[\frac{P_t(j)}{P_t}\right]^{-\varepsilon_p} Y_t$ 代入 $Y_t = \left[\int_0^1 X_t(j)^{\frac{\varepsilon_p - 1}{\varepsilon_p}} \mathrm{d}j\right]^{\frac{\varepsilon_p}{\varepsilon_p - 1}}$ 得

$$Y_t = \left\{\int_0^1 \left[\left(\frac{P_t(j)}{P_t}\right)^{-\varepsilon_p} Y_t\right]^{\frac{\varepsilon_p - 1}{\varepsilon_p}} \mathrm{d}j\right\}^{\frac{\varepsilon_p}{\varepsilon_p - 1}}$$

$$= P_t^{\varepsilon_p} Y_t \left[\int_0^1 P_t(j)^{1-\varepsilon_p} \mathrm{d}j\right]^{\frac{\varepsilon_p}{\varepsilon_p - 1}}$$

则 $\quad 1 = P_t^{\varepsilon_p} \left[\int_0^1 P_t(j)^{1-\varepsilon_p} \mathrm{d}j\right]^{\frac{\varepsilon_p}{\varepsilon_p - 1}}$

$$\Rightarrow \quad P_t = \left[\int_0^1 P_t(j)^{1-\varepsilon_p} \mathrm{d}j\right]^{\frac{1}{1-\varepsilon_p}}$$

（5）中间产品企业

$$\text{Min：TC}_t = \left(\frac{R_t^k P_t}{P_{H,t}}\right) K_t(j) + \left(\frac{P_t w_t}{P_{H,t}}\right) N_t(j)$$

$$\text{s. t.} \quad Y_t(j) = A_t K_t(j)^{\alpha} N_t(j)^{1-\alpha}$$

构造拉格朗日函数

$$L = \left(\frac{R_t^k P_t}{P_{H,t}}\right) K_t(j) + \left(\frac{P_t w_t}{P_{H,t}}\right) N_t(j) + \lambda_t [Y_t(j) - A_t K_t(j)^{\alpha} N_t(j)^{1-\alpha}]$$

$$\frac{\partial L}{\partial K_t(j)} = \frac{R_t^k P_t}{P_{H,t}} - \lambda_t \cdot \alpha \cdot A_t \cdot K_t(j)^{\alpha - 1} \cdot N_t(j)^{1-\alpha} = 0$$

$$\Rightarrow \quad \frac{R_t^k P_t}{P_{H,t}} = \alpha \lambda_t A_t K_t(j)^{\alpha - 1} N_t(j)^{1-\alpha} \tag{3B.10}$$

$$\frac{\partial L}{\partial N_t(j)} = \frac{P_t w_t}{P_{H,t}} - \lambda_t (1 - \alpha) A_t N_t(j)^{-\alpha} K_t(j)^{\alpha} = 0$$

$$\Rightarrow \quad \frac{P_t w_t}{P_{H,t}} = (1 - \alpha) \lambda_t A_t N_t(j)^{-\alpha} K_t(j)^{\alpha} \tag{3B.11}$$

式（3B.12）/式（3B.13）得

$$\frac{K_t(j)}{N_t(j)} = \left(\frac{\alpha}{1 - \alpha}\right)\left(\frac{w_t}{R_t^k}\right)$$

$$\Rightarrow N_t(j)=\frac{R_t^k}{w_t}\cdot\frac{1-\alpha}{\alpha}\cdot K_t(j)\ \text{其代入}\ Y_t(j)\ \text{中}$$

$$Y_t(j)=A_tK_t(j)^{\alpha}\left[\frac{R_t^k}{w_t}\cdot\frac{1-\alpha}{\alpha}\cdot K_t(j)\right]^{1-\alpha}=A_tK_t(j)\left(\frac{R_t^k}{w_t}\right)^{1-\alpha}\left(\frac{1-\alpha}{\alpha}\right)^{1-\alpha}$$

$$\Rightarrow K_t(j)=\frac{Y_t(j)}{A_t}\left(\frac{R_t^k}{w_t}\right)^{\alpha-1}\left(\frac{1-\alpha}{\alpha}\right)^{\alpha-1} \tag{3B.12}$$

$$N_t(j)=\frac{R_t^k}{w_t}\cdot\frac{1-\alpha}{\alpha}\cdot\frac{Y_t(j)}{A_t}\cdot\left(\frac{R_t^k}{w_t}\right)^{\alpha-1}\cdot\left(\frac{1-\alpha}{\alpha}\right)^{\alpha-1}$$

$$\Rightarrow N_t(j)=\left(\frac{R_t^k}{w_t}\right)^{\alpha}\left(\frac{1-\alpha}{\alpha}\right)^{\alpha}\frac{Y_t(j)}{A_t} \tag{3B.13}$$

将式（3B.12）和式（3B.13）代入 $TC_t=\left(\frac{R_t^kP_t}{P_{H,t}}\right)K_t(j)+\left(\frac{P_tw_t}{P_{H,t}}\right)N_t(j)$ 得

$$TC_t=\left(\frac{R_t^kP_t}{P_{H,t}}\right)\frac{Y_t(j)}{A_t}\left(\frac{R_t^k}{w_t}\right)^{\alpha-1}\left(\frac{1-\alpha}{\alpha}\right)^{\alpha-1}+\left(\frac{P_tw_t}{P_{H,t}}\right)\left(\frac{R_t^k}{w_t}\right)^{\alpha}\left(\frac{1-\alpha}{\alpha}\right)^{\alpha}\frac{Y_t(j)}{A_t}$$

$$=\frac{P_t}{P_{H,t}}\frac{Y_t(j)}{A_t}\frac{(R_t^k)^{\alpha}}{(w_t)^{\alpha-1}}\left(\frac{1-\alpha}{\alpha}\right)^{\alpha-1}+\frac{P_t}{P_{H,t}}\frac{Y_t(j)}{A_t}\frac{(R_t^k)^{\alpha}}{(w_t)^{\alpha-1}}\left(\frac{1-\alpha}{\alpha}\right)^{\alpha}$$

$$=\frac{Y_t(j)}{A_t}\frac{P_t}{P_{H,t}}\frac{(R_t^k)^{\alpha}}{(w_t)^{\alpha-1}}\frac{[(1-\alpha)^{\alpha-1}\alpha+(1-\alpha)^{\alpha}]}{\alpha^{\alpha}}$$

$$=\frac{Y_t(j)}{A_t}\frac{P_t}{P_{H,t}}\frac{(R_t^k)^{\alpha}}{(w_t)^{\alpha-1}}\alpha^{-\alpha}(1-\alpha)^{\alpha-1}$$

$$\therefore MC_t=\frac{\partial TC_t}{\partial Y_t(j)}=\alpha^{-\alpha}(1-\alpha)^{\alpha-1}(A_t)^{-1}\frac{P_t}{P_{H,t}}(R_t^k)^{\alpha}(w_t)^{1-\alpha}$$

令 $\Psi=\alpha^{-\alpha}(1-\alpha)^{\alpha-1}$

则 $MC_t=\Psi(A_t)^{-1}\frac{P_t}{P_{H,t}}(R_t^k)^{\alpha}(w_t)^{1-\alpha}$

对数线性化

$$MC\cdot e^{\hat{mc}_t}=\Psi(A\cdot e^{\hat{a}_t})^{-1}e^{\frac{\hat{P_t}}{P_{H,t}}}(R^k\cdot e^{\hat{r}_t^k})^{\alpha}(we^{\hat{w}_t})^{1-\alpha}$$

$$MC\cdot e^{\hat{mc}_t}=\Psi A^{-1}(R^k)^{\alpha}w^{1-\alpha}e^{\alpha\hat{r}_t^k+(1-\alpha)\hat{w}_t-\hat{a}_t+\frac{\hat{P}_t}{P_{H,t}}}$$

稳态方程为 $MC=\Psi A^{-1}(R^k)^{\alpha}w^{1-\alpha}$

$$\hat{mc}_t=\alpha\hat{r}_t^k+(1-\alpha)\hat{w}_t-\hat{a}_t+\frac{\hat{P}_t}{P_{H,t}}$$

又 $\because P_t = [\chi P_{H,t}^{1-\varepsilon} + (1-\chi) P_{F,t}^{1-\varepsilon}]^{\frac{1}{1-\varepsilon}}$ 则 $P_t^{1-\varepsilon} = \chi P_{H,t}^{1-\varepsilon} + (1-\chi) P_{F,t}^{1-\varepsilon}$

左右两边同时除以 $P_{H,t}$ 得 $\left(\frac{P_t}{P_{H,t}}\right)^{1-\varepsilon} = \chi + (1-\chi)\left(\frac{P_{F,t}}{P_{H,t}}\right)^{1-\varepsilon}$

$$\because S_t = \frac{P_{F,t}}{P_{H,t}} \quad 则 \left(\frac{P_t}{P_{H,t}}\right)^{1-\varepsilon} = \chi + (1-\chi) S_t^{1-\varepsilon}$$

$$\left(e^{\frac{\hat{P}_t}{P_{H,t}}}\right)^{1-\varepsilon} = \chi + (1-\chi)(Se^{\hat{s}_t})^{1-\varepsilon} \ 又 \because P_H = P_F \therefore S = 1$$

$$(1-\varepsilon)\frac{\hat{P}_t}{P_{H,t}} = (1-\varepsilon)(1-\chi)\hat{s}_t$$

$$\frac{\hat{P}_t}{P_{H,t}} = (1-\chi)\hat{s}_t$$

$$\hat{mc}_t = \alpha \hat{r}_t^k + (1-\alpha)\hat{w}_t - \hat{a}_t + (1-\chi)\hat{s}_t \tag{3B.14}$$

$$\frac{K_t(j)}{N_t(j)} = \left(\frac{\alpha}{1-\alpha}\right)\left(\frac{w_t}{R_t^k}\right)$$

对两边求积分 $\frac{K_t}{N_t} = \left(\frac{\alpha}{1-\alpha}\right)\left(\frac{w_t}{R_t^k}\right)$ 稳态方程为 $\frac{K}{N} = \left(\frac{\alpha}{1-\alpha}\right)\left(\frac{w}{R^k}\right)$

$$\frac{Ke^{\hat{k}_t}}{Ne^{\hat{n}_t}} = \frac{\alpha}{1-\alpha} \cdot \frac{we^{\hat{w}_t}}{R^k e^{\hat{r}_t^k}}$$

$$\hat{k}_t - \hat{n}_t = \hat{w}_t - \hat{r}_t^k \tag{3B.15}$$

$$\because Y_t = \left[\int_0^1 Y_t(j)^{\frac{\varepsilon_p - 1}{\varepsilon_p}} dj\right]^{\frac{\varepsilon_p}{\varepsilon_p - 1}} \quad 则 Y_t^{\frac{\varepsilon_p - 1}{\varepsilon_p}} = \int_0^1 Y_t(j)^{\frac{\varepsilon_p - 1}{\varepsilon_p}} dj$$

对数线性化

$$(Y \cdot e^{\hat{y}_t})^{\frac{\varepsilon_p - 1}{\varepsilon_p}} = \int_0^1 [Y(j) \cdot e^{\hat{y}_t(j)}]^{\frac{\varepsilon_p - 1}{\varepsilon_p}} dj$$

$$Y^{\frac{\varepsilon_p - 1}{\varepsilon_p}} \cdot e^{\hat{y}_t \cdot \frac{\varepsilon_p - 1}{\varepsilon_p}} = \int_0^1 Y(j)^{\frac{\varepsilon_p - 1}{\varepsilon_p}} \cdot e^{\hat{y}_t(j) \cdot \frac{\varepsilon_p - 1}{\varepsilon_p}} dj$$

$$e^{\hat{y}_t \cdot \frac{\varepsilon_p - 1}{\varepsilon_p}} = \int_0^1 \left[\frac{Y(j)}{Y}\right]^{\frac{\varepsilon_p - 1}{\varepsilon_p}} \cdot e^{\hat{y}_t(j) \cdot \frac{\varepsilon_p - 1}{\varepsilon_p}} dj$$

在对称均衡条件下 $Y(j) = Y$

$$e^{\hat{y}_t \cdot \frac{\varepsilon_p - 1}{\varepsilon_p}} = \int_0^1 e^{\hat{y}_t(j) \cdot \frac{\varepsilon_p - 1}{\varepsilon_p}} dj = e^{\int_0^1 \hat{y}_t(j) \cdot \frac{\varepsilon_p - 1}{\varepsilon_p} dj}$$

$$\hat{y}_t \cdot \frac{\varepsilon_p - 1}{\varepsilon_p} = \int_0^1 \hat{y}_t(j) \cdot \frac{\varepsilon_p - 1}{\varepsilon_p} \mathrm{d}j$$

$$\therefore \ \hat{y}_t = \int_0^1 \hat{y}_t(j) \ \mathrm{d}j$$

$$N_t = \int_0^1 N_t(j) \ \mathrm{d}j$$

$$N \cdot e^{\hat{n}_t} = \int_0^1 N(j) \cdot e^{\hat{n}_t(j)} \ \mathrm{d}j$$

$$e^{\hat{n}_t} = \int_0^1 \frac{N(j)}{N} \cdot e^{\hat{n}_t(j)} \ \mathrm{d}j$$

$$\because N(j) = N \qquad \therefore \ e^{\hat{n}_t} = e^{\int_0^1 \hat{n}_t(j) \ \mathrm{d}j} \qquad \therefore \hat{n}_t = \int_0^1 \hat{n}_t(j) \ \mathrm{d}j$$

同理 $\hat{k}_t = \int_0^1 \hat{k}_t(j) \ \mathrm{d}j$

$Y_t(j) = A_t K_t(j)^{\alpha} N_t(j)^{1-\alpha}$ 稳态方程为 $Y(j) = AK(j)^{\alpha} N(j)^{1-\alpha}$

$$Y(j) \cdot e^{\hat{y}_t(j)} = (Ae^{\hat{a}_t}) [K(j) \cdot e^{\hat{k}_t(j)}]^{\alpha} [N(j) \cdot e^{\hat{n}_t(j)}]^{1-\alpha}$$

$$e^{\hat{y}_t(j)} = e^{\alpha \hat{k}_t(j) + (1-\alpha) \hat{n}_t(j) + \hat{a}_t}$$

$\therefore \hat{y}_t(j) = \alpha \hat{k}_t(j) + (1-\alpha) \hat{n}_t(j) + \hat{a}_t$ 对两边分别积分

$$\int_0^1 \hat{y}_t(j) \ \mathrm{d}j = \alpha \int_0^1 \hat{k}_t(j) \ \mathrm{d}j + (1-\alpha) \int_0^1 \hat{n}_t(j) \ \mathrm{d}j + \hat{a}_t$$

又因为 $\hat{y}_t = \int_0^1 \hat{y}_t(j) \ \mathrm{d}j$，$\hat{n}_t = \int_0^1 \hat{n}_t(j) \ \mathrm{d}j$，$\hat{k}_t = \int_0^1 \hat{k}_t(j) \ \mathrm{d}j$

所以
$$\hat{y}_t = \alpha \hat{k}_t + (1-\alpha) \hat{n}_t + \hat{a}_t \qquad (3B.16)$$

（6）国内厂商的菲利普斯曲线

$$\underset{\tilde{P}_{H,t}}{\mathrm{Max}}: E_t \sum_{k=0}^{\infty} (\lambda_p)^k E_t \{ \Lambda_{t,t+k} Y_{t+k}(j) [(\tilde{P}_{H,t} \prod_{s=1}^{k} \pi_{H,t+s-1}^{\gamma_p} / P_{H,t+k}) - \mathrm{MC}_{t+k}] \}$$

$$\text{s. t.} \quad Y_{t+k}(j) = P_{H,t+k}^{\varepsilon_p} Y_{t+k} (\tilde{P}_{H,t} \prod_{s=1}^{k} \pi_{H,t+s-1}^{\gamma_p})^{-\varepsilon_p}$$

构造拉格朗日函数

$$L = E_t \sum_{k=0}^{\infty} (\lambda_p)^k E_t \begin{Bmatrix} \Lambda_{t,t+k} P_{H,t+k}^{\varepsilon_p} Y_{t+k} (\tilde{P}_{H,t} \prod_{s=1}^{k} \pi_{H,t+s-1}^{\gamma_p})^{-\varepsilon_p} \\ [(\tilde{P}_{H,t} \prod_{s=1}^{k} \pi_{H,t+s-1}^{\gamma_p} / P_{H,t+k}) - \mathrm{MC}_{t+k}] \end{Bmatrix}$$

$$\frac{\partial L}{\partial \widetilde{P}_{H,t}} = E_t \sum_{k=0}^{\infty} (\lambda_p)^k \Lambda_{t,t+k} \begin{bmatrix} P_{H,t+k}^{\varepsilon_p} Y_{t+k} (-\varepsilon_p) (\widetilde{P}_{H,t} \prod_{s=1}^{k} \pi_{H,t+s-1}^{\gamma_p})^{-\varepsilon_p - 1} \\ \prod_{s=1}^{k} \pi_{H,t+s-1}^{\gamma_p} [(\widetilde{P}_t \prod_{s=1}^{k} \pi_{H,t+s-1}^{\gamma_p} / P_{H,t+k}) - \mathrm{MC}_{t+k}] + \\ P_{H,t+k}^{\varepsilon_p} Y_{t+k} (\widetilde{P}_{H,t} \prod_{s=1}^{k} \pi_{H,t+s-1}^{\gamma_p})^{-\varepsilon_p} \prod_{s=1}^{k} \pi_{H,t+s-1}^{\gamma_p} / P_{H,t+k} \end{bmatrix}$$

$$= \sum_{k=0}^{\infty} (\lambda_p)^k E_t \left\{ \Lambda_{t,t+k} P_{H,t+k}^{\varepsilon_p} Y_{t+k} \begin{bmatrix} -\varepsilon_p (\widetilde{P}_{H,t} \prod_{s=1}^{k} \pi_{H,t+s-1}^{\gamma_p})^{-\varepsilon_p} \prod_{s=1}^{k} \pi_{H,t+s-1}^{\gamma_p} / P_{H,t+k} + \\ \varepsilon_p (\widetilde{P}_{H,t})^{-\varepsilon_p - 1} (\prod_{s=1}^{k} \pi_{H,t+s-1}^{\gamma_p})^{-\varepsilon_p} \mathrm{MC}_{t+k} + \\ (\widetilde{P}_{H,t})^{-\varepsilon_p} (\prod_{s=1}^{k} \pi_{H,t+s-1}^{\gamma_p})^{-\varepsilon_p + 1} / P_{H,t+k} \end{bmatrix} \right\}$$

$$= \sum_{k=0}^{\infty} (\lambda_p)^k E_t \left\{ \begin{matrix} \Lambda_{t,t+k} P_{H,t+k}^{\varepsilon_p} Y_{t+k} (\prod_{s=1}^{k} \pi_{H,t+s-1}^{\gamma_p})^{-\varepsilon_p} (\widetilde{P}_{H,t})^{-\varepsilon_p - 1} \\ \begin{bmatrix} -\varepsilon_p \widetilde{P}_{H,t} \prod_{s=1}^{k} \pi_{H,t+s-1}^{\gamma_p} / P_{H,t+k} + \\ \varepsilon_p \mathrm{MC}_{t+k} + \widetilde{P}_{H,t} \prod_{s=1}^{k} \pi_{H,t+s-1}^{\gamma_p} / P_{H,t+k} \end{bmatrix} \end{matrix} \right\} = 0$$

$$\sum_{k=0}^{\infty} (\lambda_p)^k E_t \begin{bmatrix} \Lambda_{t,t+k} P_{H,t+k}^{\varepsilon_p} Y_{t+k} (\prod_{s=1}^{k} \pi_{H,t+s-1}^{\gamma_p})^{-\varepsilon_p} \\ (-\varepsilon_p \widetilde{P}_{H,t} \prod_{s=1}^{k} \pi_{H,t+s-1}^{\gamma_p} + \varepsilon_p \mathrm{MC}_{t+k} P_{H,t+k} + \widetilde{P}_{H,t} \prod_{s=1}^{k} \pi_{H,t+s-1}^{\gamma_p}) \end{bmatrix} = 0$$

$$\sum_{k=0}^{\infty} (\lambda_p)^k E_t \left\{ \begin{matrix} \Lambda_{t,t+k} P_{H,t+k}^{\varepsilon_p} Y_{t+k} (\prod_{s=1}^{k} \pi_{H,t+s-1}^{\gamma_p})^{-\varepsilon_p} \\ [(1 - \varepsilon_p) \widetilde{P}_{H,t} \prod_{s=1}^{k} \pi_{H,t+s-1}^{\gamma_p} + \varepsilon_p \mathrm{MC}_{t+k} P_{H,t+k}] \end{matrix} \right\} = 0$$

$$\sum_{k=0}^{\infty} (\lambda_p)^k E_t \left\{ \begin{matrix} \Lambda_{t,t+k} P_{H,t+k}^{\varepsilon_p} Y_{t+k} (\prod_{s=1}^{k} \pi_{H,t+s-1}^{\gamma_p})^{1-\varepsilon_p} \\ \left[\widetilde{P}_{H,t} - \frac{\varepsilon_p}{\varepsilon_p - 1} \mathrm{MC}_{t+k} P_{H,t+k} (\prod_{s=1}^{k} \pi_{H,t+s-1}^{\gamma_p})^{-1} \right] \end{matrix} \right\} = 0$$

令 $\mu^p = \frac{\varepsilon_p}{\varepsilon_p - 1}$

一阶条件为

$$\sum_{k=0}^{\infty} (\lambda_p)^k E_t \left\{ \begin{matrix} \Lambda_{t,t+k} P_{H,t+k}^{\varepsilon_p} Y_{t+k} (\prod_{s=1}^{k} \pi_{H,t+s-1}^{\gamma_p})^{1-\varepsilon_p} \\ [\widetilde{P}_{H,t} - \mu^p \mathrm{MC}_{t+k} P_{H,t+k} (\prod_{s=1}^{k} \pi_{H,t+s-1}^{\gamma_p})^{-1}] \end{matrix} \right\} = 0$$

对数线性化

$$\because \prod_{s=1}^{k} \pi_{H,\ t+s-1} = \frac{P_{H,\ t+k-1}}{P_{H,\ t-1}}$$

$$E_t \sum_{k=0}^{\infty} (\lambda_p)^k \beta^k \frac{\lambda_t^o}{\lambda_{t+k}^o} P_{H,\ t+k}^{\varepsilon_p} Y_{t+k} \left(\frac{P_{H,\ t+k-1}}{P_{H,\ t-1}}\right)^{\gamma_p(1-\varepsilon_p)}$$

$$\left[\tilde{P}_{H,\ t} - \mu^p \mathrm{MC}_{t+k} P_{H,\ t+k} \left(\frac{P_{H,\ t+k-1}}{P_{H,\ t-1}}\right)^{-\gamma_p}\right] = 0$$

$$\sum_{k=0}^{\infty} (\lambda_p \beta)^k \frac{\lambda_t^o}{\lambda_{t+k}^o} P_{H,\ t+k}^{\varepsilon_p} Y_{t+k} \left(\frac{P_{H,\ t+k-1}}{P_{H,\ t-1}}\right)^{\gamma_p(1-\varepsilon_p)} \tilde{P}_{H,\ t}$$

$$= \sum_{k=0}^{\infty} (\lambda_p \beta)^k \frac{\lambda_t^o}{\lambda_{t+k}^o} P_{H,\ t+k}^{\varepsilon_p} Y_{t+k} \mu^p \mathrm{MC}_{t+k} P_{H,\ t+k} \left(\frac{P_{H,\ t+k-1}}{P_{H,\ t-1}}\right)^{-\gamma_p \varepsilon_p}$$

$$\sum_{k=0}^{\infty} (\lambda_p \beta)^k \frac{\lambda^o e^{\hat{\lambda}_t^o}}{\lambda^o e^{\hat{\lambda}_{t+k}^o}} (P_H e^{\hat{P}_{H,\ t+k}})^{\varepsilon_p} (Y e^{\hat{y}_{t+k}})\ e^{(\hat{P}_{H,\ t+k-1} - \hat{P}_{H,\ t-1})\gamma_p(1-\varepsilon_p)}\ \tilde{P}_H e^{\tilde{P}_{H,\ t}}$$

$$= \sum_{k=0}^{\infty} (\lambda_p \beta)^k \frac{\lambda^o e^{\hat{\lambda}_t^o}}{\lambda^o e^{\hat{\lambda}_{t+k}^o}} (P_H e^{\hat{P}_{H,\ t+k}})^{\varepsilon_p} (Y e^{\hat{y}_{t+k}})$$

$$\mu^p P_H e^{\hat{P}_{H,\ t+k}} \mathrm{MC} \cdot e^{\widehat{\mathrm{mc}}_{t+k}} e^{-\gamma_p \varepsilon_p (\hat{P}_{H,\ t+k-1} - \hat{P}_{H,\ t-1})}$$

$$\sum_{k=0}^{\infty} (\lambda_p \beta)^k P_H^{\ \varepsilon_p} Y \tilde{P}_H e^{\hat{\lambda}_t^o - \hat{\lambda}_{t+k}^o + \varepsilon_p \hat{P}_{H,\ t+k} + \hat{y}_{t+k} + \gamma_p(1-\varepsilon_p)(\hat{P}_{H,\ t+k-1} - \hat{P}_{H,\ t-1}) + \tilde{P}_{H,\ t}}$$

$$= \sum_{k=0}^{\infty} (\lambda_p \beta)^k P_H^{\ \varepsilon_p} Y \mu^p P_H \cdot \mathrm{MC} e^{\hat{\lambda}_t^o - \hat{\lambda}_{t+k}^o + \varepsilon_p \hat{P}_{H,\ t+k} + \hat{y}_{t+k} + \hat{P}_{H,\ t+k} + \widehat{\mathrm{mc}}_{t+k} - \gamma_p \varepsilon_p (\hat{P}_{H,\ t+k-1} - \hat{P}_{H,\ t-1})}$$

稳态方程为 $\tilde{P}_H = \mu^p P_H \cdot \mathrm{MC}$

$$\therefore \sum_{k=0}^{\infty} (\lambda_p \beta)^k [\gamma_p (1 - \varepsilon_p)(\hat{P}_{H,\ t+k-1} - \hat{P}_{H,\ t-1}) + \tilde{P}_{H,\ t}]$$

$$= \sum_{k=0}^{\infty} (\lambda_p \beta)^k [\hat{P}_{H,\ t+k} + \widehat{\mathrm{mc}}_{t+k} - \gamma_p \varepsilon_p (\hat{P}_{H,\ t+k-1} - \hat{P}_{H,\ t-1})]$$

$$\sum_{k=0}^{\infty} (\lambda_p \beta)^k \tilde{P}_{H,\ t} = \sum_{k=0}^{\infty} (\lambda_p \beta)^k [-\gamma_p (\hat{P}_{H,\ t+k-1} - \hat{P}_{H,\ t-1}) + \hat{P}_{H,\ t+k} + \widehat{\mathrm{mc}}_{t+k}]$$

$$\sum_{k=0}^{\infty} (\lambda_p \beta)^k (\tilde{P}_{H,\ t} - \gamma_p \hat{P}_{H,\ t-1}) = \sum_{k=0}^{\infty} (\lambda_p \beta)^k (-\gamma_p \hat{P}_{H,\ t+k-1} + \hat{P}_{H,\ t+k} + \widehat{\mathrm{mc}}_{t+k})$$

$$\tilde{P}_{H,\ t} - \gamma_p \hat{P}_{H,\ t-1} = (1 - \lambda_p \beta) \sum_{k=0}^{\infty} (\lambda_p \beta)^k (-\gamma_p \hat{P}_{H,\ t+k-1} + \hat{P}_{H,\ t+k} + \widehat{\mathrm{mc}}_{t+k})$$

$$\tilde{P}_{H,\ t} - \gamma_p \hat{P}_{H,\ t-1} = (1 - \lambda_p \beta)(-\gamma_p \hat{P}_{H,\ t-1} + \hat{P}_{H,\ t} + \widehat{\mathrm{mc}}_t) +$$

$$(1-\lambda_p\beta)\sum_{k=1}^{\infty}(\lambda_p\beta)^k(-\gamma_p\hat{P}_{H,t+k-1}+\hat{P}_{H,t+k}+\hat{mc}_{t+k})$$

$$\tilde{P}_{H,t}-\gamma_p\hat{P}_{H,t-1}=(1-\lambda_p\beta)(-\gamma_p\hat{P}_{H,t-1}+\hat{P}_{H,t}+\hat{mc}_t)+$$

$$(1-\lambda_p\beta)\lambda_p\beta\sum_{s=0}^{\infty}(\lambda_p\beta)^s(-\gamma_p\hat{P}_{H,t+s}+\hat{P}_{H,t+s+1}+\hat{mc}_{t+s+1})$$

$$\tilde{P}_{H,t}-\gamma_p\hat{P}_{H,t-1}=(1-\lambda_p\beta)(-\gamma_p\hat{P}_{H,t-1}+\hat{P}_{H,t}+\hat{mc}_t)+$$

$$\lambda_p\beta(\tilde{P}_{H,t+1}-\gamma_p\hat{P}_{H,t})$$

$$\tilde{P}_{H,t}=(1-\lambda_p\beta)\hat{mc}_t+\lambda_p\beta\tilde{P}_{H,t+1}+(1-\lambda_p\beta)\hat{P}_{H,t}+$$

$$\lambda_p\beta\gamma_p\hat{P}_{H,t-1}-\lambda_p\beta\gamma_p\hat{P}_{H,t}$$

$$\tilde{P}_{H,t}=(1-\lambda_p\beta)\hat{mc}_t+\lambda_p\beta\tilde{P}_{H,t+1}+(1-\lambda_p\beta)\hat{P}_{H,t}-\lambda_p\beta\gamma_p\hat{\pi}_{H,t}$$

$$\text{又}\because\tilde{p}_{H,t}=\frac{\tilde{P}_{H,t}}{P_{H,t}}\quad\text{则}\ \hat{\tilde{p}}_{H,t}=\hat{\tilde{P}}_{H,t}-\hat{P}_{H,t}$$

$$\hat{\tilde{p}}_{H,t}+\hat{P}_{H,t}=(1-\lambda_p\beta)\hat{mc}_t+\lambda_p\beta(\hat{\tilde{p}}_{H,t+1}+\hat{P}_{H,t+1})+(1-\lambda_p\beta)\hat{P}_{H,t}-\lambda_p\beta\gamma_p\hat{\pi}_{H,t}$$

$$\hat{\tilde{p}}_{H,t}=(1-\lambda_p\beta)\hat{mc}_t+\lambda_p\beta\hat{\tilde{p}}_{H,t+1}+\lambda_p\beta\hat{\pi}_{H,t+1}-\lambda_p\beta\gamma_p\hat{\pi}_{H,t}$$

$$\hat{\tilde{p}}_{H,t}=(1-\lambda_p\beta)\hat{mc}_t+\lambda_p\beta\hat{\tilde{p}}_{H,t+1}+\lambda_p\beta(\hat{\pi}_{H,t+1}-\gamma_p\hat{\pi}_{H,t})\quad(3B.17)$$

$$\because P_{H,t}=\left[(1-\lambda_p)(\tilde{P}_{H,t})^{1-\varepsilon_p}+\lambda_p(\pi_{H,t-1}^{\gamma_p}P_{H,t-1})^{1-\varepsilon_p}\right]^{\frac{1}{1-\varepsilon_p}}$$

$$P_{H,t}^{1-\varepsilon_p}=(1-\lambda_p)(\tilde{P}_{H,t})^{1-\varepsilon_p}+\lambda_p(\pi_{H,t-1}^{\gamma_p}P_{H,t-1})^{1-\varepsilon_p}$$

两边同时除以 $P_{H,t}^{1-\varepsilon_p}$，则有

$$1=(1-\lambda_p)(\tilde{p}_{H,t})^{1-\varepsilon_p}+\lambda_p\left(\pi_{H,t-1}^{\gamma_p}\frac{P_{H,t-1}}{P_{H,t}}\right)^{1-\varepsilon_p}$$

$$1=(1-\lambda_p)(\tilde{p}_{H,t})^{1-\varepsilon_p}+\lambda_p\left(\frac{\pi_{H,t-1}^{\gamma_p}}{\pi_{H,t}}\right)^{1-\varepsilon_p}$$

对数线性化

$$1=(1-\lambda_p)(\tilde{p}_He^{\hat{\tilde{p}}_{H,t}})^{1-\varepsilon_p}+\lambda_p\left(\frac{e^{\gamma_p\hat{\pi}_{H,t-1}}}{e^{\hat{\pi}_{H,t}}}\right)^{1-\varepsilon_p}$$

$$1=(1-\lambda_p)(\tilde{p}_H)^{1-\varepsilon_p}[1+(1-\varepsilon_p)\hat{\tilde{p}}_{H,t}]+$$

$$\lambda_p[1+(1-\varepsilon_p)(\gamma_p\hat{\pi}_{H,t-1}-\hat{\pi}_{H,t})]$$

$$\tilde{p}_H=1$$

$$0=(1-\lambda_p)\hat{\tilde{p}}_{H,t}+\lambda_p(\gamma_p\hat{\pi}_{H,t-1}-\hat{\pi}_{H,t})$$

$$\hat{\tilde{p}}_{H,t} = \frac{\lambda_p}{1-\lambda_p}(\hat{\pi}_{H,t} - \gamma_p \hat{\pi}_{H,t-1}) \tag{3B.18}$$

将式（3B.18）代入式（3B.17）得

$$\frac{\lambda_p}{1-\lambda_p}(\hat{\pi}_{H,t} - \gamma_p\hat{\pi}_{H,t-1}) = (1-\lambda_p\beta)\,\hat{\mathrm{mc}}_t +$$

$$\lambda_p\beta\frac{\lambda_p}{1-\lambda_p}(\hat{\pi}_{H,t+1} - \gamma_p\hat{\pi}_{H,t}) + \lambda_p\beta(\hat{\pi}_{H,t+1} - \gamma_p\hat{\pi}_{H,t})$$

$$\hat{\pi}_{H,t} - \gamma_p\hat{\pi}_{H,t-1} = \frac{(1-\lambda_p\beta)(1-\lambda_p)}{\lambda_p}\hat{\mathrm{mc}}_t + \lambda_p\beta(\hat{\pi}_{H,t+1} - \gamma_p\hat{\pi}_{H,t}) +$$

$$\beta(1-\lambda_p)(\hat{\pi}_{H,t+1} - \gamma_p\hat{\pi}_{H,t})$$

$$\hat{\pi}_{H,t} = \frac{(1-\lambda_p\beta)(1-\lambda_p)}{\lambda_p(1+\beta\gamma_p)}\hat{\mathrm{mc}}_t + \frac{\beta}{1+\beta\gamma_p}E_t(\hat{\pi}_{H,t+1}) + \frac{\gamma_p}{1+\beta\gamma_p}\hat{\pi}_{H,t-1} \tag{3B.19}$$

（7）进口厂商的菲利普斯曲线

$$\mathrm{Max}:\ E_t\sum_{k=0}^{\infty}\Lambda_{t,t+k}(\lambda_F)^k\left\{\left[P_{F,t}^{\mathrm{new}}(m)\prod_{s=1}^{k}\pi_{F,t+s-1}^{\gamma_F} - e_{t+k}P_{F,t+k}^{*}(m)\right]C_{F,t+k}(m)\right\}$$

$$\mathrm{s.t.}\ C_{F,t+k}(m) = \left[\frac{P_{F,t}^{\mathrm{new}}(m)\prod_{s=1}^{k}\pi_{F,t+s-1}^{\gamma_F}}{P_{F,t+k}}\right]^{-\varepsilon_p}C_{F,t+k}$$

构造拉格朗日函数

$$L = E_t\sum_{k=0}^{\infty}\Lambda_{t,t+k}(\lambda_F)^k\left\{\begin{array}{l}\left[P_{F,t}^{\mathrm{new}}(m)\prod_{s=1}^{k}\pi_{F,t+s-1}^{\gamma_F} - e_{t+k}P_{F,t+k}^{*}(m)\right]\\ \left[\dfrac{P_{F,t}^{\mathrm{new}}(m)\prod_{s=1}^{k}\pi_{F,t+s-1}^{\gamma_F}}{P_{F,t+k}}\right]^{-\varepsilon_p}C_{F,t+k}\end{array}\right\}$$

$$\frac{\partial L}{\partial P_{F,t}^{\mathrm{new}}(m)} = E_t\sum_{k=0}^{\infty}\Lambda_{t,t+k}(\lambda_F)^k$$

$$\left\{\begin{array}{l}\prod_{s=1}^{k}\pi_{F,t+s-1}^{\gamma_F}\left[\dfrac{P_{F,t}^{\mathrm{new}}(m)\prod_{s=1}^{k}\pi_{F,t+s-1}^{\gamma_F}}{P_{F,t+k}}\right]^{-\varepsilon_p}C_{F,t+k} + \\ \left[P_{F,t}^{\mathrm{new}}(m)\prod_{s=1}^{k}\pi_{F,t+s-1}^{\gamma_F} - e_{t+k}P_{F,t+k}^{*}(m)\right]\\ (-\varepsilon_p)\left[\dfrac{P_{F,t}^{\mathrm{new}}(m)\prod_{s=1}^{k}\pi_{F,t+s-1}^{\gamma_F}}{P_{F,t+k}}\right]^{-\varepsilon_p-1}\cdot\dfrac{\prod_{s=1}^{k}\pi_{F,t+s-1}^{\gamma_F}}{P_{F,t+k}}C_{F,t+k}\end{array}\right\}$$

$$= E_t \sum_{k=0}^{\infty} \Lambda_{t,\ t+k} (\lambda_F)^k \left[\frac{P_{F,\ t}^{\text{new}}(m) \prod_{s=1}^{k} \pi_{F,\ t+s-1}^{\gamma_F}}{P_{F,\ t+k}}\right]^{-\varepsilon_p}$$

$$C_{F,\ t+k} \prod_{s=1}^{k} \pi_{F,\ t+s-1}^{\gamma_F} \left\{ \begin{aligned} & 1 - \varepsilon_p \left[P_{F,\ t}^{\text{new}}(m) \prod_{s=1}^{k} \pi_{F,\ t+s-1}^{\gamma_F} - e_{t+k} P_{F,\ t+k}^{*}(m) \right] \cdot \\ & \left[\frac{P_{F,\ t}^{\text{new}}(m) \prod_{s=1}^{k} \pi_{F,\ t+s-1}^{\gamma_F}}{P_{F,\ t+k}}\right]^{-1} \frac{1}{P_{F,\ t+k}} \end{aligned} \right\}$$

$$= E_t \sum_{k=0}^{\infty} \Lambda_{t,\ t+k} (\lambda_F)^k \left[\frac{P_{F,\ t}^{\text{new}}(m) \prod_{s=1}^{k} \pi_{F,\ t+s-1}^{\gamma_F}}{P_{F,\ t+k}}\right]^{-\varepsilon_p}$$

$$C_{F,\ t+k} \prod_{s=1}^{k} \pi_{F,\ t+s-1}^{\gamma_F} \left\{ \begin{aligned} & 1 - \varepsilon_p P_{F,\ t}^{\text{new}}(m) \prod_{s=1}^{k} \pi_{F,\ t+s-1}^{\gamma_F} \left[P_{F,\ t}^{\text{new}}(m) \prod_{s=1}^{k} \pi_{F,\ t+s-1}^{\gamma_F} \right]^{-1} + \\ & \varepsilon_p e_{t+k} P_{F,\ t+k}^{*}(m) \left[P_{F,\ t}^{\text{new}}(m) \prod_{s=1}^{k} \pi_{F,\ t+s-1}^{\gamma_F} \right]^{-1} \end{aligned} \right\}$$

$$= E_t \sum_{k=0}^{\infty} \Lambda_{t,\ t+k} (\lambda_F)^k \left[\frac{P_{F,\ t}^{\text{new}}(m) \prod_{s=1}^{k} \pi_{F,\ t+s-1}^{\gamma_F}}{P_{F,\ t+k}}\right]^{-\varepsilon_p}$$

$$C_{F,\ t+k} \prod_{s=1}^{k} \pi_{F,\ t+s-1}^{\gamma_F} \left[1 - \varepsilon_p + \varepsilon_p e_{t+k} \frac{P_{F,\ t+k}^{*}(m)}{P_{F,\ t}^{\text{new}}(m)} \left(\prod_{s=1}^{k} \pi_{F,\ t+s-1}^{\gamma_F}\right)^{-1} \right] = 0$$

$$E_t \sum_{k=0}^{\infty} \Lambda_{t,\ t+k} (\lambda_F)^k \left(\prod_{s=1}^{k} \pi_{F,\ t+s-1}^{\gamma_F}\right)^{1-\varepsilon_p} P_{F,\ t+k}^{\varepsilon_p}$$

$$\left(P_{F,\ t}^{\text{new}}(m)\right)^{-\varepsilon_p} C_{F,\ t+k} \left[1 - \frac{\varepsilon_p}{\varepsilon_p - 1} e_{t+k} \frac{P_{F,\ t+k}^{*}(m)}{P_{F,\ t}^{\text{new}}(m)} \left(\prod_{s=1}^{k} \pi_{F,\ t+s-1}^{\gamma_F}\right)^{-1} \right] = 0$$

$$E_t \sum_{k=0}^{\infty} \Lambda_{t,\ t+k} (\lambda_F)^k \left(\prod_{s=1}^{k} \pi_{F,\ t+s-1}^{\gamma_F}\right)^{1-\varepsilon_p} \left[\frac{P_{F,\ t}^{\text{new}}(m)}{P_{F,\ t+k}}\right]^{-\varepsilon_p} C_{F,\ t+k}$$

$$= \frac{\varepsilon_p}{\varepsilon_p - 1} E_t \sum_{k=0}^{\infty} \Lambda_{t,\ t+k} (\lambda_F)^k \left(\prod_{s=1}^{k} \pi_{F,\ t+s-1}^{\gamma_F}\right)^{-\varepsilon_p} \left[\frac{P_{F,\ t}^{\text{new}}(m)}{P_{F,\ t+k}}\right]^{-\varepsilon_p}$$

$$C_{F,\ t+k} e_{t+k} \frac{P_{F,\ t+k}^{*}(m)}{P_{F,\ t}^{\text{new}}(m)}$$

$$P_{F,\ t}^{\text{new}}(m) = \frac{\varepsilon_p}{\varepsilon_p - 1} \frac{\sum_{k=0}^{\infty} \Lambda_{t,\ t+k} (\lambda_F)^k C_{F,\ t+k}(m)\, e_{t+k} P_{F,\ t+k}^{*}(m)}{\sum_{k=0}^{\infty} \Lambda_{t,\ t+k} (\lambda_F)^k C_{F,\ t+k}(m) \prod_{s=1}^{k} \pi_{F,\ t+s-1}^{\gamma_F}}$$

把各个国家的进口看成对称的，则有 $P_{F,\ t+k}^{*}(m) = P_{F,\ t+k}^{*}$

$$\text{则 } P_{F,t}^{new}(m)=\frac{\varepsilon_p}{\varepsilon_p-1}\frac{\sum_{k=0}^{\infty}\Lambda_{t,t+k}(\lambda_F)^k C_{F,t+k}(m)e_{t+k}P_{F,t+k}^*}{\sum_{k=0}^{\infty}\Lambda_{t,t+k}(\lambda_F)^k C_{F,t+k}(m)\prod_{s=1}^{k}\pi_{F,t+s-1}^{\gamma_F}}$$

对数线性化

$$\because P_{F,t}=\left[(1-\lambda_F)(P_{F,t}^{new})^{1-\varepsilon_p}+\lambda_F(\pi_{F,t-1}^{\gamma_F}P_{F,t-1})^{1-\varepsilon_p}\right]^{\frac{1}{1-\varepsilon_p}}$$

$$(P_F e^{\hat{P}_{F,t}})^{1-\varepsilon_p}=\lambda_F(e^{\gamma_F\hat{\pi}_{F,t-1}}P_F e^{\hat{P}_{F,t-1}})^{1-\varepsilon_p}+(1-\lambda_F)(P_F^{new}e^{\hat{P}_{F,t}^{new}})^{1-\varepsilon_p}$$

$$\because \text{稳态方程为 } P_F^{1-\varepsilon_p}=\lambda_F P_F^{1-\varepsilon_p}+(1-\lambda_F)(P_F^{new})^{1-\varepsilon_p}\text{ 即 } P_F^{new}=P_F$$

$$\therefore \hat{P}_{F,t}=\lambda_F\hat{P}_{F,t-1}+(1-\lambda_F)\hat{P}_{F,t}^{new}+\lambda_F\gamma_F\hat{\pi}_{F,t-1}$$

则

$$\hat{P}_{F,t}^{new}=\frac{\hat{P}_{F,t}-\lambda_F\hat{P}_{F,t-1}-\lambda_F\gamma_F\pi_{F,t-1}}{1-\lambda_F} \tag{3B.20}$$

$$\because \Lambda_{t,t+k}=\frac{\lambda_{t+k}^o}{\lambda_t^o}\beta^k$$

$$(\varepsilon_p-1)P_{F,t}^{new}(m)\sum_{k=0}^{\infty}\frac{\lambda_{t+k}^o}{\lambda_t^o}(\lambda_F\beta)^k C_{F,t+k}(m)\prod_{s=1}^{k}\pi_{F,t+s-1}^{\gamma_F}$$

$$=\varepsilon_p\sum_{k=0}^{\infty}\frac{\lambda_{t+k}^o}{\lambda_t^o}(\lambda_F\beta)^k C_{F,t+k}(m)e_{t+k}P_{F,t+k}^*$$

$$(\varepsilon_p-1)P_F^{new}(m)e^{\hat{P}_{F,t}^{new}(m)}\sum_{k=0}^{\infty}(\lambda_F\beta)^k\frac{\lambda^o}{\lambda^o}e^{\hat{\lambda}_{t+k}^o-\hat{\lambda}_t^o}C_F(m)e^{\hat{C}_{F,t+k}(m)}e^{\gamma_F\sum_{s=1}^{k}\pi_{F,t+s-1}}$$

$$=\varepsilon_p\sum_{k=0}^{\infty}(\lambda_F\beta)^k C_F(m)e^{\hat{C}_{F,t+k}(m)}\frac{\lambda^o}{\lambda^o}e^{\hat{\lambda}_{t+k}^o-\hat{\lambda}_t^o}\bar{e}e^{\hat{e}_{t+k}}P_F^*e^{\hat{P}_{F,t+k}^*}$$

稳态方程为 $(\varepsilon_p-1)P_F^{new}(m)=\varepsilon_p\bar{e}P_F^*$

$$\sum_{k=0}^{\infty}(\lambda_F\beta)^k\left[\hat{P}_{F,t}^{new}(m)+\gamma_F\sum_{s=1}^{k}\hat{\pi}_{F,t+s-1}\right]=\sum_{k=0}^{\infty}(\lambda_F\beta)^k(\hat{e}_{t+k}+\hat{P}_{F,t+k}^*)$$

$$\sum_{k=0}^{\infty}(\lambda_F\beta)^k[\hat{P}_{F,t}^{new}(m)+\gamma_F(\hat{P}_{F,t+k-1}-\hat{P}_{F,t-1})]=\sum_{k=0}^{\infty}(\lambda_F\beta)^k(\hat{e}_{t+k}+\hat{P}_{F,t+k}^*)$$

$$\sum_{k=0}^{\infty}(\lambda_F\beta)^k[\hat{P}_{F,t}^{new}(m)-\gamma_F\hat{P}_{F,t-1}]=\sum_{k=0}^{\infty}(\lambda_F\beta)^k(\hat{e}_{t+k}+\hat{P}_{F,t+k}^*-\gamma_F\hat{P}_{F,t+k-1})$$

$$\hat{P}_{F,t}^{new}(m)-\gamma_F\hat{P}_{F,t-1}$$

$$=(1-\lambda_F\beta)\sum_{k=0}^{\infty}(\lambda_F\beta)^k(\hat{e}_{t+k}+\hat{P}_{F,t+k}^*-\hat{P}_{F,t+k}+\hat{P}_{F,t+k}-\gamma_F\hat{P}_{F,t+k-1})$$

又因为 $\psi_{F,t}=\dfrac{e_tP^*_{F,t}}{P_{F,t}}$ 则线性化结果为 $\hat{\psi}_{F,t}=\hat{e}_t+\hat{P}^*_{F,t}-\hat{P}_{F,t}$

$$
\begin{aligned}
&\hat{P}^{new}_{F,t}(m)-\gamma_F\hat{P}_{F,t-1}\\
&=(1-\lambda_F\beta)\sum_{k=0}^{\infty}(\lambda_F\beta)^k(\hat{\psi}_{F,t+k}+\hat{P}_{F,t+k}-\gamma_F\hat{P}_{F,t+k-1})\\
&=(1-\lambda_F\beta)(\hat{\psi}_{F,t}+\hat{P}_{F,t}-\gamma_F\hat{P}_{F,t-1})+(1-\lambda_F\beta)\\
&\quad\sum_{k=1}^{\infty}(\lambda_F\beta)^k(\hat{\psi}_{F,t+k}+\hat{P}_{F,t+k}-\gamma_F\hat{P}_{F,t+k-1})\\
&=(1-\lambda_F\beta)(\hat{\psi}_{F,t}+\hat{P}_{F,t}-\gamma_F\hat{P}_{F,t-1})+\lambda_F\beta[\hat{P}^{new}_{F,t+1}(m)-\gamma_F\hat{P}_{F,t}]
\end{aligned}
$$

假定各个国家统一重新定价

$$
\begin{aligned}
&\hat{P}^{new}_{F,t}-\gamma_F\hat{P}_{F,t-1}\\
&=(1-\lambda_F\beta)(\hat{\psi}_{F,t}+\hat{P}_{F,t}-\gamma_F\hat{P}_{F,t-1})+\lambda_F\beta(\hat{P}^{new}_{F,t+1}-\gamma_F\hat{P}_{F,t})
\end{aligned}
$$

将式（3B.20）代入上式得

$$
\begin{aligned}
&\frac{\hat{P}_{F,t}-\lambda_F\hat{P}_{F,t-1}-\lambda_F\gamma_F\hat{\pi}_{F,t-1}}{1-\lambda_F}-\gamma_F\hat{P}_{F,t-1}\\
&=(1-\lambda_F\beta)(\hat{\psi}_{F,t}+\hat{P}_{F,t}-\gamma_F\hat{P}_{F,t-1})+\\
&\lambda_F\beta\left(\frac{\hat{P}_{F,t+1}-\lambda_F\hat{P}_{F,t}-\lambda_F\gamma_F\hat{\pi}_{F,t}}{1-\lambda_F}-\gamma_F\hat{P}_{F,t}\right)
\end{aligned}
$$

$$
\lambda_F(1+\lambda_F\beta)\hat{\pi}_{F,t}=(1-\lambda_F\beta)(1-\lambda_F)\hat{\psi}_{F,t}+\lambda_F\beta\hat{\pi}_{F,t+1}+\lambda_F\gamma_F\hat{\pi}_{F,t-1}
$$

$$
\hat{\pi}_{F,t}=\frac{(1-\lambda_F\beta)(1-\lambda_F)}{\lambda_F(1+\lambda_F\beta)}\hat{\psi}_{F,t}+\frac{\beta}{1+\lambda_F\beta}\hat{\pi}_{F,t+1}+\frac{\gamma_F}{1+\lambda_F\beta}\hat{\pi}_{F,t-1} \tag{3B.21}
$$

（8）总通货膨胀

$$
又\because P_t=[\chi P^{1-\varepsilon}_{H,t}+(1-\chi)P^{1-\varepsilon}_{F,t}]^{\frac{1}{1-\varepsilon}}
$$

对数线性化

$$
Pe^{\hat{P}_t}=[\chi(P_He^{\hat{P}_{H,t}})^{1-\varepsilon}+(1-\chi)(P_Fe^{\hat{P}_{F,t}})^{1-\varepsilon}]^{\frac{1}{1-\varepsilon}}
$$

$$
\hat{P}_t=\chi\hat{P}_{H,t}+(1-\chi)\hat{P}_{F,t}
$$

$$
\hat{P}_{t+1}=\chi\hat{P}_{H,t+1}+(1-\chi)\hat{P}_{F,t+1}
$$

两式相减得

$$
\hat{\pi}_t=\chi\hat{\pi}_{H,t}+(1-\chi)\hat{\pi}_{F,t} \tag{3B.22}
$$

（9）总资源约束

$$\because Y_t(j)=\left[\frac{P_{H,t}(j)}{P_{H,t}}\right]^{-\varepsilon_p}Y_t$$

$$Y_t=C_{H,t}+I_{H,t}+C_{H,t}^*+G_t$$

$$\therefore Y_t(j)=\left[\frac{P_{H,t}(j)}{P_{H,t}}\right]^{-\varepsilon_p}(C_{H,t}+I_{H,t}+C_{H,t}^*+G_t) \qquad (3B.23)$$

$$\because e_t=\frac{P_{H,t}}{P_{H,t}^*}\Rightarrow P_{H,t}^*=\frac{P_{H,t}}{e_t}$$

$$\therefore C_{H,t}^*=(1-\chi)\left(\frac{P_{H,t}^*}{P_t^*}\right)^{-\varepsilon}C_t^*=(1-\chi)\left(\frac{e_tP_t^*}{P_{H,t}}\right)^{\varepsilon}C_t^*$$

$$且\ C_{H,t}=\chi\left(\frac{P_{H,t}}{P_t}\right)^{-\varepsilon}C_t$$

将两式代入式（3B.23）中并对其积分

$$Y_t=\int_0^1\left[\frac{P_{H,t}(j)}{P_{H,t}}\right]^{-\varepsilon_p}\left[\begin{matrix}\chi\left(\frac{P_{H,t}}{P_t}\right)^{-\varepsilon_p}C_t+\chi\left(\frac{P_{H,t}}{P_t}\right)^{-\varepsilon_p}I_t+\\(1-\chi)\left(\frac{e_tP_t^*}{P_{H,t}}\right)^{\varepsilon_p}C_t^*+G_t\end{matrix}\right]\mathrm{d}j$$

$$令\ \widetilde{D}_{H,t}=\int_0^1\left[\frac{P_{H,t}(j)}{P_{H,t}}\right]^{-\varepsilon_p}\mathrm{d}j$$

$$\therefore Y_t=\widetilde{D}_{H,t}\left[\chi\left(\frac{P_{H,t}}{P_t}\right)^{-\varepsilon_p}C_t+\chi\left(\frac{P_{H,t}}{P_t}\right)^{-\varepsilon_p}I_t+(1-\chi)\left(\frac{e_tP_t^*}{P_{H,t}}\right)^{\varepsilon_p}C_t^*+G_t\right]$$

$$Ye^{\hat{y}_t}$$

$$=\widetilde{D}_He^{\hat{\widetilde{D}}_{H,t}}\left[\begin{matrix}\chi\left(e^{\frac{\hat{P}_t}{P_{H,t}}}\right)^{\varepsilon_p}Ce^{\hat{c}_t}+(1-\chi)\left(\frac{eP^*}{P_H}e^{\hat{e}_t+\hat{P}_t^*-\hat{P}_{H,t}}\right)^{\varepsilon_p}C^*e^{\hat{c}_t^*}+\\\chi\left(e^{\frac{P_t}{P_{H,t}}}\hat{}\right)^{\varepsilon_pIe^{\hat{i}_t}+\frac{G_t-G+G}{Y}Y}\end{matrix}\right]$$

$$\because \widetilde{D}_H=1,\ \hat{\widetilde{D}}_{H,t}=0,\ e^{\hat{\widetilde{D}}_{H,t}}=1$$

$$\because\ 稳态方程为\ Y=\chi C+\chi I+(1-\chi)\ C^*+G$$

$$\frac{\hat{P}_t}{P_{H,t}}=(1-\chi)\ \hat{s}_t,\ \hat{s}_t=\hat{P}_{F,t}-\hat{P}_{H,t},\ \hat{\psi}_{F,t}=\hat{e}_t+\hat{P}_t^*-\hat{P}_{F,t}$$

$$\hat{e}_t+\hat{P}_t^*-\hat{P}_{H,t}=\hat{e}_t+\hat{P}_t^*-\hat{P}_{F,t}+\hat{P}_{F,t}-\hat{P}_{H,t}=\hat{\psi}_{F,t}+\hat{s}_t$$

$$C_{H,t} = \chi\left(\frac{P_{H,t}}{P_t}\right)^{-\varepsilon} C_t$$

线性化结果为 $\hat{c}_{H,t} = \hat{c}_t - \varepsilon(\hat{P}_{H,t} - \hat{P}_t) = \hat{c}_t + \varepsilon(1-\chi)\hat{s}_t$

$$C^*_{H,t} = (1-\chi)\left(\frac{e_t P^*_t}{P_{H,t}}\right)^{\varepsilon} C^*_t$$

线性化结果为 $\hat{c}^*_{H,t} = \varepsilon(\hat{\psi}_{F,t} + \hat{s}_t) + \hat{c}^*_t$

则 $\hat{y}_t = \gamma_c[\chi\hat{c}_{H,t} + (1-\chi)\hat{c}^*_{H,t}] + \gamma_I\chi\hat{i}_t + \hat{g}_t$

最终，我们得到

$$\hat{y}_t = \gamma_c\chi\hat{c}_t + (1-\chi)\gamma_c\hat{c}^*_t + \gamma_I\chi\hat{i}_t + \hat{g}_t + \varepsilon\gamma_c(1-\chi)\hat{\psi}_{F,t} + \varepsilon\gamma_c(1-\chi)(1+\chi)\hat{s}_t \quad (3B.24)$$

（10）国外净资产演化方程

$e_t\text{NFA}_t = R_{t-1}e_{t-1}\text{NFA}_{t-1} + P_t\text{NX}_t$　则有 $\dfrac{e_t\text{NFA}_t}{P_t} = \dfrac{R_{t-1}}{\pi_t}\dfrac{e_{t-1}\text{NFA}_{t-1}}{P_{t-1}} + \text{NX}_t$

其中

$$\text{NX}_t = \frac{P_{H,t}}{P_t}Y_t - \left(\frac{P_{H,t}}{P_t}C_{H,t} + \frac{P_{F,t}}{P_t}C_{F,t} + \frac{P_{H,t}}{P_t}I_{H,t} + \frac{P_{F,t}}{P_t}I_{F,t} + \frac{P_{H,t}}{P_t}G_t\right)$$

定义$\dfrac{e_t\text{NFA}_t}{YP_t} = \text{nfa}_t$　则有 $Y\text{nfa}_t = Y\dfrac{R_{t-1}}{\pi_t}\text{nfa}_{t-1} + \text{NX}_t$ 其中 NX = 0

对数线性化

$$\text{nfa}_t = \frac{R_{t-1}}{\pi_t}\text{nfa}_{t-1} + \frac{\text{NX}_t - \text{NX}}{Y}$$

$$\text{nfa}_t = \text{R}e^{\hat{r}_{t-1}-\hat{\pi}_t}\text{nfa}_{t-1} + \hat{\text{nx}}_t$$

$$\text{nfa}_t = \text{R}\text{nfa}_{t-1} + \hat{\text{nx}}_t \quad \text{又因为 } R = 1/\beta$$

$$\text{nfa}_t = (1/\beta)\,\text{nfa}_{t-1} + \hat{\text{nx}}_t \quad (3B.25)$$

（11）净出口方程

对李嘉图消费和非李嘉图消费进行加权，其中李嘉图占的比重为 λ，则非李嘉图的比重为 $1-\lambda$

$$P_t(C_t + I_t) + R_t^{-1}B_{t+1} + e_t\text{NFA}_t = P_t w_t N^i_t - P_t T_t + B_t + D_t + R^*_{t-1}e_t\text{NFA}_{t-1}\varphi_{t-1}(\text{nfa}_{t-1}) + P_t R^k_t K_t$$

而政府预算约束为

$$P_tT_t + R_t^{-1}B_{t+1} = B_t + P_{H,t}G_t$$

将上两式联立，得到

$$P_t(C_t + I_t) + P_{H,t}G_t + e_t\mathrm{NFA}_t$$

$$= w_tP_tN_t^i + D_t + R_{t-1}^*e_t\mathrm{NFA}_{t-1}\varphi_{t-1}(\mathrm{nfa}_{t-1}) + R_t^kP_tK_t \quad (3B.26)$$

因为

$$e_t\mathrm{NFA}_t = R_{t-1}e_{t-1}\mathrm{NFA}_{t-1} + P_t\mathrm{NX}_t$$

又因为无抵补利率条件为 $R_t^*\varphi_t(\mathrm{nfa}_t)\dfrac{e_{t+1}}{e_t} = R_t$ 即 $R_{t-1}e_{t-1} = R_{t-1}^*\varphi_{t-1}(\mathrm{nfa}_{t-1})e_t$

则

$$e_t\mathrm{NFA}_t = R_{t-1}^*\varphi_{t-1}(\mathrm{nfa}_{t-1})e_t\mathrm{NFA}_{t-1} + P_t\mathrm{NX}_t \quad (3B.27)$$

将式（3B.27）代入式（3B.26），得到

$$P_t(C_t + I_t) + P_{H,t}G_t + P_t\mathrm{NX}_t = w_tP_tN_t^i + D_t + R_t^kP_tK_t$$

又因为

$$D_t = P_{H,t}Y_t - w_tP_tN_t^i - R_t^kP_tK_t + (P_{F,t} - e_tP_t^*)(C_{F,t} + I_{F,t})$$

则有

$$P_t(C_t + I_t) + P_{H,t}G_t + P_t\mathrm{NX}_t = P_{H,t}Y_t + (P_{F,t} - e_tP_t^*)(C_{F,t} + I_{F,t})$$

由于

$$Y_t = C_{H,t} + I_{H,t} + G_t + C_{H,t}^*$$

则有

$$P_t(C_t + I_t) + P_{H,t}G_t + P_t\mathrm{NX}_t$$

$$= P_{H,t}(C_{H,t} + I_{H,t} + G_t + C_{H,t}^*) + (P_{F,t} - e_tP_t^*)(C_{F,t} + I_{F,t})$$

由于

$$P_tC_t = P_{H,t}C_{H,t} + P_{F,t}C_{F,t}，\ P_tI_t = P_{H,t}I_{H,t} + P_{F,t}I_{F,t}$$

则有

$$P_t\mathrm{NX}_t = P_{H,t}C_{H,t}^* - e_tP_t^*C_{F,t} - e_tP_t^*I_{F,t}$$

$$\Rightarrow \mathrm{NX}_t = \frac{P_{H,t}}{P_t}C_{H,t}^* - \frac{e_tP_t^*}{P_t}C_{F,t} - \frac{e_tP_t^*}{P_t}I_{F,t}$$

由于 NX = 0，则有

$$\frac{\mathrm{NX}_t - \mathrm{NX}}{Y} = \frac{1}{Y}\frac{P_{H,t}}{P_t}C_{H,t}^* - \frac{1}{Y}\frac{e_tP_t^*}{P_t}C_{F,t} - \frac{1}{Y}\frac{e_tP_t^*}{P_t}I_{F,t}$$

$$\Rightarrow \hat{nx}_t = \frac{1}{Y}\frac{P_H}{P}C_H^* e^{\hat{c}_{H,t}^*+\hat{p}_{H,t}-\hat{p}_t} - \frac{1}{Y}\frac{eP^*}{P}C_F e^{\hat{c}_{F,t}+\hat{p}_t^*+\hat{e}_t-\hat{p}_t} - \frac{1}{Y}\frac{eP^*}{P}I_F e^{\hat{i}_{F,t}+\hat{p}_t^*+\hat{e}_t-\hat{p}_t}$$

$$\Rightarrow \hat{nx}_t = \frac{C_H^*}{Y}(\hat{c}_{H,t}^* + \hat{p}_{H,t} - \hat{p}_t) - \frac{C_F}{Y}(\hat{c}_{F,t} + \hat{p}_t^* + \hat{e}_t - \hat{p}_t) - \frac{I_F}{Y}(\hat{i}_{F,t} + \hat{p}_t^* + \hat{e}_t - \hat{p}_t)$$

由于

$$C_{H,t}^* = (1-\chi)\left(\frac{P_{H,t}^*}{P_t^*}\right)^{-\eta} C_t^*$$

$$C_{F,t} = (1-\chi)\left(\frac{P_{F,t}}{P_t}\right)^{-\eta} C_t$$

$$I_{F,t} = (1-\chi)\left(\frac{P_{F,t}}{P_t}\right)^{-\eta} I_t$$

其各自稳态分别为

$$C_H^* = (1-\chi)C^*,\ C_F = (1-\chi)C,\ I_F = (1-\chi)I$$

围绕各自稳态的线性化分别为

$$\hat{c}_{H,t}^* = \hat{c}_t^* - \eta(\hat{p}_{H,t}^* - \hat{p}_t^*),\ \hat{c}_{F,t} = \hat{c}_t - \eta(\hat{p}_{F,t} - \hat{p}_t),\ \hat{i}_{F,t} = \hat{i}_t - \eta(\hat{p}_{F,t} - \hat{p}_t)$$

又因 $\hat{p}_t = \chi\hat{p}_{H,t} + (1-\chi)\hat{p}_{F,t}$，$\hat{p}_t^* = \chi\hat{p}_{F,t}^* + (1-\chi)\hat{p}_{H,t}^*$，则有

$$(\hat{p}_{H,t}^* - \hat{p}_t^*) = \frac{\chi}{1-\chi}(\hat{p}_t^* - \hat{p}_{F,t}^*),\ \hat{p}_t = \hat{p}_{F,t} - \chi\hat{s}_t$$

由于我们将国外经济体即世界剩余国家当作一个近似封闭的经济体，这意味着世界经济中（国外经济体中）的国内通货膨胀 $\hat{\pi}_t^*$ 与 CPI 通货膨胀 $\hat{\pi}_{F,t}^*$ 是等价的，即

$$P_t^* = P_{F,t}^* \Rightarrow \hat{p}_t^* = \hat{p}_{F,t}^* \Rightarrow \hat{p}_t^* - \hat{p}_{F,t}^* = 0$$

于是，我们得到

$$\hat{c}_{H,t}^* = \hat{c}_t^*,\ \hat{c}_{F,t} = \hat{c}_t - \chi\eta\hat{s}_t,\ \hat{i}_{F,t} = \hat{i}_t - \chi\eta\hat{s}_t$$

将上述各关系式代入，则

$$\hat{nx}_t = \frac{(1-\chi)C^*}{Y}[\hat{c}_t^* + (\hat{p}_{H,t} - \hat{p}_t)] -$$

$$\frac{(1-\chi)C}{Y}[(\hat{c}_t-\chi\eta\hat{s}_t)+(\hat{p}_t^*+\hat{e}_t-\hat{p}_t)]-$$

$$\frac{(1-\chi)I}{Y}[(\hat{i}_t-\chi\eta\hat{s}_t)+(\hat{p}_t^*+\hat{e}_t-\hat{p}_t)]$$

又因 $\hat{p}_{H,t}-\hat{p}_t=-(1-\chi)\hat{s}_t$，$\hat{\tilde{q}}_t=\hat{e}_t+\hat{p}_t^*-\hat{p}_t$，则有

$$\hat{\mathrm{nx}}_t=\frac{(1-\chi)C^*}{Y}[\hat{c}_t^*-(1-\chi)\hat{s}_t]-\frac{(1-\chi)C}{Y}(\hat{c}_t+\hat{\tilde{q}}_t)-$$

$$\frac{(1-\chi)I}{Y}(\hat{i}_t+\hat{\tilde{q}}_t)+(1-\chi)\left(\frac{I}{Y}+\frac{C}{Y}\right)\chi\eta\hat{s}_t$$

$$\hat{\mathrm{nx}}_t=\frac{(1-\chi)C^*}{Y}\hat{c}_t^*-\frac{(1-\chi)C}{Y}\hat{c}_t-\frac{(1-\chi)I}{Y}\hat{i}_t-(1-\chi)\left(\frac{C}{Y}+\frac{I}{Y}\right)\hat{\tilde{q}}_t$$

$$+(1-\chi)\left[\left(\frac{I}{Y}+\frac{C}{Y}\right)\chi\eta-(1-\chi)\frac{C^*}{Y}\right]\hat{s}_t$$

由于

$$C^*=C,\ \gamma_c\equiv\frac{C}{Y},\ \gamma_i\equiv\frac{I}{Y}$$

则有

$$\hat{\mathrm{nx}}_t=(1-\chi)\gamma_c\hat{c}_t^*-(1-\chi)\gamma_c\hat{c}_t-(1-\chi)\gamma_i\hat{i}_t-$$

$$(1-\chi)(\gamma_c+\gamma_i)\hat{\tilde{q}}_t+(1-\chi)[(\gamma_c+\gamma_i)\chi\eta-(1-\chi)\gamma_c]\hat{s}_t$$

（12）贸易条件

$$\because\ \hat{P}_{F,t}=\hat{s}_t+\hat{P}_{H,t}$$

$$\therefore\ \hat{s}_t=\hat{s}_{t-1}+\hat{\pi}_{F,t}-\hat{\pi}_{H,t} \tag{3B.28}$$

（13）李嘉图家庭预算约束线性化

$$C_t^o+T^o+I_t^o+\frac{1}{R_t}\frac{B_t^o}{P_t}+\frac{e_t\mathrm{NFA}_{t+1}^o}{P_t}=w_tN_t^d+R_t^kK_t^o+\frac{P_{t-1}}{P_t}\frac{B_{t-1}^o}{P_{t-1}}+$$

$$\frac{R_{t-1}^*\Phi(\hat{\mathrm{nfa}}_t^o)\,e_{t-1}\mathrm{NFA}_t^o}{P_t}+D_t^o-T_t^o+T^o$$

$$\Rightarrow C_t^o+T^o+I_t^o+Y\frac{1}{R_t}\left(\frac{B_t^o/P_t}{Y}\right)+Y\left(\frac{e_t\mathrm{NFA}_{t+1}^o/P_t}{Y}\right)$$

$$=w_tN_t^d+R_t^kK_t^o+Y\frac{1}{\pi_t}\left(\frac{B_{t-1}^o/P_{t-1}}{Y}\right)+\frac{R_{t-1}^*\Phi(\hat{\mathrm{nfa}}_t^o)}{\pi_t}Y\left(\frac{e_{t-1}\mathrm{NFA}_t^o/P_{t-1}}{Y}\right)+$$

$$D_t^o - Y\left(\frac{T_t^o - T^o}{Y}\right)$$

因为

$$E_t\left(\frac{\lambda_t^o}{\beta\lambda_{t+1}^o}\right) = E_t\left(\frac{R_t}{\pi_{t+1}}\right)$$

$$E_t\left(\frac{\lambda_t^o}{\beta\lambda_{t+1}^o}\frac{e_t}{e_{t+1}}\right) = E_t\left[\frac{R_t^* \Phi(\hat{\text{nfa}}_t)}{\pi_{t+1}}\right]$$

则有

$$E_t\left[\frac{R_t^* \Phi(\hat{\text{nfa}}_t)}{\pi_{t+1}}\right] = E_t\left(\frac{R_t}{\pi_{t+1}}\frac{e_t}{e_{t+1}}\right)$$

我们令 $\hat{b}_t^o \equiv \frac{B_t^o/P_t}{Y}$，$\hat{\text{nfa}}_{t+1}^o \equiv \frac{e_t\text{NFA}_{t+1}^o/P_t}{Y}$，$\hat{t}_t^o \equiv \frac{T_t^o - T^o}{Y}$，$X_t \equiv C_t^o + T^o$，于是上面预算约束可写为

$$X_t + I_t^o + Y\frac{1}{R_t}\hat{b}_t^o + Y\hat{\text{nfa}}_{t+1}^o = w_t N_t^d + R_t^k K_t^o + Y\frac{1}{\pi_t}\hat{b}_{t-1}^o + \frac{R_{t-1}}{\pi_t}\frac{e_{t-1}}{e_t}Y\hat{\text{nfa}}_t^o + D_t^o - Y\hat{t}_t^o$$

先线性化 X_t 的定义式

$$Xe^{\hat{X}_t} \equiv C^o e^{\hat{C}_t^o} + T^o$$

$$\Rightarrow X + X\hat{X}_t = C^o + C^o\hat{C}_t^o + T^o$$

$$\Rightarrow X\hat{X}_t = C^o\hat{C}_t^o$$

$$\Rightarrow X\hat{X}_t = C^o\hat{C}_t^o$$

再线性化预算约束式

$$X_t + I_t^o + Y\frac{1}{R_t}\hat{b}_t^o + Y\hat{\text{nfa}}_{t+1}^o = w_t N_t^d + R_t^k K_t^o +$$

$$Y\frac{1}{\pi_t}\hat{b}_{t-1}^o + \frac{R_{t-1}}{\pi_t}\frac{e_{t-1}}{e_t}Y\hat{\text{nfa}}_t^o + D_t^o - Y\hat{t}_t^o$$

其稳态为

$$X + I^o = wN^d + R^k K^o + D^o$$

围绕该问题，我们线性化

$$X_t + I_t^o + Y\frac{1}{R_t}\hat{b}_t^o + Y\hat{\text{nfa}}_{t+1}^o$$

$$= w_t N_t^d + R_t^k K_t^o + Y\frac{1}{\pi_t}\hat{b}_{t-1}^o + \frac{R_{t-1}}{\pi_t}\frac{e_{t-1}}{e_t}Y\hat{\text{nfa}}_t^o + D_t^o - Y\hat{t}_t^o$$

$$\Rightarrow Xe^{\hat{X}_t} + I^o e^{\hat{i}_t^o} + Y\hat{b}_t^o (Re^{\hat{R}_t})^{-1} + Y\hat{\text{nfa}}_{t+1}^o$$

$$= wN^d e^{\hat{w}_t + \hat{n}_t^d} + R^k K^o e^{\hat{R}_t^k + \hat{k}_t^o} + Y\hat{b}_{t-1}^o (\pi e^{\hat{\pi}_t})^{-1} +$$

$$Re^{\hat{R}_{t-1} - \hat{\pi}_t + \hat{e}_{t-1} - \hat{e}_t} Y\hat{\text{nfa}}_t^o + D^o e^{\hat{d}_t^o} - Y\hat{t}_t^o$$

$$\Rightarrow Xe^{\hat{X}_t} + I^o e^{\hat{i}_t^o} + Y\hat{b}_t^o R^{-1} e^{-\hat{R}_t} + Y\hat{\text{nfa}}_{t+1}^o$$

$$= wN^d e^{\hat{w}_t + \hat{n}_t^d} + R^k K^o e^{\hat{R}_t^k + \hat{k}_t^o} + Y\pi^{-1}\hat{b}_{t-1}^o e^{-\hat{\pi}_t} +$$

$$Re^{\hat{R}_{t-1} - \hat{\pi}_t + \hat{e}_{t-1} - \hat{e}_t} Y\hat{\text{nfa}}_t^o + D^o e^{\hat{d}_t^o} - Y\hat{t}_t^o$$

$$\Rightarrow X + X\hat{X}_t + I^o + I^o\hat{i}_t^o + Y\hat{b}_t^o R^{-1} + Y\hat{b}_t^o R^{-1}(-\hat{R}_t) + Y\hat{\text{nfa}}_{t+1}^o$$

$$= wN^d + wN^d(\hat{w}_t + \hat{n}_t^d) + R^k K^o + R^k K^o(\hat{R}_t^k + \hat{k}_t^o) +$$

$$Y\pi^{-1}\hat{b}_{t-1}^o + Y\pi^{-1}\hat{b}_{t-1}^o(-\hat{\pi}_t) +$$

$$RY\hat{\text{nfa}}_t^o + R(\hat{R}_{t-1} - \hat{\pi}_t + \hat{e}_{t-1} - \hat{e}_t)\, Y\hat{\text{nfa}}_t^o + D^o + D^o\hat{d}_t^o - Y\hat{t}_t^o$$

$$\Rightarrow X\hat{X}_t + I^o\hat{i}_t^o + Y\hat{b}_t^o R^{-1} + Y\hat{b}_t^o R^{-1}(-\hat{R}_t) + Y\hat{\text{nfa}}_{t+1}^o$$

$$= wN^d(\hat{w}_t + \hat{n}_t^d) + R^k K^o(\hat{R}_t^k + \hat{k}_t^o) + Y\pi^{-1}\hat{b}_{t-1}^o + Y\pi^{-1}\hat{b}_{t-1}^o(-\hat{\pi}_t) +$$

$$RY\hat{\text{nfa}}_t^o + R(\hat{R}_{t-1} - \hat{\pi}_t + \hat{e}_{t-1} - \hat{e}_t)\, Y\hat{\text{nfa}}_t^o + D^o\hat{d}_t^o - Y\hat{t}_t^o$$

$$\Rightarrow C^o\hat{c}_t^o + I^o\hat{i}_t^o + Y\hat{b}_t^o R^{-1} + Y\hat{\text{nfa}}_{t+1}^o$$

$$= wN^d(\hat{w}_t + \hat{n}_t^d) + R^k K^o(\hat{R}_t^k + \hat{k}_t^o) + Y\pi^{-1}\hat{b}_{t-1}^o + RY\hat{\text{nfa}}_t^o + D^o\hat{d}_t^o - Y\hat{t}_t^o$$

$$\Rightarrow \frac{C^o}{Y}\hat{c}_t^o + \frac{I^o}{Y}\hat{i}_t^o = \frac{wN^d}{Y}(\hat{w}_t + \hat{n}_t^d) + \frac{R^k K^o}{Y}(\hat{R}_t^k + \hat{k}_t^o) + \left(\hat{b}_{t-1}^o - \frac{1}{R}\hat{b}_t^o\right) +$$

$$(R\hat{\text{nfa}}_t^o - \hat{\text{nfa}}_{t+1}^o) + \frac{D^o}{Y}\hat{d}_t^o - \hat{t}_t^o$$

（14）工资方程

$$\text{Max:}\ W_t N_t(j) - \int_0^1 W_t^z N_t^z(j)\,\mathrm{d}z$$

$$\text{s. t.} \quad N_t(j) = \left[\int_0^1 N_t^z(j)^{\frac{\varepsilon_w - 1}{\varepsilon_w}}\mathrm{d}z\right]^{\frac{\varepsilon_w}{\varepsilon_w - 1}}$$

构造拉格朗日函数

$$L = W_t \cdot \left[\int_0^1 N_t^z(j)^{\frac{\varepsilon_w - 1}{\varepsilon_w}}\mathrm{d}z\right]^{\frac{\varepsilon_w}{\varepsilon_w - 1}} - \int_0^1 W_t^z N_t^z(j)\,\mathrm{d}z$$

$$\frac{\partial L}{\partial N_t^z(j)} = W_t \cdot \frac{\varepsilon_w}{\varepsilon_w - 1} \cdot \left[\int_0^1 N_t^z(j)^{\frac{\varepsilon_w - 1}{\varepsilon_w}}\mathrm{d}z\right]^{\frac{1}{\varepsilon_w - 1}} \cdot \frac{\varepsilon_w - 1}{\varepsilon_w} \cdot N_t^z(j)^{-\frac{1}{\varepsilon_w}} - W_t^z$$

$$= W_t \cdot [N_t(j)]^{\frac{1}{\varepsilon_w}} \cdot N_t^z(j)^{-\frac{1}{\varepsilon_w}} - W_t^z = 0$$

$$W_t^{\varepsilon_w} \cdot N_t(j) \cdot N_t^z(j)^{-1} = (W_t^z)^{\varepsilon_w}$$

$$N_t^z(j) = \left(\frac{W_t}{W_t^z}\right)^{\varepsilon_w} N_t(j) = \left(\frac{W_t^z}{W_t}\right)^{-\varepsilon_w} N_t(j) \tag{3B.29}$$

将式（3B.29）代入 $N_t(j) = \left[\int_0^1 N_t^z(j)^{\frac{\varepsilon_w - 1}{\varepsilon_w}} \mathrm{d}z\right]^{\frac{\varepsilon_w}{\varepsilon_w - 1}}$ 得

$$N_t(j) = \left\{\int_0^1 \left[\left(\frac{W_t^z}{W_t}\right)^{-\varepsilon_w} N_t(j)\right]^{\frac{\varepsilon_w - 1}{\varepsilon_w}} \mathrm{d}z\right\}^{\frac{\varepsilon_w}{\varepsilon_w - 1}}$$

$$= W_t^{\varepsilon_w} \cdot N_t(j) \cdot \left[\int_0^1 (W_t^z)^{1-\varepsilon_w} \mathrm{d}z\right]^{\frac{\varepsilon_w}{\varepsilon_w - 1}}$$

$$1 = W_t \left[\int_0^1 (W_t^z)^{1-\varepsilon_w} \mathrm{d}z\right]^{\frac{1}{\varepsilon_w - 1}}$$

$$W_t = \left[\int_0^1 (W_t^z)^{1-\varepsilon_w} \mathrm{d}z\right]^{\frac{1}{1-\varepsilon_w}}$$

对式（3B. 29）进行积分 $\int_0^1 N_t^z(j)\,\mathrm{d}j = \int_0^1 \left(\frac{W_t^z}{W_t}\right)^{-\varepsilon_w} N_t(j)\,\mathrm{d}j$ 得 $N_t^z = \left(\frac{W_t^z}{W_t}\right)^{-\varepsilon_w} N_t$

其中 $\int_0^1 N_t^z(j)\,\mathrm{d}j = N_t^z$，$\int_0^1 N_t(j)\,\mathrm{d}j = N_t$

又因为 $N_t^i = \int_0^1 N_t^z \mathrm{d}z$　所以 $N_t^i = N_t \int_0^1 \left(\frac{W_t^z}{W_t}\right)^{-\varepsilon_w} \mathrm{d}z$

$$\text{Max}：E_t \sum_{k=0}^{\infty} (\beta\lambda_w)^k \left\{\lambda \cdot \left[\frac{\widetilde{W}_t^z}{P_{t+k}} \cdot \prod_{s=1}^{k} \pi_{t+s-1}^{\gamma_w} \cdot \lambda_{t+k}^r \cdot N_{t+k}^z - \frac{(N_{t+k}^i)^{1+\varphi}}{1+\varphi}\right] + (1-\lambda) \cdot \left[\lambda_{t+k}^o \cdot \frac{\widetilde{W}_t^z}{P_{t+k}} \cdot \prod_{s=1}^{k} \pi_{t+s-1}^{\gamma_w} N_{t+k}^z - \frac{(N_{t+k}^i)^{1+\varphi}}{1+\varphi}\right]\right\}$$

$$W_{t+k}^z = \widetilde{W}_t^z \prod_{s=1}^{k} \pi_{t+s-1}^{\gamma_w},\ N_{t+k}^z = N_{t+k}\left(\frac{W_{t+k}^z}{W_{t+k}}\right)^{-\varepsilon_w},\ N_t^i = \int_0^1 N_t^z \mathrm{d}z$$

$$\Rightarrow \quad \text{s. t.} \quad N_{t+k}^i = N_{t+k} W_{t+k}^{\varepsilon_w} \int_0^1 \left(\widetilde{W}_t^z \prod_{s=1}^{k} \pi_{t+s-1}^{\gamma_w}\right)^{-\varepsilon_w} \mathrm{d}z$$

$$\frac{\partial N_{t+k}^i}{\partial \widetilde{W}_t^z} = N_{t+k} W_{t+k}^{\varepsilon_w} (-\varepsilon_w) \left(\widetilde{W}_t^z \prod_{s=1}^{k} \pi_{t+s-1}^{\gamma_w}\right)^{-\varepsilon_w - 1} \prod_{s=1}^{k} \pi_{t+s-1}^{\gamma_w}$$

$$= -\varepsilon_w W_{t+k}^{\varepsilon_w} (\widetilde{W}_t^z)^{-\varepsilon_w - 1} (\prod_{s=1}^{k} \pi_{t+s-1}^{\gamma_w})^{-\varepsilon_w} N_{t+k}$$

同理 $\dfrac{\partial N_{t+k}^z}{\partial \widetilde{W}_t^z} = -\varepsilon_w W_{t+k}^{\varepsilon_w} (\widetilde{W}_t^z)^{-\varepsilon_w - 1} (\prod_{s=1}^{k} \pi_{t+s-1}^{\gamma_w})^{-\varepsilon_w} N_{t+k}$

令 $L = E_t \sum_{k=0}^{\infty} (\beta\lambda_w)^k \left\{ \lambda \cdot \left[\dfrac{\widetilde{W}_t^z}{P_{t+k}} \cdot \prod_{s=1}^{k} \pi_{t+s-1}^{\gamma_w} \cdot \lambda_{t+k}^r \cdot N_{t+k}^z - \dfrac{(N_{t+k}^i)^{1+\varphi}}{1+\varphi} \right] + (1-\lambda) \cdot \left[\lambda_{t+k}^o \cdot \dfrac{\widetilde{W}_t^z}{P_{t+k}} \cdot \prod_{s=1}^{k} \pi_{t+s-1}^{\gamma_w} N_{t+k}^z - \dfrac{(N_{t+k}^i)^{1+\varphi}}{1+\varphi} \right] \right\}$

$$\frac{\partial L}{\partial \widetilde{W}_t^z} = E_t \sum_{k=0}^{\infty} (\beta\lambda_w)^k$$

$$\left\{ \begin{array}{l} \lambda \cdot \left(\begin{array}{l} \dfrac{\prod_{s=1}^{k} \pi_{t+s-1}^{\gamma_w}}{P_{t+k}} \cdot \lambda_{t+k}^r \cdot N_{t+k}^z + \\ \dfrac{\widetilde{W}_t^z}{P_{t+k}} \cdot \prod_{s=1}^{k} \pi_{t+s-1}^{\gamma_w} \cdot \lambda_{t+k}^r \cdot \dfrac{\partial N_{t+k}^z}{\partial \widetilde{W}_t^z} \end{array} \right) + \\ (1-\lambda) \left(\begin{array}{l} \dfrac{\prod_{s=1}^{k} \pi_{t+s-1}^{\gamma_w}}{P_{t+k}} \cdot \lambda_{t+k}^o \cdot N_{t+k}^z + \\ \dfrac{\widetilde{W}_t^z}{P_{t+k}} \cdot \prod_{s=1}^{k} \pi_{t+s-1}^{\gamma_w} \cdot \lambda_{t+k}^o \cdot \dfrac{\partial N_{t+k}^z}{\partial \widetilde{W}_t^z} \end{array} \right) - (N_{t+k}^i)^{\varphi} \cdot \dfrac{\partial N_{t+k}^i}{\partial \widetilde{W}_t^z} \end{array} \right\}$$

$$= E_t \sum_{k=0}^{\infty} (\beta\lambda_w)^k$$

$$\left\{ \begin{array}{l} [\lambda \cdot \lambda_{t+k}^r + (1-\lambda) \cdot \lambda_{t+k}^o] \\ \left(\dfrac{\prod_{s=1}^{k} \pi_{t+s-1}^{\gamma_w}}{P_{t+k}} \cdot N_{t+k}^z + \dfrac{\widetilde{W}_t^z}{P_{t+k}} \cdot \prod_{s=1}^{k} \pi_{t+s-1}^{\gamma_w} \cdot \dfrac{\partial N_{t+k}^z}{\partial \widetilde{W}_t^z} \right) - (N_{t+k}^i)^{\varphi} \cdot \dfrac{\partial N_{t+k}^i}{\partial \widetilde{W}_t^z} \end{array} \right\}$$

$$= E_t \sum_{k=0}^{\infty} (\beta\lambda_w)^k$$

$$\left\{[\lambda\cdot\lambda_{t+k}^{r}+(1-\lambda)\cdot\lambda_{t+k}^{o}]\left[\begin{array}{l}\frac{\prod_{s=1}^{k}\pi_{t+s-1}^{\gamma_w}}{P_{t+k}}\cdot N_{t+k}\cdot W_{t+k}^{\varepsilon_w}\cdot(\widetilde{W}_t^z\cdot\prod_{s=1}^{k}\pi_{t+s-1}^{\gamma_w})^{-\varepsilon_w}+\\ \frac{\widetilde{W}_t^z}{P_{t+k}}\cdot\prod_{s=1}^{k}\pi_{t+s-1}^{\gamma_w}\cdot(-\varepsilon_w)\cdot\\ W_{t+k}^{\varepsilon_w}\cdot(\widetilde{W}_t^z)^{-\varepsilon_w-1}\cdot(\prod_{s=1}^{k}\pi_{t+s-1}^{\gamma_w})^{-\varepsilon_w}\cdot N_{t+k}-\\ (N_{t+k}^{i})^{\varphi}\cdot(-\varepsilon_w)\cdot W_{t+k}^{\varepsilon_w}\cdot\\ (\widetilde{W}_t^z)^{-\varepsilon_w-1}\cdot(\prod_{s=1}^{k}\pi_{t+s-1}^{\gamma_w})^{-\varepsilon_w}\cdot N_{t+k}\end{array}\right]\right\}$$

$$=E_t\sum_{k=0}^{\infty}(\beta\lambda_w)^k\cdot W_{t+k}^{\varepsilon_w}\cdot N_{t+k}\cdot(\prod_{s=1}^{k}\pi_{t+s-1}^{\gamma_w})^{-\varepsilon_w}$$

$$\left\{\begin{array}{l}[\lambda\cdot\lambda_{t+k}^{r}+(1-\lambda)\cdot\lambda_{t+k}^{o}](1-\varepsilon_w)(\widetilde{W}_t^z)^{-\varepsilon_w}\frac{\prod_{s=1}^{k}\pi_{t+s-1}^{\gamma_w}}{P_{t+k}}+\\ \varepsilon_w(N_{t+k}^{i})^{\varphi}\cdot(\widetilde{W}_t^z)^{-\varepsilon_w-1}\end{array}\right\}$$

$$=E_t\sum_{k=0}^{\infty}(\beta\lambda_w)^k\cdot W_{t+k}^{\varepsilon_w}\cdot N_{t+k}\cdot(\prod_{s=1}^{k}\pi_{t+s-1}^{\gamma_w})^{-\varepsilon_w}$$

$$\left\{\frac{\widetilde{W}_t^z\prod_{s=1}^{k}\pi_{t+s-1}^{\gamma_w}}{P_{t+k}}[\lambda\cdot\lambda_{t+k}^{r}+(1-\lambda)\cdot\lambda_{t+k}^{o}]-\frac{\varepsilon_w}{\varepsilon_w-1}(N_{t+k}^{i})^{\varphi}\right\}=0$$

令 $\Psi_{t+k}^{a}=\lambda\cdot\lambda_{t+k}^{r}+(1-\lambda)\cdot\lambda_{t+k}^{o}$

则一阶条件为

$$E_t\sum_{k=0}^{\infty}(\beta\lambda_w)^k\cdot W_{t+k}^{\varepsilon_w}\cdot N_{t+k}\cdot(\prod_{s=1}^{k}\pi_{t+s-1}^{\gamma_w})^{-\varepsilon_w}\left[\frac{\widetilde{W}_t^z\prod_{s=1}^{k}\pi_{t+s-1}^{\gamma_w}}{P_{t+k}}\Psi_{t+k}^{a}-\frac{\varepsilon_w}{\varepsilon_w-1}(N_{t+k}^{i})^{\varphi}\right]=0 \qquad (3B.30)$$

令 $\omega_{t+k}=\dfrac{\widetilde{W}_t^z\prod_{s=1}^{k}\pi_{t+s-1}^{\gamma_w}}{P_{t+k}}$

则一阶条件可写成

$$E_t\sum_{k=0}^{\infty}(\beta\lambda_w)^k\cdot W_{t+k}^{\varepsilon_w}\cdot N_{t+k}\cdot(\prod_{s=1}^{k}\pi_{t+s-1}^{\gamma_w})^{-\varepsilon_w}\left[\omega_{t+k}\Psi_{t+k}^{a}-\frac{\varepsilon_w}{\varepsilon_w-1}(N_{t+k}^{i})^{\varphi}\right]=0$$

即 $E_t\sum_{k=0}^{\infty}(\beta\lambda_w)^k\cdot W_{t+k}^{\varepsilon_w}\cdot N_{t+k}\cdot(\prod_{s=1}^{k}\pi_{t+s-1}^{\gamma_w})^{-\varepsilon_w}\omega_{t+k}\Psi_{t+k}^a=E_t\sum_{k=0}^{\infty}(\beta\lambda_w)^k\cdot$ $W_{t+k}^{\varepsilon_w}\cdot N_{t+k}\cdot(\prod_{s=1}^{k}\pi_{t+s-1}^{\gamma_w})^{-\varepsilon_w}\dfrac{\varepsilon_w}{\varepsilon_w-1}(N_{t+k}^i)^{\varphi}$

对数线性化

$$E_t\sum_{k=0}^{\infty}(\beta\lambda_w)^k\cdot(We^{\hat{W}_{t+k}})^{\varepsilon_w}\cdot(Ne^{\hat{n}_{t+k}})\cdot e^{-\varepsilon_w\sum_{s=1}^{k}\pi\gamma_{t+s-1}}\cdot\omega\cdot e^{\hat{\omega}_{t+k}}\cdot\Psi^a\cdot e^{\hat{\Psi}_{t+k}^a}$$

$$=E_t\sum_{k=0}^{\infty}(\beta\lambda_w)^k\cdot(We^{\hat{W}_{t+k}})^{\varepsilon_w}\cdot(Ne^{\hat{n}_{t+k}})\cdot e^{-\varepsilon_w\sum_{s=1}^{k}\pi\gamma_{t+s-1}}\cdot\frac{\varepsilon_w}{\varepsilon_w-1}\cdot(N^ie^{\hat{n}_{t+k}^i})^{\varphi}$$

又因为稳态方程为 $\omega\Psi^a=\dfrac{\varepsilon_w}{\varepsilon_w-1}(N^i)^{\varphi}$

$$E_t\sum_{k=0}^{\infty}(\beta\lambda_w)^k(\hat{\omega}_{t+k}+\hat{\Psi}_{t+k}^a-\varphi\hat{n}_{t+k}^i)=0 \tag{3B.31}$$

$$\omega_{t+k}=\frac{\widetilde{W}_t^z\prod_{s=1}^{k}\pi_{t+s-1}^{\gamma_w}}{P_{t+k}}=\frac{\widetilde{W}_t^z}{W_t}\cdot\frac{W_t}{P_t}\cdot\frac{P_t}{P_{t+k}}\cdot\prod_{s=1}^{k}\pi_{t+s-1}^{\gamma_w}$$

$$定义\frac{\widetilde{W}_t^z}{W_t}=\tilde{w}_t\text{，}\frac{W_t}{P_t}=w_t$$

则 $\omega_{t+k}=\tilde{w}_t\cdot w_t\cdot\dfrac{P_t}{P_{t+k}}\cdot\prod_{s=1}^{k}\pi_{t+s-1}^{\gamma_w}$

对数线性化

因为 $\omega e^{\hat{\omega}_{t+k}}=\tilde{w}e^{\hat{\tilde{w}}_t}\cdot we^{\hat{w}_t}\cdot\dfrac{Pe^{\hat{P}_t}}{Pe^{\hat{P}_{t+k}}}\cdot e^{\gamma_w\sum_{s=1}^{k}\pi\gamma_{t+s-1}}$，并且稳态方程为 $\omega=\tilde{w}\cdot w$

则
$$\hat{\omega}_{t+k}=\hat{\tilde{w}}_t+\hat{w}_t-E_t\sum_{k=1}^{t+k}(\hat{\pi}_{t+k}-\gamma_w\hat{\pi}_{t+k-1}) \tag{3B.32}$$

将式（3B. 32）代入式（3B. 31）

$$E_t\sum_{k=0}^{\infty}(\beta\lambda_w)^k\Big[\hat{\tilde{w}}_t+\hat{w}_t-E_t\sum_{k=1}^{t+k}(\hat{\pi}_{t+k}-\gamma_w\hat{\pi}_{t+k-1})+\hat{\Psi}_{t+k}^a-\varphi\hat{n}_{t+k}^i\Big]=0$$

$$E_t\sum_{k=0}^{\infty}(\beta\lambda_w)^k(\hat{\tilde{w}}_t+\hat{w}_t)$$

$$=E_t\sum_{k=0}^{\infty}(\beta\lambda_w)^k\Big[\sum_{k=1}^{t+k}(\hat{\pi}_{t+k}-\gamma_w\hat{\pi}_{t+k-1})-\hat{\Psi}_{t+k}^a+\varphi\hat{n}_{t+k}^i\Big]$$

$$(\hat{\tilde{w}}_t+\hat{w}_t)=(1-\beta\lambda_w)E_t\sum_{k=0}^{\infty}(\beta\lambda_w)^k\sum_{k=1}^{t+k}(\hat{\pi}_{t+k}-\gamma_w\hat{\pi}_{t+k-1})+$$

$$(1-\beta\lambda_w)\sum_{k=0}^{\infty}(\varphi\hat{n}^i_{t+k}-\hat{\Psi}^a_{t+k})$$

$$(1-\beta\lambda_w)E_t\sum_{k=0}^{\infty}(\beta\lambda_w)^k\sum_{k=1}^{t+k}(\hat{\pi}_{t+k}-\gamma_w\hat{\pi}_{t+k-1})$$

$$=(1-\beta\lambda_w)\begin{Bmatrix}\beta\lambda_w(\hat{\pi}_{t+1}-\gamma_w\hat{\pi}_t)+(\beta\lambda_w)^2(\hat{\pi}_{t+1}-\gamma_w\hat{\pi}_t+\hat{\pi}_{t+2}-\gamma_w\hat{\pi}_{t+1})+\\(\beta\lambda_w)^3(\hat{\pi}_{t+1}-\gamma_w\hat{\pi}_t+\hat{\pi}_{t+2}-\gamma_w\hat{\pi}_{t+1}+\hat{\pi}_{t+3}-\gamma_w\hat{\pi}_{t+2})+L\end{Bmatrix}$$

$$=(1-\beta\lambda_w)\begin{Bmatrix}\beta\lambda_w(\hat{\pi}_{t+1}-\gamma_w\hat{\pi}_t)[1+\beta\lambda_w+(\beta\lambda_w)^2+L]\\+(\beta\lambda_w)^2[1+\beta\lambda_w+(\beta\lambda_w)^2+L](\hat{\pi}_{t+2}-\gamma_w\hat{\pi}_{t+1})+L\end{Bmatrix}$$

$$=(1-\beta\lambda_w)\cdot\frac{1}{(1-\beta\lambda_w)}\{\beta\lambda_w(\hat{\pi}_{t+1}-\gamma_w\hat{\pi}_t)+(\beta\lambda_w)^2(\hat{\pi}_{t+2}-\gamma_w\hat{\pi}_{t+1})+L\}$$

$$=E_t\sum_{k=1}^{\infty}(\beta\lambda_w)^k(\hat{\pi}_{t+k}-\gamma_w\hat{\pi}_{t+k-1})$$

即

$$(1-\beta\lambda_w)E_t\sum_{k=0}^{\infty}(\beta\lambda_w)^k\sum_{k=1}^{t+k}(\hat{\pi}_{t+k}-\gamma_w\hat{\pi}_{t+k-1})$$
$$=E_t\sum_{k=1}^{\infty}(\beta\lambda_w)^k(\hat{\pi}_{t+k}-\gamma_w\hat{\pi}_{t+k-1})\tag{3B.33}$$

则

$$(\hat{\tilde{w}}_t+\hat{w}_t)=E_t\sum_{k=1}^{\infty}(\beta\lambda_w)^k(\hat{\pi}_{t+k}-\gamma_w\hat{\pi}_{t+k-1})+(1-\beta\lambda_w)\sum_{k=0}^{\infty}(\beta\lambda_w)^k(\varphi\hat{n}^i_{t+k}-\hat{\Psi}^a_{t+k})$$

写成递归形式

$$(\hat{\tilde{w}}_t+\hat{w}_t)=\beta\lambda_w(\hat{\pi}_{t+1}-\gamma_w\hat{\pi}_t)+\sum_{k=2}^{\infty}(\beta\lambda_w)^k(\hat{\pi}_{t+k}-\gamma_w\hat{\pi}_{t+k-1})+$$
$$(1-\beta\lambda_w)(\varphi\hat{n}^i_t-\hat{\Psi}^a_t)+(1-\beta\lambda_w)\sum_{k=1}^{\infty}(\beta\lambda_w)^k(\varphi\hat{n}^i_{t+k}-\hat{\Psi}^a_{t+k})$$

$$(\hat{\tilde{w}}_t+\hat{w}_t)=\beta\lambda_w(\hat{\pi}_{t+1}-\gamma_w\hat{\pi}_t)+(1-\beta\lambda_w)(\varphi\hat{n}^i_t-\hat{\Psi}^a_t)+$$
$$\beta\lambda_w\sum_{k=1}^{\infty}(\beta\lambda_w)^k(\hat{\pi}_{t+k+1}-\gamma_w\hat{\pi}_{t+k})+$$
$$(1-\beta\lambda_w)\beta\lambda_w\sum_{k=0}^{\infty}(\beta\lambda_w)^k(\varphi\hat{n}^i_{t+k+1}-\hat{\Psi}^a_{t+k+1})$$

$$(\hat{\tilde{w}}_t+\hat{w}_t)=\beta\lambda_w(\hat{\pi}_{t+1}-\gamma_w\hat{\pi}_t)+$$
$$(1-\beta\lambda_w)(\varphi\hat{n}^i_t-\hat{\Psi}^a_t)+\beta\lambda_w(\hat{\tilde{w}}_{t+1}+\hat{w}_{t+1})\tag{3B.34}$$

$$W_t=[(1-\lambda_w)(\tilde{W}^z_t)^{1-\varepsilon_w}+\lambda_w(W_{t-1}\pi^{\gamma_w}_{t-1})^{1-\varepsilon_w}]^{\frac{1}{1-\varepsilon_w}}$$

$$W_t^{1-\varepsilon_w} = (1-\lambda_w)(\widetilde{W}_t^z)^{1-\varepsilon_w} + \lambda_w(W_{t-1}\pi_{t-1}^{\gamma_w})^{1-\varepsilon_w}$$

两边同时除以 $P_t^{1-\varepsilon_w}$

$$w_t^{1-\varepsilon_w} = (1-\lambda_w)(\tilde{w}_t \cdot w_t)^{1-\varepsilon_w} + \lambda_w(\pi_{t-1}^{\gamma_w} \cdot \pi_t^{-1} \cdot w_{t-1})^{1-\varepsilon_w}$$

对数线性化

$$\begin{aligned} & w^{1-\varepsilon_w}[1+(1-\varepsilon_w)\hat{w}_t] \\ &= (1-\lambda_w)(\tilde{w} \cdot w)^{1-\varepsilon_w}[1+(1-\varepsilon_w)(\hat{\tilde{w}}_t + \hat{w}_t)] + \\ & \lambda_w w^{1-\varepsilon_w}[1+(1-\varepsilon_w)(\gamma_w \hat{\pi}_{t-1} + \hat{w}_{t-1} - \hat{\pi}_t)] \end{aligned}$$

因为稳态方程为 $w^{1-\varepsilon_w} = (1-\lambda_w)(\tilde{w} \cdot w)^{1-\varepsilon_w} + \lambda_w w^{1-\varepsilon_w}$

$$\begin{aligned} (1-\varepsilon_w)\hat{w}_t &= (1-\lambda_w)(1-\varepsilon_w)(\tilde{w})^{1-\varepsilon_w}(\hat{\tilde{w}}_t + \hat{w}_t) + \\ & \lambda_w(1-\varepsilon_w)(\gamma_w \hat{\pi}_{t-1} + \hat{w}_{t-1} - \hat{\pi}_t) \end{aligned}$$

因为 $\dfrac{\widetilde{W}_t^z}{W_t} = \tilde{w}_t$，所以 $\tilde{w} = 1$

$$\hat{\tilde{w}}_t + \hat{w}_t = \frac{1}{1-\lambda_w}\hat{w}_t - \frac{\lambda_w}{1-\lambda_w}[\hat{w}_{t-1} - (\hat{\pi}_t - \gamma_w \hat{\pi}_{t-1})] \tag{3B.35}$$

由式（3B.35）可知 $\hat{\tilde{w}}_t = \dfrac{\lambda_w}{1-\lambda_w}\hat{w}_t - \dfrac{\lambda_w}{1-\lambda_w}[\hat{w}_{t-1} - (\hat{\pi}_t - \gamma_w \hat{\pi}_{t-1})]$

将上式代入式（3B.34），有

$$\begin{aligned} & \frac{\lambda_w}{1-\lambda_w}\hat{w}_t - \frac{\lambda_w}{1-\lambda_w}[\hat{w}_{t-1} - (\hat{\pi}_t - \gamma_w \hat{\pi}_{t-1})] + \hat{w}_t \\ &= \beta\lambda_w(\hat{\pi}_{t+1} - \gamma_w \hat{\pi}_t) + (1-\beta\lambda_w)(\varphi \hat{n}_t^i - \hat{\Psi}_t^a) + \beta\lambda_w \hat{w}_{t+1} + \\ & \beta\lambda_w\left\{\frac{\lambda_w}{1-\lambda_w}\hat{w}_{t+1} - \frac{\lambda_w}{1-\lambda_w}[\hat{w}_t - (\hat{\pi}_{t+1} - \gamma_w \hat{\pi}_t)]\right\}\frac{1}{1-\lambda_w}\hat{w}_t + \\ & \beta\lambda_w \frac{\lambda_w}{1-\lambda_w}\hat{w}_t \\ &= (1-\beta\lambda_w)(\varphi \hat{n}_t^i - \hat{\Psi}_t^a) + \beta\lambda_w(\hat{\pi}_{t+1} - \gamma_w \hat{\pi}_t) + \\ & \beta\lambda_w \frac{1}{1-\lambda_w}\hat{w}_{t+1} + \beta\lambda_w \frac{\lambda_w}{1-\lambda_w}(\hat{\pi}_{t+1} - \gamma_w \hat{\pi}_t) + \\ & \frac{\lambda_w}{1-\lambda_w}[\hat{w}_{t-1} - (\hat{\pi}_t - \gamma_w \hat{\pi}_{t-1})] \end{aligned}$$

左右两边同时乘以 $\dfrac{1-\lambda_w}{\lambda_w}$，有

$$\hat{w}_t = \frac{(1-\lambda_w)(1-\beta\lambda_w)}{\lambda_w \kappa_w}(\varphi \hat{n}_t^i - \hat{\Psi}_t^a) +$$

$$\frac{\beta}{\kappa_w}(\hat{\pi}_{t+1} - \gamma_w \hat{\pi}_t) + \frac{\beta}{\kappa_w}\hat{w}_{t+1} + \frac{1}{\kappa_w}[\hat{w}_{t-1} - (\hat{\pi}_t - \gamma_w \hat{\pi}_{t-1})]$$

又因为
$$N_t^i = N_t \int_0^1 \left(\frac{W_t^z}{W_t}\right)^{-\varepsilon_w} \mathrm{d}z$$

则有
$$\hat{n}_t^i = \hat{n}_t$$

$$\hat{w}_t = \frac{(1-\lambda_w)(1-\beta\lambda_w)}{\lambda_w \kappa_w}(\varphi \hat{n}_t - \hat{\Psi}_t^a) +$$

$$\frac{\beta}{\kappa_w}(\hat{\pi}_{t+1} - \gamma_w \hat{\pi}_t) + \frac{\beta}{\kappa_w}\hat{w}_{t+1} + \frac{1}{\kappa_w}[\hat{w}_{t-1} - (\hat{\pi}_t - \gamma_w \hat{\pi}_{t-1})]$$

因为 $\Psi_t^a = [\lambda \cdot \lambda_t^r + (1-\lambda) \cdot \lambda_t^o]$，由前面的一阶条件知 $\lambda_t^o = \frac{1}{C_t^o}$，$\lambda_t^r = \frac{1}{C_t^r}$，则

$$\Psi_t^a = \lambda \cdot \frac{1}{C_t^r} + (1-\lambda) \cdot \frac{1}{C_t^o}$$

对数线性化

$$\Psi^a e^{\hat{\Psi}_t^a} = (1-\lambda)(C^o e^{\hat{c}_t^o})^{-1} + \lambda (C^r e^{\hat{c}_t^r})^{-1}$$

又因为稳态方程为

$$\Psi^a = \frac{1-\lambda}{C^o} + \frac{\lambda}{C^r} = \frac{(1-\lambda)C^r + \lambda C^o}{C^o C^r}$$

$$\Psi^a \hat{\Psi}_t^a = -\frac{1-\lambda}{C^o}\hat{c}_t^o - \frac{\lambda}{C^r}\hat{c}_t^r$$

$$\Rightarrow \quad \hat{\Psi}_t^a = -\frac{1}{(1-\lambda)C^r + \lambda C^o}[(1-\lambda)C^r \hat{c}_t^o + \lambda C^o \hat{c}_t^r]$$

因为 $C^r = C^o = C$，所以 $\hat{\Psi}_t^a = -\hat{c}_t$，则工资方程为

$$\hat{w}_t = \frac{(1-\lambda_w)(1-\beta\lambda_w)}{\lambda_w \kappa_w}(\varphi \hat{n}_t + \hat{c}_t) + \frac{\beta}{\kappa_w}(\hat{\pi}_{t+1} - \gamma_w \hat{\pi}_t) +$$

$$\frac{\beta}{\kappa_w}\hat{w}_{t+1} + \frac{1}{\kappa_w}[\hat{w}_{t-1} - (\hat{\pi}_t - \gamma_w \hat{\pi}_{t-1})]$$

遵从 *Stock market wealth effects in an estimated DSGE model for Hong Kong* 中的做法，为了解释实际工资非基础性干扰，添加一个外生冲击 $\varepsilon_{w,t}$ 以便

观察非李嘉图消费对实际工资冲击的响应，则方程为

$$\hat{w}_t = \frac{(1-\lambda_w)(1-\beta\lambda_w)}{\lambda_w\kappa_w}(\varphi\hat{n}_t + \hat{c}_t) + \frac{\beta}{\kappa_w}(\hat{\pi}_{t+1} - \gamma_w\hat{\pi}_t) + \frac{\beta}{\kappa_w}\hat{w}_{t+1} + \frac{1}{\kappa_w}[\hat{w}_{t-1} - (\hat{\pi}_t - \gamma_w\hat{\pi}_{t-1})] + \varepsilon_{w,t} \tag{3B.36}$$

（15）财政政策

$B_t = P_tT_t + R_t^{-1}B_{t+1} - P_{H,t}G_t$ 左右两边除以 P_t 得到

$$\frac{B_t}{P_t} = T_t + \frac{R_t^{-1}B_{t+1}}{P_t} - \frac{P_{H,t}}{P_t}G_t$$

则
$$T_t + \frac{R_t^{-1}B_{t+1}}{P_t} = \frac{B_t}{P_t} + \frac{P_{H,t}}{P_t}G_t$$

方程为
$$T + \frac{R^{-1}B}{P} = \frac{B}{P} + G$$

两式相减得

$$T_t - T + \frac{R_t^{-1}B_{t+1}}{P_t} - \frac{R^{-1}B}{P} = \frac{B_t}{P_t} - \frac{B}{P} + \frac{P_{H,t}}{P_t}(G_t - G) + \frac{P_{H,t} - P_t}{P_t}G$$

$$\frac{T_t - T}{Y} + \frac{\frac{R_t^{-1}B_{t+1}}{P_t} - \frac{R^{-1}B}{P}}{Y} = \frac{\frac{B_t}{P_t} - \frac{B}{P}}{Y} + \frac{P_{H,t}}{P_t}\frac{G_t - G}{Y} + \frac{\frac{P_{H,t} - P_t}{P_t}G}{Y}$$

$$\because B = 0$$

$$\frac{T_t - T}{Y} + \frac{R_t^{-1}\cdot\left(\frac{B_{t+1}}{P_t} - \frac{B}{P}\right)}{Y}$$

$$= \frac{\left(\frac{B_t}{P_{t-1}} - \frac{B}{P}\right)\cdot\frac{1}{\pi_t}}{Y} + \frac{P_{H,t}}{P_t}\frac{G_t - G}{Y} + \frac{\left(\frac{P_{H,t}}{P_t} - 1\right)G}{Y}$$

$$\hat{t}_t + R_t^{-1}\hat{b}_{t+1} = \frac{\hat{b}_t}{\pi_t} + \frac{P_{H,t}}{P_t}\hat{g}_t + \left(\frac{P_{H,t}}{P_t} - 1\right)\frac{G}{Y}$$

其中 $\frac{T_t - T}{Y} = \hat{t}_t$，$\frac{B_{t+1}}{P_t} - \frac{B}{P} = \hat{b}_{t+1}$，$\frac{G_t - G}{Y} = \hat{g}_t$

$$\hat{t}_t + \hat{b}_{t+1}\left(R \cdot e^{\hat{r}_t}\right)^{-1} = \hat{b}_t e^{-\hat{\pi}_t} + e^{\hat{P}_{H,t} - \hat{P}_t}\hat{g}_t + \left(e^{\hat{P}_{H,t} - \hat{P}_t} - 1\right)\frac{G}{Y}$$

$$\hat{t}_t + \hat{b}_{t+1}\frac{1}{R} = \hat{b}_t + \hat{g}_t - (1 - \chi)\frac{G}{Y}\hat{s}_t$$

$$\hat{b}_{t+1} = \left[\hat{b}_t + \hat{g}_t - \hat{t}_t - \gamma_g(1 - \chi)\hat{s}_t\right]R$$

$$\because R = 1 + \rho$$

$$\hat{b}_{t+1} = (1 + \rho)\left[\hat{b}_t + \hat{g}_t - \hat{t}_t - \gamma_g(1 - \chi)\hat{s}_t\right] \tag{3B.37}$$

$$又 \because \hat{t}_t = \varphi_b\hat{b}_t + \varphi_g\hat{g}_t$$

$$\therefore \hat{b}_{t+1} = (1 + \rho)\left(\hat{b}_t + \hat{g}_t - \varphi_b\hat{b}_t - \varphi_g\hat{g}_t\right)$$

$$= (1 + \rho)\left[(1 - \varphi_b)\hat{b}_t + (1 - \varphi_g)\hat{g}_t\right]$$

$$\hat{b}_{t+1} = (1 + \rho)(1 - \varphi_b)\hat{b}_t + (1 + \rho)(1 - \varphi_g)\hat{g}_t$$

附录 3C 参数及稳态关系

$$\gamma_c \equiv \frac{C}{Y}=\frac{C^o}{Y}=\frac{C^r}{Y},\ \gamma_i \equiv \frac{I}{Y}=\frac{(1-\lambda)\,I^o}{Y},\ \gamma_i=\frac{\delta K}{Y}=\frac{(1-\lambda)\,\delta K^o}{Y}$$

$$N=\left[\frac{(1-\alpha)\,\mathrm{MC}}{\gamma_c}\frac{\varepsilon^w-1}{\varepsilon^w}\right]^{1/(1+\varphi)}$$

$$R^k=\frac{1}{\beta}-(1-\delta),\ w=\left[\frac{\mathrm{MC}}{\alpha^{-\alpha}(1-\alpha)^{-(1-\alpha)}(R^k)^{\alpha}}\right]^{1/(1-\alpha)}$$

$$\frac{D}{Y}=\frac{(1-\lambda)\,D^o}{Y}=1-\mathrm{MC}$$

$$\beta=\frac{1}{R},\ 1=\frac{wN}{Y}+\frac{R^kK}{Y}+\frac{D}{Y}$$

附录 4A　稳态方程

$G=\rho_{gov}Y$, $N=1-U$, $r=\frac{1}{\beta}-1$, $mc=\frac{\varepsilon-1}{\varepsilon}$, $x=mc\frac{Y}{N}$, $A=\frac{Y}{N}$, $V=\frac{s^{p}N}{q^{p}}$,

$\tilde{U}=1-(1-s^{p})N$,

$\kappa_{e}^{p}=\frac{Vq^{p}}{\tilde{U}^{\varphi^{P}}V^{1-\varphi^{P}}}$, $M=\kappa_{e}^{p}\tilde{U}^{\varphi^{P}}V^{1-\varphi^{P}}$, $p^{p}=\frac{M}{\tilde{U}}$, $n^{o}=\frac{M}{s^{p}}$, $n^{r}=\frac{M}{s^{p}}$, $A_{2}=$

$\frac{x}{1-\beta\theta_{\omega}(1-s^{p})}$,

$A_{3}=\frac{1}{1-\beta\theta_{\omega}(1-s^{p})}$, $A_{5}=A_{3}$, $A_{7}=A_{5}$, $A_{6}=\frac{1-\tau^{w}}{1-\beta\theta_{\omega}(1-s^{p})}$, $A_{4}=A_{6}$,

$\tilde{w}=\frac{\xi(1-\tau^{w})x[1-\beta(1-s^{p})+p^{p}\beta(1-s^{p})]+\kappa^{B}(1-\xi)[1-\beta(1-s^{p})]}{(1-\tau^{w})[1-\beta(1-s^{p})+\xi p^{p}\beta(1-s^{p})]}$,

$w=\tilde{w}$, $J=\frac{1-\beta(1-s^{p})\theta_{\omega}}{1-\beta(1-s^{p})}(A_{2}-A_{7}\tilde{w})$, $J^{av}=J$, $Vac=\theta_{\omega}^{n}J^{av}+$

$(1-\theta_{\omega}^{n})J$, $\kappa_{tc}=0.55\tilde{w}$, $\kappa^{v}=q^{p}(Vac-\kappa_{tc})$, $A_{1}=\frac{J}{1-\beta(1-s^{p})\theta_{\omega}}$,

$\tilde{H}^{r}=H^{rpav}$, $H^{opav}=H^{rpav}$, $\tilde{H}^{r}=H^{opav}$

$H^{auxo}=\beta(1-s^{p})(1-\theta_{\omega}-p^{p})\tilde{H}^{r}$, $H^{auxr}=H^{auxo}$, $A^{auxr}=\frac{H^{auxo}}{1-\beta(1-s^{p})\theta_{\omega}}$,

$A^{auxo}=A^{auxr}$, $C=\frac{G+\kappa^{B}U-\tau^{w}wN}{\tau^{c}}$, $c^{r}=\frac{(1-\tau^{w})n^{r}w+(1-n^{r})\kappa^{B}}{1+\tau^{c}}$, $c^{o}=$

$\frac{C-\mu c^{r}}{1-\mu}$, $C^{*}=\frac{1}{\alpha}[Y-(1-\alpha)C-G]$

附录 4B　线性方程

线性方程如下：

（1）总消费

$$C\hat{C}_t = (1-\mu)c^o\hat{c}_t^o + \mu c^r\hat{c}_t^r$$

（2）李嘉图的家庭消费的边际效用

$$\hat{\lambda}_t^o = \frac{\sigma_c\beta h}{(1-h)(1-\beta h)}(\hat{c}_{t+1}^o - h\hat{c}_t^o) - \frac{\sigma_c}{(1-h)(1-\beta h)}(\hat{c}_t^o - h\hat{c}_{t-1}^o) - \frac{\tau^c}{(1+\tau^c)}\hat{\tau}_t^c$$

（3）非李嘉图家庭消费的边际效用

$$\hat{\lambda}_t^r = \frac{\sigma_c\beta h}{(1-h)(1-\beta h)}(\hat{c}_{t+1}^r - h\hat{c}_t^r) - \frac{\sigma_c}{(1-h)(1-\beta h)}(\hat{c}_t^r - h\hat{c}_{t-1}^r) - \frac{\tau^c}{(1+\tau^c)}\hat{\tau}_t^c$$

（4）菲利普斯曲线

$$\hat{\pi}_{H,t} = \beta E_t(\hat{\pi}_{H,t+1}) + \frac{(1-\theta_H)(1-\theta_H\beta)}{\theta_H}\mathrm{M}\hat{\mathrm{C}}_{H,t} + \varepsilon_{\pi_{ht}}$$

（5）进口厂商菲利普斯曲线

$$\hat{\pi}_{F,t} = \beta E_t(\hat{\pi}_{F,t+1}) + \frac{(1-\theta_F\beta)(1-\theta_F)}{\theta_F}\Psi_{F,t} + \varepsilon_{\pi_{ft}}$$

（6）总资源约束方程

$$\hat{Y}_t = (1-\rho_{gov})\{(1-\alpha)(\hat{C}_t + \alpha\eta\hat{S}_t) + \alpha[\eta(\hat{S}_t + \hat{\Psi}_{F,t}) + \hat{C}_t^*]\} + \rho_{gov}\hat{G}_t$$

（7）CPI 通货膨胀

$$\hat{\pi}_t = (1-\alpha)\hat{\pi}_{H,t} + \alpha\hat{\pi}_{F,t}$$

（8）贸易条件与价格通货膨胀之间的关系

$$\Delta\hat{S}_t = \hat{\pi}_{F,t} - \hat{\pi}_{H,t}$$

（9）实际汇率

$$\hat{Q}_t = \hat{\Psi}_{F,t} + (1-\alpha)\hat{S}_t$$

（10）净资产演化方程

$$\mathrm{nfa}_t = (1+r)\mathrm{nfa}_{t-1} + \mathrm{N\hat{X}}_t$$

（11）经常账户动态

$$\mathrm{CA}_t = \mathrm{nfa}_t - \mathrm{nfa}_{t-1}$$

（12）净出口

$$\mathrm{N\hat{X}}_t = \hat{Y}_t - (1-\rho_{\mathrm{gov}})[\hat{C}_t + \alpha(\Psi_{F,t} + \hat{S}_t)] - \rho_{\mathrm{gov}}\hat{G}_t$$

（13）无抵补利率条件

$$[\hat{r}_t - E_t(\Delta\hat{\pi}_{t+1})] - [\hat{r}_t^* - E_t(\Delta\hat{\pi}_{t+1}^*)] - (-\chi\mathrm{nfa}_t - \varepsilon_{\mathrm{risk},t}) = E_t(\Delta\hat{Q}_{t+1})$$

（14）非李嘉图家庭预算约束条件

$$c^r(1+\tau^c)\hat{c}_t^r = [w(1-\tau^w) - \kappa_B]n^r\hat{n}_t^r +$$

$$w(1-\tau^w)n^r\hat{w}_t - n^r w\tau^w\hat{\tau}_t^w - c^r\tau^c\hat{\tau}_t^c$$

（15）边际成本

$$\mathrm{m\hat{c}}_t = \hat{x}_t + \alpha\hat{S}_t - \hat{A}_t$$

（16）政府预算约束方程

$$b\hat{b}_t = (1+i)b(\hat{i}_{t-1} + \hat{b}_{t-1} - \hat{\pi}_t) + G(\hat{G}_t - \alpha\hat{S}_t) + \kappa_B U\hat{U}_t -$$

$$\tau^w wN(\hat{\tau}_t^w + \hat{w}_t + \hat{N}_t) - \tau^c C(\hat{\tau}_t^c + \hat{C}_t)$$

（17）生产函数

$$\hat{Y}_t = \hat{N}_t + \hat{A}_t$$

（18）财政政策规则

$$\hat{\tau}_t^w = \rho_{\tau^w}\hat{\tau}_{t-1}^w + \hat{\varepsilon}_{\tau_t^w}$$

$$\hat{\tau}_t^c = \rho_{\tau^c}\hat{\tau}_{t-1}^c + \hat{\varepsilon}_{\tau_t^c}$$

$$\hat{G}_t = \rho_G\hat{G}_{t-1} + \hat{\varepsilon}_{G_t}$$

（19）货币政策规则

$$\hat{r}_t = \rho_r\hat{r}_{t-1} + (1-\rho_r)(\omega_\pi E_t\hat{\pi}_{t+1} + \omega_y\hat{Y}_t)$$

（20）工资方程

$$\hat{w}_t = (1-s^p)\hat{N}_{t-1} + [(1-s^p)(1-\theta_\omega) + (1-\theta_\omega^n)s^p]\tilde{w}_t +$$

$$[(1-s^p)\theta_\omega + \theta_\omega^n s^p](\hat{w}_{t-1} - \hat{\pi}_t) + s^p\hat{M}_t - \hat{N}_t$$

（21）总就业

$$\hat{N}_t = (1-\mu)\hat{n}_t^o + \mu\hat{n}_t^r$$

（22）李嘉图的家庭的就业

$$\hat{n}_t^o = (1 - s^p)\ \hat{n}_{t-1}^o + \frac{p^p}{n^o}\hat{p}_t^p - (1 - s^p)\ p^p(\hat{p}_t^p + \hat{n}_{t-1}^o)$$

（23）非李嘉图家庭的就业

$$\hat{n}_t^r = (1 - s^p)\ \hat{n}_{t-1}^r + \frac{p^p}{n^r}\hat{p}_t^p - (1 - s^p)\ p^p(\hat{p}_t^p + \hat{n}_{t-1}^r)$$

（24）失业

$$\hat{U}_t = -\frac{N}{U}\hat{N}_t$$

（25）寻工作总人数

$$\hat{\tilde{U}}_t = \frac{U}{}\hat{U}_{t-1} + \frac{s^p N}{}\hat{N}_{t-1}$$

（26）匹配函数

$$\hat{M}_t = \varphi^p \hat{\tilde{U}}_t + (1 - \varphi^p)\ \hat{V}$$

（27）部门空缺填补率

$$\hat{q}_t^p = \hat{M}_t - \hat{V}_t$$

（28）失业工人寻找到工作的概率

$$\hat{p}_t^p = \hat{M}_t - \hat{\tilde{U}}_t$$

（29）利益最大化

$$(1 - \mu)\ \tilde{H}^o \hat{\tilde{H}}_t^o + \mu \tilde{H}^r \hat{\tilde{H}}_t^r = \frac{\xi}{1 - \xi}\frac{A_4 J}{A_7}[(1 - \mu)\ \hat{A}_{4t} + \mu \hat{A}_{6t} - \hat{A}_{7t} + \hat{J}_t]$$

（30）劳动市场中工资方程推导中所利用的辅助变量的线性化方程

$$\hat{A}_{1t} = \frac{J}{A_1}\hat{J}_t + \beta\theta_\omega(1 - s^p)(\hat{A}_{1t+1} + \hat{\lambda}_{t+1}^o - \hat{\lambda}_t^o)$$

$$\hat{A}_{2t} = [1 - \beta\theta_\omega(1 - s^p)]\ \hat{x}_t + \beta\theta_\omega(1 - s^p)(\hat{A}_{2t+1} + \hat{\lambda}_{t+1}^o - \hat{\lambda}_t^o)$$

$$\hat{A}_{3t} = \beta\theta_\omega(1 - s^p)(\hat{A}_{3t+1} + \hat{\lambda}_{t+1}^o - \hat{\lambda}_t^o)$$

$$\hat{A}_{4t} = -\frac{\tau^w}{A_4}\hat{\tau}_t^w + \beta\theta_\omega(1 - s^p)(\hat{A}_{4t+1} + \hat{\lambda}_{t+1}^o - \hat{\lambda}_t^o - \hat{\pi}_{t+1})$$

$$\hat{A}_{5t} = \beta\theta_\omega(1 - s^p)(\hat{A}_{5t+1} + \hat{\lambda}_{t+1}^r - \hat{\lambda}_t^r)$$

$$\hat{A}_{6t} = -\frac{\tau^w}{A_6}\hat{\tau}_t^w + \beta\theta_\omega(1 - s^p)(\hat{A}_{6t+1} + \hat{\lambda}_{t+1}^r - \hat{\lambda}_t^r - \hat{\pi}_{t+1})$$

$$\hat{A}_{7t} = \beta\theta_\omega(1 - s^p)(\hat{A}_{7t+1} + \hat{\lambda}_{t+1}^o - \hat{\lambda}_t^o - \hat{\pi}_{t+1})$$

$$\hat{H}_t^{auxo} = \hat{\lambda}_{t+1}^{o} - \hat{\lambda}_t^{o} +$$

$$\frac{1}{H^{auxo}}\beta(1 - s^p)$$

$$\{[(1 - \theta_\omega) - p^p(1 - \theta_\omega^n)]\widetilde{H}^o\hat{\widetilde{H}}_{t+1}^o - p^p\theta_\omega^n H^{opav}\hat{H}_{t+1}^{opav} - p^p\widetilde{H}^o\hat{p}_{t+1}^p\}$$

$$\hat{H}_t^{auxr} = \hat{\lambda}_{t+1}^{r} - \hat{\lambda}_t^{r} +$$

$$\frac{1}{H^{auxr}}\beta(1 - s^p)$$

$$\{[(1 - \theta_\omega) - p^p(1 - \theta_\omega^n)]\widetilde{H}^r\hat{\widetilde{H}}_{t+1}^r - p^p\theta_\omega^n H^{rpav}\hat{H}_{t+1}^{rpav} - p^p\widetilde{H}^r\hat{p}_{t+1}^p\}$$

$$\hat{A}_t^{auxo} = \frac{H^{auxo}}{A^{auxo}}\hat{H}_t^{auxo} + \beta\theta_\omega(1 - s^p)(\hat{A}_{t+1}^{auxo} + \hat{\lambda}_{t+1}^{o} - \hat{\lambda}_t^{o})$$

$$\hat{A}_t^{auxr} = \frac{H^{auxr}}{A^{auxr}}\hat{H}_t^{auxr} + \beta\theta_\omega(1 - s^p)(\hat{A}_t^{auxr} + \hat{\lambda}_{t+1}^{r} - \hat{\lambda}_t^{r})$$

$$\widetilde{H}^o\hat{\widetilde{H}}_t^o = A_4\widetilde{w}(\hat{A}_{4t} + \hat{\widetilde{w}}_t) - A_3\kappa_B\hat{A}_{3t} + A^{auxo}\hat{A}_t^{auxo}$$

$$\widetilde{H}^r\hat{\widetilde{H}}_t^r = A_6\widetilde{w}(\hat{A}_{6t} + \hat{\widetilde{w}}_t) - A_5\kappa_B\hat{A}_{3t} + A^{auxr}\hat{A}_t^{auxr}$$

$$H^{opav}\hat{H}_t^{opav} = A_4 w(\hat{A}_{4t} + \hat{w}_{t-1} - \hat{\pi}_t) - A_3\kappa_B\hat{A}_{3t} + A^{auxo}\hat{A}_t^{auxo}$$

$$H^{rpav}\hat{H}_t^{rpav} = A_6 w(\hat{A}_{6t} + \hat{w}_{t-1} - \hat{\pi}_t) - A_5\kappa_B\hat{A}_{5t} + A^{auxr}\hat{A}_t^{auxr}$$

$$J\hat{J}_t = A_2\hat{A}_{2t} - A_7\widetilde{w}(\hat{A}_{7t} + \hat{\widetilde{w}}_t) +$$

$$\beta(1 - \theta_\omega)(1 - s^p)A_1(\hat{A}_{1t+1} + \hat{\lambda}_{t+1}^{o} - \hat{\lambda}_t^{o})$$

$$J^{av}\hat{J}_t^{av} = A_2\hat{A}_{2t} - A_7 w(\hat{A}_{7t} + \hat{w}_{t-1} - \hat{\pi}_t) +$$

$$\beta(1 - \theta_\omega)(1 - s^p)A_1(\hat{A}_{1t+1} + \hat{\lambda}_{t+1}^{o} - \hat{\lambda}_t^{o})$$

$$\mathrm{VacV}\hat{\mathrm{a}}\mathrm{c}_t = (1 - \theta_\omega^n)J\hat{J}_t + \theta_\omega^n J^{av}\hat{J}_t^{av}$$

（31）外生冲击方程

$$\hat{A}_t = \rho_A\hat{A}_{t-1} + \varepsilon_{A_t}$$

$$\hat{C}_t^* = \rho_{C^*}\hat{C}_{t-1}^* + \varepsilon_{C_t^*}$$

$$\hat{r}_t^* = \rho_{r^*}\hat{r}_{t-1}^* + \varepsilon_{r_t^*}$$

附录 4C 一阶条件的推导

（1）消费需求函数的推导

$$L = P_{H,t}C_{H,t} - \int_0^1 P_{H,t}(i)\,C_{H,t}(i)\,\mathrm{d}i$$

$$= P_{H,t}\left[\int_0^1 C_{H,t}(i)^{\frac{\varepsilon-1}{\varepsilon}}\mathrm{d}i\right]^{\frac{\varepsilon}{\varepsilon-1}} - \int_0^1 P_{H,t}(i)\,C_{H,t}(i)\,\mathrm{d}i$$

$$\frac{\partial L}{\partial C_{H,t}(i)}$$

$$= \frac{\varepsilon}{\varepsilon-1}\left[\int_0^1 C_{H,t}(i)^{\frac{\varepsilon-1}{\varepsilon}}\mathrm{d}i\right]^{\frac{\varepsilon}{\varepsilon-1}-1} P_{H,t}\cdot\frac{\varepsilon-1}{\varepsilon}\cdot C_{H,t}(i)^{-\frac{1}{\varepsilon}} - P_{H,t}(i)$$

$$= P_{H,t}C_{H,t}(i)^{-\frac{1}{\varepsilon}}C_{H,t}^{\frac{1}{\varepsilon}} - P_{H,t}(i) = 0$$

$$\Rightarrow C_{H,t}(i) = \left[\frac{P_{H,t}(i)}{P_{H,t}}\right]^{-\varepsilon}C_{H,t}$$

$$L = P_{F,t}C_{F,t} - \int_0^1 P_{F,t}(i)\,C_{F,t}(i)\,\mathrm{d}i$$

$$= P_{F,t}\left[\int_0^1 C_{F,t}(i)^{\frac{\varepsilon-1}{\varepsilon}}\mathrm{d}i\right]^{\frac{\varepsilon}{\varepsilon-1}} - \int_0^1 P_{F,t}(i)\,C_{F,t}(i)\,\mathrm{d}i$$

$$\frac{\partial L}{\partial C_{F,t}(i)}$$

$$= \frac{\varepsilon}{\varepsilon-1}\left[\int_0^1 C_{F,t}(i)^{\frac{\varepsilon-1}{\varepsilon}}\mathrm{d}i\right]^{\frac{\varepsilon}{\varepsilon-1}-1} P_{F,t}\cdot\frac{\varepsilon-1}{\varepsilon}\cdot C_{F,t}(i)^{-\frac{1}{\varepsilon}} - P_{F,t}(i)$$

$$= P_{F,t}C_{F,t}(i)^{-\frac{1}{\varepsilon}}C_{F,t}^{\frac{1}{\varepsilon}} - P_{F,t}(i) = 0$$

$$\Rightarrow C_{F,t}(i) = \left[\frac{P_{F,t}(i)}{P_{F,t}}\right]^{-\varepsilon}C_{F,t}$$

$$\underset{\{C_{H,t}\}}{\mathrm{Min}}\ (P_tC_t - P_{H,t}C_{H,t} - P_{F,t}C_{F,t})$$

$$C_t = \left[(1-\alpha)^{\frac{1}{\eta}}C_{H,t}^{\frac{\eta-1}{\eta}} + \alpha^{\frac{1}{\eta}}C_{F,t}^{\frac{\eta-1}{\eta}}\right]^{\frac{\eta}{\eta-1}}$$

$$L = P_t\left[(1-\alpha)^{\frac{1}{\eta}}C_{H,t}^{\frac{\eta-1}{\eta}} + \alpha^{\frac{1}{\eta}}C_{F,t}^{\frac{\eta-1}{\eta}}\right]^{\frac{\eta}{\eta-1}} - P_{H,t}C_{H,t} - P_{F,t}C_{F,t}$$

$$\frac{\partial L}{\partial C_{H,t}}$$

$$= P_t\frac{\eta}{\eta-1}\left[(1-\alpha)^{\frac{1}{\eta}}C_{H,t}^{\frac{\eta-1}{\eta}} + \alpha^{\frac{1}{\eta}}C_{F,t}^{\frac{\eta-1}{\eta}}\right]^{\frac{\eta}{\eta-1}-1}\cdot$$

$$(1-\alpha)^{\frac{1}{\eta}}\cdot\frac{\eta-1}{\eta}\cdot C_{H,t}^{-\frac{1}{\eta}} - P_{H,t}$$

$$= P_t\cdot(1-\alpha)^{\frac{1}{\eta}}\cdot C_{H,t}^{-\frac{1}{\eta}}\left[(1-\alpha)^{\frac{1}{\eta}}C_{H,t}^{\frac{\eta-1}{\eta}} + \alpha^{\frac{1}{\eta}}C_{F,t}^{\frac{\eta-1}{\eta}}\right]^{\frac{\eta}{\eta-1}-1} - P_{H,t}$$

$$= P_t\cdot(1-\alpha)^{\frac{1}{\eta}}\cdot C_{H,t}^{-\frac{1}{\eta}}C_t^{\frac{1}{\eta}} - P_{H,t} = 0$$

$$\Rightarrow C_{H,t}^{\frac{1}{\eta}} = (1-\alpha)^{\frac{1}{\eta}}\frac{P_t}{P_{H,t}}C_t^{\frac{1}{\eta}}$$

$$\Rightarrow C_{H,t} = (1-\alpha)\left(\frac{P_{H,t}}{P_t}\right)^{-\eta}C_t$$

$$\frac{\partial L}{\partial C_{F,t}}$$

$$= P_t\frac{\eta}{\eta-1}\left[(1-\alpha)^{\frac{1}{\eta}}C_{H,t}^{\frac{\eta-1}{\eta}} + \alpha^{\frac{1}{\eta}}C_{F,t}^{\frac{\eta-1}{\eta}}\right]^{\frac{\eta}{\eta-1}-1}\cdot$$

$$\alpha^{\frac{1}{\eta}}\cdot\frac{\eta-1}{\eta}\cdot C_{F,t}^{-\frac{1}{\eta}} - P_{F,t}$$

$$= \alpha^{\frac{1}{\eta}}P_tC_{F,t}^{-\frac{1}{\eta}}\left[(1-\alpha)^{\frac{1}{\eta}}C_{H,t}^{\frac{\eta-1}{\eta}} + \alpha^{\frac{1}{\eta}}C_{F,t}^{\frac{\eta-1}{\eta}}\right]^{\frac{\eta}{\eta-1}-1} - P_{F,t}$$

$$= \alpha^{\frac{1}{\eta}}P_tC_{F,t}^{-\frac{1}{\eta}}C_t^{\frac{1}{\eta}} - P_{F,t} = 0$$

$$C_{F,t}^{\frac{1}{\eta}} = \alpha^{\frac{1}{\eta}}\left(\frac{P_t}{P_{F,t}}\right)C_t^{\frac{1}{\eta}}$$

$$\Rightarrow C_{F,t} = \alpha\left(\frac{P_{F,t}}{P_t}\right)^{-\eta}C_t$$

（2）李嘉图家庭效用最大化一阶条件的推导

$$L = E_0\sum_{t=0}^{\infty}\beta^t\left\{\left[\frac{(c_t^o - hc_{t-1}^o)^{1-\sigma_c}}{1-\sigma_c} - \frac{(n_t^o)^{1+\varphi}}{1+\varphi}\right] + \right.$$

$$\left.\lambda_t^o\left[\begin{array}{l}\frac{W_tn_t^o}{P_t}(1-\tau_t^w) + (1+r_{t-1}^*)\,\Phi_{t-1}(\text{nfa}_{t-1})\,e_t\frac{\text{NFA}_{t-1}}{P_t} + \\ (1+r_{t-1})\frac{B_{t-1}^o}{P_t} + \left(\frac{\Pi_{H,t}+\Pi_{F,t}}{P_t}\right) - (1+\tau_t^c)\,c_t^o - \frac{B_t^o}{P_t} - e_t\frac{\text{NFA}_t}{P_t}\end{array}\right]\right\}$$

$$\frac{\partial L}{\partial c_t^o}=\beta^t\,(c_t^o-hc_{t-1}^o)^{-\sigma_c}-\beta^t\lambda_t^o(1+\tau_t^c)-\beta^{t-1}\,(c_{t+1}^o-hc_t^o)^{-\sigma_c}\cdot h=0$$

$$\Rightarrow(c_t^o-hc_{t-1}^o)^{-\sigma_c}-\lambda_t^o(1+\tau_t^c)-\beta hE_t\,(c_{t+1}^o-hc_t^o)^{-\sigma_c}=0$$

$$\Rightarrow\lambda_t^o=\frac{(c_t^o-hc_{t-1}^o)^{-\sigma_c}-\beta hE_t\,(c_{t+1}^o-hc_t^o)^{-\sigma_c}}{(1+\tau_t^c)}$$

$$\frac{\partial L}{\partial B_t^o}=-\beta^t\lambda_t^o\frac{1}{P_t}+E_t\left[\beta^{t+1}\lambda_{t+1}^o\frac{(1+r_t)}{P_{t+1}}\right]=0$$

$$\Rightarrow\lambda_t^o=\beta E_t\left[\lambda_{t+1}^o\frac{(1+r_t)}{\pi_{t+1}}\right]$$

$$\frac{\partial L}{\partial \mathrm{NFA}_t}=-\beta^t\lambda_t^o\left(\frac{e_t}{P_t}\right)+\beta^{t+1}\lambda_{t+1}^o(1+r_t^*)\,\Phi_t(\mathrm{nfa}_t)\,e_{t+1}\frac{1}{P_{t+1}}=0$$

$$\Rightarrow\lambda_t^o=\beta E_t\left[\lambda_{t+1}^o(1+r_t^*)\,\Phi_t(\mathrm{nfa}_t)\frac{1}{\pi_{t+1}}\frac{e_{t+1}}{e_t}\right]$$

（3）非李嘉图家庭效用最大化一阶条件的推导

$$L=E_0\sum_{t=0}^{\infty}\beta^t\left\{\begin{array}{l}\left[\dfrac{(c_t^o-hc_{t-1}^o)^{1-\sigma_c}}{1-\sigma_c}-\dfrac{(n_t^o)^{1+\varphi}}{1+\varphi}\right]+\\ \lambda_t^r[(1-\tau_t^\omega)\,w_tn_t^r+(1-n_t^r)\,k^\beta-(1+\tau_t^c)\,c_t^r]\end{array}\right\}$$

$$\frac{\partial L}{\partial c_t^r}=\beta^t\,(c_t^r-hc_{t-1}^r)^{-\sigma_c}+\beta^t\lambda_t^r[-(1+\tau_t^c)]+$$

$$\beta^{t+1}\,(c_{t+1}^r-hc_t^r)^{-\sigma_c}(-h)=0$$

$$\Rightarrow(1+\tau_t^c)\,\lambda_t^r=(c_t^r-hc_{t-1}^r)^{-\sigma_c}-\beta hE_t\,(c_{t+1}^r-hc_t^r)^{-\sigma_c}$$

$$\Rightarrow\lambda_t^r=\frac{(c_t^r-hc_{t-1}^r)^{-\sigma_c}-\beta hE_t\,(c_{t+1}^r-hc_t^r)^{-\sigma_c}}{1+\tau_t^c}$$

（4）生产厂商菲利普斯曲线的推导

$$L=E_t\sum_{T=t}^{\infty}\theta_H{}^{T-t}\beta_{t,T}Y_{H,T}(i)\,[P_{H,t}(i)-P_{H,T}\mathrm{MC}_{H,T}]$$

$$=E_t\sum_{T=t}^{\infty}\theta_H{}^{T-t}\beta_{t,T}\left\{\begin{array}{l}[P_{H,t}(i)/P_{H,T}]^{-\varepsilon}(C_{H,T}+C_{H,T}^*)\\ {[P_{H,t}(i)-P_{H,T}\mathrm{MC}_{H,T}]}\end{array}\right\}$$

$$=E_t\sum_{T=t}^{\infty}\theta_H{}^{T-t}\beta_{t,T}\left\{\begin{array}{l}[P_{H,t}(i)^{1-\varepsilon}/P_{H,T}{}^{-\varepsilon}]\,(C_{H,T}+C_{H,T}^*)-\\ {[P_{H,t}(i)/P_{H,T}]^{-\varepsilon}(C_{H,T}+C_{H,T}^*)\,P_{H,T}\mathrm{MC}_{H,T}}\end{array}\right\}$$

$$\frac{\partial L}{\partial P_{H,t}(i)}$$

$$= E_t \sum_{T=t}^{\infty} \theta_H{}^{T-t} \beta_{t,T} \begin{Bmatrix} (1-\varepsilon)\ [P_{H,t}(i)/P_{H,T}]^{-\varepsilon}(C_{H,T}+C^*_{H,T}) - \\ (-\varepsilon)\ [P_{H,t}(i)^{-\varepsilon-1}/P_{H,T}{}^{-\varepsilon}]\ (C_{H,T}+C^*_{H,T})\ P_{H,T}\mathrm{MC}_{H,T} \end{Bmatrix}$$

$$= E_t \sum_{T=t}^{\infty} \theta_H{}^{T-t} \beta_{t,T} \left[(1-\varepsilon)\ Y_{H,T}(i) + \varepsilon \frac{1}{P_{H,t}(i)} Y_{H,T}(i)\ P_{H,T}\mathrm{MC}_{H,T} \right]$$

$$= E_t \sum_{T=t}^{\infty} \theta_H{}^{T-t} \beta_{t,T} Y_{H,T}(i) \left[(1-\varepsilon) + \varepsilon \frac{1}{P_{H,t}(i)} P_{H,T}\mathrm{MC}_{H,T} \right] = 0$$

等式两边同时乘以 $P_{H,t}(i)$ ，除以 $(1-\varepsilon)$ 得

$$E_t \sum_{T=t}^{\infty} \theta_H{}^{T-t} \beta_{t,T} Y_{H,T}(i) \left[P_{H,t}(i) - \frac{\varepsilon}{\varepsilon-1} P_{H,T}\mathrm{MC}_{H,T} \right] = 0$$

（5）进口厂商菲利普斯曲线的推导

$$L = E_t \sum_{T=t}^{\infty} \theta_F{}^{T-t} \beta_{t,T} C_{F,T}(i)\ [P_{F,t}(i) - e_T P^*_{F,T}]$$

$$= E_t \sum_{T=t}^{\infty} \theta_F{}^{T-t} \beta_{t,T} \{ [P_{F,t}(i)/P_{F,T}]^{-\varepsilon} C_{F,T} [P_{F,t}(i) - e_T P^*_{F,T}] \}$$

$$= E_t \sum_{T=t}^{\infty} \theta_F{}^{T-t} \beta_{t,T} \begin{Bmatrix} [P_{F,t}(i)^{1-\varepsilon}/P_{F,T}{}^{-\varepsilon}] \\ C_{F,T} - [P_{F,t}(i)/P_{F,T}]^{-\varepsilon} C_{F,T} e_T P^*_{F,T} \end{Bmatrix}$$

$$\frac{\partial L}{\partial P_{F,t}(i)}$$

$$= E_t \sum_{T=t}^{\infty} \theta_F{}^{T-t} \beta_{t,T} \begin{Bmatrix} (1-\varepsilon)\ [P_{F,t}(i)/P_{F,T}]^{-\varepsilon} C_{F,T} + \\ \varepsilon\ [P_{F,t}(i)/P_{F,T}]^{-\varepsilon} \frac{1}{P_{F,t}(i)} C_{F,T} e_T P^*_{F,T} \end{Bmatrix}$$

$$= E_t \sum_{T=t}^{\infty} \theta_F{}^{T-t} \beta_{t,T} C_{F,T}(i) \left[(1-\varepsilon) + \varepsilon \frac{1}{P_{F,t}(i)} C_{F,T} e_T P^*_{F,T} \right] = 0$$

等式两边同时乘以 $P_{F,t}(i)$ ，除以 $(1-\varepsilon)$ 得

$$E_t \sum_{T=t}^{\infty} \theta_F{}^{T-t} \beta_{t,T} C_{F,T}(i) \left[P_{F,t}(i) - \frac{\varepsilon}{\varepsilon-1} e_T P^*_{F,T} \right] = 0$$

（6）企业重新谈判的价值函数的推导

我们定义 t 期期初重新谈判的企业的价值函数为

$$J_t(\widetilde{W}_t) \equiv \tilde{h} x_t - (1+\tau_t^{sc}) \frac{\widetilde{W}_t}{P_t} +$$

$$\beta(1-s^p)\ E_t \frac{\lambda^o_{t+1}}{\lambda^o_t} [\theta_\omega J_{t+1}(\widetilde{W}_t) + (1-\theta_\omega)\ J_{t+1}(\widetilde{W}_t)]$$

$$\Rightarrow \lambda_t^o J_t(\widetilde{W}_t^{*p}) = \lambda_t^o \left[\widetilde{h} x_t - (1+\tau_t^{sc}) \frac{\widetilde{W}_t}{P_t} \right] +$$

$$\beta(1-s^p)\lambda_{t+1}^o [\theta_\omega J_{t+1}(\widetilde{W}_t) + (1-\theta_\omega) J_{t+1}(\widetilde{W}_t)]$$

$$\Rightarrow \lambda_t^o J_t(\widetilde{W}_t) - \beta(1-s^p)\lambda_{t+1}^o \theta_\omega J_{t+1}(\widetilde{W}_t) = \lambda_t^o \left[\widetilde{h} x_t - (1+\tau_t^{sc}) \frac{\widetilde{W}_t}{P_t} \right] +$$

$$\beta(1-s^p)\lambda_{t+1}^o (1-\theta_\omega) J_{t+1}(\widetilde{W}_t)$$

$$\Rightarrow [1-\beta(1-s^p)\theta_\omega L] \lambda_t^o J_t(\widetilde{W}_t) = \lambda_t^o \left[\widetilde{h} x_t - (1+\tau_t^{sc}) \frac{\widetilde{W}_t}{P_t} \right] +$$

$$\beta(1-s^p)\lambda_{t+1}^o (1-\theta_\omega) J_{t+1}(\widetilde{W}_t)$$

$$\Rightarrow \lambda_t^o J_t(\widetilde{W}_t) = [1+\beta(1-s^p)\theta_\omega + \beta^2 (1-s^p)^2 \theta_\omega{}^2 + \cdots L]$$

$$\begin{Bmatrix} \lambda_t^o \left[\widetilde{h} x_t - (1+\tau_t^{sc}) \frac{\widetilde{W}_t}{P_t} \right] + \\ \beta(1-s^p)\lambda_{t+1}^o (1-\theta_\omega) J_{t+1}(\widetilde{W}_t) \end{Bmatrix}$$

$$= E_t \sum_{s=0}^{\infty} \left\{ [\beta(1-s^p)\theta_\omega]^s \begin{bmatrix} \lambda_{t+s}^o \left[\widetilde{h} x_{t+s} - (1+\tau_{t+s}^{sc}) \frac{\widetilde{W}_t}{P_{t+s}} \right] + \\ \beta(1-s^p)\lambda_{t+s+1}^o (1-\theta_\omega) J_{t+s+1}(\widetilde{W}_t) \end{bmatrix} \right\}$$

$$= E_t \sum_{s=0}^{\infty} \left\{ [\beta(1-s^p)\theta_\omega]^s \lambda_{t+s}^o \left[\widetilde{h} x_{t+s} - (1+\tau_{t+s}^{sc}) \frac{\widetilde{W}_t}{P_{t+s}} \right] \right\} +$$

$$(1-\theta_\omega) E_t \sum_{s=0}^{\infty} \{ [\beta(1-s^p)]^{s+1} \theta_\omega{}^s \lambda_{t+s+1}^o J_{t+s+1}(\widetilde{W}_{t+s+1}) \}$$

$$= E_t \sum_{s=0}^{\infty} \left\{ [\beta(1-s^p)\theta_\omega]^s \lambda_{t+s}^o \left[\widetilde{h} x_{t+s} - (1+\tau_{t+s}^{sc}) \frac{\widetilde{W}_t}{P_{t+s}} \right] \right\} +$$

$$(1-\theta_\omega) E_t \sum_{s=1}^{\infty} \{ [\beta(1-s^p)]^s \theta_\omega{}^{s-1} \lambda_{t+s}^o J_{t+s}(\widetilde{W}_t) \}$$

$$\Rightarrow J_t(\widetilde{W}_t) = E_t \sum_{s=0}^{\infty} \left\{ [\beta(1-s^p)\theta_\omega]^s \frac{\lambda_{t+s}^o}{\lambda_t^o} \left[\widetilde{h} x_{t+s} - (1+\tau_{t+s}^{sc}) \frac{\widetilde{W}_t}{P_{t+s}} \right] \right\} +$$

$$(1-\theta_\omega) E_t \sum_{s=1}^{\infty} \left\{ [\beta(1-s^p)]^s \frac{\lambda_{t+s}^o}{\lambda_t^o} \theta_\omega{}^{s-1} J_{t+s}(\widetilde{W}_{t+s}) \right\}$$

（7）新职位而言企业的价值函数的推导

定义 t 期新职位企业价值为

$$J_t(W_{t-1}^p)=\tilde{h}x_t-(1+\tau_t^{sc})\frac{W_{t-1}}{P_t}+\beta(1-s^p)$$

$$E_t\frac{\lambda_{t+1}^o}{\lambda_t^o}[\theta_\omega J_{t+1}(W_{t-1})+(1-\theta_\omega)J_{t+1}(\tilde{W}_{t+1})]$$

$$J_t(W_{t-1}^p)=E_t\sum_{s=0}^{\infty}\left\{[\beta(1-s^p)\theta_\omega]^s\frac{\lambda_{t+s}^o}{\lambda_t^o}\left[\tilde{h}x_{t+s}-(1+\tau_{t+s}^{sc})\frac{W_{t-1}}{P_{t+s}}\right]\right\}+$$

$$(1-\theta_\omega)E_t\sum_{s=1}^{\infty}\left\{[\beta(1-s^p)]^s\frac{\lambda_{t+s}^o}{\lambda_t^o}\theta_\omega{}^{s-1}J_{t+s}(\tilde{W}_{t+s})\right\}$$

$$=E_t\sum_{s=0}^{\infty}\left\{[\beta(1-s^p)\theta_\omega]^s\frac{\lambda_{t+s}^o}{\lambda_t^o}\left[\begin{array}{l}\tilde{h}x_{t+s}-(1+\tau_{t+s}^{sc})\dfrac{\tilde{W}_t}{P_{t+s}}+\\(1+\tau_{t+s}^{sc})\dfrac{\tilde{W}_t}{P_{t+s}}-(1+\tau_{t+s}^{sc})\dfrac{W_{t-1}}{P_{t+s}}\end{array}\right]\right\}+$$

$$(1-\theta_\omega)E_t\sum_{s=1}^{\infty}\left\{[\beta(1-s^p)]^s\theta_\omega{}^{s-1}\frac{\lambda_{t+s}^o}{\lambda_t^o}J_{t+s}(\tilde{W}_{t+s})\right\}$$

$$=J_t(\tilde{W}_t)-E_t\sum_{s=0}^{\infty}\left\{[\beta(1-s^p)\theta_\omega]^s\frac{\lambda_{t+s}^o}{\lambda_t^o}(1+\tau_{t+s}^{sc})\frac{W_{t-1}^p-\tilde{W}_t}{P_{t+s}}\right\}$$

即 $J_t(W_{t-1}^p)=J_t(\tilde{W}_t)-E_t\sum_{s=0}^{\infty}\left\{[\beta(1-s^p)\theta_\omega]^s\frac{\lambda_{t+s}^o}{\lambda_t^o}(1+\tau_{t+s}^{sc})\frac{W_{t-1}-\tilde{W}_t}{P_{t+s}}\right\}$

（8）工人的剩余价值函数的推导

由
$$H_t^i(\tilde{W}_t)\equiv(1-\tau_t^w)\frac{\tilde{W}_t}{P_t}-\Xi_t^i+$$

$$\beta(1-s^p)E_t\frac{\lambda_{t+1}^i}{\lambda_t^i}[\theta_\omega H_{t+1}^i(\tilde{W}_t)+(1-\theta_\omega)H_{t+1}^i(\tilde{W}_{t+1})]$$

$$\Rightarrow\lambda_t^iH_t^i(\tilde{W}_t)=\lambda_t^i\left[(1-\tau_t^\omega)\frac{\tilde{W}_t}{P_t}-\Xi_t^i\right]+$$

$$\beta(1-s^p)E_t\lambda_{t+1}^i[\theta_\omega H_{t+1}^i(\tilde{W}_t)+(1-\theta_\omega)H_{t+1}^i(\tilde{W}_{t+1})]$$

$$\Rightarrow\lambda_t^iH_t^i(\tilde{W}_t)-\beta(1-s^p)\lambda_{t+1}^i\theta_\omega H_{t+1}^i(\tilde{W}_t)=\lambda_t^i\left[(1-\tau_t^w)\frac{\tilde{W}_t}{P_t}-\Xi_t^i\right]+$$

$$\beta(1-s^p)E_t\lambda_{t+1}^i(1-\theta_\omega)H_{t+1}^i(\tilde{W}_{t+1})$$

$$\Rightarrow[1-\beta(1-s^p)\theta_\omega L]\lambda_t^iH_t^i(\tilde{W}_t)=\lambda_t^i\left[(1-\tau_t^w)\frac{\tilde{W}_t}{P_t}-\Xi_t^i\right]+$$

$$\beta(1-s^{p})E_{t}\lambda_{t+1}^{i}(1-\theta_{\omega})H_{t+1}^{i}(\widetilde{W}_{t+1})$$

$$\Rightarrow\lambda_{t}^{i}H_{t}^{i}(\widetilde{W}_{t})$$

$$=\begin{bmatrix}1-\beta(1-s^{p})\theta_{\omega}+\\ \beta^{2}(1-s^{p})^{2}\theta_{\omega}^{\ 2}+\cdots L\end{bmatrix}\begin{Bmatrix}\lambda_{t}^{i}\left[(1-\tau_{t}^{w})\dfrac{\widetilde{W}_{t}}{P_{t}}-\Xi_{t}^{i}\right]+\\ \beta(1-s^{p})E_{t}\lambda_{t+1}^{i}(1-\theta_{\omega})H_{t+1}^{i}(\widetilde{W}_{t+1})\end{Bmatrix}$$

$$=E_{t}\sum_{s=0}^{\infty}\left\{[\beta(1-s^{p})\theta_{\omega}]^{s}\lambda_{t+s}^{i}\left[(1-\tau_{t+s}^{w})\frac{\widetilde{W}_{t}}{P_{t+s}}-\Xi_{t+s}^{i}\right]\right\}+$$

$$E_{t}\sum_{s=0}^{\infty}\{[\beta(1-s^{p})]^{s+1}\theta_{\omega}^{\ s}(1-\theta_{\omega})\lambda_{t+s+1}^{i}H_{t+s+1}^{i}(\widetilde{W}_{t+s+1})\}$$

$$\Rightarrow H_{t}^{i}(\widetilde{W}_{t})=E_{t}\sum_{s=0}^{\infty}\left\{[\beta(1-s^{p})\theta_{\omega}]^{s}\frac{\lambda_{t+s}^{i}}{\lambda_{t}^{i}}\left[(1-\tau_{t+s}^{w})\frac{\widetilde{W}_{t}}{P_{t+s}}-\Xi_{t+s}^{i}\right]\right\}+$$

$$(1-\theta_{\omega})E_{t}\sum_{s=1}^{\infty}\left\{[\beta(1-s^{p})]^{s}\theta_{\omega}^{\ s-1}\frac{\lambda_{t+s}^{i}}{\lambda_{t}^{i}}H_{t+s}^{i}(\widetilde{W}_{t+s})\right\}$$

我们定义新职位的 i 型工人价值为

$$H_{t}^{i}(W_{t-1})\equiv(1-\tau_{t}^{w})\frac{W_{t-1}}{P_{t}}-\Xi_{t}^{i}+\beta(1-s^{p})$$

$$E_{t}\frac{\lambda_{t+1}^{i}}{\lambda_{t}^{i}}[\theta_{\omega}H_{t+1}^{i}(W_{t-1})+(1-\theta_{\omega})H_{t+1}^{i}(\widetilde{W}_{t+1})]$$

$$\Rightarrow H_{t}^{i}(W_{t-1})=E_{t}\sum_{s=0}^{\infty}\left\{[\beta(1-s^{p})\theta_{\omega}]^{s}\frac{\lambda_{t+s}^{i}}{\lambda_{t}^{i}}\left[(1-\tau_{t+s}^{w})\frac{W_{t-1}}{P_{t+s}}-\Xi_{t+s}^{i}\right]\right\}+$$

$$(1-\theta_{\omega})E_{t}\sum_{s=1}^{\infty}\left\{[\beta(1-s^{p})]^{s}\theta_{\omega}^{\ s-1}\frac{\lambda_{t+s}^{i}}{\lambda_{t}^{i}}H_{t+s}^{i}(\widetilde{W}_{t+s})\right\}$$

$$=E_{t}\sum_{s=0}^{\infty}\left\{[\beta(1-s^{p})\theta_{\omega}]^{s}\frac{\lambda_{t+s}^{i}}{\lambda_{t}^{i}}\begin{bmatrix}(1-\tau_{t+s}^{\omega})\dfrac{\widetilde{W}_{t}}{P_{t+s}}-(1-\tau_{t+s}^{w})\dfrac{\widetilde{W}_{t}}{P_{t+s}}+\\ (1-\tau_{t+s}^{\omega})\dfrac{W_{t-1}}{P_{t+s}}-\Xi_{t+s}^{i}\end{bmatrix}\right\}+$$

$$(1-\theta_{\omega})E_{t}\sum_{s=1}^{\infty}\left\{[\beta(1-s^{p})]^{s}\theta_{\omega}^{\ s-1}\frac{\lambda_{t+s}^{i}}{\lambda_{t}^{i}}H_{t+s}^{i}(\widetilde{W}_{t+s})\right\}$$

$$=H_{t}^{i}(\widetilde{W}_{t})+E_{t}\sum_{s=0}^{\infty}\left\{[\beta(1-s^{p})\theta_{\omega}]^{s}\frac{\lambda_{t+s}^{i}}{\lambda_{t}^{i}}\left[(1-\tau_{t+s}^{w})\frac{W_{t-1}-\widetilde{W}_{t}}{P_{t+s}}\right]\right\}$$

即

$$H_t^i(W_{t-1}) = H_t^i(\widetilde{W}_t) + E_t\sum_{s=0}^{\infty}\left\{[\beta(1-s^p)\theta_\omega]^s\frac{\lambda_{t+s}^i}{\lambda_t^i}\left[(1-\tau_{t+s}^w)\frac{W_{t-1}-\widetilde{W}_t}{P_{t+s}}\right]\right\}$$

（9）企业和工人利益最大化联合问题的推导

$$\frac{\partial\{\Omega_t^{\ \xi}\}\{J_t(\widetilde{W}_t)\}}{\partial\widetilde{W}_t} = \xi\Omega_t^{\ \xi-1}J_t(\widetilde{W}_t)^{1-\xi}\frac{\partial\Omega_t}{\partial\widetilde{W}_t} +$$

$$(1-\xi)\Omega_t^{\ \xi}J_t(\widetilde{W}_t)^{-\xi}\frac{\partial J_t(\widetilde{W}_t)}{\partial\widetilde{W}_t} = 0$$

$$\xi\Omega_t^{\ -1}J_t(\widetilde{W}_t)\frac{\partial\Omega_t}{\partial\widetilde{W}_t} + (1-\xi)\frac{\partial J_t(\widetilde{W}_t)}{\partial\widetilde{W}_t} = 0$$

$$\Omega_t = -\frac{\xi}{1-\xi}\frac{\partial\Omega_t/\partial\widetilde{W}_t}{\partial J_t(\widetilde{W}_t)/\partial\widetilde{W}_t}J_t(\widetilde{W}_t)$$

其中 $\frac{\partial\Omega_t}{\partial\widetilde{W}_t} = (1-\mu)\frac{\partial H_t^o(\widetilde{W}_t)}{\partial\widetilde{W}_t} + \mu\frac{H_t^r(\widetilde{W}_t)}{\partial\widetilde{W}_t}$

$$= (1-\mu)\sum_{s=0}^{\infty}\left\{[\beta(1-s^p)\theta_\omega]^s\frac{\lambda_{t+s}^o}{\lambda_t^o}(1-\tau_{t+s}^w)\frac{1}{P_{t+s}}\right\} +$$

$$\mu\sum_{s=0}^{\infty}\left\{[\beta(1-s^p)\theta_\omega]^s\frac{\lambda_{t+s}^r}{\lambda_t^r}(1-\tau_{t+s}^w)\frac{1}{P_{t+s}}\right\}$$

$$= \sum_{s=0}^{\infty}\left\{[\beta(1-s^p)\theta_\omega]^s\frac{(1-\tau_{t+s}^w)}{P_{t+s}}\left[(1-\mu)\frac{\lambda_{t+s}^o}{\lambda_t^o} + \mu\frac{\lambda_{t+s}^r}{\lambda_t^r}\right]\right\}$$

$$\frac{\partial J(\widetilde{W}_t)}{\partial\widetilde{W}_t} = \sum_{s=0}^{\infty}\left\{[\beta(1-s^p)\theta_\omega]^s\frac{\lambda_{t+s}^o}{\lambda_t^o}\left(-\frac{1}{P_{t+s}}\right)\right\}$$

$$= -\sum_{s=0}^{\infty}\left\{[\beta(1-s^p)\theta_\omega]^s\frac{(1+\tau_{t+s}^{sc})}{P_{t+s}}\frac{\lambda_{t+s}^o}{\lambda_t^o}\right\}$$

因此

$$\Omega_t = \frac{\xi}{1-\xi}\frac{\sum_{s=0}^{\infty}\left\{[\beta(1-s^p)\theta_\omega]^s\frac{(1-\tau_{t+s}^w)}{P_{t+s}}\left[(1-\mu)\frac{\lambda_{t+s}^o}{\lambda_t^o} + \mu\frac{\lambda_{t+s}^r}{\lambda_t^r}\right]\right\}}{\sum_{s=0}^{\infty}\left\{[\beta(1-s^p)\theta_\omega]^s\frac{1}{P_{t+s}}\frac{\lambda_{t+s}^o}{\lambda_t^o}\right\}}J(\widetilde{W}_t)$$

附录 4D 线性化方程的推导

（1）劳动市场部分的线性化过程

$$①w_tN_t = (1-s)$$

$$N_{t-1}[(1-\theta_\omega)\tilde{w}_t + \theta_\omega w_{t-1}\pi_t^{-1}] + M_t[(1-\theta_\omega^n)\tilde{w}_t + \theta_\omega^n w_{t-1}\pi_t^{-1}]$$

$$\Rightarrow wN(\hat{w}_t + \hat{N}_t) = (1-s)(1-\theta_\omega)\tilde{w}N(\hat{\tilde{w}}_t + \hat{N}_{t-1}) +$$

$$(1-s)\theta_\omega Nw(\hat{w}_{t-1} + \hat{N}_{t-1} - \hat{\pi}_t) +$$

$$(1-\theta_\omega^n)\tilde{w}M(\hat{M}_t + \hat{\tilde{w}}_t) + \theta_\omega^n Mw(\hat{M}_t + \hat{w}_{t-1} - \hat{\pi}_t)$$

$$\Rightarrow wN(\hat{w}_t + \hat{N}_t) = (1-s)wN\hat{N}_{t-1} + [(1-s)(1-\theta_\omega) + (1-\theta_\omega^n)s]\, wN\hat{\tilde{w}}_t +$$

$$[(1-s)\theta_\omega + \theta_\omega^n s]\, wN(\hat{w}_{t-1} - \hat{\pi}_t) + swN\hat{M}_t.\ (\because \tilde{w} = w,\ sN = M)$$

$$\Rightarrow \hat{w}_t = (1-s)\hat{N}_{t-1} + [(1-s)(1-\theta_\omega) + (1-\theta_\omega^n)s]\, \hat{\tilde{w}}_t +$$

$$[(1-s)\theta_\omega + \theta_\omega^n s]\, (\hat{w}_{t-1} - \hat{\pi}_t) + s\hat{M}_t - \hat{N}_t$$

$$②A_{1t} \equiv J_t + \beta E_t\left[\frac{\lambda_{t+1}^o}{\lambda_t^o}\theta_\omega(1-s)A_{1t+1}\right]$$

$$\Rightarrow A_1(1+\hat{A}_{1t}) = J(1+\hat{J}_t) + \beta\theta_\omega(1-s)A_1(1+\hat{A}_{1t+1} + \hat{\lambda}_{t+1}^o - \hat{\lambda}_t^o)$$

$$\Rightarrow \hat{A}_{1t} = \frac{J}{A_1}\hat{J}_t + \beta\theta_\omega(1-s)(\hat{A}_{1t+1} + \hat{\lambda}_{t+1}^o - \hat{\lambda}_t^o)\,[\because A_1 = J + \beta\theta_\omega(1-s)A_1]$$

$$③A_{2t} \equiv \bar{h}x_t + \beta E_t\left[\frac{\lambda_{t+1}^o}{\lambda_t^o}\theta_\omega(1-s)A_{2t+1}\right]$$

$$\Rightarrow A_2(1+\hat{A}_{2t}) = \bar{h}x(1+\hat{x}_t) + \beta\theta_\omega(1-s)A_2(1+\hat{A}_{2t+1} + \hat{\lambda}_{t+1}^o - \hat{\lambda}_t^o)$$

$$\Rightarrow \hat{A}_{2t} = [1-\beta\theta_\omega(1-s)]\,\hat{x}_t + \beta\theta_\omega(1-s)(\hat{A}_{2t+1} + \hat{\lambda}_{t+1}^o - \hat{\lambda}_t^o)$$

$$[\because A_2 = \bar{h}x + \beta\theta_\omega(1-s)A_2]$$

$$④A_{3t} \equiv 1 + \beta E_t\left[\frac{\lambda^o_{t+1}}{\lambda^o_t}\theta_\omega(1 - s)A_{3t+1}\right]$$

$$\Rightarrow A_3(1 + \hat{A}_{3t}) = 1 + \beta\theta_\omega(1 - s)A_3(1 + \hat{A}_{3t+1} + \hat{\lambda}^o_{t+1} - \hat{\lambda}^o_t)$$

$$\Rightarrow \hat{A}_{3t} = \beta\theta_\omega(1 - s)(\hat{A}_{3t+1} + \hat{\lambda}^o_{t+1} - \hat{\lambda}^o_t)\ [\because A_3 = 1 + \beta\theta_\omega(1 - s)A_3]$$

$$⑤A_{4t} \equiv (1 - \tau^w_t) + \beta E_t\left[\frac{\lambda^o_{t+1}}{\lambda^o_t}\theta_\omega(1 - s)\ (\pi_{t+1})^{-1}A_{4t+1}\right]$$

$$\Rightarrow A_4(1 + \hat{A}_{4t})$$

$$= (1 - \tau^w(1 + \hat{\tau}^w_t)) + \beta\theta_\omega(1 - s^p)A_4(1 + \hat{A}_{4t+1} + \hat{\lambda}^o_{t+1} - \hat{\lambda}^o_t - \hat{\pi}_{t+1})$$

$$\Rightarrow \hat{A}_{4t} = -\frac{\tau^w}{A_4}\hat{\tau}^w_t + \beta\theta_\omega(1 - s)(\hat{A}_{4t+1} + \hat{\lambda}^o_{t+1} - \hat{\lambda}^o_t - \hat{\pi}_{t+1})$$

$$[\because A_4 = 1 - \tau^w + \beta\theta_\omega(1 - s)A_4]$$

$$⑥A_{5t} \equiv 1 + \beta E_t\left[\frac{\lambda^r_{t+1}}{\lambda^r_t}\theta_\omega(1 - s)A_{5t+1}\right]$$

$$\Rightarrow A_5(1 + \hat{A}_{5t}) = 1 + \beta\theta_\omega(1 - s)A_5(1 + \hat{A}_{5t+1} + \hat{\lambda}^r_{t+1} - \hat{\lambda}^r_t)$$

$$\Rightarrow \hat{A}_{5t} = \beta\theta_\omega(1 - s)(\hat{A}_{5t+1} + \hat{\lambda}^r_{t+1} - \hat{\lambda}^r_t)$$

$$[\because A_5 = 1 + \beta\theta_\omega(1 - s)A_5]$$

$$⑦A_{6t} \equiv (1 - \tau^w_t) + \beta E_t\left[\frac{\lambda^r_{t+1}}{\lambda^r_t}\theta_\omega(1 - s)\ (\pi_{t+1})^{-1}A_{6t+1}\right]$$

$$\Rightarrow A_6(1 + \hat{A}_{6t}) = [1 - \tau^w(1 + \hat{\tau}^w_t)] +$$

$$\beta\theta_\omega(1 - s)A_6(1 + \hat{A}_{6t+1} + \hat{\lambda}^r_{t+1} - \hat{\lambda}^r_t - \hat{\pi}_{t+1})$$

$$\Rightarrow \hat{A}_{6t} = -\frac{\tau^w}{A_6}\hat{\tau}^w_t + \beta\theta_\omega(1 - s)(\hat{A}_{6t+1} + \hat{\lambda}^r_{t+1} - \hat{\lambda}^r_t - \hat{\pi}_{t+1})$$

$$[\because A_6 = 1 - \tau^w + \beta\theta_\omega(1 - s)A_6]$$

$$⑧A_{7t} \equiv 1 + \beta E_t\left[\frac{\lambda^o_{t+1}}{\lambda^o_t}\theta_\omega(1 - s)\ (\pi_{t+1})^{-1}A_{7t+1}\right]$$

$$\Rightarrow A_7(1 + \hat{A}_{7t}) = 1 + \beta\theta_\omega(1 - s)A_7(1 + \hat{A}_{7t+1} + \hat{\lambda}^o_{t+1} - \hat{\lambda}^o_t - \hat{\pi}_{t+1})$$

$$\Rightarrow \hat{A}_{7t} = \beta\theta_\omega(1 - s)(\hat{A}_{7t+1} + \hat{\lambda}^o_{t+1} - \hat{\lambda}^o_t - \hat{\pi}_{t+1})$$

$$[\because A_7 = 1 + \beta\theta_\omega(1 - s)A_7]$$

$$⑨n^o_t = (1 - s)\ n^o_{t-1} + p_t[1 - (1 - s)\ n^o_{t-1}]$$

$$\Rightarrow n^o\hat{n}^o_t = (1 - s)\ n^o\hat{n}^o_{t-1} + p\hat{p}_t - (1 - s)\ pn^o(\hat{p}_t + \hat{n}^o_{t-1})$$

$$\Rightarrow \hat{n}_t^o = (1-s)\,\hat{n}_{t-1}^o + \frac{p}{n^o}\hat{p}_t - (1-s)\,p(\hat{p}_t + \hat{n}_{t-1}^o)$$

$$⑩ n_t^r = (1-s)\,n_{t-1}^r + p_t[1-(1-s)\,n_{t-1}^r]$$

$$\Rightarrow n^r\hat{n}_t^r = (1-s)\,n^r\hat{n}_{t-1}^r + p\hat{p}_t - (1-s)\,pn^r(\hat{p}_t + \hat{n}_{t-1}^r)$$

$$\Rightarrow \hat{n}_t^r = (1-s)\,\hat{n}_{t-1}^r + \frac{p}{n^r}\hat{p}_t - (1-s)\,p(\hat{p}_t + \hat{n}_{t-1}^r)$$

$$⑪ (1-\mu)\,\tilde{H}_t^o + \mu\tilde{H}_t^r = \frac{\xi}{1-\xi}\frac{(1-\mu)\,A_{4t} + \mu A_{6t}}{A_{7t}}J_t.$$

$$\Rightarrow (1-\mu)\,\tilde{H}^o\hat{\tilde{H}}_t^o + \mu\tilde{H}^r\hat{\tilde{H}}_t^r = \frac{\xi}{1-\xi}\begin{bmatrix}\frac{(1-\mu)\,A_4J}{A_7}(\hat{A}_{4t} - \hat{A}_{7t} + \hat{J}_t) + \\ \frac{\mu A_6J}{A_7}(\hat{A}_{6t} - \hat{A}_{7t} + \hat{J}_t)\end{bmatrix}$$

$$\Rightarrow (1-\mu)\,\tilde{H}^o\hat{\tilde{H}}_t^o + \mu\tilde{H}^r\hat{\tilde{H}}_t^r = \frac{\xi}{1-\xi}\frac{A_4J}{A_7}[(1-\mu)\,\hat{A}_{4t} + \mu\hat{A}_{6t} - \hat{A}_{7t} + \hat{J}_t]$$

$$⑫ H_t^{\text{auxo}} = \beta(1-s)\,E_t\left\{\frac{\lambda_{t+1}^o}{\lambda_t^o}\left\{\begin{bmatrix}(1-\theta_\omega) - \\ p_{t+1}(1-\theta_\omega^n)\end{bmatrix}\tilde{H}_{t+1}^o - p_{t+1}\theta_\omega^n H_{t+1}^{\text{opav}}\right\}\right\}$$

$$\Rightarrow H^{\text{auxo}}\hat{H}_t^{\text{auxo}} = \beta(1-s)\,(1-\theta_\omega)\,\tilde{H}^o(\hat{\lambda}_{t+1}^o - \hat{\lambda}_t^o + \hat{\tilde{H}}_{t+1}^o) -$$

$$\beta(1-s)\,p(1-\theta_\omega^n)\,\tilde{H}^o(\hat{\lambda}_{t+1}^o - \hat{\lambda}_t^o + \hat{\tilde{H}}_{t+1}^o + \hat{p}_{t+1}) -$$

$$\beta(1-s)\,p\theta_\omega^n H^{\text{opav}}(\hat{\lambda}_{t+1}^o - \hat{\lambda}_t^o + \hat{H}_{t+1}^{\text{opav}} + \hat{p}_{t+1})$$

$$\Rightarrow \hat{H}_t^{\text{auxo}} = \hat{\lambda}_{t+1}^o - \hat{\lambda}_t^o + \frac{1}{H^{\text{auxo}}}\beta(1-s)$$

$$\{[(1-\theta_\omega) - p(1-\theta_\omega^n)]\,\tilde{H}^o\hat{\tilde{H}}_{t+1}^o - p^p\theta_\omega^n H^{\text{opav}}\hat{H}_{t+1}^{\text{opav}} - p^p\tilde{H}^o\hat{p}_{t+1}\}$$

$$⑬ H_t^{\text{auxr}} = \beta(1-s)\,E_t\left\{\frac{\lambda_{t+1}^r}{\lambda_t^r}\left\{\begin{bmatrix}(1-\theta_\omega) - \\ p_{t+1}(1-\theta_\omega^n)\end{bmatrix}\tilde{H}_{t+1}^r - p_{t+1}\theta_\omega^n H_{t+1}^{\text{rpav}}\right\}\right\}$$

$$\Rightarrow H^{\text{auxr}}\hat{H}_t^{\text{auxr}} = \beta(1-s)\,(1-\theta_\omega)\,\tilde{H}^r(\hat{\lambda}_{t+1}^r - \hat{\lambda}_t^r + \hat{\tilde{H}}_{t+1}^r) - \beta(1-s)$$

$$p(1-\theta_\omega^n)\,\tilde{H}^r(\hat{\lambda}_{t+1}^r - \hat{\lambda}_t^r + \hat{\tilde{H}}_{t+1}^r + \hat{p}_{t+1}) -$$

$$\beta(1-s)\,p\theta_\omega^n H^{\text{rpav}}(\hat{\lambda}_{t+1}^r - \hat{\lambda}_t^r + \hat{H}_{t+1}^{\text{rpav}} + \hat{p}_{t+1})\,.$$

$$\Rightarrow \hat{H}_t^{\text{auxr}} = \hat{\lambda}_{t+1}^r - \hat{\lambda}_t^r + \frac{1}{H^{\text{auxr}}}\beta(1-s)\begin{Bmatrix}[(1-\theta_\omega) - p(1-\theta_\omega^n)] \\ \tilde{H}^r\hat{\tilde{H}}_{t+1}^r - p\theta_\omega^n H^{\text{rpav}}\hat{H}_{t+1}^{\text{rpav}} - p\tilde{H}^r\hat{p}_{t+1}\end{Bmatrix}$$

$$⑭A_t^{\text{auxo}} = H_t^{\text{auxo}} + \beta\theta_\omega(1-s)E_t\left(\frac{\lambda_{t+1}^o}{\lambda_t^o}A_{t+1}^{\text{auxo}}\right)$$

$$\Rightarrow A^{\text{auxo}}\hat{A}_t^{\text{auxo}} = H^{\text{auxo}}\hat{H}_t^{\text{auxo}} + \beta\theta_\omega(1-s)A^{\text{auxo}}(\hat{A}_{t+1}^{\text{auxo}} + \hat{\lambda}_{t+1}^o - \hat{\lambda}_t^o)$$

$$\Rightarrow \hat{A}_t^{\text{auxo}} = \frac{H^{\text{auxo}}}{A^{\text{auxo}}}\hat{H}_t^{\text{auxo}} + \beta\theta_\omega(1-s)(\hat{A}_{t+1}^{\text{auxo}} + \hat{\lambda}_{t+1}^o - \hat{\lambda}_t^o)$$

$$⑮A_t^{\text{auxr}} = H_t^{\text{auxr}} + \beta\theta_\omega(1-s)E_t\left(\frac{\lambda_{t+1}^r}{\lambda_t^r}A_{t+1}^{\text{auxr}}\right)$$

$$\Rightarrow A^{\text{auxr}}\hat{A}_t^{\text{auxr}} = H^{\text{auxr}}\hat{H}_t^{\text{auxr}} + \beta\theta_\omega(1-s)A^{\text{auxr}}(\hat{A}_t^{\text{auxr}} + \hat{\lambda}_{t+1}^r - \hat{\lambda}_t^r)$$

$$\Rightarrow \hat{A}_t^{\text{auxr}} = \frac{H^{\text{auxr}}}{A^{\text{auxr}}}\hat{H}_t^{\text{auxr}} + \beta\theta_\omega(1-s)(\hat{A}_t^{\text{auxr}} + \hat{\lambda}_{t+1}^r - \hat{\lambda}_t^r)$$

$$⑯\tilde{H}_t^o = A_{4t}\tilde{w}_t - A_{3t}\kappa_B + A_t^{\text{auxo}}$$

$$\Rightarrow \tilde{H}^o\hat{\tilde{H}}_t^o = A_4\tilde{w}(\hat{A}_{4t} + \hat{\tilde{w}}_t) - A_3\kappa_B\hat{A}_{3t} + A^{\text{auxo}}\hat{A}_t^{\text{auxo}}$$

$$⑰\tilde{H}_t^r = A_{6t}\tilde{w}_t - A_{5t}\kappa_B + A_t^{\text{auxr}}$$

$$\Rightarrow \tilde{H}^r\hat{\tilde{H}}_t^r = A_6\tilde{w}(\hat{A}_{6t} + \hat{\tilde{w}}_t) - A_5\kappa_B\hat{A}_{5t} + A^{\text{auxr}}\hat{A}_t^{\text{auxr}}$$

$$⑱H_t^{\text{opav}} = A_{4t}\frac{w_{t-1}}{\pi_t} - A_{3t}\kappa_B + A_t^{\text{auxo}}$$

$$\Rightarrow H^{\text{opav}}\hat{H}_t^{\text{opav}} = A_4w(\hat{A}_{4t} + \hat{w}_{t-1} - \hat{\pi}_t) - A_3\kappa_B\hat{A}_{3t} + A^{\text{auxo}}\hat{A}_t^{\text{auxo}}$$

$$⑲H_t^{\text{rpav}} = A_{6t}\frac{w_{t-1}}{\pi_t} - A_{5t}\kappa_B + A_t^{\text{auxr}}$$

$$\Rightarrow H^{\text{rpav}}\hat{H}_t^{\text{rpav}} = A_6w(\hat{A}_{6t} + \hat{w}_{t-1} - \hat{\pi}_t) - A_5\kappa_B\hat{A}_{5t} + A^{\text{auxr}}\hat{A}_t^{\text{auxr}}$$

$$⑳J_t = A_{2t} - A_{7t}\tilde{w}_t + \beta E_t\left[\frac{\lambda_{t+1}^o}{\lambda_t^o}(1-\theta_\omega)(1-s)A_{1t+1}\right]$$

$$\Rightarrow J\hat{J}_t = A_2\hat{A}_{2t} - A_7\tilde{w}(\hat{A}_{7t} + \hat{\tilde{w}}_t) + \beta(1-\theta_\omega)(1-s)A_1(\hat{A}_{1t+1} + \hat{\lambda}_{t+1}^o - \hat{\lambda}_t^o)$$

$$㉑J_t^{\text{av}} = A_{2t} - A_{7t}\frac{w_{t-1}}{\pi_t} + \beta E_t\left[\frac{\lambda_{t+1}^o}{\lambda_t^o}(1-\theta_\omega)(1-s)A_{1t+1}\right]$$

$$\Rightarrow J^{\text{av}}\hat{J}_t^{\text{av}} = A_2\hat{A}_{2t} - A_7w(\hat{A}_{7t} + \hat{w}_{t-1} - \hat{\pi}_t) +$$

$$\beta(1-\theta_\omega)(1-s)A_1(\hat{A}_{1t+1} + \hat{\lambda}_{t+1}^o - \hat{\lambda}_t^o)$$

$$㉒c_t^r = \frac{(1-\tau_t^w)n_t^rw_t + (1-n_t^r)\kappa_B}{1+\tau_t^c}$$

$$\Rightarrow c^r\hat{c}_t^r + c^r\tau^c(\hat{c}_t^r + \hat{\tau}_t^c) = n^rw(\hat{n}_t^r + \hat{w}_t) - n^rw\tau^w(\hat{n}_t^r + \hat{w}_t + \hat{\tau}_t^w) - \kappa_Bn^r\hat{n}_t^r$$

$$\Rightarrow c^r(1+\tau^c)\hat{c}_t^r=[w(1-\tau^w)-\kappa_B]n^r\hat{n}_t^r+w(1-\tau^w)n^r\hat{w}_t-$$

$$n^r w\tau^w\hat{\tau}_t^w-c^r\tau^c\hat{\tau}_t^c$$

$$㉓\mathrm{Vac}_t=(1-\theta_\omega^n)J_t+\theta_\omega^n J_t^{\mathrm{av}}$$

$$\Rightarrow \mathrm{Vac}\hat{\mathrm{Vac}}_t=(1-\theta_\omega^n)J\hat{J}_t+\theta_\omega^n J^{\mathrm{av}}\hat{J}_t^{\mathrm{av}}$$

$$㉔N_t=(1-\mu)n_t^o+\mu n_t^r$$

$$\Rightarrow N\hat{N}_t=(1-\mu)n^o\hat{n}_t^o+\mu n^r\hat{n}_t^r$$

$$\Rightarrow \hat{N}_t=(1-\mu)\hat{n}_t^o+\mu\hat{n}_t^r(\because N=n^o=n^r)$$

（2）跨期最优条件

$$\lambda_t^o=\beta E_t\left[\lambda_{t+1}^o\frac{(1+r_t)}{\pi_{t+1}}\right]$$

其稳态为

$$\beta(1+r)=1$$

围绕稳态线性化上式为

$$\frac{\lambda_t^o}{E_t\lambda_{t+1}^o}=\beta\frac{1+r_t}{E_t\pi_{t+1}}$$

$$\Rightarrow e^{\hat{\lambda}_t^o-E_t\hat{\lambda}_{t+1}^o}=\beta(1+r)e^{\hat{r}_t-E_t\hat{\pi}_{t+1}}$$

$$\Rightarrow 1+(\hat{\lambda}_t^o-E_t\hat{\lambda}_{t+1}^o)=\beta(1+r)[1+(\hat{r}_t-E_t\hat{\pi}_{t+1})]$$

$$\Rightarrow \hat{\lambda}_t^o-E_t\hat{\lambda}_{t+1}^o=\beta(1+r)(\hat{r}_t-E_t\hat{\pi}_{t+1})$$

$$\Rightarrow \hat{\lambda}_t^o-E_t\hat{\lambda}_{t+1}^o=\hat{r}_t-E_t\hat{\pi}_{t+1}$$

（3）无抵补利率条件

$$\lambda_t^o=\beta E_t\left[\lambda_{t+1}^o(1+r_t^*)\varphi_t(\hat{\mathrm{nfa}}_t)\frac{1}{\pi_{t+1}}\frac{e_{t+1}}{e_t}\right]$$

其稳态为

$$1=\beta(1+r^*)e^{-\chi\cdot 0+0}$$

$$\Rightarrow 1=\beta(1+r^*)$$

围绕稳态线性化上式为

$$\frac{\lambda_t^o}{E_t\lambda_{t+1}^o}=\beta\left(\frac{1+r_t^*}{E_t\pi_{t+1}}\right)\left(\frac{E_t e_{t+1}}{e_t}\right)\varphi_t(\hat{\mathrm{nfa}}_t)$$

$$\Rightarrow e^{\hat{\lambda}_t^o-E_t\hat{\lambda}_{t+1}^o}=\beta(1+r^*)e^{\hat{r}_t^*-E_t\hat{\pi}_{t+1}}e^{E_t\hat{e}_{t+1}-\hat{e}_t}e^{-\chi\cdot\hat{\mathrm{nfa}}_t+\tilde{\phi}_t}$$

$$\Rightarrow e^{\hat{\lambda}_t^o-E_t\hat{\lambda}_{t+1}^o}=\beta(1+r^*)e^{(\hat{r}_t^*-E_t\hat{\pi}_{t+1})+(E_t\hat{e}_{t+1}-\hat{e}_t)-\chi\cdot\hat{\mathrm{nfa}}_t+\tilde{\phi}_t}$$

$$\Rightarrow 1+(\hat{\lambda}_t^o-E_t\hat{\lambda}_{t+1}^o)$$

$$=\beta(1+r^*)(1+(\hat{r}_t^*-E_t\hat{\pi}_{t+1})+(E_t\hat{e}_{t+1}-\hat{e}_t)-\chi\cdot \hat{\text{nfa}}_t+\tilde{\phi}_t)$$

$$\Rightarrow\hat{\lambda}_t^o-E_t\hat{\lambda}_{t+1}^o=\beta(1+r^*)((\hat{r}_t^*-E_t\hat{\pi}_{t+1})+(E_t\hat{e}_{t+1}-\hat{e}_t)-\chi\cdot \hat{\text{nfa}}_t+\tilde{\phi}_t)$$

$$\Rightarrow\hat{\lambda}_t^o-E_t\hat{\lambda}_{t+1}^o=(\hat{r}_t^*-E_t\hat{\pi}_{t+1})+(E_t\hat{e}_{t+1}-\hat{e}_t)-\chi\cdot \hat{\text{nfa}}_t+\tilde{\phi}_t$$

（4）实际汇率

$$Q_t=\frac{e_tP_t^*}{P_t}$$

线性化为

$$\hat{q}_t=\hat{e}_t+\hat{p}_t^*-\hat{p}_t$$

滞后一期得到

$$E_t\hat{q}_{t+1}=E_t\hat{e}_{t+1}+E_t\hat{p}_{t+1}^*-E_t\hat{p}_{t+1}$$

两式相减

$$E_t\hat{q}_{t+1}-\hat{q}_t=(E_t\hat{e}_{t+1}-\hat{e}_t)+(E_t\hat{p}_{t+1}^*-\hat{p}_t^*)-(E_t\hat{p}_{t+1}-\hat{p}_t)$$

$$=(E_t\hat{e}_{t+1}-\hat{e}_t)+E_t\hat{\pi}_{t+1}^*-E_t\hat{\pi}_{t+1}$$

将跨期最优条件和无抵补利率条件结合，我们得到

$$E_t\hat{e}_{t+1}-\hat{e}_t=\hat{r}_t-\hat{r}_t^*+\chi\cdot \hat{\text{nfa}}_t-\tilde{\phi}_t$$

将此式代入实际汇率的差分方程中，我们得到：

$$E_t\hat{q}_{t+1}-\hat{q}_t=(\hat{r}_t-E_t\hat{\pi}_{t+1})-(\hat{r}_t^*-E_t\hat{\pi}_{t+1}^*)+\chi\cdot \hat{\text{nfa}}_t-\tilde{\phi}_t$$

（5）李嘉图的家庭消费的边际效用

$$\lambda_t^o=\frac{(c_t^o-hc_{t-1}^o)^{-\sigma_c}-\beta hE_t[(c_{t+1}^o-hc_t^o)^{-\sigma_c}]}{1+\tau_t^c}$$

令 $\zeta_t^o=(c_t^o-hc_{t-1}^o)^{-\sigma_c}$

$$\lambda_t^o=\frac{\zeta_t^o-\beta h\zeta_{t+1}^o}{1+\tau_t^c}$$

$$\lambda^o e^{\hat{\lambda}_t^o}(1+\tau^c e^{\hat{\tau}_t^c})=\zeta^o e^{\hat{\zeta}_t^o}-\beta h\zeta^o e^{\hat{\zeta}_{t+1}^o}$$

$$\lambda^o(1+\tau^c)\hat{\lambda}_t^o+\lambda^o\tau^c\hat{\tau}_t^c=\zeta^o\hat{\zeta}_t^o-\beta h\zeta^o\hat{\zeta}_{t+1}^o$$

$$\lambda^o(1+\tau^c)\hat{\lambda}_t^o=\zeta^o\hat{\zeta}_t^o-\beta h\zeta^o\hat{\zeta}_{t+1}^o-\lambda^o\tau^c\hat{\tau}_t^c$$

又因为

$$(\zeta_t^o)^{-1/\sigma_c}=c_t^o-hc_{t-1}^o\text{[对应稳态：}(\zeta^o)^{-1/\sigma_c}=c^o(1-h)\text{]}$$

$$\Rightarrow(\zeta^o)^{-1/\sigma_c}e^{-\hat{\zeta}_t^o/\sigma_c}=c^o e^{\hat{c}_t^o}-hc^o e^{\hat{c}_{t-1}^o}$$

$$\Rightarrow(\zeta^o)^{-1/\sigma_c}(1-\hat{\zeta}_t^o/\sigma_c)=c^o(1+\hat{c}_t^o)-hc^o(1+\hat{c}_{t-1}^o)$$

$$\Rightarrow(\zeta^o)^{-1/\sigma_c}-(\zeta^o)^{-1/\sigma_c}\hat{\zeta}_t^o/\sigma_c=c^o+c^o\hat{c}_t^o-hc^o-hc^o\hat{c}_{t-1}^o$$

$$\Rightarrow -(\zeta^o)^{-1/\sigma_c}\hat{\zeta}_t^o/\sigma_c = c^o\hat{c}_t^o - hc^o\hat{c}_{t-1}^o$$

$$\Rightarrow \hat{\zeta}_t^o = -\frac{\sigma_c}{1-h}\hat{c}_t^o + \frac{h\sigma_c}{1-h}\hat{c}_{t-1}^o$$

并且，有稳态

$$\zeta^o = [c^o(1-h)]^{-\sigma_c}, \lambda^o = \frac{[c^o(1-h)]^{-\sigma_c}(1-\beta h)}{1+\tau^c}$$

最终得到

$$\hat{\lambda}_t^o = \frac{\sigma_c\beta h}{(1-h)(1-\beta h)}(\hat{c}_{t+1}^o - h\hat{c}_t^o) -$$

$$\frac{\sigma_c}{(1-h)(1-\beta h)}(\hat{c}_t^o - h\hat{c}_{t-1}^o) - \frac{\tau^c}{(1+\tau^c)}\hat{\tau}_t^c$$

（6）非李嘉图家庭消费的边际效用

$$\lambda_t^r = \frac{(c_t^r - hc_{t-1}^r)^{-\sigma_c} - \beta h E_t(c_{t+1}^r - hc_t^r)^{-\sigma_c}}{(1+\tau_t^c)}$$

令 $\zeta_t^r = (c_t^r - hc_{t-1}^r)^{-\sigma_c}$，则有

$$\lambda_t^r = \frac{\zeta_t^r - \beta h\zeta_{t+1}^r}{1+\tau_t^c}$$

$$\Rightarrow \lambda^r e^{\hat{\lambda}_t^r}(1+\tau^c e^{\hat{\tau}_t^c}) = \zeta^r e^{\hat{\zeta}_t^r} - \beta h\zeta^r e^{\hat{\zeta}_{t+1}^r}$$

$$\Rightarrow \lambda^r(1+\tau^c)\hat{\lambda}_t^r + \lambda^r\tau^c\hat{\tau}_t^c = \zeta^r\hat{\zeta}_t^r - \beta h\zeta^r\hat{\zeta}_{t+1}^r$$

$$\Rightarrow \lambda^r(1+\tau^c)\hat{\lambda}_t^r = \zeta^r\hat{\zeta}_t^r - \beta h\zeta^r\hat{\zeta}_{t+1}^r - \lambda^r\tau^c\hat{\tau}_t^c$$

又因为

$$(\zeta_t^r)^{-1/\sigma_c} = c_t^r - hc_{t-1}^r\,[\text{对应稳态：}(\zeta^r)^{-1/\sigma_c} = c^r(1-h)]$$

$$\Rightarrow (\zeta^r)^{-1/\sigma_c}e^{-\hat{\zeta}_t^r/\sigma_c} = c^r e^{\hat{c}_t^r} - hc^r e^{\hat{c}_{t-1}^r}$$

$$\Rightarrow (\zeta^r)^{-1/\sigma_c}(1-\hat{\zeta}_t^r/\sigma_c) = c^r(1+\hat{c}_t^r) - hc^r(1+\hat{c}_{t-1}^r)$$

$$\Rightarrow (\zeta^r)^{-1/\sigma_c} - (\zeta^r)^{-1/\sigma_c}\hat{\zeta}_t^r/\sigma_c = c^r + c^r\hat{c}_t^r - hc^r - hc^r\hat{c}_{t-1}^r$$

$$\Rightarrow -(\zeta^r)^{-1/\sigma_c}\hat{\zeta}_t^r/\sigma_c = c^r\hat{c}_t^r - hc^r\hat{c}_{t-1}^r$$

$$\Rightarrow \hat{\zeta}_t^r = -\frac{\sigma_c}{1-h}\hat{c}_t^r + \frac{h\sigma_c}{1-h}\hat{c}_{t-1}^r$$

并且，有稳态

$$\zeta^r = [c^r(1-h)]^{-\sigma_c}, \lambda^r = \frac{[c^r(1-h)]^{-\sigma_c}(1-\beta h)}{1+\tau^c}$$

最终得到

$$\hat{\lambda}_t^r = \frac{\sigma_c \beta h}{(1-h)(1-\beta h)}(\hat{c}_{t+1}^r - h\hat{c}_t^r) -$$

$$\frac{\sigma_c}{(1-h)(1-\beta h)}(\hat{c}_t^r - h\hat{c}_{t-1}^r) - \frac{\tau^c}{(1+\tau^c)}\hat{\tau}_t^c$$

（7）生产厂商菲利普斯曲线

$$E_t \sum_{T=t}^{\infty} \theta_H{}^{T-t} \beta_{t,T} Y_{H,T}(i) \left[P_{H,t}(i) - \frac{\varepsilon}{\varepsilon-1} P_{H,T} \mathrm{MC}_{H,T} \right] = 0$$

$$\sum_{k=0}^{\infty} (\theta_H \beta)^k [\hat{P}_{H,t}(i) - \hat{P}_{H,t+k} - \mathrm{M\hat{C}}_{H,t+k}] = 0$$

$$\sum_{k=0}^{\infty} (\theta_H \beta)^k \hat{P}_{H,t}(i) = \sum_{k=0}^{\infty} (\theta_H \beta)^k (\hat{P}_{H,t+k} + \mathrm{M\hat{C}}_{H,t+k})$$

$$\hat{P}_{H,t}(i) = (1-\theta_H\beta) \sum_{k=0}^{\infty} (\theta_H \beta)^k (\hat{P}_{H,t+k} + \mathrm{M\hat{C}}_{H,t+k})$$

$$= (1-\theta_H\beta)(\hat{P}_{H,t} + \mathrm{M\hat{C}}_{H,t}) +$$

$$(1-\theta_H\beta) \sum_{k=1}^{\infty} (\theta_H \beta)^k (\hat{P}_{H,t+k} + \mathrm{M\hat{C}}_{H,t+k})$$

$$= (1-\theta_H\beta)(\hat{P}_{H,t} + \mathrm{M\hat{C}}_{H,t}) +$$

$$(1-\theta_H\beta)(\theta_H\beta) \sum_{s=0}^{\infty} (\theta_H \beta)^s (\hat{P}_{H,t+s+1} + \mathrm{M\hat{C}}_{H,t+s+1})$$

$$= (1-\theta_H\beta)(\hat{P}_{H,t} + \mathrm{M\hat{C}}_{H,t}) + \theta_H\beta\hat{P}_{H,t+1}(i)$$

对下式线性化

$$P_{H,t} = \{\theta_H (P_{H,t-1})^{1-\varepsilon} + (1-\theta_H)[P_{H,t}(i)]^{1-\varepsilon}\}^{\frac{1}{1-\varepsilon}}$$

$$P_{H,t}{}^{1-\varepsilon} = \theta_H (P_{H,t-1})^{1-\varepsilon} + (1-\theta_H)[P_{H,t}(i)]^{1-\varepsilon}$$

$$(1-\varepsilon) P_H{}^{1-\varepsilon}\hat{P}_{H,t} = \theta_H(1-\varepsilon) P_H{}^{1-\varepsilon}\hat{P}_{H,t-1} +$$

$$(1-\varepsilon)(1-\theta_H)[P_{H,t}(i)]^{1-\varepsilon}\hat{P}_{H,t}(i)$$

$$P_H{}^{1-\varepsilon}\hat{P}_{H,t} = \theta_H P_H{}^{1-\varepsilon}\hat{P}_{H,t-1} + (1-\theta_H)[P_{H,t}(i)]^{1-\varepsilon}\hat{P}_{H,t}(i)$$

稳态 $P_H = P_H(i)$

故 $\hat{P}_{H,t} = \theta_H \hat{P}_{H,t-1} + (1-\theta_H)\hat{P}_{H,t}(i)$

$\hat{P}_{H,t}(i) = \frac{1}{1-\theta_H}(\hat{P}_{H,t} - \theta_H\hat{P}_{H,t-1})$ 代入线性化一阶条件得到

$$\frac{1}{1-\theta_H}(\hat{P}_{H,t} - \theta_H\hat{P}_{H,t-1})$$

$$= (1-\theta_H\beta)(\hat{P}_{H,t}+\hat{MC}_{H,t}) + \frac{\theta_H\beta}{1-\theta_H}(\hat{P}_{H,t+1}-\theta_H\hat{P}_{H,t})$$

$$(\hat{P}_{H,t}-\theta_H\hat{P}_{H,t-1})$$

$$= (1-\theta_H)(1-\theta_H\beta)(\hat{P}_{H,t}+\hat{MC}_{H,t}) + \theta_H\beta\hat{P}_{H,t+1} - \theta_H{}^2\beta\hat{P}_{H,t}$$

$$\theta_H(\beta+1)\hat{P}_{H,t} - \theta_H\hat{P}_{H,t-1} = (1-\theta_H)(1-\theta_H\beta)\hat{MC}_{H,t} + \theta_H\beta\hat{P}_{H,t+1}$$

$$(\beta+1)\hat{P}_{H,t} - \hat{P}_{H,t-1} = \frac{(1-\theta_H)(1-\theta_H\beta)}{\theta_H}\hat{MC}_{H,t} + \beta\hat{P}_{H,t+1}$$

$$\hat{P}_{H,t} - \hat{P}_{H,t-1} = \beta(\hat{P}_{H,t+1} - \hat{P}_{H,t}) + \frac{(1-\theta_H)(1-\theta_H\beta)}{\theta_H}\hat{MC}_{H,t}$$

令 $\hat{\pi}_{H,t} = \hat{P}_{H,t} - \hat{P}_{H,t-1}$ 得

$$\hat{\pi}_{H,t} = \beta E_t(\hat{\pi}_{H,t+1}) + \frac{(1-\theta_H)(1-\theta_H\beta)}{\theta_H}\hat{MC}_{H,t}$$

（8）进口厂商菲利普斯曲线

$$E_t\sum_{T=t}^{\infty}\theta_F{}^{T-t}\beta_{t,T}C_{F,T}(i)\left[P_{F,t}(i) - \frac{\varepsilon}{\varepsilon-1}e_T P_{F,T}^*\right] = 0$$

$$\sum_{k=0}^{\infty}(\theta_F\beta)^k[\hat{P}_{F,t}(i) - \hat{P}_{F,t+k}^* - \hat{e}_{t+k}] = 0$$

$$\sum_{k=0}^{\infty}(\theta_F\beta)^k\hat{P}_{F,t}(i) = \sum_{k=0}^{\infty}(\theta_F\beta)^k(\hat{P}_{F,t+k}^* + \hat{e}_{t+k})$$

$$= (1-\theta_F\beta)(\hat{P}_{F,t}^* + \hat{e}_t) + (1-\theta_F\beta)\sum_{k=1}^{\infty}(\theta_F\beta)^k(\hat{P}_{F,t+k}^* + \hat{e}_{t+k})$$

$$= (1-\theta_F\beta)(\hat{P}_{F,t}^* + \hat{e}_t) + (1-\theta_F\beta)(\theta_F\beta)\sum_{s=0}^{\infty}(\theta_F\beta)^s(\hat{P}_{F,t+s+1}^* + \hat{e}_{t+s+1})$$

$$= (1-\theta_F\beta)(\hat{P}_{F,t}^* + \hat{e}_t) + \theta_F\beta\hat{P}_{F,t}(i)$$

由 $\hat{\Psi}_{F,t} = (\hat{e}_t + \hat{P}_{F,t}^*) - \hat{P}_{F,t}$

$$\hat{P}_{F,t} = \theta_F\hat{P}_{F,t-1} + (1-\theta_F)\hat{P}_{F,t}(i)$$

$$\hat{P}_{F,t}(i) = \frac{1}{1-\theta_F}(\hat{P}_{F,t} - \theta_F\hat{P}_{F,t-1})$$

代入线性化一阶条件得到

$$\frac{1}{1-\theta_F}(\hat{P}_{F,t} - \theta_F\hat{P}_{F,t-1})$$

$$= (1-\theta_F\beta)(\hat{P}_{F,t} + \Psi_{F,t}) + \frac{\theta_F\beta}{1-\theta_F}(\hat{P}_{F,t+1} - \theta_F\hat{P}_{F,t})$$

$$\hat{P}_{F,t} - \theta_F \hat{P}_{F,t-1} = (1-\theta_F\beta)(1-\theta_F)(\hat{P}_{F,t} + \hat{\Psi}_{F,t}) + \theta_F\beta(\hat{P}_{F,t+1} - \theta_F\hat{P}_{F,t})$$

$$\theta_F(\beta+1)\hat{P}_{F,t} - \theta_F\hat{P}_{F,t-1} = (1-\theta_F\beta)(1-\theta_F)\hat{\Psi}_{F,t} + \theta_F\beta\hat{P}_{F,t+1}$$

$$(\beta+1)\hat{P}_{F,t} - \hat{P}_{F,t-1} = \frac{(1-\theta_F\beta)(1-\theta_F)}{\theta_F}\hat{\Psi}_{F,t} + \beta\hat{P}_{F,t+1}$$

$$\hat{P}_{F,t} - \hat{P}_{F,t-1} = \beta(\hat{P}_{F,t+1} - \hat{P}_{F,t}) + \frac{(1-\theta_F\beta)(1-\theta_F)}{\theta_F}\Psi_{F,t}$$

令 $\hat{\pi}_{F,t} = \hat{P}_{F,t} - \hat{P}_{F,t-1}$ 得

$$\hat{\pi}_{F,t} = \beta E_t\{\hat{\pi}_{F,t+1}\} + \frac{(1-\theta_F\beta)(1-\theta_F)}{\theta_F}\Psi_{F,t}$$

（9）总资源约束

$$Y_t(j) = C_{H,t}(j) + C^*_{H,t}(j) + G_t(j)$$

利用各个要素需求函数，上式可写为

$$Y_t(j) = \left[\frac{P_{H,t}(j)}{P_{H,t}}\right]^{-\varepsilon} C_{H,t} + \left[\frac{P_{H,t}(j)}{P_{H,t}}\right]^{-\varepsilon} C^*_{H,t} + \left[\frac{P_{H,t}(j)}{P_{H,t}}\right]^{-\varepsilon} G_t$$

$$= \left[\frac{P_{H,t}(j)}{P_{H,t}}\right]^{-\varepsilon}(C_{H,t} + C^*_t + G_t)$$

$$= \left[\frac{P_{H,t}(j)}{P_{H,t}}\right]^{-\varepsilon}\left((1-\alpha)\left(\frac{P_{H,t}}{P_t}\right)^{-\eta} C_t + \alpha\left(\frac{P^*_{H,t}}{P^*_t}\right)^{-\eta} C^*_t + G_t\right)$$

又因 $Y_t(j) = \left[\frac{P_{H,t}(j)}{P_{H,t}}\right]^{-\varepsilon} Y_t$，所以

$$Y_t = (1-\alpha)\left(\frac{P_{H,t}}{P_t}\right)^{-\eta} C_t + \alpha\left(\frac{P^*_{H,t}}{P^*_t}\right)^{-\eta} C^*_t + G_t$$

$$= (1-\alpha)\left(\frac{P_{H,t}}{P_t}\right)^{-\eta} C_t + \alpha\left(\frac{P_{H,t}}{e_t P^*_t}\right)^{-\eta} C^*_t + G_t$$

该式线性化为

$$Y\hat{Y}_t = (1-\alpha)C[\hat{C}_t - \eta(\hat{P}_{H,t} - \hat{P}_t)] + \alpha C^*[-\eta(\hat{P}_{H,t} - \hat{P}^*_t - \hat{e}_t) + \hat{C}^*_t] + G\hat{G}_t$$

$$\Rightarrow \hat{Y}_t = (1-\alpha)\frac{C}{Y}[\hat{C}_t - \eta(\hat{P}_{H,t} - \hat{P}_t)] + \alpha\frac{C^*}{Y}[-\eta(\hat{P}_{H,t} - \hat{P}^*_t - \hat{e}_t) + \hat{C}^*_t] + \frac{G}{Y}\hat{G}_t$$

$$\Rightarrow \hat{Y}_t = \frac{C}{Y}\left\{\begin{array}{l}(1-\alpha)[\hat{C}_t - \eta(\hat{P}_{H,t} - \hat{P}_t)] + \\ \alpha[-\eta(\hat{P}_{H,t} - \hat{P}_t^* - \hat{e}_t) + \hat{C}_t^*]\end{array}\right\} + \frac{G}{Y}\hat{G}_t$$

$$\Rightarrow \hat{Y}_t = (1-\rho_{\text{gov}})\left\{\begin{array}{l}(1-\alpha)[\hat{C}_t - \eta(\hat{P}_{H,t} - \hat{P}_t)] + \\ \alpha[-\eta(\hat{P}_{H,t} - \hat{P}_t^* - \hat{e}_t) + \hat{C}_t^*]\end{array}\right\}$$

$$+ \rho_{\text{gov}}\hat{G}_t$$

其中，我们定义了 $\rho_{\text{gov}} \equiv G/Y$；同时还利用了

$$C^* = C, \ G/Y + C/Y = 1$$

以及开放经济中的下列关系式

$$\hat{P}_t = (1-\alpha)\hat{P}_{H,t} + \alpha\hat{P}_{F,t}, \ \hat{S}_t = \hat{P}_{F,t} - \hat{P}_{H,t}, \ \hat{\psi}_{F,t} = (\hat{e}_t + \hat{P}_{F,t}^*) - \hat{P}_{F,t}$$

于是，我们最终得到

$$\hat{Y}_t = (1-\rho_{\text{gov}})\{(1-\alpha)(\hat{C}_t + \alpha\eta\hat{S}_t) + \alpha[\eta(\hat{S}_t + \hat{\psi}_{F,t}) + \hat{C}_t^*]\} + \rho_{\text{gov}}\hat{G}_t$$

（10）国外净资产演化方程

$$e_t\text{NFA}_t = (1+r_{t-1})e_{t-1}\text{NFA}_{t-1} + P_t\text{NX}_t$$

则有

$$\frac{e_t\text{NFA}_t}{P_t} = \frac{(1+r_{t-1})}{\pi_t}\frac{e_{t-1}\text{NFA}_{t-1}}{P_{t-1}} + \text{NX}_t$$

其中

$$\text{NX}_t = \frac{P_{H,t}}{P_t}Y_t - \left(\frac{P_{H,t}}{P_t}C_{H,t} + \frac{P_{F,t}}{P_t}C_{F,t} + \frac{P_{H,t}}{P_t}G_t\right)$$

定义 $\hat{\text{nfa}}_t = \frac{e_t\text{NFA}_t/P_t}{Y}$，　则有

$$Y\hat{\text{nfa}}_t = Y\frac{(1+r_{t-1})}{\pi_t}\hat{\text{nfa}}_{t-1} + \text{NX}_t$$

其中 NX = 0，线性化上式得到

$$\hat{\text{nfa}}_t = \frac{(1+r_{t-1})}{\pi_t}\hat{\text{nfa}}_{t-1} + \frac{\text{NX}_t - \text{NX}}{Y}$$

$$\hat{\text{nfa}}_t = (1+r)e^{\hat{r}_{t-1}-\hat{\pi}_t}\hat{\text{nfa}}_{t-1} + \hat{\text{nx}}_t$$

$$\Rightarrow \hat{\text{nfa}}_t = (1+r)\hat{\text{nfa}}_{t-1} + \hat{\text{nx}}_t$$

又因为 $1 = (1+r)\beta$

$$\hat{\text{nfa}}_t = (1/\beta)\hat{\text{nfa}}_{t-1} + \hat{\text{nx}}_t \qquad (4\text{D}.1)$$

(11) 净出口方程

对李嘉图消费和非李嘉图消费进行加权，其中李嘉图占的比重为 λ ，则非李嘉图的比重为 $1-\lambda$

$$(1+\tau_t^c)C_t^r=\frac{W_tN_t^r}{P_t}(1-\tau_t^w)+(1-N_t^r)\kappa^B$$

$$(1+\tau_t^c)C_t^o+\frac{B_t^o}{P_t}+\frac{e_t\mathrm{NFA}_t^o}{P_t}=\frac{W_tN_t^o}{P_t}(1-\tau_t^w)+\frac{(1+r_{t-1})B_{t-1}^o}{P_t}+$$

$$\frac{(1+r_{t-1}^*)e_t\mathrm{NFA}_{t-1}^o\varphi_{t-1}(\widehat{\mathrm{nfa}}_{t-1})}{P_t}+\frac{\Pi_t}{P_t}+(1-N_t^o)\kappa^B$$

其中，$w_t\equiv W_t/P_t$ 。加权上两式得到

$$(1+\tau_t^c)C_t+\frac{B_t}{P_t}+\frac{e_t\mathrm{NFA}_t}{P_t}$$

$$=(1-\tau_t^w)w_tN_t+(1+r_{t-1})\frac{B_{t-1}}{P_t}+$$

$$(1+r_{t-1}^*)\frac{e_t\mathrm{NFA}_{t-1}\varphi_{t-1}(\mathrm{nfa}_{t-1})}{P_t}+\frac{\Pi_t}{P_t}+(1-N_t)\kappa^B$$

而政府预算约束为

$$\frac{B_t}{P_t}=(1+r_{t-1})\frac{B_{t-1}}{P_t}+\frac{P_{H,t}}{P_t}G_t+U_t\kappa^B-\tau_t^ww_tN_t-\tau_t^cC_t$$

将上两式联立，得到

$$P_tC_t+P_{H,t}G_t+e_t\mathrm{NFA}_t$$

$$=w_tP_tN_t+\Pi_t+(1+r_{t-1}^*)e_t\mathrm{NFA}_{t-1}\varphi_{t-1}(\mathrm{nfa}_{t-1}) \tag{4D.2}$$

因为

$$e_t\mathrm{NFA}_t=(1+r_{t-1}^*)e_{t-1}\mathrm{NFA}_{t-1}+P_t\mathrm{NX}_t$$

又因为无抵补利率条件为 $(1+r_t^*)\varphi_t(\mathrm{nfa}_t)\frac{e_{t+1}}{e_t}=(1+r_t)$ 即

$$(1+r_{t-1})e_{t-1}=(1+r_{t-1}^*)\varphi_{t-1}(\mathrm{nfa}_{t-1})e_t$$

则

$$e_t\mathrm{NFA}_t=(1+r_{t-1}^*)\varphi_{t-1}(\mathrm{nfa}_{t-1})e_t\mathrm{NFA}_{t-1}+P_t\mathrm{NX}_t \tag{4D.3}$$

将式（4D.2）代入式（4D.1），得到

$$P_tC_t+P_{H,t}G_t+P_t\mathrm{NX}_t=w_tP_tN_t^i+\Pi_t$$

又因为

$$\Pi_t = P_{H,t}Y_t - w_tP_tN_t + (P_{F,t} - e_tP_t^*)C_{F,t}$$

则有

$$P_tC_t + P_{H,t}G_t + P_t\mathrm{NX}_t = P_{H,t}Y_t + (P_{F,t} - e_tP_t^*)C_{F,t}$$

由于

$$Y_t = C_{H,t} + G_t + C_{H,t}^*$$

则有

$$P_tC_t + P_{H,t}G_t + P_t\mathrm{NX}_t = P_{H,t}(C_{H,t} + G_t + C_{H,t}^*) + (P_{F,t} - e_tP_t^*)C_{F,t}$$

由于

$$P_tC_t = P_{H,t}C_{H,t} + P_{F,t}C_{F,t}$$

则有

$$P_t\mathrm{NX}_t = P_{H,t}C_{H,t}^* - e_tP_t^*C_{F,t}$$

$$\Rightarrow \mathrm{NX}_t = \frac{P_{H,t}}{P_t}C_{H,t}^* - \frac{e_tP_t^*}{P_t}C_{F,t}$$

由于 NX = 0，则有

$$\frac{\mathrm{NX}_t - \mathrm{NX}}{Y} = \frac{1}{Y}\frac{P_{H,t}}{P_t}C_{H,t}^* - \frac{1}{Y}\frac{e_tP_t^*}{P_t}C_{F,t}$$

$$\Rightarrow \hat{\mathrm{nx}}_t = \frac{1}{Y}\frac{P_H}{P}C_H^*e^{\hat{c}_{H,t}^*+\hat{p}_{H,t}-\hat{p}_t} - \frac{1}{Y}\frac{eP^*}{P}C_Fe^{\hat{c}_{F,t}+\hat{p}_t^*+\hat{e}_t-\hat{p}_t}$$

$$\Rightarrow \hat{\mathrm{nx}}_t = \frac{C_H^*}{Y}(\hat{c}_{H,t}^* + \hat{p}_{H,t} - \hat{p}_t) - \frac{C_F}{Y}(\hat{c}_{F,t} + \hat{p}_t^* + \hat{e}_t - \hat{p}_t)$$

由于

$$C_{H,t}^* = \alpha\left(\frac{P_{H,t}^*}{P_t^*}\right)^{-\eta}C_t^*,\quad C_{F,t} = \alpha\left(\frac{P_{F,t}}{P_t}\right)^{-\eta}C_t$$

其各自稳态分别为

$$C_H^* = \alpha C^*,\quad C_F = \alpha C$$

围绕各自稳态的线性化分别为

$$\hat{c}_{H,t}^* = \hat{c}_t^* - \eta(\hat{p}_{H,t}^* - \hat{p}_t^*),\quad \hat{c}_{F,t} = \hat{c}_t - \eta(\hat{p}_{F,t} - \hat{p}_t)$$

又因 $\hat{p}_t = (1-\alpha)\hat{p}_{H,t} + \alpha\hat{p}_{F,t}$，$\hat{p}_t^* = (1-\alpha)\hat{p}_{F,t}^* + \alpha\hat{p}_{H,t}^*$，则有

$$(\hat{p}_{H,t}^* - \hat{p}_t^*) = \frac{1-\alpha}{\alpha}(\hat{p}_t^* - \hat{p}_{F,t}^*),\quad \hat{p}_t = \hat{p}_{F,t} - (1-\alpha)\hat{s}_t$$

由于我们将国外经济体即世界剩余国家当作一个近似的封闭经济体，这意味着世界经济中（国外经济体中）的国内通货膨胀 $\hat{\pi}_t^*$ 与 CPI 通货膨

胀 $\hat{\pi}^*_{F,t}$ 是等价的，即

$$P^*_t = P^*_{F,t} \Rightarrow \hat{p}^*_t = \hat{p}^*_{F,t} \Rightarrow \hat{p}^*_t - \hat{p}^*_{F,t} = 0$$

于是，我们得到

$$\hat{c}^*_{H,t} = \hat{c}^*_t, \quad \hat{c}_{F,t} = \hat{c}_t - (1-\alpha)\eta\hat{s}_t$$

将上述各关系式代入，则

$$\hat{\text{nx}}_t = \frac{\alpha C^*}{Y}[\hat{c}^*_t + (\hat{p}_{H,t} - \hat{p}_t)] -$$

$$\frac{\alpha C}{Y}\{[\hat{c}_t - (1-\alpha)\eta\hat{s}_t] + (\hat{p}^*_t + \hat{e}_t - \hat{p}_t)\}$$

又因 $\hat{p}_{H,t} - \hat{p}_t = -\alpha\hat{s}_t$，$\hat{\tilde{q}}_t = \hat{e}_t + \hat{p}^*_t - \hat{p}_t$，则有

$$\hat{\text{nx}}_t = \frac{\alpha C^*}{Y}(\hat{c}^*_t - \alpha\hat{s}_t) - \frac{\alpha C}{Y}(\hat{c}_t + \hat{\tilde{q}}_t) + \frac{\alpha C}{Y}(1-\alpha)\eta\hat{s}_t$$

$$\hat{\text{nx}}_t = \frac{\alpha C^*}{Y}\hat{c}^*_t - \frac{\alpha C}{Y}\hat{c}_t - \alpha\frac{C}{Y}\hat{\tilde{q}}_t + \alpha\left[(1-\alpha)\frac{C}{Y}\eta - \alpha\frac{C^*}{Y}\right]\hat{s}_t$$

由于

$$C^* = C, \quad \gamma_c \equiv \frac{C}{Y}$$

则有

$$\hat{\text{nx}}_t = \alpha\gamma_c\hat{c}^*_t - \alpha\gamma_c\hat{c}_t - \alpha\gamma_c\hat{\tilde{q}}_t + \alpha[(1-\alpha)\gamma_c\eta - \alpha\gamma_c]\hat{s}_t$$

（12）经常项目

$$\text{CA}_t = \frac{e_t\text{NFA}_t - e_{t-1}\text{NFA}_{t-1}}{P_t}$$

令 $\text{ca}_t \equiv \text{CA}_t/Y$，加之 $\hat{\text{nfa}}_t = \dfrac{e_t\text{NFA}_t/P_t}{Y}$，则有

$$\frac{\text{CA}_t}{Y} = \frac{e_t\text{NFA}_t}{P_tY} - \frac{e_{t-1}\text{NFA}_{t-1}}{P_tY}$$

$$\Rightarrow \frac{\text{CA}_t}{Y} = \frac{e_t\text{NFA}_t/P_t}{Y} - \frac{e_{t-1}\text{NFA}_{t-1}/P_{t-1}}{Y}\frac{P_{t-1}}{P_t}$$

$$\Rightarrow c\hat{a}_t = \hat{\text{nfa}}_t - \pi_t^{-1}\hat{\text{nfa}}_{t-1}$$

$$\Rightarrow c\hat{a}_t = \hat{\text{nfa}}_t - (\pi e^{\hat{\pi}_t})^{-1}\hat{\text{nfa}}_{t-1}$$

$$\Rightarrow c\hat{a}_t = \hat{\text{nfa}}_t - (\pi^{-1}e^{-\hat{\pi}_t})\hat{\text{nfa}}_{t-1}$$

$$\Rightarrow c\hat{a}_t = \hat{\text{nfa}}_t - (1-\hat{\pi}_t)\hat{\text{nfa}}_{t-1}$$

$$\Rightarrow c\hat{a}_t = \hat{\text{nfa}}_t - \hat{\text{nfa}}_{t-1}$$

附录 5A　主要线性化方程推导

（1）资本价格动态方程

$$q_t = \beta E_t\left(\frac{\lambda_{t+1}^o}{\lambda_t^o}\right)[(1-\tau_{t+1}^k)R_{t+1}^k + (1-\delta)q_{t+1}]$$

其稳态为

$$q = \beta[(1-\tau^k)R^k + (1-\delta)q]$$

因为 $q=1$，则有

$$1/\beta = (1-\tau^k)R^k + (1-\delta) \Rightarrow R^k = \frac{1}{1-\tau^k}[1/\beta - (1-\delta)]$$

围绕稳态线性化

$$q_t = \left(\frac{E_t\pi_{t+1}}{1+r_t}\right)[(1-\tau_{t+1}^k)R_{t+1}^k + (1-\delta)q_{t+1}]$$

$$\Rightarrow qe^{\hat{q}_t} = \left[\frac{\pi e^{E_t\hat{\pi}_{t+1}}}{(1+r)e^{\hat{r}_t}}\right][(1-\tau^k e^{\hat{\tau}_{t+1}^k})R^k e^{\hat{R}_{t+1}^k} + (1-\delta)qe^{\hat{q}_{t+1}}]$$

$$\Rightarrow (1+r)qe^{\hat{q}_t+\hat{r}_t-E_t\hat{\pi}_{t+1}} = E_t[R^k e^{\hat{R}_{t+1}^k} - \tau^k R^k e^{\hat{\tau}_{t+1}^k+\hat{R}_{t+1}^k} + (1-\delta)qe^{\hat{q}_{t+1}}]$$

$$\Rightarrow e^{\hat{q}_t+\hat{r}_t-E_t\hat{\pi}_{t+1}} = \frac{1}{1+r}[R^k e^{E_t\hat{R}_{t+1}^k} - \tau^k R^k e^{E_t\hat{\tau}_{t+1}^k+E_t\hat{R}_{t+1}^k} + (1-\delta)e^{E_t\hat{q}_{t+1}}]$$

$$\Rightarrow 1 + \hat{q}_t + (\hat{r}_t - E_t\hat{\pi}_{t+1})$$

$$= \beta R^k + \beta R^k E_t\hat{R}_{t+1}^k - \beta R^k\tau^k - \beta R^k\tau^k(E_t\hat{\tau}_{t+1}^k + E_t\hat{R}_{t+1}^k) +$$

$$\beta(1-\delta) + \beta(1-\delta)E_t\hat{q}_{t+1}$$

$$\Rightarrow \hat{q}_t + (\hat{r}_t - E_t\hat{\pi}_{t+1}) = \beta R^k E_t\hat{R}_{t+1}^k - \beta R^k\tau^k(E_t\hat{\tau}_{t+1}^k + E_t\hat{R}_{t+1}^k) +$$

$$\beta(1-\delta)E_t\hat{q}_{t+1}$$

$$\Rightarrow \hat{q}_t = \beta(1-\delta)E_t\hat{q}_{t+1} - (\hat{r}_t - E_t\hat{\pi}_{t+1}) +$$

$$\beta R^k(1-\tau^k)E_t\hat{R}_{t+1}^k - \beta R^k\tau^k E_t\hat{\tau}_{t+1}^k$$

其中，利用了一阶条件：$\beta E_t\{\lambda_{t+1}^o/\lambda_t^o\} = E_t\pi_{t+1}/(1+r_t)$，以及稳态关

系：$q=1$，$\beta(1+r)=1$。

（2）投资动态方程

$$1=q_t\varepsilon_t^I\left[1-S\left(\frac{I_t^o}{I_{t-1}^o}\right)-S'\left(\frac{I_t^o}{I_{t-1}^o}\right)\left(\frac{I_t^o}{I_{t-1}^o}\right)\right]+\beta E_t\left(\frac{\lambda_{t+1}^o}{\lambda_t^o}\right)q_{t+1}\varepsilon_{t+1}^I S'\left(\frac{I_{t+1}^o}{I_t^o}\right)\left(\frac{I_{t+1}^o}{I_t^o}\right)^2$$

其稳态为

$$1=1$$

围绕稳态线性化

$$1=q_t\varepsilon_t^I\left[1-S\left(\frac{I_t^o}{I_{t-1}^o}\right)-S'\left(\frac{I_t^o}{I_{t-1}^o}\right)\left(\frac{I_t^o}{I_{t-1}^o}\right)\right]+\beta E_t\left(\frac{\lambda_{t+1}^o}{\lambda_t^o}\right)\varepsilon_{t+1}^I S'\left(\frac{I_{t+1}^o}{I_t^o}\right)\left(\frac{I_{t+1}^o}{I_t^o}\right)^2$$

$$\begin{aligned}
&\Rightarrow 0=[1-S(1)-S'(1)]\,q(\hat{q}_t+\hat{\varepsilon}_t^I)+\\
&q\left[-S'(1)\left(\frac{I^o}{I^o}\right)\hat{i}_t^o+S'(1)\left(\frac{I^o}{I^o}\right)^2\hat{i}_{t-1}^o-\right.\\
&\left.S'(1)\left(\frac{I^o}{I^o}\right)\hat{i}_t^o+S'(1)\left(\frac{I^o}{I^o}\right)^2\hat{i}_{t-1}^o-S''(1)\left(\frac{I^o}{I^o}\right)\hat{i}_t^o+S''(1)\left(\frac{I^o}{I^o}\right)^2\hat{i}_{t-1}^o\right]+\\
&\beta S'(1)\,E_t(\hat{q}_{t+1}+\hat{\varepsilon}_{t+1}^I+\hat{\lambda}_{t+1}^o-\hat{\lambda}_t^o+2\hat{i}_{t+1}^o-2\hat{i}_t^o)+\\
&\beta S''(1)\left(\frac{I^o}{I^o}\right)E_t\hat{i}_{t+1}^o-\beta S''(1)\left(\frac{I^o}{I^o}\right)^2\hat{i}_t^o
\end{aligned}$$

$$\Rightarrow 0=(\hat{q}_t+\hat{\varepsilon}_t^I)-S''(1)\,\hat{i}_t^o+S''(1)\,\hat{i}_{t-1}^o+\beta S''(1)\,E_t\hat{i}_{t+1}^o-\beta S''(1)\,\hat{i}_t^o$$

$$\Rightarrow(1+\beta)\,S''(1)\,\hat{i}_t^o=S''(1)\,\hat{i}_{t-1}^o+\beta S''(1)\,E_t\hat{i}_{t+1}^o+\hat{q}_t+\hat{\varepsilon}_t^I$$

$$\Rightarrow\hat{i}_t^o=\frac{\beta}{1+\beta}E_t\hat{i}_{t+1}^o+\frac{1}{1+\beta}\hat{i}_{t-1}^o+\frac{1}{(1+\beta)\,S''(1)}(\hat{q}_t+\hat{\varepsilon}_t^I)$$

其中，利用了稳态关系：$q=1$。

（3）总资源约束

$$Y_t(j)=C_{H,t}(j)+I_{H,t}(j)+C_{H,t}^*(j)+G_t(j)$$

利用各个要素需求函数，上式可写为

$$\begin{aligned}
Y_t(j)&=\left[\frac{P_{H,t}(j)}{P_{H,t}}\right]^{-\varepsilon}C_{H,t}+\left[\frac{P_{H,t}(j)}{P_{H,t}}\right]^{-\varepsilon}I_{H,t}+\\
&\left[\frac{P_{H,t}(j)}{P_{H,t}}\right]^{-\varepsilon}C_{H,t}^*+\left[\frac{P_{H,t}(j)}{P_{H,t}}\right]^{-\varepsilon}G_t\\
&=\left[\frac{P_{H,t}(j)}{P_{H,t}}\right]^{-\varepsilon}(C_{H,t}+I_{H,t}+C_t^*+G_t)
\end{aligned}$$

$$= \left[\frac{P_{H,t}(j)}{P_{H,t}}\right]^{-\varepsilon}\left[(1-\alpha)\left(\frac{P_{H,t}}{P_t}\right)^{-\eta}C_t + (1-\alpha)\left(\frac{P_{H,t}}{P_t}\right)^{-\eta}I_t + \alpha\left(\frac{P_{H,t}^*}{P_t^*}\right)^{-\eta}C_t^* + G_t\right]$$

$$= \left[\frac{P_{H,t}(j)}{P_{H,t}}\right]^{-\varepsilon}\left[(1-\alpha)\left(\frac{P_{H,t}}{P_t}\right)^{-\eta}(C_t + I_t) + \alpha\left(\frac{P_{H,t}^*}{P_t^*}\right)^{-\eta}C_t^* + G_t\right]$$

又因 $Y_t(j) = \left[\frac{P_{H,t}(j)}{P_{H,t}}\right]^{-\varepsilon}Y_t$，所以

$$Y_t = (1-\alpha)\left(\frac{P_{H,t}}{P_t}\right)^{-\eta}(C_t + I_t) + \alpha\left(\frac{P_{H,t}^*}{P_t^*}\right)^{-\eta}C_t^* + G_t$$

$$= (1-\alpha)\left(\frac{P_{H,t}}{P_t}\right)^{-\eta}(C_t + I_t) + \alpha\left(\frac{P_{H,t}}{e_tP_t^*}\right)^{-\eta}C_t^* + G_t$$

该式线性化为

$$Y\hat{Y}_t = (1-\alpha)C[\hat{C}_t - \eta(\hat{P}_{H,t} - \hat{P}_t)] + (1-\alpha)I[\hat{I}_t - \eta(\hat{P}_{H,t} - \hat{P}_t)] + \alpha C^*[-\eta(\hat{P}_{H,t} - \hat{P}_t^* - \hat{e}_t) + \hat{C}_t^*] + G\hat{G}_t$$

$$\Rightarrow \hat{Y}_t = (1-\alpha)\frac{C}{Y}[\hat{C}_t - \eta(\hat{P}_{H,t} - \hat{P}_t)] + (1-\alpha)\frac{I}{Y}[\hat{I}_t - \eta(\hat{P}_{H,t} - \hat{P}_t)] + \alpha\frac{C^*}{Y}[-\eta(\hat{P}_{H,t} - \hat{P}_t^* - \hat{e}_t) + \hat{C}_t^*] + \frac{G}{Y}\hat{G}_t$$

$$\Rightarrow \hat{Y}_t = \frac{C}{Y}\begin{bmatrix}(1-\alpha)[\hat{C}_t - \eta(\hat{P}_{H,t} - \hat{P}_t)] + \\ \alpha[-\eta(\hat{P}_{H,t} - \hat{P}_t^* - \hat{e}_t) + \hat{C}_t^*]\end{bmatrix} + (1-\alpha)\frac{I}{Y}[\hat{I}_t - \eta(\hat{P}_{H,t} - \hat{P}_t)] + \frac{G}{Y}\hat{G}_t$$

$$\Rightarrow \hat{Y}_t = \rho_{\text{con}}\begin{Bmatrix}(1-\alpha)[\hat{C}_t - \eta(\hat{P}_{H,t} - \hat{P}_t)] + \\ \alpha[-\eta(\hat{P}_{H,t} - \hat{P}_t^* - \hat{e}_t) + \hat{C}_t^*]\end{Bmatrix} + (1-\alpha)\rho_{\text{inv}}[\hat{I}_t - \eta(\hat{P}_{H,t} - \hat{P}_t)] + \rho_{\text{gov}}\hat{G}_t$$

$$\Rightarrow \hat{Y}_t = \rho_{\text{con}}[(1-\alpha)(\hat{C}_t + \alpha\eta\hat{S}_t) + \alpha[\eta(\hat{S}_t + \hat{\psi}_{F,t}) + \hat{C}_t^*]\} + (1-\alpha)\rho_{\text{inv}}(\hat{I}_t + \alpha\eta\hat{S}_t) + \rho_{\text{gov}}\hat{G}_t$$

其中，我们定义了 $\rho_{\text{gov}} \equiv G/Y$；同时还利用了

$$C^* = C,\ G/Y + C/Y + I/Y = 1$$

以及开放经济中的下列关系式

$$\hat{P}_t = (1-\alpha)\hat{P}_{H,t} + \alpha\hat{P}_{F,t},\ \hat{S}_t = \hat{P}_{F,t} - \hat{P}_{H,t},\ \hat{\psi}_{F,t} = (\hat{e}_t + \hat{P}^*_{F,t}) - \hat{P}_{F,t}$$

于是，我们最终得到

$$\hat{Y}_t = \rho_{\text{con}}(1-\alpha)\hat{C}_t + \rho_{\text{inv}}(1-\alpha)\hat{I}_t + \rho_{\text{con}}\alpha\hat{C}^*_t + \rho_{\text{gov}}\hat{G}_t +$$

$$[\rho_{\text{con}} + (1-\alpha)(\rho_{\text{con}} + \rho_{\text{inv}})]\alpha\eta\hat{S}_t + \rho_{\text{con}}\alpha\eta\hat{\psi}_{F,t}$$

（4）国外净资产演化方程

$$e_t\text{NFA}_t = (1+r_{t-1})e_{t-1}\text{NFA}_{t-1} + P_t\text{NX}_t$$

则有

$$\frac{e_t\text{NFA}_t}{P_t} = \frac{(1+r_{t-1})}{\pi_t}\frac{e_{t-1}\text{NFA}_{t-1}}{P_{t-1}} + \text{NX}_t$$

其中

$$\text{NX}_t = \frac{P_{H,t}}{P_t}Y_t - \left(\frac{P_{H,t}}{P_t}C_{H,t} + \frac{P_{F,t}}{P_t}C_{F,t} + \frac{P_{H,t}}{P_t}I_{H,t} + \frac{P_{F,t}}{P_t}I_{F,t} + \frac{P_{H,t}}{P_t}G_t\right)$$

定义 $\hat{\text{nfa}}_t = \dfrac{e_t\text{NFA}_t/P_t}{Y}$，则有

$$Y\hat{\text{nfa}}_t = Y\frac{(1+r_{t-1})}{\pi_t}\hat{\text{nfa}}_{t-1} + \text{NX}_t$$

其中 NX = 0，线性化上式得到

$$\hat{\text{nfa}}_t = \frac{(1+r_{t-1})}{\pi_t}\hat{\text{nfa}}_{t-1} + \frac{\text{NX}_t - \text{NX}}{Y}$$

$$\hat{\text{nfa}}_t = (1+r)e^{\hat{r}_{t-1}-\hat{\pi}_t}\hat{\text{nfa}}_{t-1} + \hat{\text{nx}}_t \Rightarrow \hat{\text{nfa}}_t = (1+r)\hat{\text{nfa}}_{t-1} + \hat{\text{nx}}_t$$

又因为 $1 = (1+r)\beta$

$$\hat{\text{nfa}}_t = (1/\beta)\hat{\text{nfa}}_{t-1} + \hat{\text{nx}}_t \tag{5A.1}$$

（5）净出口方程

对李嘉图消费家庭预算约束和非李嘉图家庭预算约束进行加权，其中李嘉图占的比重为 $1-\mu$，则非李嘉图的比重为 μ。其中李嘉图家庭预算约束为

$$(1+\tau^c_t)C^o_t + I^o_t + \frac{B^o_t}{P_t} + \frac{e_t\text{NFA}^o_t}{P_t} = (1-\tau^w_t)\frac{W_tN^o_t}{P_t} +$$

$$(1-\tau_t^k)R_t^k K_t^o + \frac{(1+r_{t-1})B_{t-1}^o}{P_t} +$$

$$\frac{(1+r_{t-1}^*)e_t \mathrm{NFA}_{t-1}^o \varphi_{t-1}(\widehat{\mathrm{nfa}}_{t-1})}{P_t} + \frac{\Pi_t}{P_t} + (1-N_t^o)\kappa^B \tag{5A.2}$$

非李嘉图家庭预算约束为

$$(1+\tau_t^c)C_t^r = \frac{W_t N_t^r}{P_t}(1-\tau_t^w) + (1-N_t^r)\kappa^B \tag{5A.3}$$

式（5A.2）和式（5A.3）分别按权重 $1-\mu$ 和 μ 加权，得到

$$(1+\tau_t^c)C_t + I_t + \frac{B_t}{P_t} + \frac{e_t \mathrm{NFA}_t}{P_t} = (1-\tau_t^w)\frac{W_t N_t}{P_t} +$$

$$(1-\tau_t^k)R_t^k K_t + \frac{(1+r_{t-1})B_{t-1}}{P_t}$$

$$+ \frac{(1+r_{t-1}^*)e_t \mathrm{NFA}_{t-1}\varphi_{t-1}(\mathrm{nfa}_{t-1})}{P_t} + \frac{\Pi_t}{P_t} + (1-N_t)\kappa^B$$

而政府预算约束为

$$\frac{B_t}{P_t} = (1+r_{t-1})\frac{B_{t-1}}{P_t} + \frac{P_{H,t}}{P_t}G_t + \kappa^B U_t - \tau_t^w \frac{W_t N_t}{P_t} - \tau_t^c C_t - \tau_t^k R_t^k K_t$$

这里，$\kappa^B U_t = \kappa^B(1-N_t)$ 。将上两式联立，得到

$$C_t + I_t + \frac{P_{H,t}}{P_t}G_t + \frac{e_t \mathrm{NFA}_t}{P_t} = \frac{W_t N_t}{P_t} + R_t^k K_t +$$

$$\frac{(1+r_{t-1}^*)e_t \mathrm{NFA}_{t-1}\varphi_{t-1}(\mathrm{nfa}_{t-1})}{P_t} + \frac{\Pi_t}{P_t} \tag{5A.4}$$

因为

$$e_t \mathrm{NFA}_t = (1+r_{t-1})e_{t-1}\mathrm{NFA}_{t-1} + P_t \mathrm{NX}_t$$

且

$$(1+r_t) = (1+r_t^*)\varphi(\mathrm{nfa}_t)\left(\frac{e_{t+1}}{e_t}\right) \Rightarrow (1+r_{t-1})e_{t-1} = (1+r_{t-1}^*)e_t\varphi(\mathrm{nfa}_{t-1})$$

则有

$$e_t \mathrm{NFA}_t = (1+r_{t-1}^*)e_t\varphi(\mathrm{nfa}_{t-1})\mathrm{NFA}_{t-1} + P_t \mathrm{NX}_t \tag{5A.5}$$

式（5A.5）代入式（5A.4），得到

$$P_t(C_t + I_t) + P_{H,t}G_t + P_t \mathrm{NX}_t = W_t N_t + P_t R_t^k K_t + \Pi_t \tag{5A.6}$$

又因为名义利润定义

$$\Pi_t = P_{H,t}Y_t - W_tN_t - R_t^kP_tK_t + (P_{F,t} - e_tP_t^*)(C_{F,t} + I_{F,t}) \quad (5A.7)$$

将式（5A.6）和式（5A.7）结合，得到

$$P_t\mathrm{NX}_t = P_{H,t}Y_t - P_t(C_t + I_t) - P_{H,t}G_t + (P_{F,t} - e_tP_t^*)(C_{F,t} + I_{F,t})$$

由于

$$Y_t = C_{H,t} + I_{H,t} + G_t + C_{H,t}^* \quad (5A.8)$$

将式（5A.7）代入式（5A.8），我们有

$$P_t\mathrm{NX}_t = P_{H,t}(C_{H,t} + I_{H,t} + G_t + C_{H,t}^*) - P_t(C_t + I_t) - P_{H,t}G_t + (P_{F,t} - e_tP_t^*)(C_{F,t} + I_{F,t}) \quad (5A.9)$$

利用下列两式

$$P_tC_t \equiv P_{H,t}C_{H,t} + P_{F,t}C_{F,t}$$

$$P_tI_t \equiv P_{H,t}I_{H,t} + P_{F,t}I_{F,t}$$

式（5A.9）最终可写成

$$P_t\mathrm{NX}_t = P_{H,t}C_{H,t}^* - e_tP_t^*(C_{F,t} + I_{F,t})$$

即是

$$\mathrm{NX}_t = \frac{P_{H,t}}{P_t}C_{H,t}^* - \frac{e_tP_t^*}{P_t}(C_{F,t} + I_{F,t}) \quad (5A.10)$$

线性化式（5A.10），由于 NX = 0，则有

$$\frac{\mathrm{NX}_t - \mathrm{NX}}{Y} = \frac{1}{Y}\frac{P_{H,t}}{P_t}C_{H,t}^* - \frac{1}{Y}\frac{e_tP_t^*}{P_t}C_{F,t} - \frac{1}{Y}\frac{e_tP_t^*}{P_t}I_{F,t}$$

$$\Rightarrow \hat{\mathrm{nx}}_t = \frac{1}{Y}\frac{P_H}{P}C_H^*e^{\hat{c}_{H,t}^*+\hat{p}_{H,t}-\hat{p}_t} - \frac{1}{Y}\frac{eP^*}{P}C_Fe^{\hat{c}_{F,t}+\hat{p}_t^*+\hat{e}_t-\hat{p}_t} - \frac{1}{Y}\frac{eP^*}{P}I_Fe^{\hat{i}_{F,t}+\hat{p}_t^*+\hat{e}_t-\hat{p}_t}$$

$$\Rightarrow \hat{\mathrm{nx}}_t = \frac{C_H^*}{Y}(\hat{c}_{H,t}^* + \hat{p}_{H,t} - \hat{p}_t) - \frac{C_F}{Y}(\hat{c}_{F,t} + \hat{p}_t^* + \hat{e}_t - \hat{p}_t) - \frac{I_F}{Y}(\hat{i}_{F,t} + \hat{p}_t^* + \hat{e}_t - \hat{p}_t)$$

由于

$$C_{H,t}^* = \alpha\left(\frac{P_{H,t}^*}{P_t^*}\right)^{-\eta}C_t^*,\ C_{F,t} = \alpha\left(\frac{P_{F,t}}{P_t}\right)^{-\eta}C_t,\ I_{F,t} = \alpha\left(\frac{P_{F,t}}{P_t}\right)^{-\eta}I_t$$

其各自稳态分别为

$$C_H^* = \alpha C^*,\ C_F = \alpha C,\ I_F = \alpha I$$

围绕各自稳态的线性化分别为

$$\hat{c}_{H,t}^{*}=\hat{c}_{t}^{*}-\eta(\hat{p}_{H,t}^{*}-\hat{p}_{t}^{*}),\ \hat{c}_{F,t}$$
$$=\hat{c}_{t}-\eta(\hat{p}_{F,t}-\hat{p}_{t}),\ \hat{i}_{F,t}=\hat{i}_{t}-\eta(\hat{p}_{F,t}-\hat{p}_{t})$$

又因 $\hat{p}_{t}=(1-\alpha)\hat{p}_{H,t}+\alpha\hat{p}_{F,t}$，$\hat{p}_{t}^{*}=(1-\alpha)\hat{p}_{F,t}^{*}+\alpha\hat{p}_{H,t}^{*}$，则有

$$(\hat{p}_{H,t}^{*}-\hat{p}_{t}^{*})=\frac{1-\alpha}{\alpha}(\hat{p}_{t}^{*}-\hat{p}_{F,t}^{*}),\ \hat{p}_{t}=\hat{p}_{F,t}-(1-\alpha)\hat{s}_{t}$$

由于我们将国外经济体即世界剩余国家当作一个近似的封闭经济体，这意味着世界经济（国外经济体）中的国内通货膨胀 $\hat{\pi}_{t}^{*}$ 与 CPI 通货膨胀 $\hat{\pi}_{F,t}^{*}$ 是等价的，即

$$P_{t}^{*}=P_{F,t}^{*}\Rightarrow\hat{p}_{t}^{*}=\hat{p}_{F,t}^{*}\Rightarrow\hat{p}_{t}^{*}-\hat{p}_{F,t}^{*}=0$$

于是，我们得到

$$\hat{c}_{H,t}^{*}=\hat{c}_{t}^{*},\ \hat{c}_{F,t}=\hat{c}_{t}-(1-\alpha)\eta\hat{s}_{t},\ \hat{i}_{F,t}=\hat{i}_{t}-(1-\alpha)\eta\hat{s}_{t}$$

将上述各关系式代入，则

$$\hat{\mathrm{nx}}_{t}=\frac{\alpha C^{*}}{Y}[\hat{c}_{t}^{*}+(\hat{p}_{H,t}-\hat{p}_{t})]-$$
$$\frac{\alpha C}{Y}\{[\hat{c}_{t}-(1-\alpha)\eta\hat{s}_{t}]+(\hat{p}_{t}^{*}+\hat{e}_{t}-\hat{p}_{t})\}-$$
$$\frac{\alpha I}{Y}[(\hat{i}_{t}-(1-\alpha)\eta\hat{s}_{t})+(\hat{p}_{t}^{*}+\hat{e}_{t}-\hat{p}_{t})]$$

又因 $\hat{p}_{H,t}-\hat{p}_{t}=-\alpha\hat{s}_{t}$，$\hat{\tilde{q}}_{t}=\hat{e}_{t}+\hat{p}_{t}^{*}-\hat{p}_{t}$，则有

$$\hat{\mathrm{nx}}_{t}=\frac{\alpha C^{*}}{Y}(\hat{c}_{t}^{*}-\alpha\hat{s}_{t})-\frac{\alpha C}{Y}(\hat{c}_{t}+\hat{\tilde{q}}_{t})-$$
$$\frac{\alpha I}{Y}(\hat{i}_{t}+\hat{\tilde{q}}_{t})+\alpha\left(\frac{I}{Y}+\frac{C}{Y}\right)(1-\alpha)\eta\hat{s}_{t}$$

$$\hat{\mathrm{nx}}_{t}=\frac{\alpha C^{*}}{Y}\hat{c}_{t}^{*}-\frac{\alpha C}{Y}\hat{c}_{t}-\frac{(1-\chi)I}{Y}\hat{i}_{t}-\alpha\left(\frac{C}{Y}+\frac{I}{Y}\right)\hat{\tilde{q}}_{t}+$$
$$\alpha\left[\left(\frac{I}{Y}+\frac{C}{Y}\right)(1-\alpha)\eta-\alpha\frac{C^{*}}{Y}\right]\hat{s}_{t}$$

由于

$$C^{*}=C,\ \rho_{\mathrm{con}}\equiv\frac{C}{Y},\ \rho_{\mathrm{inv}}\equiv\frac{I}{Y}\tag{5A.11}$$

则有

$$\hat{\text{nx}}_t = \alpha\rho_{\text{con}}\hat{c}_t^* - \alpha\rho_{\text{con}}\hat{c}_t - \alpha\rho_{\text{inv}}\hat{i}_t - \alpha(\rho_{\text{con}} + \rho_{\text{inv}})\hat{\tilde{q}}_t + \alpha[(\rho_{\text{con}} + \rho_{\text{inv}})(1 - \alpha)\eta - \alpha\rho_{\text{con}}]\hat{s}_t \tag{5A.12}$$